Modern German Studies
edited by Peter Heller, George Iggers,
Volker Neuhaus, and Hans H. Schulte
Volume 3

Probleme der Zivilisation

Versuche über Goethe, Thomas Mann, Nietzsche und Freud

von Peter Heller

1978

Bouvier Verlag Herbert Grundmann · Bonn

CIP-Kurztitelaufnahme der Deutschen Bibliothek
HELLER, PETER:
[Sammlung]
Probleme der Zivilisation: Versuche über Goethe, Thomas Mann, Nietzsche u. Freud/von Peter Heller. — Bonn:
Bouvier, 1978.
(Modern German Studies; Vol. 3)

ISBN 3-416-01453-7

ISSN 0170 - 3013

VORWORT

Die folgenden Versuche, die einander gelegentlich überschneiden und wiederholen, bilden in ihrer Bemühung um ein neues Modell der "German Studies" ein Ganzes. Ihr gemeinsames Thema ist eine, für unser Zeitalter vordringlich und bedrohlich gewordene Zivilisations- und Kulturproblematik, deren Bedeutung kaum zu überschätzen ist, da wir offenbar in Gefahr sind, an unserer eigenen Schöpfung - ebenjener Zivilisation - zugrundezugehen.[1] Gemeinsam ist diesen Arbeiten ferner die Bemühung um eine multidisziplinäre Methode der Integration historisch-komparatistischer und literarisch-ästhetischer Analyse, Kritik und Stellungnahme mit kulturphilosophischen, soziologischen und psychoanalytischen Perspektiven. Ein derartiges Verfahren sollte sich dazu eignen, den defensiven Provinzialismus zu überwinden, in dem zumal Germanistik vielfach verstaubt (und zwar zu Recht, insofern sie sich der Auseinandersetzung mit den wesentlichen Problemen unserer westlichen Zivilisation entzieht). Nicht minder aber eignet es sich dazu, den derzeit angebotenen Alternativen - den Varianten des sacrificium intellectus, der Selbstversklavung an reduktive Dogmatik -, um der komplexeren Wahrheit willen zu widerstehen.

Die in dem 1. Teil enthaltenen Versuche über Goethe und Mann befassen sich mit der Spannung zwischen Triebwelt (Eros-Thanatos) und den Ansprüchen der Zivilisation. Der Vergleich zwischen den voneinander so verschiedenen, einer relativ frühen und einer späten Periode der nämlichen Entwicklung angehörigen Texte soll veranschaulichen, wie (nämlich: wie unterschiedlich und wie ähnlich) sich die Zivilisationsthematik (samt entsprechenden formalen Zügen) an weit voneinander abliegenden Produkten der gleichen Tradition manifestiert.

Die im 2. Teil enthaltenen Versuche über Nietzsche entwickeln die den Kulturkritiker Nietzsche ständig beschäftigende Zivilisations- und Kulturproblematik insbesondere in Hinblick auf seine Bemühung um ein umfassenderes Menschenbild. (Mann sprach mitunter vom "homo dei"; Nietzsche mitunter lieber

6

von der "ganzeren Bestie"). Die Arbeiten bewegen sich von den
Vergleich mit M a r x in Bezug auf Auffassung und Kritik der
A u f k l ä r u n g d e s 1 8. J a h r h u n d e r t s zur Auseinandersetzung mit der R o m a n t i k , insbesondere dem r o m a n t i -
s c h e n P e s s i m i s m u s d e s 1 9. J a h r h u n d e r t s bis zu
em Ausblick auf - und der Kritik an - Nietzsches Konzept der
V o r n e h m h e i t und des e l i t ä r e n M e n s c h e n - u n d
Ü b e r m e n s c h t u m s , das seine k u l t u r e l l e Z u k u n f t s -
u t o p i e bestimmt.

Den 3. T e i l bildet ein Versuch über F r e u d , bzw. über
G e r m a n i s t i k u n d P s y c h o a n a l y s e , welche das allen
Studien gemeinsame Themengeflecht wiederum als Konflikt
zwischen triebhaften Impulsen und kulturell zivilisatorischen
Instanzen behandelt und dabei die Eros-Thanatos Problematik
des 1. Teils (Goethe-Mann Studien) sowie die Problematik des
2. Teils (Nietzsches Bemühung um ein umfänglicheres Bild und
Leitbild vom Menschen) wieder aufnimmt; ferner auch insofern
auf die vorhergehenden Versuche bezogen ist als diese ihrerseits schon die Möglichkeit der Integration psychoanalytischer
Perspektiven mit literarisch-germanistischen, soziologischen
und kulturphilosophischen Perspektiven illustrierten.

Bei der Arbeit schwebte mit eine Gesinnung vor, die sich weder
im elegischen Lamentieren über verlorene Güter, Götter, oder
das fehlende Wozu in dürftiger Zeit gefiel, noch durch laby-
rinthisch sich bespiegelnde Reflexion oder starre Dogmen und
verschwommene Utopien die physischen und geistigen Aufgaben
verleugnete, die uns nicht nur als Einzelne sondern als bisher
im Kollektiv kaum gedachte Menschheit konfrontieren. Wenn
diese Studien dazu dienen könnten, einer solchen, zu wacher
Einsicht und Anteilnahme entschlossenen Gesinnung auch nur von
ferne den Weg zu bereiten, hätten sie mehr geleistet als ich
von ihnen zu erhoffen das Recht hatte.

1   Ebendarum wurde mit Bedacht der Begriff der Zivili-
     sation als der den engeren der Kultur mit-einschließende
     gewählt.

INHALT

I.

ZWEI WANDERER

VERSUCHE ÜBER GOETHE UND MANN

Vorbemerkung

Diese Arbeit entstand in einem Kurs für amerikanische Studenten im Rahmen eines bekannten, zuerst wohl von Leo Spitzer eingeführten Interpretationsmodells: Es galt zu zeigen, wie man von Details (Stilzügen, Eigenheiten, spezifischen Aspekten) eines Texts auf Grundthemen, -formen und -probleme eines Autors kommt, die sein Gesamtwerk prägen, und wie sich innerhalb einer gemeinsamen Tradition zwei, von einander weitgehend divergierende Produkte - ein Gedicht von Goethe, eine Novelle von Thomas Mann - als Antworten auf ein Problem auffassen lassen, das der Tradition, der sie angehören, inhaerent ist. Auch sollte nicht verschwiegen werden, daß derlei Interpretationen durch die Perspektive des Interpreten mitbestimmt sind, der sich überdies zu kritischer Stellungnahme genötigt fand, was zwar der bloß interpretierenden Schultradition nicht entsprach, wohl aber dem Verkehr mit literarischen Werken, dem man mit der Prätention auf pseudowissenschaftliche Unpersönlichkeit, wie auch mit echter Urteils- und Kritiklosigkeit auf die Dauer mehr schadet als nützt.

Die Behandlung des im Folgenden umkreisten Gedichts fiel allerdings einseitig aus, da ich mich, übersättigt von damals noch - auf deutsch und englisch - himmelnden Chören von Goethe-Exegeten, genötigt fand, eine Gegenstimme zu betonen. Auch durch ein solches Verfahren macht man sich eines Verstoßes gegen die Gerechtigkeit schuldig, den zu korrigieren ich aber nicht imstande war, da der Fehler den Charakter des, nun einmal als Korrektur konzipierten Aufsatzes mit ausmacht. Sollte sich ein Leser finden, der mit dem main stream der Kommentare nicht vertraut ist, so sei er hiermit auf die, nur zum geringen Teil im Verlauf der Arbeit zitierte Literatur zu dem Gedicht verwiesen. Kenner werden feststellen, daß ich mich, bei divergenter Gesinnung, weitgehend im Fahrwasser von Emil Staigers Interpretationen bewege, manches dem ironischen Goethebild von Thomas Manns Lotte in Weimar, vieles Nietzsche und den kulturkritischen Perspektiven verdanke, die Erich Heller, freilich schonender, in seinen Essays entwickelt hat.

Gedanken zu einem Gedicht von Goethe

1.

Über allen Gipfeln
Ist Ruh,
In allen Wipfeln
Spürest du
Kaum einen Hauch;
Die Vögelein schweigen im Walde.
Warte nur, balde
Ruhest du auch.

Für die am 6. September 1780 entstandenen Verse hat Goethe
ein Menschenalter später einen Kontext hergestellt, indem er
sie, 1815, mit dem Gedicht "Der du von dem Himmel bist"
zusammen auf eine Seite drucken ließ und ihnen den Titel
"Ein Gleiches" gab, der auf das vorangehende erste "Nachtlied" des "Wandrers" verwies. In Hinblick auf dieses - es
heißt da: "Ach, ich bin des Treibens müde, / Was soll all der
Schmerz und Lust?" - erfahren wir, daß der Wanderer Entlastung sucht von der ihm gewohnten Welt menschlicher Beziehungen, die ihm schmerzlich und öd geworden ist. So dürfte
man das zweite Nachtlied als antizipierte Erfüllung jener Sehnsucht nach Frieden auffassen, die in dem vorangehenden Gedicht dringlich und leidenschaftlich ausgesprochen wird,[1] und
könnte sehr wohl auf den Gedanken kommen, unser Gedicht verdanke überhaupt nur dieser Sehnsucht seine Entstehung, es sei
nur Antwort auf diese Sehnsucht - auch wenn man nicht wüßte,
daß Goethe an jenem Septembertag auf den Gickelhahn gestiegen
war, den "höchsten" - wenn auch nicht eben hohen - "Berg
des Reviers" um Ilmenau, "um", wie er in dem Brief an Frau
von Stein vom 6.9.1780 schrieb, "dem Wuste des Städgens, den
Klagen, den Verlangen, der Unverbesserlichen Verworrenheit
der Menschen auszuweichen".[2]

Das in Frage stehende Gedicht, so wurde in dem auf englisch
abgehaltenen Kurs behauptet, sei "a poem of deflation, of

detumescence, of resignation and quiescence", ein Gegenstück
zu dem "tumescent", sublim und sublimiert orgiastischen
"Mayfest" bzw. "Mailied", in dem Steigerung, Anschwellung,
enthusiastische Erweiterung bis zur "joyous frenzy", zur hymnischen Klimax vorherrschte. Denn hier sei nun alles in sanftem
Fall, in einem stillen Niedergleiten begriffen.

Das gilt offenbar von den Vokalen: denn wenn anfänglich (Über
allen Gipfeln / Ist Ruh, / In allen Wipfeln / Spürest du) noch die
hohen, hellen sich behaupten, so dominieren am Ende (Warte
nur, balde / Ruhest du auch) durchaus die tiefen und dunklen.
Und so wie ich das Gedicht höre, läßt sich Analoges auch von
den schrumpfenden, im Abnehmen begriffenen rhythmischen
Einheiten bemerken, deren geringer werdende Spannweite man
an der geringeren Anzahl der (im Folgenden in Klammern angegebenen) Hebungen ablesen kann, wenn auch zuzugeben ist,
daß Staiger mit Recht meint, das Gedicht, das er als langsames,
sonores Adagio auffaßt, weiche aller metrischen Bestimmungen
aus.[3] Ich lese: Über allen Gipfeln ist Ruh, (5) - In allen Wipfeln spürest du (4) - kaum einen Hauch; (3) - Die Vögelein
schweigen im Walde. (3) - Warte nur , balde (2) - ruhest du
auch (2). - Mögen sich nun auch fast alle der hier angenommenen Einteilungen und Betonungen bestreiten lassen -:[4] daß im
Ganzen auch rhythmisch eine Beruhigung, ein Abflauen und
Stillerwerden statthat, bleibt jedenfalls m e i n entschiedener
Eindruck.

Unproblematischer ist die Feststellung analoger Entwicklungen
im Bildbereich, wobei ich mit Eissler und einer Minorität der
Ausleger - und zwar wieder in Anlehnung an den Titel - eher
den Grad der Sichtbarkeit annehme, den eine klare Nacht gewährt, in der die Vögel schon verstummt sind, statt, wie die
meisten, allen voran Schadewaldt, eine eigentliche Abendstim-
mung zu postulieren.[5] Von den Höhen des Himmels, die über
den Gipfeln der Berge sind, kommt der Friede herab; wird
spürbar als Windstille in den Wipfeln der Bäume; näher noch:
als Schweigen der kleinen Vögel, die in den Zweigen der Bäume
schlafen; und endlich, zumindest in Antizipation, im Herzen
des Wanderers selbst. Zu Anfang umfaßt ein weiter Blick noch
Berge und Himmel, dann schränkt die Perspektive sich ein auf
die Wipfel , e. g. des Nadelwaldes, vielleicht auch auf das Dunkel der Äste und Zweige, und erlischt endlich im Gefühl für das

Allernächste, die eigene Person. Und auch in einem übertragenen Sinne verringert sich die Spannweite und Distanz. Die Entwicklung führt vom fremdesten anorganischen Bereich des Himmels und der Berge zum vegetativen der Bäume und in die, uns
noch nähere, animalische Sphäre der Vögel, um im intimsten
Erfahrungsbereich des Selbstbewußtseins zu enden. Und wie wir
vom Fernsten zum Nächsten, vom Umfassendsten zum engsten
Umkreis, vom Fremdesten zum Intimsten geführt werden, so
auch vom relativ unpersönlichen Befund, der in generalisieren-
den Feststellungen ausgedrückt wird (über allen Gipfeln, allen
Wipfeln) zur persönlichsten Selbstanrede. Auch herrscht zunächst der äußere Sinn, der Gesichtssinn, vor; dann aber -
auf dem Weg über eine Anspielung auf den Tastsinn, dem freilich das Auge zuhilfe kommen muß (denn wir dürfen den Wanderer ja nicht wirklich in jene Wipfel versetzen, in denen er
"kaum einen Hauch" auf der Haut zu spüren imstande wäre) -
geraten wir von dem extensivsten Wirkungsbereich des äußeren
Sinnes in den Bereich des innerlicheren Gehörs (die Vögelein
schweigen im Walde) und schließlich in den des innerlichsten,
privatesten Selbstgefühls, so daß sich auch in bezug auf das
Sensorium ein Schrumpfungsprozeß, eine fortschreitende Beruhigung und Still-Legung bzw. Verminderung des Aktionsradius
oder Detumeszenz abspielt.

Wir finden also überall den "dying fall": in der Anordnung der
Vokale von den hellen zu den dunklen, in der Anordnung der
Rhythmen von den expansiveren zu den eingeschränkt-beruhig-
teren, in der Behandlung der Räume, der schrumpfenden
Distanzen, der Entwicklung, die von - der grammatischen
Form nach - verallgemeinernden, unpersönlichen Feststellun-
gen zur Selbstanrede, vom Fremden zum intim Nahen, von der
Sphäre des Gesichtssinnes zu den innerlicheren Formen der
Wahrnehmung und endlich zur innersten Selbstbesinnung, der
Sorge um das eigene Wesen führt. Und wie sollte das auch an-
ders sein, da das Gedicht ja im Ganzen eine letzte Phase der
Beruhigung - durchaus nicht die ganze Skala, sondern gewis-
sermaßen nur das untere Ende - das Kommen der Ruhe der
Nacht oder das Eingehen in die Ruhe behandelt und wohl auch das
Kommen der Ruhe des Todes als des letzten Bringers von end-
gültiger Ruhe und Frieden!

Aber sind, angesichts der berühmten Ausgewogenheit bzw. der
Ambiguität und Vieldeutigkeit des Gedichts, unsere bisherigen
Aussagen nicht allzu eindeutig? Staiger (Goethe, I, 331) betont
Ausgewogenheit von Mensch und Landschaft, von Ich und Du;
wir finden solche Ausgewogenheit - trotz vorherrschender Bewegung zum persönlichen Bereich der Selbstbesinnung - auch
repräsentiert in dem Alternieren zwischen der unpersönlichen
3. Person und der intimen Selbstanrede (spürest, wartest, ruhest), die allerdings am Ende dominiert. Und wird, was wir als
"dying fall" bezeichneten, nicht auch in gewissem Sinne modifiziert durch die Tatsache, daß das Gedicht sich auch als Klimax
darstellt, welche die Macht der Nachtruhe in sich steigernder
Weise an immer Beweglicherem und endlich an dem Beweglichsten erweist? Nämlich zuerst, unter Hinweis auf die schon an
sich recht unbeweglichen Gipfel, an dem häufig als irdischer
Unruhe enthoben aufgefaßten, wenn auch freilich durchaus nicht
immer ruhigen Himmel, dann an den nur begrenzt beweglichen
Bäumen, schließlich aber an den äußerst unruhigen kleinen Vögeln und endlich an dem rastlosen Herzen des Menschen? Und
auch metrisch und rhythmisch ließen sich, selbst wenn man das
Gedicht gemäß dem vorhin statuierten Schrumpfungsprozeß
spricht, Gegenbewegungen feststellen, e.g. in der zwar nur
dreihebigen, aber umso reicher mit unbetonten Silben aufgefüll-
ten Langzeile: Die Vögelein schweigen im Walde.[6]

Deutlich wird Ausgewogenheit und Ambiguität auch als Schwebezustand zwischen Verschmelzung mit der Natur und einer quasi
rokokoartigen, distanzierenden Pointierung. Man liest das Gedicht als Ausdruck eines Menschen, der sich mit der Ruhe der
Natur eins fühlt oder sich eine derartige Übereinstimmung mit
der Ruhe der Natur wünscht. Aber auch E. M. Wilkinson hebt
mit Recht hervor, daß eine solche im weiteren Sinne des Wortes
"romantische" (also auch dem Sturm und Drang gemäße) Verschmelzung hier nicht rein durchgeführt wird und auch nicht
beabsichtigt ist, da Goethe zugleich das Gegenüber von Mensch
und Natur wahrt, was eben auch in dem, was ich die Pointe nen-
ne, zum Ausdruck kommt. Das Gedicht ist gegliedert in eine
Naturszene, die von der Ruhe über allen Gipfeln bis zum Schweigen der Vögelein im Walde reicht, und eine, dieser Naturszene
hinzugefügte Anwendung auf das Selbst: "Warte nur, balde /
Ruhest du auch." D.h.: so wie es in der Natur geschieht, so

wird es auch mit dir geschehen. Zugleich aber verschränken
sich die Bezüge, e.g. dadurch, daß die intimere Selbstanrede
schon in der Naturszene vorweggenommen wird. Und so entsteht eben jener Eindruck der Ausgewogenheit, der Goethes
Haltung entspricht, die zwar ein Einheitsgefühl zwischen
Mensch und Natur gewährt, zugleich aber allen Bereichen ihre
Eigenart läßt: den Lüften des Himmels, die über den Gipfeln
sind und den Gipfeln anorganischer Natur, der vegetativen Welt
der Bäume, der animalischen der Vögel und der des Menschen.

Hier erinnern wir uns nun daran, daß Wilkinson u.a. die Bewegung zum Menschen als "final link in the chain of creation"
(loc.cit.) betont, fast im Sinne eines Fortschritts, was bei
dem human gestimmten Goethe auch nicht zu verwundern wäre.
Dennoch stellt sich auch der Gegengedanke ein, daß der Wanderer ja den Menschen entgehen wollte, die Natur ihm als Beruhigung nach der Umklammerung durch die Gesellschaft erscheint, sich also in gewissem Sinne hier auch eine Abwärtsbewegung zum unverbesserlich verworrenen, beweglichsten, ver-
letzlichsten, vielleicht auch mißglücktesten Produkt der Schöpfung vollziehen mag, man also auch von einem Niedergang sprechen könnte. Goethes der gleichen Epoche zugehörigem Aufsatz
über den Granit gelten die Gipfel, das Gestein, jedenfalls insofern es Granit ist, als ältester Adel der Erde, und wenn der
Mensch zu den jüngsten Hervorbringungen der Schöpfung ge-
zählt wird, so ist ihm das nicht unbedingt als Vorzug anzurechnen, wie denn z.B. auch in Goethes fragmentarischer Bearbei-
tung der aristophanischen Vögel spaßhafterweise das höhere
Alter angeführt wird, das die Vögel den Menschen voraushaben.

Jedenfalls scheint das Gedicht zu sagen, daß zwar jetzt, da es
Nacht geworden ist, überall Ruhe sei - nicht nur über den Gipfeln, nein, auch in den Bäumen und unter den sonst so unruhigen Vögeln -, nur nicht im eigenen Menschenherzen, das nur
hoffen kann, es werde, da alle Ruhe finden, endlich auch zur
Ruhe kommen. Zwar in dem Brief vom 6.9.1780 heißt es, die
Aussicht sei "gros aber einfach", die Gegend "so rein und
ruhig, und so uninteressant als eine grose, schöne Seele wenn
sie sich am wohlsten befindet". Und eine einfache, stille Größe
Reinheit, Ruhe, das Uninteressante als Merkmal und Ausdruck
des Klassisch-Schönen, Harmonischen entsprechen durchaus
einem Humanitätsideal Goethes, wie etwa auch der Stimmung

seiner Iphigenie, insoweit sie eben nicht durch tragische Zumu-
tungen getrübt wird. Nur fragt sich, ob es wirklich nur diese
Ruhe der großen schönen Seele, wenn sie sich am wohlsten fühlt,
ist, die hier antizipiert wird. Bewegen wir uns nicht auch und
gerade hier im Zentrum einer ausgewogenen Zweideutigkeit,
einer sehr harmonisch anmutenden Ambiguität? Denn wenn hier
zweimal Ruhe, bzw. Ruhe und ruhest, anklingt, so kann man,
besonders angesichts des finalen "Ruhest du auch", die Assoziation mit dem Tod (requiescat in pace) nicht wohl abweisen
und befindet sich alsdann suspendiert zwischen dem ideal Un-
interessant-Schönen und der Ruhe des Todes. Schwingt das Gedicht nicht überhaupt im Zustande zweideutiger Ausgewogenheit
zwischen Erfüllung und Resignation, Erfüllung und Ironie?

In seiner Charakterisierung jener frühen Weimarer Epoche
spricht Staiger unter besonderem Hinweis auf das "Nachtlied"
und "An den Mond" vom dämmernden Silberglanz, im übrigen
aber auch von undefinierbarem Grau, das er als Erlöschen der
jugendlichen Stimmung Goethes oder als Dämpfung auffaßt.
Dämmernder Silberglanz, verschwebende Unbestimmtheit des
Rhythmus gehören mit zum Ausdruck der Zweideutigkeit. Gewiß: in dem Gedicht wird der erfüllte Augenblick antizipiert.
In eine große, vom Himmel zum Gestein, vom Gestein zum vegetativen, vom vegetativen zum animalischen Leben reichende
Ordnung einbezogen, in der alles Erfüllung und Frieden findet,
hofft auch das Menschenherz von seiner Unrast erlöst zu werden.
Wann aber, da es jetzt und hier den Frieden nur als künftigen
erwartet, soll ihm diese Erlösung zuteil werden? Doch wohl erst
im Tode. Und ist da überhaupt noch Geborgenheit und Erfüllung
oder vielmehr - nichts?

Angesichts einer solchen Lösung des Problems menschlicher,
bzw. Goethescher Unrast fühlt man sich an Verse von Heine
erinnert, die feststellen, daß der Mensch überall rastlos -ver-
geblich nach Sinn sucht und fragt, bis man ihm das Maul mit
Erde stopft: "Aber ist das eine Antwort?" - Die krasse Wendung verstößt in einer Germanistenherzen bislang meist zuwidern
Weise gegen die wohltuend harmonisierende Stimmung des
Goetheschen Gedichts, weist aber auf die Problematik hin, die
in dieser Harmonisierung oder antizipierten Harmonie steckt.
Ist, was uns Goethes Gedicht nahelegt, vielleicht auch keine
Lösung, sondern vielmehr so etwas wie eine Flucht in den Frie-
den, und sei es auch in den Frieden des Todes?

16

2.

In allem, was "deutsche Klassik" angeht, herrschte - trotz
mancher Ausnahme - bis vor kurzem eine spießbürgerliche
Frömmigkeit, eine alle Problematik soweit als möglich zugunsten einer sonntäglich weihevollen Pseudo-Harmonie verleug-
nende, prinzipiell zur pädagogischen pia fraus und zu erbau-
licher Langeweile entschlossene Gesinnung vor. Deshalb bleibt
es - selbst auf die Gefahr hin, daß man damit nur einer in der
Gegenrichtung verzerrenden Perspektive Vorschub leistet -
auch immer noch verlockend, Problematisches hervorzuheben,
wozu sich u.a. gerade auch die biographischen Aspekte eignen.
Denn wenn diese in jüngst vergangenen, der unpsychologischen
Schönfärberei der wilhelminischen Ära sonst schon fernen Jahrzehnten gerne beiseitegeschoben wurden, so geschah dies nicht
bloß, weil biographische Aspekte von dem als an und in sich
bestehend gedachten Kunstwerk ablenkten, sondern auch weil
sie das hermetisch in die beruhigende Blässe quasi abstrakter
Kunstbetrachtung zu entrückende Objekt in nahe Zusammenhänge mit Konfliktstoffen zu bringen drohten, die allzu deutlich dem
realen Leben zugehörten, welchem man eben durch Flucht in
die reinere, schönere, heilere Welt zu entkommen gehofft hatte.

Könnte aber eine analoge Fluchtabsicht und -bewegung nicht
auch der Intention eines Autors und dem Charakter seines Wort-
kunstwerks entsprechen? Hatte sich nicht der Verfasser unsres
Gedichts, der sich vor kurzem, wie schon erwähnt, etwa mit
einer etwas läppischen Version der Vögel, in der er selber
mitspielte, in der Weimarer Hofgesellschaft hervorgetan hatte,
um der Menschenwelt zu entfliehen,auf den Gickelhahn gebettet,
von dem er am Tage des Gedichts meinte, man könnte ihn "in
einer klingenderen Sprache Alecktrüogallonax nennen"? - Sonderbar mutet uns dieser gräzierte deutsche Gockel an; und wenn
man das Gedicht einmal aus der biographischen Froschperspek-
tive sieht, könnte man auf den Gedanken kommen, es stelle gar
nichts andres dar als die Beruhigung eben dieses Gockel- oder
Gickelhahns, des immerhin höchsten Gipfels um Ilmenau, oder,
wenn man die Sache ins Persönliche wenden will: - um und in
Weimar.

Dem Reiz des jüngst noch halb "Verbotenen" nachgebend, ver-

suchen wir, uns die Gestalt des Autors vorzustellen, die ja auch
dank des, von ihm initiierten, mächtig betriebenen, unablässig
geförderten Persönlichkeitskults in Wirklichkeit gar nicht weg-
zudenken ist von der Rezeption und mithin: von der Bedeutung
seiner Werke. In der Schule lernte man, daß mit der Übersied-
lung nach Weimar die Beruhigung des zu genialischer Unrast er-
korenen und verdammten jugendlichen Dichters einsetzte. Aber
inwieweit gilt das auch schon für den sich noch im Glanz seines
Ruhms und seiner Vorzugsstellung bespiegelnden, umschmei-
chelten und beneideten Favoriten des Herzogs und überbeschäf-
tigten Ministers, der zugleich den von dunklem Schuldgefühl gequälten Orestes wohl nicht nur auf der Bühne spielt; für den so
vielen und Vielem verpflichteten, schönen Hofpoeten, der ironisch, an eine Säule gelehnt, seine Kommentare zu der Gesellschaft macht, in der er sich nicht wohl fühlt, der er sich bei aller Devotion, so hoffnungslos überlegen weiß, daß er sich in Aus-
brüchen von mephistophelischem Spott Luft machen muß; für den
so innigen und so unverläßlichen, so wenig zugreifenden, so
treulos anhänglichen Liebhaber und Freund; kurz: für den -
nicht minder als der Sturm-und-Drang-Jüngling - von Unruhe
umgetriebenen und geplagten jungen Mann? Versteht sich nicht,
daß die allzumenschliche Verworrenheit, vor der er sich auf
die Kuppe in der Nähe des Provinzstädtchens zurückzieht, auch
die eigene, auch eine Verworrenheit war, zu der er selber bei-
trug?

Zunächst fällt einem die erotische Verworrenheit ein - und damit auch wieder die leidige Frage, ob denn das Gedicht nun ein
Gedicht des Abends oder der Nacht sei. Des Abends: da er den
Liebesbrief an seine Herzensfreundin, Frau Charlotte von
Stein, schrieb: "Ich bat den hundertköpfigen Gott, der mich so
viel vorgerückt und verändert und mir doch Ihre Liebe, und diese Felsen erhalten hat; noch weiter fortzufahren und mich werther zu machen seiner Liebe und der Ihrigen". Denn nun folgt ja
die Ankündigung: " (...) ich gehe des Sonnen Untergangs mich
zu freuen. Die Aussicht ist gros aber einfach."; folgen - nach
dem notierten Untergang der Sonne - die oben angeführten Passagen über die reine, ruhige, so uninteressante Landschaft,
vergleichbar einer großen, schönen "Seele wenn sie sich am
wohlsten befindet", welche nur von "einigen Vapeurs", die
"von den Meulern [7] aufsteigen", ein wenig belebt wird. - Es

fragt sich, ob das Gedicht um diese Zeit entstand, oder erst
später - "nach 8" -, nachdem Provision von Ilmenau angekommen war samt einem Brief von der schönen - wie Goethe meinte: "überschönen"[8] - Frau von Branconi, in die er damals zumindest fast verliebt war.

Jedenfalls ist das Verhältnis Goethes zu der "Marchesa" von
Interesse[9]. Er hatte sie in eine merkwürdige Gegenstellung zu
Frau von Stein schon gerückt, ehe er die eine oder die andere
kennenlernte, nämlich als er, ihre Bilder nach Lavaterscher
Manier auslegend, behauptete, die Stein siege mit Netzen, die
Branconi hingegen mit Pfeilen. Nun stimmt er offenbar mit
dem Arzt Zimmermann überein, der von ihr sagt, sie sei das
größte Wunder von Schönheit, das in der Natur existiert, und
habe hierbei noch die besten Manieren, die edelste Sittsam-
keit und den aufgeklärtesten Verstand. Denn der 31jährige
schreibt ihr: "In Ihrer Gegenwart wünscht man sich reicher an
Augen, Ohren und Geist, um nur sehen, und glaubwürdig und
begreiflich finden zu können, dass es dem Himmel, nach so
viel verunglückten Versuchen, auch einmal gefallen und ge-
glückt hat etwas Ihresgleichen zu machen." (28.8.1780). Und
schon vorher berichtete er seiner Freundin, Charlotte von
Stein: "Sie kommt mir so schön und angenehm vor dass ich
mich etlichemal in ihrer Gegenwart stille fragte, obs auch
wahr seyn möchte dass sie so schön sey. Einen Geist! ein Leben! einen Offenmuth! dass man eben nicht weis woran man
ist" (23.10.1779). Auch kennt er ihr Schicksal halber Verein-
samung und halber Resignation: Sie war die Geliebte des 31jäh-
rigen Erbprinzen Carl Wilhelm Ferdinand von Braunschweig
geworden, hatte ihm einen Sohn geboren, und hofft noch in den
80er Jahren auf eine Wiederaufnahme der Verbindung mit dem
Mann, der sie 1777, zehn Jahre ehe er Herzog von Braunschweig
wurde, im Stich gelassen hatte. Die Hoffnung ist vergebens;
denn wie Goethe an Charlotte von Stein (am 29.8.1784)schreibt:
"c'est un oiseleur qui connoit ses oiseaux et qui avec peu de
peine et de frais est sur d'en prendre tous les jours", das ist
ein Vogeler, der seine Vögel kennt und mit wenig Müh und
Kosten alle Tage neu zu fangen gewiß ist.

Goethe selbst aber fühlte sich von dieser verlassenen "Sirene"[10]
bedroht. Im Verhältnis zu ihm ist sie die Vogelfängerin oder
gefährliche Vogelfalle und er der gefährdete Vogel: "Am Ende

ist von ihr zu sagen, was Ulyss von den Felsen der Scylla erzählt. ' Unverletzt die Flügel streicht kein Vogel vorbey, auch
die schnelle Taube nicht die dem Jovi Ambrosia bringt, er
muss sich für jedesmal andrer bedienen.' Pour la colombe du
jour elle a echappé belle doch mag er sich für das nächste-
mal andrer bedienen." (An Ch. v. Stein, 23. 10. 1779). Und in
ähnlichem Sinn versichert er auch dem neugierigen Pastor
Lavater: "Ich habe mich gegen (die Schöne) so betragen, als
ich' s gegen eine Fürstin oder eine Heilige thun würde. Und
wenn es auch nur Wahn wäre, ich mögte mir solch ein Bild
nicht durch die Gemeinschaft einer flüchtigen Begierde besu-
deln. Und Gott bewahre uns für einem ernstlichen Band, an dem
sie mir die Seele aus den Gliedern winden würde." Er lehnte
eine sexuelle Bindung, sei es eine flüchtige oder eine dauernde,
durchaus ab und begründet die Ablehnung vor allem mit seiner
Hingabe an seine Arbeit:

> Das Tagewerk das mir aufgetragen ist, das mir
> täglich leichter und schweerer wird, erfordert
> wachend und träumend meine Gegenwart diese
> Pflicht wird mir täglich theurer, und darinn wünscht
> ich's den grössten Menschen gleich zu thun, und in
> nichts g r ö s s e r m. Diese Begierde, die Pyramide
> meines Daseyns, deren Basis mir angegeben und be-
> gründet ist, so hoch als möglich in die Lufft zu spit-
> zen, überwiegt alles andre und lässt kaum Augen-
> blickliches Vergessen zu. Ich darf mich nicht säu-
> men, ich bin schon weit in Jahren vor, und viel-
> leicht bricht mich das Schicksaal in der Mitte, und
> der Babilonische Thurn bleibt stumpf unvollendet.
> Wenigstens soll man sagen es war kühn entworfen
> und wenn ich lebe, sollen wills Gott die Kräffte
> bis hinauf reichen.

> Auch thut der Talisman iener schönen Liebe womit
> die Stein mein Leben würzt sehr viel. Sie hat meine
> Mutter, Schwester und Geliebten nach und nach
> geerbt, und es hat sich ein Band geflochten wie die
> Bande der Natur sind. (An Lavater, etwa 20. 9. 1780).

Was hat nun die Frau von Branconi mit der Entstehung des Gedichts zu tun? Wahrscheinlich viel, vielleicht alles. "Schlafend

hab ich Provision von Ilmenau erwartet, sie ist angekommen auch der Wein von Weimar und kein Brief von Ihnen", schreibt Goethe an jenem 6. September an Charlotte von Stein. "Aber ein Brief von der schönen Frau ist gekommen, mich hier oben aus dem Schlafe zu wecken". Und an Frau von Branconi selbst schreibt er aus Weimar, allerdings mehr als fünf Wochen nach Erhalt ihres Briefes: "Ihr Brief hätte nicht schöner und feyerlicher bey mir eintreffen können. Er suchte mich auf dem höchsten Berg im ganzen Lande, wo ich in einem Jagdhäusgen, einsam über alle Wälder erhaben, und von ihnen umgeben eine Nacht zubringen wollte. Es war schon dunckel, der volle Mond herauf, als ein Korb mit Proviant aus der Stadt kam, und Ihr Brief, wie ein Packetgen Gewürz oben auf." (16.10.1780). Und so mögen wir denn - mit dem um intime Kenntnisnahme von Goethes Sexualleben so gründlich bemühten Psychoanalytiker Kurt Robert Eissler, der eifernd für den Einfluß der Branconi und die Nacht plädiert - den Dichter aus dem Schlaf erwachen, den Brief der verführerischen Frau lesen und nun im Anblick der nächtlichen Landschaft zur Beschwichtigung seiner selbst das Lied des Wanderers an sich selber dichten lassen.

Nicht daß damit die kaum lösbare Frage nach der Entstehungszeit ernstlich entschieden wäre! Wesentlicher aber ist der Eindruck, daß sich der junge Mann in mehrfacher Ausweichbewegung befindet. Er flieht vor der Branconi, i.e. einer erotisch sexuellen Verbindung, von der ihm scheint, sie würde ihm die Seele aus den Gliedern winden, fast als wäre eine solche Schöne ein Vampir. Er flüchtet zu der ihrerseits vielfach gebundenen Frau von Stein, in ein Verhältnis, das zunächst jedenfalls durchaus auf Entsagung aufgebaut ist und dieses Element auch am Ende nie überwinden wird, so daß er, allerdings erst nach vielen Jahren, schließlich auch vor dem Druck dieser zärtlich edlen, seelisch tiefen, zwar weimarscher Klassik gemäßen, verteufelt humanen, aber doch auf ihre klassische Weise einigermaßen anämischen, sterilen, überanstrengenden Beziehung nach Italien entweichen wird. Und auch mittlerweile, nämlich in der uns angehenden Epoche des florierenden Seelenkonkubinats mit der Frau von Stein, schafft er sich, scheint es, halbe Auswegmöglichkeiten durch flüchtige Flirts mit Mieseis, wie seine etwas abwertende Bezeichnung für ihm angenehme Mädchen lautet, die womöglich nicht überschön sein sollen. Und dieses sonder-

bare Balancieren zwischen Bindung und Bindungslosigkeit, sich
hingebendem Gefühlsenthusiasmus und sich bewahrender Ego-
zentrik dieses inspirierende Spiel mit vielfacher erotischer
Anregung und - vor der Befriedigung offenbar ausweichender -
Enthaltsamkeit soll dem Selbstaufbau, der Selbstbildung, dem
zu errichtenden babylonischen Turm der eigenen Leistung und
Persönlichkeit dienen; und wäre demnach eine hochpädagogi-
sche Veranstaltung a d m a i o r e m g l o r i a m des eigenen
Ichs, eine halb asketische Lebensführung im Dienst - nicht
gerade der Tugend, sondern eher einer vermessenen Leistungsethik, einer titanischen Ambition, wie man sie ja auch der Arbeit am babylonischen Turm zuschreibt? Aber ist nicht auch
und gerade dieses vermessene Streben gut, ja "fromm", vielleicht das Beste an ihm?

Aus solchen vielfachen Nöten, Kompromissen, Bedenken mag
er sich dann freilich nach Ruhe sehnen. Die Verhaltensweise
ist bekannt, auch in Hinblick auf Goethe oft, am eindrucksvoll-
sten in Thomas Manns Goetheroman, beschrieben worden. Der
Dichter verhindert sich an sexuell erotischer Befriedigung ebenso wie an fester Bindung, die einer - ihm am Ende unerwünschten, vielleicht auch seiner Produktivität ungünstigen - Sättigung und Beruhigung dienen könnte; er erhält sich in einem
schmetterlinghaften, einer männlichen a l l u m e u s e analogen,
"betulichen" - i. e. permanent zum Flirt bereiten - quasi
adoleszenten, mit Gier, Lust, Sehnsucht, Emotion halb spielenden und sich ihrer, wenn es ernst wird, doch halb enthaltenden
Schwebezustand, in dem das "Herz" allen, auch den verwirrend-
sten Reizen der Welt offensteht, auf keinen verzichten und doch
keinem erliegen darf. Und ist dies am Ende nicht auch ein dem
Künstler als dem zwar mitfühlend-mitgenießend-mitleidenden
Betrachter und Darsteller gemäßer Zustand, da er ebensowohl
der Teilnahme wie der Distanz bedarf, um in einer der Abspie-
gelung dienenden Einstellung dem Leben gerecht zu werden?
Aber es versteht sich, daß ihn solche halbe Selbstbewahrung
in der Selbsthingabe, daß ihn das Neigen von Herzen zu Herzen,
auf das er nicht verzichten will, auch ermüdet; daß er sich den
Verworrenheiten einer zudem dem edlen Ehrgeiz der Selbstbildung und Selbststeigerung dienenden Halbaskese auch wieder entziehen will, und zumal den Verworrenheiten seiner eigenen unerledigten Erotik, die freilich auch nur eine unbewältigte Proble-

matik der Lebensgestaltung überhaupt illustrieren. So flieht er
nicht nur vor dem Städtchen hinauf zum Gipfel. Und nun, da er
sich sowohl der Branconi wie der Stein verbunden und zugleich
entzogen fühlen mag, erscheint ihm, obgleich oder vielmehr:
weil er ja selbst sich ständig daran hindert, es zu erreichen,
das Wunschbild der Ruhe im Zeichen der Resignation, des Verzichts, eines Friedens, der nur denkbar ist jenseits verworre-
ner irdischer Existenz und Verflochtenheit in Beziehungen, welche allesamt in sich den Keim der Unruhe und Unbefriedigung
tragen.

Man könnte das noch weiter ausmalen: Die Möglichkeit der
sexuell-erotisch befriedigenden Beziehung zu einer Überschönen erscheint als Bedrohung des eigenen Selbst, vor dem man
fliehen muß. Die Divertissements mit den Miesels entbehren
als flüchtige Begegnungen sowohl des seelisch beruhigenden
wie auch des erotisch befriedigenden Elements. Die Beziehung
zur Frau von Stein, in der das Mutter- und Schwester-Element
überwiegt, stiftet innere Unruhe infolge der ihr innewohnenden
Hemmung der erotisch-sexuellen Komponente, die nach Befriedigung drängt. So imponieren all diese, für Goethe so wesentlichen Beziehungen zu den Frauen geradezu als Unruhe stiftende
Vorrichtungen, aus denen freilich sich dann ein tiefes Bedürfnis
nach Ruhe ergeben mag. Zugleich aber findet - so widersprüch-
lich das auch klingt - dieses Bedürfnis in dem Verhältnis zu
Frau von Stein, das doch selbst auf "andrer Ebene" Unruhe
akkumuliert, eine vorläufige, prekäre und unsolide Befriedigung, und zwar aufgrund einer resignierenden erotischen Entsagung, die Goethe wohl auch dem Aufbau seiner Persönlichkeit
schuldig zu sein meint, als ob er gewissermaßen abbüßen müßte für das titanische Unternehmen durch den Verzicht auf eine,
gerade gewöhnlichen Sterblichen gemeinhin erreichbare Befrie-
digungsmöglichkeit.

Soviel zum Thema der halben Künstlerenthaltsamkeit. Daß es
nicht angeht, Goethes Lebenshaltung und -führung als Vorbild
für "die Menschheit" hinzustellen, scheint mir dabei ebenso
evident, wie daß man gut daran tut, nicht vorschnell zu urteilen.
Denn wer wollte auch darüber entscheiden, was für ein Energie-
haushalt für ein so exzeptionelles Unternehmen wie das Leben-
werk Goethes in jener Phase der rechte war!

3.

Auch im Hinblick auf seine Berufstätigkeit und auf die Gesellschaft im weiteren Sinne ist die Existenz des Favoriten und
Ministers eines minuskülen Fürstentums aber offenbar eine etwas verworrene und unbefriedigende, so daß man die einst ka-
nonische Version von dem sich im tätigen Leben gesund erfüllenden Manne nur noch mit Verwunderung zur Kenntnis nehmen
kann. Die vielfache Aktivität, in die er sich bis zur Überbeschäftigung zersplittert, ist zwar dazu geeignet, Goethe zu be-
lehren und zu bereichern, macht ihm aber auch immer wieder
die Nutzlosigkeit seiner Bemühungen deutlich. Und auch diese
Überbeschäftigung ist wohl eine Bürde, die er sich - immer
seinem schuldbewußten Orest verwandt - auferlegt, um endlich
auch dieser Belastung durch die sonderbare halbe Flucht nach
Italien zu entgehen.

Dem Brief von Gickelhahn folgt (am 7. September) ein zum Teil
wiederum aus Ilmenau geschriebener: "Wir sind auf die hohen
Gipfel gestiegen und in die Tiefen der Erde eingekrochen, und
mögten gar zu gern der grosen formenden Hand nächste Spuren
entdecken. Es kommt gewiss noch ein Mensch der darüber klaar
sieht. Wir wollen ihm vorarbeiten. Wir haben recht schöne
grose Sachen entdeckt, die der Seele einen Schwung geben und
sie in der Wahrheit ausweiten". Das bezieht sich auf geologi-
sche Forschungen Goethes, aber auch diese Befriedigung in
der so produktiven Flucht zur Natur, auch diese Bewegung ins
Große und Weite, in die menschlicher Kurzlebigkeit fast ins
Zeitlose entrückte Wahrheit (bei der übrigens auch eine faustisch-
mephistophelische Anspielung auf die hohen Gipfel und die Tiefen der Erde nicht fehlt) steht in Kontrast zu der sozialen Frucht-
losigkeit von Goethes Bemühungen um den Bergbau:"Wir haben
recht schöne grose Sachen entdeckt, die der Seele einen Schwung
geben und sie in der Wahrheit ausweiten. Könnten wir nur auch
bald den armen Maulwurfen von hier Beschäfftigung und Brod
geben"!

Das ist nur ein Beispiel unter vielen, das nahelegt, daß Goethe
ja auch wirklich vor der Verworrenheit und Ausweglosigkeit
der im weiteren, sozialen Sinne gesellschaftlichen Verhältnisse
Zuflucht sucht. [11] Und also wohl auch vor seiner Einsicht, daß

24

er bei all seiner Tätigkeit auf keinen grünen Zweig kommt, daß
er durch all seine Bemühung den Herzog kaum zur Vernunft, die
Finanzen nicht in Ordnung bringen, den Wohlstand des Landes,
das Wohlergehen der Gemeinschaft nicht entscheidend beeinflussen wird. Auch in dieser Hinsicht liegt in dem Entschluß, eine
Nacht allein und fern den Menschen auf dem Berg zuzubringen,
eine Geste der Resignation, des Aufgebens - und zugleich der
Hoffnung auf Befreiung in die andere, relativ zeitlose Sphäre
der Natur.

Und ist sein, auf Kosten seiner dichterischen Tätigkeit inszenier-
tes Minister- und Weltleben als erster entertainer und Ver-
trauter des Regenten, wohl auch als ein führender Politiker des
Kleinstaats, nicht auch Ausdruck seiner Eitelkeit, jenes Bedürfnisses nach Bewunderung, das ihn einst dazu vermocht hatte zum Erstaunen und Ärgernis der Leute auf dicht besetzter
Eisbahn in dem geliehenen, "purpurfarbenen, mit Zobel ver-
brämten und mit Gold geschmückten Pelz" der Mutter Schlitt-
schuh zu laufen? [12] Aber dieser beliebte Darsteller, nicht nur
des Orestes, sondern auch des allerlei Gevögel beschwatzen-
den und charmierenden Gutfreunds in der ins Weimarsche er-
mäßigten Komödie nach dem Aristophanes hat mit der Eitelkeit
zugleich auch die Einsicht in die Eitelkeit, und seine spöttischen
Kommentare zu der großen Rolle, die er in eher kleinen, nicht
allzu hoffnungsvollen Verhältnissen spielt, gelten nicht zuletzt
ihm selbst.

Auch damit ist aber das eigentliche, hier nur flüchtig zu behandelnde Thema der social frustration noch kaum be-
rührt. Man erinnert sich vielleicht daran, daß der spätere
Goethe dem Leser nahelegt, das taedium vitae, die seelische Krankheit, an der Werther zugrundegeht, nicht etwa aus
der hoffnungslosen Liebesleidenschaft abzuleiten - die nun eher
als allerdings Tragik auslösende, zusätzliche Erschwernis sowie als Symptom erscheint - sondern aus der Unfähigkeit dieses
Repräsentanten einer vielfach eingeengten Generation deutsch-
bürgerlicher Jünglinge - bzw. eines in jeder Generation sich
wiederholenden Integrationsproblems - eine angemessene Tätigkeit und Wirkungsmöglichkeit in einer gemäßen und als sinnvoll imponierenden Gemeinschaft zu finden. Auch der junge
Goethe konnte eine derartige Tätigkeit und Gemeinschaft in seiner Sturm- und Drang-Periode nicht finden. In Weimar ist er

entschlossen, sich diese Gemeinschaft zu schaffen bzw. sich einer bestehenden Gesellschaft einzufügen. Und dem Ziel sinnvoller Selbsttätigkeit innerhalb der als sinnvoll etscheinenden Gesellschaft dienen ja nun auch alle seine Versuche, von den administrativen Unternehmungen und den Festveranstaltungen bis zu der Schriftstellerei. So stellt sich Goethes Bemühung um Einordnung in die Gesellschaft auch in seiner Beziehung zur Frau von Stein dar, sowie in der - in dieser Beziehung mit-enthaltenen - Unterwerfung unter von ihm als überlegen anerkannte gesellschaftliche Formen (Manieren) und ein als gültig anerkanntes Ethos, das er mit der Aristokratie zu verbinden lernt.

Man hat ihn einen Fürstendiener nicht nur gescholten; er ist es weitgehend, und darin prototypisch für das Verhalten des deutschen Bürgertums, das auch im Verlauf des 19. Jahrhunderts immer wieder in Symbiose mit der Aristokratie und den ihr gemäßen autoritären Herrschaftsformen floriert. Nur ist zugleich zu bedenken, daß dieser Patriziersohn die - übrigens sehr freie - Dienerrolle um des babylonischen Turmbaus seiner Persönlichkeit und Leistung willen auf sich nimmt; daß er auch als der sich Ein- und Unterordnende dem Babelbau zuliebe frönt, welcher am Ende nicht nur der Selbstverherrlichung dient, sondern zugleich auch ein Selbstopfer darstellt, Ergebnis heroischer Anstrengung, Leistung und Selbsthingabe zu Nutz und Frommen der Mit- und Nachwelt und mithin einer sehr großen und doch wohl sinnvollen Gemeinschaft.

Gewiß erschien ihm gerade auch die - übrigens vielfach qualifizierte - Subordination und Einordnung ins höfische Wesen als Mittel dazu, sich Freiheit in der Ausbildung seiner Persönlichkeit zu wahren. Man erinnert sich an die u.a. im W i l h e l m M e i s t e r ausgesprochene Kritik Goethes an dem Stand des Bürgers, vom dem erwartet wird, daß er vor allem ein Fachmann, ein beschränkter Könner sei, so daß er Geltung vor allem insofern beanspruchen darf, als er aus sich ein nützliches Werkzeug gemacht hat. Das aristokratische Ideal verschmilzt Goethe mit dem menschlichen schlechthin, insofern es volle Ausbildung des Menschen gestattet, indes die bürgerliche Norm in die Spezialisierung, die Selbstverkrüppelung, die Selbstentfremdung zu führen scheint und führt.

Wie aber fällt nun Goethes Versuch der Selbstverwirklichung und
Selbsttätigkeit innerhalb der Gemeinschaft und Gesellschaft des
Kleinstaates von Weimar aus? Halbes Gelingen, halbes Mißlin-
gen halten einander die Waage. Der Versuch der Einordnung ist
mit Resignation verbunden. In Hinblick auf das Ganze der Gesellschaft - und insbesondere auf die unteren Schichten - scheint
eine Wirksamkeit des Einzelnen, die zur Etablierung oder Er-
haltung menschenwürdiger Zustände entscheidend beitragen
könnte,unter den gegebenen Verhältnissen nur in sehr eng be-
grenztem Ausmaß möglich zu sein. Aber auch innerhalb der gehobenen Kreise, in denen er Wirksamkeit beweisen kann, findet
Goethe sich von dem gegebenen Establishment beschränkt.
Und so ergibt sich wiederum eine gewisse Analogie zwischen
dem frustrierenden Verhältnis zu Weimar und der Beziehung
zur Frau von Stein, wie ja oft die erotischen und die gesellschaftlichen Beziehungen einander widerspiegeln.

Es ließen sich also, um wieder auf das Nachtlied zurückzukom-
men, Entsagung, Beschränkung in der Beruhigung, Flucht vor
Menschennähe und menschlicher Gesellschaft in das Eingebettet-
sein in die Natur, sowie die Verschmelzung solcher Motive mit
resignierender Sehnsucht nach dem von der qualvollen Unrast
menschlichen Lebens überhaupt erlösenden Tod allesamt auch
unter quasi "soziologischen" Aspekten betrachten.

Vor allem aber gilt es nun, die de facto gegebene Verbindung
des Gedichts mit einer "klassischen" Resignations- und Ent-
sagungsmentalität ins Auge zu fassen. Zwar hätte das überaus
schöne Nachtlied, so Goethesch es uns vorkommt, vielleicht
auch einem anderen Dichter glücken können. Da es aber von
Goethe ist, prägt es, wenn nicht seinen Charakter überhaupt,
so doch einen der Charaktere, den es im Laufe seiner Rezeption
angenommen hat, daß es vielfach mit jener besonderen Form
pietistisch angehauchter Klassizistik assoziiert wurde, die in
der schönen Seele der Iphigenie kulminiert, kurz: mit Weimar,
einem Begriff, zu dem vielleicht auch die Beschränkung in den
kleinen Kreis eines deutschen Duodezfürstentums des 18. Jahrhunderts gehört. Und es ist gerade der Aspekt der Resignation
vor, wenn auch nicht unerträglichen, so doch verworrenen Zuständen, in denen die menschliche Gesellschaft sich nun einmal
befindet, und zwar der Resignation unter Beschwörung des Friedens der Natur, der diesen Verworrenheiten gegenüber keine

Lösung darstellt, sondern bloß als temporär erholsames, erbaulich den Alltag unterbrechendes Ausflugsziel und Ausfluchtmoment oder Opiat sich empfiehlt, was etwa Brecht dem Gedicht und gewiß auch seinem Autor verübelt hat. Denn was hilft uns der Friede auf dem Gickelhahn, solange drunten die Städte, in denen wir wohnen, im Argen liegen?

In Brechts "Liturgie vom Hauch" lautet der, die Abwärtsbewegung des Goetheschen Gedichts umkehrende Refrain:

> Darauf schwiegen die Vöglein im Walde
> Über allen Wipfeln ist Ruh
> In allen Gipfeln spürest du
> Kaum einen Hauch.

Brechts Vöglein schweigen zu Hungersnot und zum militaristischen Terror, der die sozial Gesinnten niederknüppelt und die Revolutionären mit Maschinengewehren umlegt, bis endlich "ein großer roter Bär" einherkommt, der nun seinerseits die Vöglein bedroht und frißt - wenn auch vielleicht nicht alle, da es am Ende heißt:

> Da schwiegen die Vöglein nicht mehr
> Über allen Wipfeln ist Unruh
> In allen Gipfeln spürest du
> Jetzt einen Hauch.

Im Nachhinein mag man sich fragen, ob die Satire auf die Regionen, in denen kaum ein Hauch zu spüren ist, sich nicht gerade auf die östlichen Diktaturen anwenden ließe, ob nicht der rote Bär in seinen Wäldern bisher das anhaltendste, repressivste Schweigen etablierte? Und ferner: ob nicht jedenfalls der Brecht der "Lehrstücke" befreiender Unruhe mit Vorliebe das Wort redete, wenn sie sich bloß als rascher Übergang empfahl in einen dogmatisch disziplinierten Zustand des Zwanges im Namen vorgeblicher Erfordernisse des Klassenkampfes und des revolutionären Kollektivs? Aber derlei Erwägungen treffen auf das Gedicht aus der Hauspostille nicht recht zu, da sich Brecht ja in den mittleren zwanziger Jahren durchaus noch nicht eindeutig dem roten Bär verschrieben hatte, wohl aber für die Beunruhigung, die von der russischen Revolution ausging, und für die radikale Kritik an der bürgerlichen Gesellschaft plädierte. Das Gedicht faßt jedenfalls die Idyllik - das Schweigen der Vöglein - als Ausflucht einer repressiv

ausbeuterischen und gewalttätigen Gesellschaft auf. Es legt den
Gedanken nahe, daß die Beruhigung, die Stille, die Resignation,
das Aufgeben des in die Gesellschaft eingreifenden Handelns
seitens der Privilegierten und die Flucht in die Natur Ausdruck
einer reaktionär quietistischen Gesinnung seien; und eine derartige Kritik dürfte sich implizit auch auf die Weimarer Klassik überhaupt beziehen.

Aber was gingen uns im Grunde Brechts Absichten und Meinungen hier an, wenn nicht ein Element resignierender Entsagung
in der Beruhigung, eine Geste edler Ausflucht angesichts der
sinnlichen wie der gesellschaftlichen Welt, sowie der ersten
und letzten, i.e. der religiösen Fragen, bzw. eine positive
Fluchtbewegung in einen als idyllisch und beruhigt empfundenen,
stilisierten Naturbereich zumindest zu dem landläufigen Begriff von der Weimarer Haltung gehörten und das Unzulängliche
dieses klassizistischen Harmonisierungsversuchs nahelegten!
Denn die mit dem Begriff Weimar verbundene Vorstellung von
Bildung läßt zuviel aus, was offenbar zur Natur des Menschen
mitgehört.

Was aber das Gedicht angeht, so könnte man am Ende ihm und
seinem Autor unrecht tun, wenn man die Problematik eskamo-
tierte und hier - wie auch sonst in Goethes Werken der Weimarer Jahre - nur positive Lösungen sehen wollte, die als
solche ja ungenügend sind. Vielleicht wird das Gedicht falsch,
wie auch die Weimarer Klassik verfälscht wird, wenn man sie
nur positiv, nur aus der Perspektive des frommen Nachbeters
betrachtet, wenn man bloß daran glaubt, wenn man die Züge
leidender Unzulänglichkeit, die hier, wie auch sonst in Goethes
und nicht nur in Goethes klassischen Werken mitausgesprochen
sind, beiseiteläßt.

4.

Was war die "deutsche Klassik"? Ein prekärer, kompromiß-
hafter, zeitbedingter Harmonisierungsversuch? Elegisch ge-
tönte Tentative, eine verlorene Harmonie heraufzubeschwören -
deren elegischer Charakter den produktivsten Geistern bewußt
war - ? Und zugleich: ein Anfang, inkohative Geste in Richtung
auf eine erst zu erreichende, umfassendere, modernem Men-

schenwesen und moderner Gesellschaft gerechtere Konzeption?
Nur wurde die edle, etwas blasse Welt dieser deutschen Klassik
allzubald als paradigmatisch aufgestellt, als ob sie - der Meinung der Besten entgegen - Erfüllung und nicht Sehnsuchtsbild,
nicht einen Anfang sondern eine abgeschlossene Leistung darstellte, nicht als Station auf dem Wege aufzufassen sei, sondern,
wie einst Nietzsche in seiner jugendlichen Polemik gegen die
immer siegreiche Übermacht des Bildungsphilisters rügte, als
ob sie feste, endgültige Ziele erreicht und Werke geschaffen
hätte, die nun, verwaltet vom deutschen Schulmeister, als
Kultobjekte fungieren sollten.

Man wird vergrämt einwenden, unsere Epoche beweise ohnehin
wenig Sympathie und Verständnis für die deutsche Klassik. Wozu der Lärm in dem längst museal gewordenen Bereich der klassischen Muse? Selbst jene klassisch gesinnten Schulmeister
seien so rar geworden, daß man sich nach ihnen sehnen könnte.
- Und doch lohnt es schon deshalb, bei der Unzulänglichkeit des
aufgrund der deutschen Klassik geschaffenen Bildungsideals zu
verweilen, weil es wohl das einzige war, das in der Tradition
als Norm gewirkt hat. Den von dem Gedicht wegführenden As-
soziationslinien nachgehend, sind wir zu einer Konfrontation
mit "Weimar" geführt worden, über die wir uns nun Rechenschaft geben wollen, und zwar zunächst, wenn möglich, nur im
Hinblick auf jenes, zwar nicht eindeutig präzisierbare, auch
historischen Veränderungen unterliegende, aber uns dennoch
deutlich vorschwebende, normierte, positive deutsche Bildungsideal weimarscher Prägung, von dem vorläufig auch unbestimmt
bleibt, inwieweit es überhaupt Goethe oder Schiller oder Hum-
boldt oder sonstwem zuzuschreiben ist, das aber immer im Namen der "Klassiker" wirkte.

Wir meinten vorhin: diese normierte klassische Bildungsidee
war und ist in Hinblick auf Psyche und Gesellschaft zu exklusiv,
in Hinblick auf religiöse Fragen zu verschwommen. So weicht
sie etwa in exklusivem Idealismus - trotz der immerhin gedul-
deten römischen Elegien Goethes - gerade vor erotisch Sexuel-
lem in edler Geste zurück; will Sexualität in ihrem, von der
schönen Seele beherrschten Sanktum nur ungern dulden, oder
hält zumindest Sexualität nur der höheren Rede wert, wenn sie
sich ins Fluidum des werthaltig "Seelischen" auflösen läßt.
Und ferner wurden und werden aus dem Bereich der Seelenhaf-

tigkeit nicht nur erotisch sexuelle Regionen ausgeklammert,
sondern - als p u d e n d a , als a c h e r o n t a - überhaupt jene
dem "Tierischen" mehr als dem "Geistigen" zugehörigen Tie-
fendimensionen, die um die Jahrhundertwende am eklatantesten,
schockierendsten, wirksamsten gegenüber dem im Sinne höherer
Weihe professoral zurechtgestutzten Menschenbild und Bildungsbegriff durch Freud dargestellt wurden. Nicht minder aber weich
jene Idee zurück vor allzu krassen gesellschaftlichen Realitäten,
p u d e n d a , Grundgegebenheiten; weshalb Analoges auch für
unser Bewußtsein von der umfassenden gesellschaftlichen Verflochtenheit aller menschlichen Existenz gilt, wie sie im 19.
Jahrhundert am wirksamsten gegenüber dem professoral ge-
normten bürgerlichen Bildungskonzept zunächst von Marx formuliert wurde. Und schließlich begegnet uns die gleiche Gebär-
de edler Ausflucht als Ausweichen vor allzu klaren Entschei-
dungen in religiösen Fragen, als Verschwommenheit in der
Stellungnahme zu den "letzten Dingen", da es hier weder zu
einer konsequent atheistischen, noch zu einer konsequent religiösen Haltung, noch zum Eingeständnis der Unwissenheit in
bezug auf diese Dinge kommt, hingegen man uns mit einem
a i r von Wissen und erheblichem, quasi-sittlichem Pathos eine
Vielfalt von Halb-Möglichkeiten und Unmöglichkeiten und mancherlei Ehrfurchten salbungsvoll anempfiehlt, so daß der Gebildete gewissermaßen die Wahl hat zwischen antiken Göttern,
überirdischen Mächten, christlichem Gott oder göttlichem
Prinzip, panentheistischem oder pantheistischem Wesen bzw.
auch der Natur oder einer Beschönigung eines atheistischen
Humanismus, und zwischen allen diesen Angeboten zwar im
Dunkel belassen wird, aber in einem Dunkel, das sich selber
genügen soll, als wäre es die Weisheit und - wer weiß! -
die wahre Frömmigkeit selbst. Demgegenüber aber tritt, ebenfalls im 19. Jahrhundert, radikaler und konsequenter sowohl der
Atheismus eines Nietzsche wie etwa das Christentum Kierke-
gaards auf und drängt auf entschiedene Stellungnahmen, denen
sich übrigens nicht nur die professoral normierte, sondern
auch die echte, die Goethesche Klassizistik entzieht.

Man wird das bestreiten, wird auch einwenden, die von uns an-
gestellten Beobachtungen träfen im Grunde doch weder auf
Schillers Darstellung politischer Machtkämpfe noch auf Goethes
Darstellung der Erotik zu. - Aber treffen sie nicht dennoch zu-

mindest auf weite und beliebte Strecken ihrer Produktion zu?
Vor allem aber, und dies sollte uns ja hier ausschließlich an-
gehen,treffen sie zu auf das im deutschen Bereich wirksam gewordene bürgerliche Bildungsideal. Und eben weil dies Denkbild
klassisch weimarscher Humanität und idealischer Resignation
in einen Bereich edler Ruhe zuviel sublime Ausflucht gestattete
und zuviel als menschlich allzumenschlich ausgeklammert hat,
mag es sich wohl auch als menschliche Haltung so unzureichend
und unwirksam erwiesen haben, so unfähig dazu, dem Mensch-
lich-Allzumenschlichen bzw. Bestialischen zu steuern oder zu
widerstehen, sei es im Bereich der Einzelpersönlichkeit oder,
noch eklatanter, im gesellschaftlichen Bereich.

Lassen wir die Vergangenheit. Wie steht es hier und jetzt?
Grassiert der schulmeisterlich normierte, allzu enge Bildungs-
und Kulturbegriff, der vor allzu menschlichen Verworrenheiten
allzu bereitwillig in imaginäre Höhenregionen entweicht in der
Germanistik nicht immer noch? Gilt es nicht immer noch, dies
zu begreifen, eben weil wir uns hier und jetzt um ein umfassenderes Menschenbild und -ideal bemühen müssen, das die
psychischen und gesellschaftlichen "Unterwelten" nicht durch
weihevolle Hinweise und fromme Aufblicke verleugnete; noch
auch vis à vis den ersten und letzten Dingen - e.g. Konfrontation mit Tragik, Frage nach Bestimmung oder möglicher
Rolle des Menschen, Bejahung oder Ablehnung einer metaphysischen oder religiösen Perspektive - schillernde Schleier
vorzöge, oder sich hinter einem fragwürdigen Kultur- und
Bildungspathos versteckte, um - gräzisierend, germanisierend,
christianisierend - historisierende Scheinlösungen vorzuspie-
geln? - So sagen wir uns noch einmal: Das Bild der idealisierten, ineffablen Einzelseele, deren Bezüge zu dem animalischen, tierisch-somatischen Bereich ebenso vernachlässigt
werden wie ihre Bedingtheit durch die gesellschaftliche Funktion, auf daß sie umso universaler, sittlicher und reiner in ihrem absoluten Anspruch in lichten Nebeln von christlich-heid-
nisch-pantheistisch-humanen Göttern, Halbgöttern, Prinzipien
oder Entitäten daherschwebe, scheint uns zu sehr in der Luft
zu hängen; das kann unser Menschenbild nicht sein - es sei
denn, daß wir uns auf eine akademische Pose festlegen wollten
und uns selber zu belügen sehr fest entschlossen wären.

Oder gäbe es noch die Möglichkeit des Zurück - zur bürgerlichen Pseudo-Harmonie des 19. , zu der echteren, aber auch
nur provinziellen, empfindsamen, rousseauistisch angehauch-
ten Utopie des 18. Jahrhunderts mit ihren durchaus von der
gesellschaftlichen Situation bedingten, sozialen Vorurteilen,
ihrer in der bürgerlichen Konventionswelt befangenen Psychologie, ihren nicht mehr zugänglichen Reserven in einem noch
bewahrten, wenn auch gar sehr verinnerlichten, verdünnten
Dogma?

Aber indem wir diese rhetorischen Fragen aussprechen, kommen uns auch Bedenken - nicht in bezug auf das zur Weltanschauung erhobene, banalisierte Bildungskonzept und Menschenbild, wohl aber im Hinblick auf die Klassiker selbst, deren große Gestalten immerhin hinter dem nicht undurchsichti-
gen Vorhang der Bildungsklischees sichtbar blieben, und in
Hinblick auf echte, schöne, bleibende Werke, inklusive mancher im Sinne eines selektiven Idealismus mit dem Silberstift
entworfenen Landschaften und Darstellungen der schönen Seele,
deren ästhetischen Wirkungen man mit derlei Polemik nicht
gerecht wird.

Ist nicht überhaupt das Verhältnis zwischen dem Schönen und
dem, was uns als Wahrheit zugänglich wird, ein prekäres und
oft ein vertracktes? So manche ästhetische Wirkung, so manches Schöne scheint verbunden zu sein mit einem Wegheben
des Blicks von dem, was uns anstößig, widerwärtig, erschrek-
kend, ermüdend, langweilig oder auch allzu starke Lust er-
regend vorkommt, und also auch mit einer Oberflächlichkeit,
jenem "Glissez, mortels, n'appuyez pas", das,
wenn es sich in Weltanschauung und Praxis manifestierte, oft
als philiströse Frivolität und opportunistische Ausflucht Verachtung verdiente. Muß nicht, anders gesagt, manches Schöne
einen gewissen Verleugnungs- und Fluchtcharakter zur Schau
tragen, um einer dem ästhetischen Wohlgefallen abträglichen,
allzu intensiven Erregung von Angst, Wut, Gier, Ekel etc. vor-
zubeugen, da im Fall der negativen Affekte schon der Schein
zu viel wäre, hingegen die positiven sich mit bloß vorgespie-
gelten Figuren, Szenerien, Gefühlen nicht zufrieden gäben?
Und besteht Kunst nicht weitgehend im Auslassen? Und liegt
nicht in jeder Stilisierung eine perspektivistische Vereinfachung
und Fälschung, weshalb am Ende kein ästhetischer Effekt als

solcher allein vom Anspruch auf Wahrheit oder auf Vollständig-
keit her beurteilt werden kann, - selbst wenn man von Wortkunst
verlangt, wie dies in der deutschen Tradition seit je der Fall
war, daß sie einer als gültig empfundenen Auffassung von Leben
und Welt diene, selbst wenn man, wie der Weimarer Goethe,
der Dichtung Schleier nur aus der Hand der Wahrheit zu empfan-
gen wünschte?

Es geht nicht an, hier den Versuch zu unternehmen, diese oft
diskutierten und nicht nur für die Weimarer Klassik relevanten
Fragen auch nur annähernd zu beantworten. Nietzsche meint
einmal, die Philosophen, insbesondere die des deutschen Idealismus,seien allesamt Schleiermacher. Sollte das nicht in erhöh-
tem Maße für die Dichter gelten? Gehört nicht insbesondere zu
einem vereinfachten Typus deutsch-klassischer, idealistischer
Gesinnung, wie ihn mitunter Schiller darstellt, die Jünglings-
erfahrung, daß der holde Wahn mit dem Gürtel, mit dem
Schleier dahin sei,sowie der auch älteren Jahrgängen nahelie-
gende Verdacht, daß der Anblick der entschleierten nackten
Wahrheit nicht nur Jünglinge mit der Krankheit zum Tode, jener tief verwundenden Einsicht ins hoffnungslose Wesen der
Dinge affizierte,die der junge Nietzsche Hamlet zuschreibt?
Und kommt nicht eben jener Nietzsche, der letzte, radikalste
Repräsentant faustischer Wahrheitssuche am Ende dazu, die
Illusion als allein dem Leben bekömmlich zu statuieren, wobei
er allerdings die Wahrheit selbst als Idol auffaßt? - Wir lassen,
wie gesagt, die hier aufgeworfenen, zu großen Fragen, inklusive der Frage nach "der Wahrheit", offen, zumal wir uns
unter der ganzen Wahrheit ohnehin nichts intellektuell oder
ästhetisch Faßbares vorstellen können, bleiben aber weiterhin
der Meinung, daß sich auch im ästhetischen Bereich mehr
Wahrheiten - bescheidene, gewissermaßen klein geschriebene
Wahrheiten - über das menschliche Wesen verkraften ließen,
als jener normierte Bildungsbegriff wahrhaben wollte und will.-
Was aber die Werke der Klassiker angeht, so ist allerdings
nun zuzugeben, daß die Perspektive, unter der sie sich in ihrer historisch gegebenen Verflechtung mit normierten Bil-
dungsvorstellungen darstellen, nur eine unter anderen möglichen Perspektiven ist. Eine freiere, weniger vom Ideologie-
verdacht inspirierte, ästhetischer Wirkung naiver offene Betrachtungsweise ist nicht nur möglich, sondern auch wünschens-

34

wert, wenngleich wir durchaus nicht daran glauben, daß es so
etwas wie ein ideologisch un-bedingtes, "rein ästhetisches"
Interesse, oder eine "rein ästhetische" Betrachtungsart gibt,
oder auch nur geben könnte. [13]

Hier gilt es offenbar zu unterscheiden: wenn wir unser Gedicht, wie auch andre Werke der Klassik, in der de facto
gegebenen Verflechtung mit einer, zur Weltanschauung normierten Klassik und Weihestimmung und mit dem archaisch
verfestigten Bildungskult betrachten, so führt es uns legitimerweise in den besprochenen Problembereich - eines etwas
repressiven Quietismus, einer, gewissermaßen bis zur Sterilität gereinigten, allzu reinen, allzu sonntäglich schönen Seelen-
haftigkeit, einer die metaphysische Saite in Schwingung ver-
setzenden Stimmung von allzu unverbindlicher Naturfrömmig-
keit. Jedoch sobald wir das Gedicht nicht mehr auf seinen
Stellenwert innerhalb dieser Bildungsideologie betrachten (und
zwar um diese und nicht eigentlich das Gedicht selbst anzu-
greifen!), ändert sich offenbar auch unsere Einstellung, und
wir finden selbst die Zumutung, daß uns das in seiner Unschuld
so unangreifbare Lied mit ideologischen Belangen konfrontiere,
einigermaßen absurd. Hat denn, so fragen wir dann, ein solches Gedicht nicht vor allem die Wahrheit eines Zustandes,
eines Affekts, einer Stimmung darzustellen? Weniger als ir-
gendwer sonst ist der Dichter zu grober Konsequenz verpflichtet, geschweige denn zu ausführlicher Begründung oder Systematik. Selbst wenn man einem - bei Goethe überdies zutiefst
verankerten und auch systematisch begründeten - Glauben an
die Natur mit Skepsis begegnete, wäre es Pedanterie dem
Dichter zu verübeln, wenn er, Zuflucht bei der Natur suchend,
seinem Vertrauen den reinsten Ausdruck gäbe. Selbst wenn
man, als Partisan der Unruhe, meinte, daß bei dem Wunschbild klassischer Ruhe keine Bleibe sei, hätte man keine Ursache den Dichter zu rügen, der dies Wunschbild heraufbeschwört.
Und welcher dogmatische Fanatiker und Bürokrat wollte es ihm
mißgönnen, wenn er sich den Verworrenheiten gesellschaftlicher Welt entziehen wollte, die in alle absehbare Zukunft selbst
unter verbesserten sozialen Bedingungen belastend genug bleiben werden, um gelegentliche Erfrischung unter Vögeln, Bäumen, Bergen und stillen Himmeln noch als wünschenswert erscheinen zu lassen!

Wir wollen diese Einwände beherzigen, um uns, ohne Rücksicht
auf den historischen "Zufall" seiner Einbeziehung in einen uns
wenig ansprechenden Bildungskult, noch einmal von der Wirkung
des Gedichts Rechenschaft zu geben; hegen aber zugleich den
Verdacht, daß die vorhin geäußerten, dem ästhetischen Genuß
allerdings abträglichen Gedanken wohl doch nicht ausschließlich
der Verfälschung der echten Weimarer Klassik zuzuschreiben sein mögen.

5.

Wir meinten: Das Gedicht zeichnet sich durch Ausgewogenheit
aus, wohl auch durch Ambiguität. In Hinblick auf sein Hauptthema der Ruhe, das zu Anfang groß und objektiv, am Ende in
intensiv subjektiver Weise anklingt, hält es zweideutig schwebend die Mitte zwischen der Ruhe des klassisch Schönen und der
Ruhe des Todes. - Der Verbindung zwischen dem Gedicht und
dem nicht nur deutscher Klassizistik entsprechenden Wunschbild der Ruhe in der Harmonie des Kosmos, der Gleichung zwischen der stillen Seelengröße und der ihr analogen Landschaft,
wie sie der Brief vom 6. September 1780 herstellt, entsprechen
in dem nächstfolgenden Brief an Charlotte von Stein auch die
von Goethe in eine "unmelodischere" und "unausdrückendere"
Sprache" übersetzten, frühen griechischen Verse:

Und wenn du's vollbracht hast,
Wirst du erkennen der Götter und Menschen unänderlich Wesen
Drinne sich alles bewegt und davon alles umgränzt ist,
Stille schaun die Natur sich gleich in allem und allem
Nichts unmögliches hoffen, und doch dem Leben genug seyn.

Wer wollte die klassische Weisheit solcher Beruhigung und
Bescheidung, solcher Selbstbegrenzung in der Ruhe leugnen!
Wir glauben nun zu begreifen, was E.M. Wilkinson meinen mag,
wenn sie "so much profundity of thought" in dem
Goetheschen Gedicht findet und mit der ihr eigenen Sicherheit
behauptet: "It is absolutely essential, it is indeed
the heart of the poem's meaning and the feature
which stamps it as peculiarly and specifically
Goethean that 'Gipfel' should precede 'Wipfel'"
(op.cit.,22), - obschon sie weiß, daß es in einer offenbar
früheren Fassung "Über allen Gefilden ist Ruh" hieß. [14] Was

die Interpretin zu solchem Überschwang bewegte, war offenbar
Begeisterung für das, was sie als Einheit des Subjektiven und
des Objektiven in dem Gedicht bezeichnet, also wohl für die so
"klassische" Übereinstimmung zwischen subjektivem Gefühl
der Geborgenheit und objektiven (quasi wissenschaftlichem)
Befund der Einordnung des Menschen in ein gegliedertes Ganzes - des Kosmos, oder zumindest unsres Planeten - dessen
natürliche Ordnung offenbar als einleuchtender empfunden wird,
wenn die Anführung der sie konstituierenden Bereiche entsprechend der erschlossenen chronologischen Reihenfolge ihrer
Entstehung erfolgt: das Gestein (die Gipfel) den Gewächsen,
diese den Tieren vorangehn, obschon man sich fragen könnte,
ob die bloße Erinnerung an eine derartige Reihenfolge - mag
man sie auch als "organisch" bezeichnen - uns im Vertrauen
auf eine kosmische Ordnung zu bestärken geeignet wäre, wenn
wir den Glauben an eine solche bzw. das Vertrauen in die
"große, formende Hand" des Schöpfers nicht voraussetzten.

Immerhin ist klar, welches klassische Wunschbild weiser,
seliger Befriedung im Frieden der Natur hier gemeint ist,
sagt Goethe selbst doch etwa von dem Wasserfall im Lauter-
brunner Tal angesichts dessen sein "Gesang der Geister über
den Wassern" entstand; der Staubbach "wäre ihm das höchste
Ideal zur Ruhe, sein Fall und Wasserstaub hätte ihn mit einem
seligen Gefühl überfallen; überhaupt wenn der Mensch sich nur
stets der Ruhe überließe, würde er alles in der Natur ansehen,
wie Natur es gibt".[15] So wäre die Unruhe, das Kainszeichen
der Unrast, die Ungeduld bei Goethe wie bei Kafka, Merkmal
des Sündenfalls und Fluchs des Menschen und vielleicht nur
die Bewertung des Fluches der Unrast, i.e.: des rastlosen
menschlichen Strebens, eine andere?

Genauer umschrieben wird eine klassische (antike) Tradition
der Form und des Gehalts in der eingehend-überzeugenden
Analyse von Heinrich Lausberg (op.cit., 13 ff.), demzufolge
das Nachtlied aus der rhetorischen Figur des disiunctio
besteht, - einer Reihenfolge mehrwortiger Glieder, deren jede
aus mindestens zwei, gewissermaßen konträren Elementen,
nämlich einem ungefähr gleichbedeutenden (synonymen) und
einem, in allen Gliedern bedeutungsverschiedenen (diversivoken)
zusammengesetzt ist. Die disiunctio erscheint hier als
vierfache Illustration des - konstanten, synonymen - Elements

der Ruhe: 1) Über allen Gipfeln ist Ruh, 2) In allen Wipfeln
spürest du kaum einen Hauch, 3) Die Vögelein schweigen im
Walde, 4) Warte nur , balde ruhest du auch. Ferner: die
Figur der di si u n c ti o wurde schon von den Alten als Mittel
zur detaillierten Beschreibung (e k p h r a s i s) der Nacht bzw.
der Nachtruhe verwendet. Lausberg fügt hinzu: "Die gewollte
Monotonie der "Ruhe" wird hierbei durch synonymische Ab-
wechslung interessant gemacht, während die Aufzählung der
diversivoken Weltteile, die von der "Ruhe" erfaßt werden, die
totale Herrschaft der Nacht ausdrücken soll" (op. cit. , 76).
Auch weisen manche antike Texte eine weitere Beziehung zu
Goethes Gedicht auf, insofern in ihnen die Figur der di si u n c -
ti o , nachdem sie in mehreren Naturbereichen die Nachtruhe
illustriert hat, am Schluß auf den Menschen bezogen wird, um
hervorzuheben, daß dieser (e. g. Medea, Dido, der Dichter) an
der allgemeinen Nachtruhe keinen Anteil hat, vielmehr von
innerer Unruhe geplagt wird. Wir fassen die in der Tradition
gegebenen Elemente zusammen als E k p h r a s i s d e r N a c h t -
r u h e d u r c h d i s i u n c t i o m i t a n t i t h e t i s c h e r - a u f
d e n M e n s c h e n b e z o g e n e r -E n d p o i n t i e r u n g. Diese
Tradition wird vollständig illustriert durch Stellen aus Statius
(silv. 5, 4, 1-8), Vergils A e n e i s (4, 522-530) und Apollonius
Rhodius (A r g o n a u t i c a , 3, 744-751 (Fränkel, Oxford, 1961),
reicht aber offenbar bis auf ein Gedicht von Alkman (fragm.
89; D. L. Page: P o e t a e m e l i c i G r a e c i , Oxford 1962, p.
62)) zurück, [16] das nur unvollständig erhalten ist und sich
auch dem formalen Schema nicht ganz fügt. Dieses Fragment
lautet in deutscher Übersetzung:

> Es schlafen der Berge Gipfel und Schluchten,
> die Vorgebirge und Bergbachtäler
> der Wald und die kriechenden Tiere, die die schwarze Erde
> nähret,
> die wilden Tiere der Berge und das Volk der Bienen
> und die Ungetüme in den Tiefen der rötlich schimmernden
> Salzflut;
> es schlafen der flügelspannenden Vögel Völker.

Man nimmt an, daß auch Alkmans Verse sich auf den Menschen
erstreckten, der sich im Kontrast zur Ruhe der Natur befindet.
So macht es, wie auch Lausberg hervorhebt, im Rahmen der

klassisch antiken Tradition, in der es zweifellos steht, geradezu die Eigenart von Goethes Gedicht aus, daß er die antithetische Spannung zwischen der Ruhe der Natur und dem unruhigen
Menschen wenn auch nicht aufhebt, so doch erheblich zu mil-
dern scheint. Und diese Annäherung an eine völlige Harmonie
zwischen ruhiger Seele und Ruhe des Kosmos, die dem klassisch antiken, die Divergenz zwischen Natur und Mensch her-
vorhebenden Topos offenbar fremd ist, scheint umso bemer-
kenswerter als ja die glatte Einordnung der großen, harmonischen, schönen, stillen , in ihrer Uninteressantheit fast unbeweglichen und in der Unbeweglichkeit sich am wohlsten fühlenden Seele in die große, schöne, stille Ordnung der Natur einer
Weimarer Gesinnung charakteristischer Weise als Um und Auf
des Klassischen galt, wenn auch schon Lessings L a o k o o n
zumindest der Literatur die Freiheit wahren wollte vor dem
für die bildenden Künste immerhin anerkannten klassischen
Monopol edler Einfalt und stiller Größe, das in seinem exklusiven Anspruch durch die Aussicht auf eine ubiquitäre himm-
lische Monotonie und Langeweile bedrohlich wirkt. - Damit
sind wir aber nun doch wieder bei dem Thema der vorhin ab-
gebrochenen Polemik, und zwar nun nicht bloß in Hinblick auf
eine normierte Bildungsvorstellung, sondern in Hinblick auf
die von Winckelmann inspirierte Klassik selbst.

Es trägt zu der ästhetischen Wirksamkeit, Schönheit, Wahr -
heit, auch zur Weite und gelösten Offenheit des klassisch antiken Fragments von Alkman wesentlich bei, daß er nicht nur,
wie Goethe, die Friedensmacht des Schlafes auch an sonst Un-
ruhigem erweist, sondern, statt nur an sich schon glatt ein-
gängige, im Vorhinein zur Idyllik befähigte Objekte aufzunehmen, auch an sich beunruhigende , Befremden oder Furcht er-
regende Objekte und Wesen einbezieht, wie die Felsenschluch-
ten, die kriechenden Tiere, oder, wie Baumgart übersetzt:
"alles Gewürm der schwarzen Erde / Und die Ungeheuer der
dunklen Meerestiefe". Auch empfinde ich nun, ohne die Aussicht, die man in der Nähe der Bretterhütte vom Gickelhahn
aus hatte, im mindesten schmälern zu wollen, daß man bei
Alkman den Vorteil hat, durchaus im Freien zu übernachten.

Einem zum Teil von Distanzgefühlen inspirierten Enthusiasmus
gilt das antik Klassische übertriebener Weise als d a s G e -
s u n d e   schlechthin. G e s ü n d e r ist es aber - nicht nur als

das eigentlich R o m a n t i s c h e , sondern ebenso als die klassizistische Romantik - und zwar auch deshalb, weil es, ohne
Kontrolle, Herrschaft, Macht zu formender, das Disparate in-
tegrierender Gestaltung zu verlieren, sich, zum Unterschied
von dieser romantischen Klassizistik, so viel "Extremes",
Angst, Ekel, anarchische Lust Erregendes, gräßlich Tragi-
sches, Komisches, Groteskes, Obszönes, Pathologisches,
Wahnsinniges, Ekstatisches leisten kann. Man denke an die antiken Mythen und Tragödien, in denen etwa Inzest, Kastration
oder Ermordung des Vaters, sowie Verwandtenmord überhaupt, auch mit sadistisch kannibalistischen Elementen (e.g.
Auffressen der selbst oder von einem anderen getöteten eigenen Kinder), ferner extreme physische oder seelische Tortur
(e.g. des bestraften Prometheus, des brüllenden Philoktet,
des tobenden Ajax) die Regel sind. Man denke an den Humor
der Aristophanischen Lysistrata, an die expliziten, in ihrem
Darstellungsbereich bisexuellen griechischen und lateinischen
Erotika, aber auch an mystisch frenetische Dithyrambik usf.
Und man denke nun im Vergleich dazu an die Werke und Gesinnungen jener Weimarer Epoche, in der sich Empfindsamkeit und eine sehr weitgehend zu bloßer Literatur gewordene
klassisch-mythische Tradition einander annähern und quasi
umarmen, soweit es eben unter der Aegis pietistischer Empfindsamkeit und exquisit literarischer Symbolik zu einer Umarmung kommen kann. Man denke an das schon erwähnte,
exklusiv defensive Verhältnis, in dem ja auch das echte Weimar im großen ganzen zum erotisch sexuellen Bereich steht,
an die minimale, in diesem Bereich zugelassene Quote von
kaum noch Aristophanischem Humor, sowie an die Weise, in
der hier der Bereich des Tragischen domestiziert und be-
schnitten wird, sei es durch ein allzu empfindliches Bedürfnis
nach edler Einfalt und stiller Größe, eine allzu trostbedürftige
"späte" Sensibilität oder durch einen zwecks Selbstschutz unentwegt die Scheuklappen eines Jünglingsenthusiasmus vorhal-
tenden Idealismus bzw. durch eine auf Dezenz bedachte, pä-
dagogisch beschränkte, die Konvention ihres moralischen Ko-
dex ängstlich hütende bürgerliche Sittlichkeit.

Und wer wollte denn am Ende auch leugnen, daß Goethe selbst
an der zumal ins sittlich Idealistische meliorisierenden Tendenz
von Weimar teilhat? In der ethisch humanen Milderung und

Verinnerlichung, in dem weitgehenden Verzicht auf Aktion und
Aktivität, in der besinnlichen Dämpfung liegt ja auch ein ästhetischer Reiz, der den verbürgerlichten deutschen Klassizismus unterscheidet, - sowohl von der grandiosen Offenheit und
Radikalität der Alten, wie auch von näherliegenden Vorbildern,
zumal den innerhalb strengerer formaler Konvention extrover-
tierteren, passionierteren, aristokratisch gesinnten Franzosen
des 17. Jahrhunderts. - Und doch bleibt Goethes, von Nietzsche
getadelte, von Erich Heller eingehend behandelte "a v o i d a n c e
o f t r a g e d y" die Schwäche, die sie ist. Und doch erwiese
man der deutschen Kultur einen schlechten Dienst, wenn man
das Kunst- und Bildungsideal der Weimarer Klassizistik noch
als vorbildlich anempfehlen wollte.

Man mag - mit Verlaine - einwenden, die antike Seele sei roh
und eitel gewesen, und die Einschränkungen der durch das
Christentum verfeinerten, humaneren, zivilisierteren, penible-
re Selbstzensur übenden und also auch gehemmteren modernen
Psyche zugute halten. Aber was taugt Verfeinerung, Veredlung,
Humanisierung, solange sie sich vornehmlich in einem Schutz-
gebiet bewährt; statt das Rohe zu bewältigen, es bloß verleugnet, wodurch es kaum tangiert, geschweige denn gebändigt wird
Haftet doch das Odium dieser allzu edlen, weihevoll eskapistischen, in Klassenzimmern verzapften Klassik - zusammen mit
der heimlichen Überzeugung, derlei erbauliche Literatur sei ja
auch nicht für Erwachsene, so gerne man ihren pädagogischen
Bildungswert für die reifere Jugend anerkenne - längst auch
der gewählten, gehobenen Sprache, e. g. dem Blankvers unsrer
Klassiker an: und zwar in Retrospekt - mit Unrecht - sogar bei
Lessing, der ihn ins hemdsärmelig Prosaische verfremdete;
sogar bei Goethe, dessen I p h i g e n i e und T a s s o in Wahrheit die vollendete Meisterschaft in der Behandlung dieses Ver-
ses beweisen; sogar bei Kleist, dessen enorme Originalität,
von dieser Form eher wohltuend beschränkt, sich doch immer
siegreich in ihr behauptet; und noch viel mehr bei Schiller,
einem in der Behandlung des Metrums oft zu glatten, freilich
virtuosen Routinier, dem auch der Blankvers metrisch und
gestisch oft zur Routine wird, geschweige denn bei Grillparzer,
dessen wenige interessante Stücke von der alles ins anämisch
Theatralische einebnenden Hoch- und Bühnensprache halb verdorben sind, die endlich - über jede Versform, ja selbst über

Prosa triumphierend, und nahezu emanzipiert von den ihr unter-
legten Texten - ein non plus ultra des garantiert Unech-
ten - uns in hohler Feierlichkeit als Burgtheaterstil anödet!

Auch ist diese Entwicklung keine zufällige, sondern von Anfang
an im Phänomen des Weimarer Klassizismus angelegt, nämlich
in dem Aspekt der Ausflucht vor unbewältigten Konflikten in die
"Höhen": e.g. die Schutzgehege privilegierter, halb aristokra-
tischer und hochbürgerlicher Klüngel, in das Schongebiet "rein
seelischer" Beziehungen, welche die Hälfte des Menschlichen
verleugnen, sowie auch zu der - nicht so viel weniger, nur
anders als in der französischen Neoklassik, nämlich à la
nature zurechtgekämmten und embellierten - Natur, die der
Frömmigkeit einen Vorwand bietet, obschon in Wahrheit das
echte Vertrauen in die längst als unfühlend erlebte vielfach
fehlt, sodaß auch das beau idéal der harmonischen Einordnung in die Ruhe des Kosmos dem Verdacht der Beschönigung
ausgesetzt ist. Sollte man sich am Ende nicht selbst bei Goethe
fragen, ob dem - etwa in des"Wandrers Nachtlied" angeregten -
Gefühl der Einheit des Menschen mit der göttlichen Ruhe der
Natur wirklich ein Glaube an deren Beseelung entspricht oder
bloß die sentimentale Bereitwilligkeit, sich angesichts dessen,
was Goethe in einem der Epoche des Gedichts zugehörigen
Brief an Lavater als die bevorstehende Auflösung des Menschen
in seine Elemente bezeichnet, einer tröstlichen Illusion zu
überlassen?

Dennoch gilt nicht nur wiederum, daß der Autor bzw. der
Protagonist unseres Gedichts ein gutes Recht darauf hat, wenn
er sich angesichts der Ruhe der Natur beruhigt und die eigene,
leidensfähige, ruhebedürftige Seele in diese Ruhe miteinbezie-
hen will; und daß - wie immer es beim "weimarisch" gesinnten Bildungsphilister damit aussehen mag - bei Goethe das
Naturvertrauen nicht bloß Strategie der Beruhigung ist, er vielmehr von der Verbindung des Menschen - und insbesondere:
seiner selbst - mit der Natur überzeugt ist, wie auch seine
Naturforschung Ausdruck seines positiven Vertrauens in das
Wesen und die Ordnung des Kosmos und mithin seiner panthe-
istisch fühlenden Frömmigkeit ist. Sondern es ist auch zu bemerken, daß es bei eben diesem Dichter, dem man das momentane Gefühl völliger Harmonie mit und in der Natur sogar glauben könnte, jedenfalls in dem vorliegenden Gedicht zwar zu einer

42

Annäherung, aber durchaus nicht zu dem unzweideutigen Ausdruck einer derartigen Einordnung kommt, er dem antiken Topos vielmehr treuer bleibt als klassizistisch frömmelnde Ausleger wahr haben wollen, da auch in Goethes Lied der Mensch der Ruhe der Natur nicht teilhaft wird, sondern sie nur ersehnt.

Am Anfang des Gedichts steht ein umfassendes Präsens, fast als wäre der Augenblick seiner Gegenwart zeitlos; das Ende des Gedichts (warte nur , balde ruhest du auch) bedient sich eines Präsens, das Zukunftsbedeutung hat und somit impliziert, daß des Wanderers Teil immer noch die Unruhe ist, der er seinen Namen verdankt. So hält sich das Gedicht auch im Hinblick auf das klassizistische Ideal der harmonisch uninteressanten Schönheit und Einordnung in die Ruhe des natürlichen Kosmos in der Schwebe zwischen Ruhe und nachklingender Unrast. Und eben weil der Mensch die Unrast -zumal auch des faustisch titanischen Strebens - im Leben nicht sättigen und abtun kann, kommt es, daß Goethe und sein Gedicht auch in der Schwebe bleiben zwischen dem Ideal irdischer Beruhigung und dem Wunschbild des Todes und seiner jenseitigen Ruhe. Denn zu dieser scheint doch der an sich näher liegende Gedanke an die bevorstehende Nachtruhe des Schlafes überzuleiten, und zwar gemäß einer alten, von Lessing damals aber verstärkten, renovierten und sehr beliebt gemachten Assoziation. Hatte doch Lessing in seinem für die deutsche Klassizistik charakteristischen Essay, Wie die Alten den Tod gebildet, die antike Todesvorstellung auf die den Tod verharmlosende und beschönigende, quasi idyllische Auffassung von der Bruder-[17] schaft zwischen Schlaf und Tod allzu exklusiv eingeschränkt; und diese Annäherung der beiden Bereiche findet sich bei Goethe immer wieder, der auch im 8. Buch des 2. Teils von Dichtung und Wahrheit berichtet, wie der "Gedanke, daß die Alten den Tod als Bruder des Schlafes anerkannt und beide (...) zum Verwechseln gleich geschildert", von ihm als Triumph des Schönen empfunden und gefeiert wurde.

Auch kann die Interpretation im Sinne der dem Wanderer bevorstehenden Todesruhe sich auf Goethe selbst berufen, der, allerdings 60 Jahre nach der Entstehung des Gedichts, als er, knapp vor seinem letzten Geburtstag, jene Hütte auf dem Gickelhahn noch einmal besuchte, die einst in die Bretterwand geschriebenen Verse als Vorankündigung seines eigenen bevorstehenden Endes auffaßte. [18]

In dem "Ruhest du auch" wird also mit jener Herbheit, die
melancholischer Gelassenheit ihren Beigeschmack gibt, die
Ruhe jenseits des Lebens antizipiert. Und der Reiz einer solchen Stimmung, wie überhaupt die Vergnügen der Melancholie,
die Goethe auch mit Frau von Branconi zu teilen meint, liegen
dem Gefühlsgeschmack der Epoche durchaus. So berichtet ein
gewisser Funck von einem Gespräch, in dem Goethe in Hinblick
auf den Fürsten von Dessau sagt, man würde "in dieser langen
Figur mit schwarzen Haaren die sanfte Seele (nicht vermuten),
wenn nicht sein Auge eine gewisse Schwermut verkündigte";
worauf man sich darüber unterhielt, "warum Schwermut so
sehr gefalle, warum Traurigkeit so sehr einnehmend sei".
"Doch nur für diejenigen, bemerkte Goethe bedeutsam, die
selbst dieses Labsal mit sich in ihrem Busen herumtrügen".
Funck fügt hinzu: "Branconis Charakter neigte zur Schwermut,
und von Goethe wissen wir, daß auch ihm, dem Lebensfrohen,
vermöge der wunderbaren Mischung seiner Natur die trübsin-
nige Melancholie nicht fremd war", [19] - was übrigens ein takt-
volles understatement ist, da der Schriftsteller Goethe
zeitlebens bei dem breiteren Publikum in In- und Ausland hauptsächlich als Dichter des passionierten Weltschmerzes, einer
freilich äußerst gedichtfähigen und zu künstlerischer Verarbei-
tung geeigneten Krankheit zum Tode, bekannt, berühmt und
auch berüchtigt war, nämlich als Autor des W e r t h e r , des
zur Schwermut verführenden, manche Leser zum Selbstmord
verlockenden oder zumindest in ihrem à la Werther stilisierten Selbstmord inspirierenden, "gefährlichen" Buches. Und
weder die später, im Sinne des "Sei ein Mann und folge mir
nicht nach" vorangestellte Mahnung , noch die Bemerkung,
daß für den Autor die Arbeit die kathartische Wirkung hatte,
ihn von den im Werk veräußerten Giftstoffen zu befreien, noch
auch die Anerkennung distanzierender oder objektivierender
Darstellungselemente im Roman selbst, die gleichwohl einer,
der Identifikation des Lesers mit dem Helden dienenden Erzähl-
weise keinen Abbruch tun, ändern etwas daran, daß das Buch
eine Art Panegyrikus auf die Melancholie ist.

Auch inspiriert Melancholie nicht nur - in Dämmer, Nebel-,
Mondenglanz - die besten Gedichte der frühen Weimarer Periode.
Denn wenn in der eigentlichen Lyrik des Sturm-und-Drang-

Goethe der Ausdruck manischer (zumal schwärmerisch-
enthusiastischer und titanisch-megalomaner) Stimmungen den
der depressiven überwiegt, so entstehen doch auch hier Wirkungen von höchstem Reiz durch eine eigenartige Mischung
beider Stimmungsbereiche (wie etwa in "Willkommen und Abschied", "Herbstgefühl" oder "Auf dem See"). Und auch den
späteren Goethe inspiriert und bedroht die pathologisch gestei-
gerte Empfindsamkeit, die Werthers Teil war: dient ihrer Darstellung, sowie der Auseinandersetzung mit ihr doch sein
alter ego, die überzeugendste Figur seiner klassischen
Dramen, nämlich der zu melancholischem Wahnsinn prädesti-
nierte Hofdichter Tasso. Bis ins hohe Alter begleitet ihn das
produktionsfördernde Leiden und Labsal. Als Siebziger, nach
dem Zusammenbruch eines doch wohl manischen Zustandes,
in dem er die 19jährige Ulrike zu ehelichen hoffte, dichtete
er, den Schatten des Selbstmörders Werther anrufend: "Zum
Bleiben ich, zum Scheiden du erkoren, / Gingst du voran -
und hast nicht viel verloren" - als wollte er die eigene, immerhin ergiebige Arbeit an der dem babylonischen Turmbau schöpferischer Leistung gewidmeten Existenz auslöschen. Und gewiß verdankt er den Impuls zu der - auch auf Tasso rückverwei-
senden - Trilogie dem Druck des taedium vitae nicht
minder als der absonderlichen, halb fiktiven Leidenschaft,[20]
die er ja vielleicht auch der Nötigung zu produktiver Ausflucht
vor der Melancholie verdankt, einer Ausflucht, die zugleich
Steigerung und temporäre Bewältigung des Leidens mit sich
bringt.

Auch unser Gedicht ließe sich mithin, statt auf seinen klassischen Gehalt hin, im Zusammenhang, mit dem ruhebedürftig
todessüchtigen Weltschmerz besprechen, gewinnt aber einen
großen Reiz dadurch, daß es, analog einem noch prekären Aus-
gleich zwischen Wertherscher Melancholie und Winckelmann-
schem Klassizismus, wie gesagt, in der Schwebe bleibt zwischen elegisch vibrierender, lebenswunder, halb den Tod er-
sehnender Empfindsamkeit und dem Wunschbild friedlicher
Einordnung in den beruhigten Kosmos eines natürlichen Daseins
Wenn aber hier der erfüllte Augenblick antizipiert wird als
Augenblick der Beruhigung im Dasein und als Ruhe im Tod -
findet dann dieses Einschwingen in die Harmonie nicht an der
Kippe zur Erstarrung und zur Vernichtung statt? Blickt uns

dann das Gedicht, um die anfängliche Frage hier zu wiederholen, nicht mit einem enigmatischen Lächeln gelassener Resignation an, mit einer seltsamen Mischung von Frömmigkeit und Ironie, Erfüllung und Verzweiflung?

Die Briefe, welche die Komposition des Gedichts umgeben, legen nahe, daß Goethe, der ja damals weit davon entfernt war, sich für gefestigt zu halten, sich einer derartigen Problematik des von ihm fixierten Augenblicks bewußt war. Aber auch diese Problematik entspricht wiederum nur einer der möglichen Perspektiven, unter denen sich das Gedicht, gleich einer unter wechselnden Aspekten erscheinenden Landschaft, sehen läßt Ist das Gedicht nicht - trotz und wegen seiner Verbundenheit mit einer Todesvision - auch Poesie der Selbstbeschwichtigung? Der Wanderer "whistles in the dark", vielmehr: er singt sich im Dunkel sein Nachtlied vor, um sein rastloses Herz zu beruhigen, sei es auch mit einer Selbsttäuschung, die den Tod in Erfüllung umdichtet. Und so kann man sich von der besprochenen Problematik legitimerweise auch auf die bloße Anerkennung des Ideals der Ruhe in der Natur zurückziehen, in dem klassische und empfindsame Gefühlsrichtung zusammenfinden können - und am Ende vielleicht sogar den Goethe allezeit lieben Schlaf an die Stelle des Todes setzen.

Mit nicht geringerem Recht aber kann man die besprochene Problematik auch transzendieren, indem man sie weiter verfolgt und vertieft. Wir sagten, das Gedicht bringe zweierlei zusammen: nämlich ein klassisch ästhetisches Ideal von völlig beruhigter Harmonie in und mit der Natur,- das offenbar erotischer Art ist, ein sublimes Derivat gesättigter, beruhigter und veredelter Sinnlichkeit, - und die Vorstellung der Vollendung im Tod, die in einen anderen Bereich als den irdisch erotischen, nämlich in den Bereich des Thanatos deutet, der jenseits irdischer Erfüllung liegt. Wenn aber hier im erfüllten Augenblick das Wunschbild der ästhetisch erotischen Schönheit und der Vollendung im Tod in eins verschmelzen, so besingt das Gedicht damit zwar noch nicht ausdrücklich einen Liebestod, sagt auch nicht: "Wer die Schönheit angeschaut mit Augen" sei "dem Tode schon anheimgegeben", liegt aber in seiner noch unschuldigeren Art auf der Linie, die zu der expliziteren, pointierteren, in gewissem Sinne radikaleren Formulierung Platens führt.

6.

Wir sind am Ziel unserer Betrachtung angelangt, insofern sich
das Gedicht nun als Variante auf ein - oder d a s - Grundthema
und Grundproblem Goethes darstellt, nämlich auf das Erlebnis
des ἓν καὶ πᾶν, des Eins und Alles im "ewigen", erfüllten
Augenblick. Dieses Erlebnis wird annähernd realisiert im
"Mailied" - obschon diese Realisierung gerade durch den poin-
tierten Schluß des hymnischen Gedichts etwas beeinträchtigt
und fast wieder in Zweifel gezogen wird; es wird unter ungün-
stigsten Wetterbedingungen im "Sturmlied" vergebens ertrotzt;
als trotziges Programm proklamiert im "Schwager Kronos"
und enthusiastisch verwirklicht im "Umfangend umfangen!"
des "Ganymed". Es ist das Um und Auf von Fausts Streben,
das Sehnsuchtsziel seiner Wetten und seines Pakts. Denn, wie
Erich Heller überzeugend ausgeführt hat, in jenem "Werd' ich
zum Augenblicke sagen: / Verweile doch! du bist so schön! /
Dann magst du mich in Fesseln schlagen, / Dann will ich gern
zugrunde gehn!" ist von etwas andrem und etwas mehr die
Rede als von dem fast im gleichen Atem genannten, von Faust
verachteten Augenblick der Erschlaffung ("Werd' ich beruhigt
je mich auf ein Faulbett legen, / So sei es gleich um mich
getan!"), nämlich wiederum von Goethes Sehnsuchtsziel, von
dem "zeitlosen" Augenblick höchster Erfüllung, den Faust
selbst vom Teufel begehrt, obschon er zu wissen meint, daß
der Teufel ihn ihm nicht zu verschaffen imstande sein wird, und
den auch der Uralte nur antizipierend erfährt, wie ja der erfüllte Augenblick auch in unsrem Gedicht nur vorgeahnt wird. -
Aber wo ließe sich zu diesem Thema ein Ende finden? Es liegt
Goethes wissenschaftlichen Einfällen, e.g. seiner Auffassung
der Blüte als des quasi in einem raumzeitlichen Moment der
Erfüllung konzentrierten Gesamtwesens der Pflanze zu Grunde,[21] sowie seiner für die große Epoche der deutschen Literatur entscheidenden Aufassung des Symbols als des Besonderen, welches das Allgemeine repräsentiert, "nicht als Traum
und Schatten, sondern als lebendig augenblickliche Offenbarung
des Unerforschlichen",[22] und ebenso dem das Credo, die Weis
heit, die Lebenskunst des D i v a n zusammenfassenden "Stirb
und werde" des Gedichtes "Selige Sehnsucht".

Man kann - im Zeichen W i l h e l m M e i s t e r s - dem gesellschaftlichen Aspekt des Themas nachgehen, indem man, wie
oben erwähnt, die Leidenschaft Werthers als Symptom, fast
als Vorwand für den Ausdruck sozialer Unerfülltheit betrachten und einen analogen Mangel an Erfüllung in der Gemeinschaft
für Tassos Liebesproblematik und Krankheit statuiert: - angesichts eines unerfüllten, unerfüllbaren, utopischen, allzu absoluten Anspruchs an Welt und Gesellschaft, wie er in dem sowohl Tasso wie auch Werther inspirierenden Wunschbild vom
goldenen Zeitalter zum Ausdruck kommt, der Sehnsucht nach
einer Rückkehr oder einem Fortschritt in ein zeitlos gegenwärtiges Paradies. Vor allem aber ist die dem Tod verbundene,
enthusiastische Klimax von Fausts irdischer Karriere eine sozial betonte Vision des erfüllten Augenblicks, eine Antizipation
der Selbsterfüllung und Selbsthingabe an die von dem titanisch
rastlosen Streben geschaffene faustische Gemeinschaft.

Näher liegt es, mit Peter Salm einen biologischen und biophy-
sischen Prototyp des erfüllten Augenblicks in der Sexualität
(Orgasmus, sexuelle Umarmung) zu sehen. Die sublimierte
Erotik des "Mailieds" und die noch sublimere homoerotische
Symbolik der u n i o m y s t i c a im "Ganymed" deuten darauf
hin, sowie auf andere Weise die Vorstellung der hochzeitlichen
Blüte als räumliches und zeitliches Konzentrat der Pflanzen-
existenz. Auch findet sich der direkte Ausdruck dieser Urform
im Prometheusfragment, in dem die Klimax der Sexualität als
der erfüllte Augenblick aufgefaßt und zugleich mit dem Augenblick des Sterbens, also der Vorstellung des Todes verbunden
wird, so daß das naive Mädchen dem sie aufklärenden Vater,
der ihr sexuelle Umarmung und Orgasmus als Erfahrung eines
Liebestods schildert, mit den Worten "O Vater laß uns sterben!" um den Hals fällt. Endlich scheint im D i v a n ein Motiv wie das des "Stirb und werde" einer vom menschlich par-
teilichen Standpunkt aus "niedrigeren" biologischen Sphäre
verhaftet zu sein , leben doch, zu kurzfristigem Dasein bestimmt, etwa manche Insekten nur dem Augenblick der Paarung
- da sie zeugen, der sie zeugte - entgegen, um in ihm ihren
Hochzeitstod zu sterben. Und doch fällt auf, daß gerade dieses
in gewisser Hinsicht bloß animalische, nur biologisch sexuelle
Motiv in Goethes Gedicht durchaus zur höchsten, mystisch
religiösen Bedeutung und Intensität gesteigert und gewandelt wird.

Ist aber das Wunschbild des erfüllten Augenblicks - sei es nun
"sozial" oder "sexuell", Augenblick der Harmonie mit dem
erotischen Partner, dem Freund, der Menschenwelt oder der
Natur - bei Goethe nicht immer auch religiös getönt, so daß
man es - wenn man nicht prinzipiell dazu entschlossen ist, aufgrund eines reduktiven Credos dem "pudenda origo" bzw.
"niedrig" materiellen oder biologischen, psychischen oder sozialen Gegebenheiten den Vorrang zu geben - ebensowohl aus
der religiösen Sphäre ableiten und auf die Menschenwelt, die
Sphären gesellschaftlicher und individueller, ökonomischer und
sexueller Beziehungen herabsteigen lassen könnte? Ließe sich
nicht mit gleichem Recht und gleichem Unrecht wie die Thesen
mancher à la baisse argumentierender Reduktionisten auch
die quasi idealistische These vertreten, daß das Wunschbild des
harmonisch erfüllten Augenblicks bei Goethe seinem Wesen und
Ursprung nach religiöser Natur sei, auch wenn es, um überhaupt des Ausdrucks fähig zu werden, der Übersetzung ins sinnlich Faßbare bedarf, e. g. in die Zeichensprache der Erotik,
wie sie, gemäß einer über alle Zeiten und die ganze Erde verbreiteten mystischen Tradition die Hymne "Ganymed" zur
Darstellung der Vereinigung mit der Gottheit verwendet? Auch
ließe sich hier noch weiter fragen, ob der Glaube, der den erfüllten Augenblick im irdischen Bereich ersehnt, so schwach
geworden ist, daß er der Bestätigung durch das irdische Dasein
bedarf, oder sich vielmehr stark genug fühlt, um solchen Anspruch entschieden an die vom Schöpfer als beste der möglichen
Welten geschaffene Erde zu stellen. Der erfüllte Augenblick -
erlebte Selbstrechtfertigung der Schöpfung, vergleichbar dem,
im Tropfenfall des Staubbachs schwebenden, leuchtenden Far-
benspektrum des Regenbogens - wäre Garantie des unlöslichen
Bandes zwischen Schöpfung und Schöpfer, des Symbolcharakters
des menschlichen Daseins, oder doch, wie dies im Faust etwas distanzierter formuliert wird: des Gleichnis-Charakters
alles Irdischen. Und wem sollte an dieser Rechtfertigung der
Schöpfung mehr gelegen sein als dem Weltkind, dem Dichter,
und gerade diesem Dichter!

Angesichts der hier angebotenen Alternativen fühlt man sich
aber umso weniger zu einer Entscheidung und umso mehr zum
Sowohl-als-auch bewegt, als es sich zwar zu manchen Zwecken
empfiehlt, zwischen biologischen, psychischen, sozialen, reli-

giösen Aspekten quasi wie zwischen akademischen Fächern zu
unterscheiden, jenen wie diesen aber durchaus keine, in analoge
Schichten reinlich auftrennbare, sondern eine nahtlose Erfah-
rungswelt entspricht; wie uns ja auch im hochzeitlich tödlichen
Stirb und Werde Mückentanz und mystische Erfahrung zugleich
und in einem präsent zu sein schien, und zwar so, daß zumindest aus der Perspektive der Mücke (unsrer Perspektive) das
eine nicht ohne das andere gedacht werden kann.

Immer wieder stellt sich der erfüllte Augenblick in Form einer
intensiv erotischen Bindung dar: als umfangend-Umfangensein
in der Vereinigung mit der Gottheit; als Fausts imaginäres
Eingehen in den nahezu unsterblichen, nämlich im Vergleich
zum Dasein des Einzelnen ungleich mächtigeren und dauerhaf-
teren Leib einer künftigen Menschengemeinschaft; als festliche
Vereinigung mit dem geliebten Mädchen und dem Mai der Natur
oder mit dem männlichen Geliebten im Prometheusfragment,
aber mitunter auch als narzißtische Bindung, als Erfüllung erhöhter Selbstliebe, wie im "Schwager Kronos", wo der antizipierte Augenblick machtvollster Selbstbehauptung zugleich
auch der Augenblick der Selbstvernichtung ist. Und fast immer
tritt in diesen Darstellungen die Vorstellung der intensiven
erotischen Bindung und Erfüllung im Verein mit dem Todesge-
danken, also der Selbstvernichtung oder Selbstaufhebung auf.

Auch in dem Nachtlied des Wanderers - um noch einmal unseren
Befund zusammenzufassen - verbinden sich E r o s und T h a n a -
t o s , verbindet sich ein sublimiert erotisch-ästhetisches Wunschbild klassisch harmonischer, irdischer Sättigung und Erfüllung
in der Natur mit dem Gedanken des Todes, der allein die Erfüllung des Ersehnten, die Vollendung in der Ruhe des Seins zu
gewähren vermag. Wenn aber das Motiv der tödlichen, erotischen sowie ästhetischen Vollendung im erfüllten Augenblick
am explizitesten in der hochromantischen Liebestod-Thematik
orchestriert wird, so erscheint es hier im Modus der Dämpfung,
beschränkt auf die Ruhe, und ferner im Zeichen einer Resignation, die den Zweifel an einer Verheißung offenläßt, welche
dem ruhelosen Menschen verspricht, er werde im Tode erreichen, was ihm im Leben zu erreichen unmöglich sei. Staiger
spricht im Hinblick auf das Nachtlied von "Dämmergedichten
der Einsamkeit", Geflüster einer in sich versunkenen, wander-
müden Seele, die sich nach ewiger Heimat sehnt (Goethe II,

326,532). Solche restringierende Dämpfung und frustrierende
Resignation entsprechen den frühen Weimarer Jahren sowohl
in Hinsicht auf die, von Goethe sich selber auferlegte Selbst -
entfremdung von seinem Dichterberuf und seiner vielfachen
Tätigkeit am Weimarer Hof, wie auch in Hinsicht auf die Beziehung zu Frau von Stein, in der sich ebenfalls ein allerdings
zum Zweck der Selbstbildung erwünschtes Maß von Enthaltsamkeit, Hemmung, Einschränkung, ja auch Selbstopferung
und Resignation darstellen. Und endlich wäre vielleicht auch
in Hinsicht auf Goethes Religiosität auf die der gleichen Epoche angehörenden Äußerungen von Enthaltsamkeit im Glauben
hinzuweisen, wie sie aus der Korrespondenz mit Lavater,e.g.
der bekannten Äußerung Goethes, er sei "zwar kein Wider-
krist, kein Unkrist, aber doch ein dezidirter Nichtkrist"
(29.7.1782) hervorgeht.

Wir meinten, das Gedicht ließe sich als Darstellung eines Versuches auffassen, die Harmonie zwischen dem Universum, das
an der Ruhe der Natur teilhat, und dem Menschen zu suggerieren, so daß in der Antizipation des erfüllten, vollendeten Augenblicks die Rechtfertigung der Schöpfung qua Natur, sowie auch
der Stellung des Menschen innerhalb dieser Schöpfung läge.
Man kann sagen, daß der dargestellte Versuch sowohl gelingt
wie auch mißlingt. Denn insofern der Mensch, aus dessen Perspektive ja auch das All gesehen wird, in Betracht kommt,
bleibt infolge der bloßen, fragwürdigen Antizipation doch alles
in Schwebe, war nun auch wiederum der allerdings vorherr-
schenden harmonischen Stimmung eine gewisse melancholische
Ambiguität verleiht. Und man steigert quasi die Modernität
des Gedichts, indem man das Janusgesichtige, Zweideutige,
Ambivalente, die Beimischung eines fast zu resignierter Einsicht gesteigerten Zweifels an der Realisierbarkeit der Vollendung betont, die, wenn sie im Dasein zwar ersehnt wird, aber
erst im Tod zu erreichen ist, den, der sie ersehnt, nicht mehr
antrifft, nicht mehr angeht. Vollendung blüht auch dem Menschen? Ja; aber wann? Wenn er völlig ruht, und da er im
Leben so zu ruhen nicht vermag, also erst im Tod, wenn er
nicht mehr er selber, nicht mehr im Bewußtsein seiner selbst,
sondern "in die Elemente" aufgelöst ist, nicht mehr individuum ineffabile, das er zumindest zu sein meint, sondern ein Nichts? Aber das Gedicht nur so zu lesen, hieße wohl,

es zu sehr der in unsrem Jahrhundert umgehenden, radikalen
Beunruhigung aussetzen. Nur von fern eröffnet sich die - allerdings von Schopenhauer vorgezeichnete - Perspektive Kafkas,
in der das immer falsche, individuierte menschliche Bewußtsein und die immer in Wahrheit gegebene Geborgenheit im Sein
einander ausschließen, so daß zwar unendlich viel Hoffnung auf
Erlösung ist - nur nicht für uns, für die rastlos illusorischen
Existenzen, die, freilich auch nur für uns, unser Dasein ausmachen.

Rückblick

Der Einwand liegt nahe, daß die vorliegende Interpretation sich
damit hätte begnügen können, das Gedicht unter der einen -
umfassendsten - Perspektive des erfüllten Augenblicks zu betrachten, statt sich in konzentrischen Kreisen von der Text-
gestalt zu biographischen Antezedentien, von diesen zum gesellschaftlichen Kontext und von da aus zu weitläufig polemischer Auseinandersetzung mit der Tradition von Weimar und
der bürgerlich klassischen Bildungsnorm fortzubewegen. Aber
die umfassendste Perspektive ist auch nur eine unter andern
und nicht immer die relevanteste. Der Versuch, sich über
Stilzüge, Struktur, Bedingtheit, Wirkung eines Texts Rechenschaft zu geben, bietet zur harmlosen Einübung eines in mancher Hinsicht nötig gewordenen Pluralismus von Perspektiven
Gelegenheit. Auch muß man wohl, um die sonst veraltenden
Werke der "Klassiker" loszueisen und sie zu neuen Wirkungs-
möglichkeiten zu befreien, sich mit ihrem Stellenwert innerhalb
eines festgefahrenen, obsoleten Kults auseinandersetzen, mit
dem man sich überdies auch deshalb auseinandersetzen muß,
weil er, wie erwähnt, doch wohl das einzige derartige Produkt
der deutschen Literatur ist, das anhaltend in die Breite wirkte.
Wir haben am Ende keine Ursache zum Hochmut. Der alte Bildungskult diente unter andrem einem Ideal, einer Zielvorstel-
lung vom Menschen, wie sie innerhalb der modernen, wesentlich auf Anti-Ideale konzentrierten Literatur nur selten und
spärlich zu finden ist, wenn man nicht auf propagandistische
Zerrbilder, wie etwa die, auch im Vergleich zu dem banali-
sierten "Weimar" immer noch hundertfach verengteren und
verlogeneren heroischen Idole der Nazis rekurrieren wollte

oder auf den einst im Expressionismus proklamierten "neuen
Menschen", der allzu vag und nebulos blieb. Von tiefer liegenden Ursachen abgesehen, erhellt allein die Spezialisierung in
Bildungsfächer und Fachgebiete - die ihrerseits etwa die Konzeption der gesunden Gemeinschaft zur Sache der Polito- und
Soziologen, der gesunden Psyche zu der der Psychologen, der
physischen Gesundheit zu der der wiederum vielfach speziali-
sierten Mediziner gemacht hat, und ästhetische Bildung auf-
splitterte, indem sie sie einer Reihe von akademischen Spe-
zialgebieten, publizistischen Unternehmungen und Vergnügungs-
industrien überließ -, daß uns Ziel- und Idealvorstellungen
vom Menschen und der Menschheit fehlen, so nötig wir sie hätten. Wir sehen in mancher Hinsicht mehr, fast in jeder anders,
als es in dem besinnlich-provinziellen Rahmen jener, vom
Individualismus geprägten, etwas eskapistischen, durch die
Allianz zwischen Bürgertum un Aristokratie bedingten weimarschen Utopie möglich wäre , die noch aus der Epoche vor entschiedener Industrialisierung, Hochkapitalismus, Massenge-
sellschaft, moderner Wissenschaft und Technologie stammt.
Aber eben weil wir uns um ein umfassenderes Welt- und Menschenbild bemühen müssen, müssen wir uns wohl mit - dem
normierten und dem echten, dem fiktiven und dem historischen -
Weimar, sowie mit der idealisierenden Kunst jener Periode auf
eine heftigere, engagiertere Weise auseinandersetzen als mit
den Utopien und Werken mancher anderen entlegenen Zeitalter;
kannten und kennen wir doch auch immer noch manche Hohe-
priester der Bildung, die sich im Namen von Weimar eine Aura
von sublimem Wissen, kultischer Glaubensgewißheit und pro-
fessoraler Weihe anmaßten und anmaßen, als ob für solche
Tartufferie nicht das alte Wort gälte, daß der ein Schelm ist,
der mehr gibt als er hat. Die den "Menschen" als Objekt der
Verehrung in einen ängstlich verengten, defensiv fiktiven Wei-
hebereich enträckende Attitüde hilft den Menschen nicht viel.
Aber meinten wir vorhin nicht, das deutsch klassische Humanitätsideal sei u. a. auch ein Anfang gewesen? Die Erweiterungen
und Vertiefungen dieses Humanitätsideals erfordern, wie gesagt, die Einbeziehung psychischer "acheronta" sowie gesellschaftliche Funktionen und die radikalere Betrachtung der
ultimates, weshalb z.B. Marx, Nietzsche und Freud nicht
nur de facto Erben des weimarschen Bildungsideals waren,
sondern als solche auch weiter wirken können, nämlich als

potentielle und aktuelle Erweiterer des Menschenbildes, wobei allerdings gilt, daß sie diese Funktion nur insofern erfüllen können, insofern auch wirklich solche erweiterten Konzepte und Bilder entstehen und nicht bloß die alten, engen disintegriert werden. Und zu eben diesem großen Ziel - i.e. zu einem erweiterten Bild und Konzept vom Menschen - wollen ja auch wir hier im Kleinen beitragen.

Aber wird man nicht auch mit Recht einwenden, es gäbe auch eine Weihe, die nicht Betrug sei, vielmehr zum Wesen gehöre, wie jeder, dem es nicht an natürlicher Ehrfurcht gebreche, dem der Mangel an v e r e c u n d i a nicht etwa e i n g e b o r e n sei, wohl wisse? Und gerade im Bereich des Ästhetischen, des Schönen, wie es zumal die Klassik begriff und pflegte, bedeute es eine Verletzung dieser zum Wesen gehörigen Weihe, wenn man, wie es hier vielfach geschehen sei, die Grenze zwischen dem erhöhten Bezirk und den bloßen banalen Realitäten mißachte. Was ist freche, frevelnde Anmaßung, was ist Entweihung andres als Grenzüberschreitung, Grenzverletzung, Vermischung des Niedrigen mit dem Hohen, um das Niedrige zu erhöhen, das Hohe in den Staub zu ziehen?

Erich Heller spricht einmal in Hinblick auf die Entstehung von Goethes Marienbader Elegie von "jener" (Wirklichkeit), in welcher Leute kommen und gehen, Koffer auspacken, sich in Gastzimmern einrichten, das heilkräftige Wasser trinken, die Sonne aufgeht, im Mittag steht und sich zu Abend senkt, die böhmischen Wälder grünen Schatten geben, die luxuriösen Badegäste Redouten veranstalten" (op. cit., 117 f.), - um im Verlauf seines Essays deutlich zu machen, daß diese Sphäre mit der des Gedichts nicht zu verwechseln sei. Und gewiß stehen Dichter oft in einem merkwürdig detachierten, unzuverlässigen, spielerischen Verhältnis zu derartigen Realitäten in ihrer Spezifizität, fast als ob das Alltägliche nur Anlässe, bestenfalls Rohmaterial für die eigene, quasi schöpferische Betätigung lieferte, so daß es verfehlt wäre, den Charakter ihrer Gedichte und Fiktionen mit dem der Realitäten zu identifizieren.

Das ist die Wahrheit, der man die Ehre geben soll, auch wenn sie enttäuschend ist. Nur sollte man zugleich nicht vergessen, daß in dem Mißverhältnis zu den Realitäten das Häßliche an allem Ästhetentum, das Unpoetische auch der dichterischen

Existenz liegt, nämlich gerade das, was die Dichter von ihren
verherrlichten, vorbildlichen Gestalten - den Liebenden, Helden, Weisen, Gläubigen, welche sich allesamt im Medium der
Realität als solche erweisen müssen - zu ihrem Nachteil unterscheidet. Und doch gilt wiederum auch - wie sich ebenfalls aus
Erich Hellers Essay entnehmen ließe -, daß ein eigentlich oder
positiv dichterisches, künstlerisches Verhältnis zur Welt gerade in der Befähigung mancher Dichter besteht, gewissen Reali
täten - e. g. des Kommens und Gehens, der flüchtigen Begegnungen, der zeitweiligen Bleibe in der Sommerfrische oder auf
einem Jagdhaus - in ihrem Wesen ernster zu nehmen und genauer zu erfühlen, zu erkennen und darzustellen als andere Leute, und zwar gerade auch deshalb, weil diese Dichter nicht gesonnen sind, den Realitäten in ihrer Spezifizität zu eng verflochten
ten zu bleiben und sie daher als Ausdruck universalerer mensch
licher Zustände, Schicksale, Lebensmächte begreifen, mag
auch der angesichts von Kinderspielen das autonome Spiel des
Äons oder Universums bedenkende Heraklit nur als extremes
Beispiel solcher künstlerischen Betrachtungsweise anzuführen
sein. Diese Befähigung im Besonderen, quasi Zufälligen, Wesentliches, Universelleres, auch für andre Relevantes zu begreifen und in eingängiger Zeichensprache darzustellen gilt
jedenfalls mit Recht als e i n Merkmal künstlerischer Begabung, und zwar einer Begabung, deren wir heute bedürfen, hingegen heute jeder Versuch, für die Kunst und ihre Objekte eine
von den bloßen Realitäten streng zu trennende, e. g. ästhetische Sphäre, zu statuieren, die Kunst einem sterilen, philiströ-
sen Kult und die Realitäten, das bloße Leben, der Barbarei
überläßt.

1   In seiner umfassenden Interpretation ("Rhetorik und
       Dichtung", in: Der Deutschunterricht, Jg. 18, Heft 6. De-
       zember 1966) meint H e i n r i c h L a u s b e r g, getreu
       seinem Amt als Anwalt der rhetorischen Figuren: "Der
       in dem Gedicht 'Der du von dem Himmel bist' angeredet
       und um sein Kommen gebetene Friede redet im Gedicht

'Über allen Gipfeln' den harrenden Dichter an. Aus den beiden isolierten Gedichten ist seit 1815 ein allegorisch-dramatischer Dialog geworden" (S. 79, vgl. auch S. 83). Diese im Rahmen von Goethes Lyrik durchaus mögliche Vorstellung stimmt aber mit dem Titel des Gedichts nicht gut überein. Es ist einfacher und der Bezeichnung des Gedichts als Nachtlied des Wanderers gemäßer, wenn man bei der von Lausberg ebenfalls registrierten Fiktion bleibt, daß der Wanderer mit und zu sich selber spricht, statt anzunehmen, daß er gewissermaßen die Stimme des personifizierten Friedens hört und diese nun im eigenen nächtlichen Gesang wiedergibt.

2   Ich zitiere Goethes Briefe (unter Angabe des Datums) nach der Weimarer Ausgabe (IV. Abtheilung, 3. und 4. Band; Weimar 1889).

3   Emil Staiger: Goethe (Zürich, I:1952, II: 1962, III:1963), I, 331. Daß das Gedicht viele verschiedene Möglichkeiten des Skandierens zuläßt, hat auch ein so eminent kompetenter Leser wie Andreas Heusler bemerkt, der z.B. in einer seiner rhythmischen Interpretationen der letzten Zeile 3 Akzente verleiht , und zwar mit gleicher Betonung des "du" wie des "auch" (Deutsche Versgeschichte (Berlin 1956), III, 389). Dagegen versichert mit übertriebenem Vertrauen in die ausschließliche Richtigkeit des eigenen Sprachgefühls E. M. Wilkinson: "In the line Ruhest du auch it is impossible to emphasize du except by a violation of metrical stress, and it is to do violence to the meaning and quality of the whole poem to force it out of its naturally unstressed position." (Elizabeth M. Wilkinson and L. A. Willoughby: Goethe, Poet and Thinker (London 1962), S. 24 f. - Auch ist derlei ja schon seit langem ausführlich diskutiert worden. Vgl. etwa Woldemar Masin: Sprachliche Musik in Goethes Lyrik (Straßburg 1910) (Bd. CVIII der Reihe Quellen und Forschungen zur Sprach- und Culturgeschichte der Germanischen Völker, Hrsg. von A. Brandl. Ernst Mach, Erich Schmidt).

4   E. g.: Über allen Gipfeln ist Ruh:

- ᴜ - ᴜ - ᴜ - -; - ᴜ - ᴜ - ᴜᴜ -; - ᴜᴜ ᴜ - ᴜᴜ -; ᴜᴜ - ᴜ - ᴜᴜ -

In allen Wipfeln spürest du:

- ᴜᴜ - ᴜ - ᴜ -; ᴜ - ᴜ- ᴜ - ᴜ -; ᴜᴜ ᴜ - ᴜ - ᴜ -

kaum einen Hauch:

$$--\cup-;-\cup\cup-;\;\cup-\cup-$$

Die Vögelein schweigen im Walde:

$$\cup-\cup\cup-\cup\cup-\cup$$

Warte nur, balde:

$$-\cup--\cup;\;-\cup---;\;-\cup\cup-\cup$$

Ruhest du auch:

$$-\cup\cup-;\;-\cup--;\;----$$

5   K. R. Eissler: Goethe. A Psychoanalytic Study (Detroit
    1963), e. g. I, 469 ff. - Wolfgang Schadewaldt: Goethe-
    Studien (Zürich 1963), 421 f.

6   Vgl. dazu auch Werner Kraft: "Über allen Gipfeln " in:
    Silberboot (Salzburg 1947), Bd. 3, 115 - 124.

7   I. e. Kohlenmeilern.

8   Vgl. An J. K. Lavater, 28. 8. 1780.

9   Vgl. zum Folgenden Goethe-Handbuch, hrsg. v. Alfred
    Zastrau (Stuttgart 1961), Branconi, und die ausführliche
    Darstellung des Verhältnisses bei Eissler, I, 460 ff.

10 Vgl. An J. K. Lavater, Genf, 28. /29. Oktober 1779.

11 Wie dies ja auch der Brief vom 6. September 1780 an
    Chr. v. Stein andeutet.

12 Vgl. Dichtung und Wahrheit, IV, 16. Buch.

13 Zu diesem weiten Feld nur die folgende Anmerkung:
    Löst man Kunstwerke aus einem als weltanschaulich-
    ideologisch verbindlich statuierten Zusammenhang, so
    mögen sie dadurch ästhetisch disponibler werden. Sie
    verändern aber dadurch auch ihre ästhetische Wirkung,
    ohne im übrigen je weltanschaulich "indifferent" zu wer-
    den. Denn eine ästhetische Wirkung an sich gibt es nicht.
    So kommt es z. B. für die ästhetische Wirkung der Dar-
    stellung einer tödlichen Feindschaft unter anderem durch-
    aus darauf an, ob man sich mit dem Hasser und dem Af-
    fekt des Hasses oder mit dem Objekt des Hasses identi-
    fiziert; die Darstellung des Affekts als solche sine ira
    genießt oder auf einem Standpunkt steht (oder zu stehen
    meint), auf welchem einem dieser Affekt selbst so fremd
    geworden ist, daß auch seine treffendste Darstellung nur
    in geringem Grad zu interessieren vermag. Oder - um
    ein Beispiel aus dem Goetheschen Bereich zu geben -:

Man würde einer schönen Seele nach Art der Frau von
Stein intensives ästhetisches und menschlich-weltanschau-
liches Verständnis für die Iphigenie zumuten, aber gerin-
ges menschliches sowie ästhetisches Interesse für manche
der römischen Elegien; hingegen der Divan für beides und
manches andere Raum genug hat, wobei aber die Vorzugsstellung der Iphigenie, sowohl als ästhetisches Gebilde
wie auch als Symbol einer Humanitätsreligion, eine Be-
einträchtigung erfährt, da die Gute nun doch nur als eine
schätzenswerte Houri unter andern in dem Himmel eines
Dichters figuiert, der selig ist, ohne fromm zu sein. -
Auch die hier berührten Verhältnisse und Verschiebungen
sind zu komplex als daß sie sich in Kürze auch nur annähernd beschreiben ließen. - Die Anmerkung will also vor
allem verdeutlichen, daß die oben gemachte, grobe Unterscheidung zwischen einer weltanschaulich enger gebundenen und einer freieren,distanzierteren Betrachtungsart
sich nur auf Gradunterschiede in einem Kontinuum bezieht,
nicht aber dazu dienen soll, den alten, falschen, prinzi-
piellen Unterschied zwischen einer bloß weltanschaulichen
und einer rein ästhetischen Ansicht zu statuieren; denn,
wie gesagt: es gibt kein rein ästhetisches Interesse.

14   E. M. Wilkinsons Annahme, daß der Dichter - sonst nicht
gerade ein im Blinden tappender Dilettant - erst bei der
Überarbeitung auf das "Herz", i.e. den Kern, das Grundmotiv seines Gedichts geriet, ist an sich nicht unmöglich,
wenn auch etwas unwahrscheinlich. Zum Ausdruck der alles umspannenden und überwölbenden himmlischen Stille
oder Stille des Himmels eignet sich übrigens auch die,
allerdings der Befähigung zum Doppelreim ermangelnde
Zeile "Über allen Gefilden ist Ruh".

15   Goethe. Begegnungen und Gespräche, hrsg.v. E.u.R.
Grumach (Berlin 1966), Band II (1777-1785), S.161. -
Zu dem folgenden Vergleich mit Kafka vgl. die zweite der
sog. "Betrachtungen über Sünde, Leid, Hoffnung und den
wahren Weg" in Hochzeitsvorbereitungen auf dem Lande
und andere Prosa aus dem Nachlaß (New York 1953).

16   Das übrigens schon Hermann Baumgart in seiner Interpretation des als"Wanderers Nachtlied.'Über allen Wipfeln'" bezeichneten Gedichts anführt (Goethes lyrische
Dichtung in ihrer Entwicklung und Bedeutung; 1.Bd.(Heidelberg 1931),S.218 .

17 Vgl. dazu Alfred Schoenes Einleitung in Lessings Werke (Bonn (ohne Datum)) XVII,78; und für die Verwendung des Motivs bei Goethe etwa "Schlaf und Tod" im Register der Jubiläumsausgabe.

18 Der ihn begleitende Berginspektor Mahr berichtet: "Goethe überlas diese wenigen Verse und Tränen flossen über seine Wangen. Ganz langsam zog er sein schneeweißes Taschentuch aus seinem dunkelbraunen Rock, trocknete sich die Tränen, und sprach in sanftem, wehmütigem Ton: 'Ja, warte nur, balde ruhest Du auch!', schwieg eine halbe Minute, sah nochmals durch das Fenster in den dunklen Fichtenwald, und wendete sich dann zu mir mit den Worten: 'Nun, wollen wir wieder gehen'." James Boyd, Notes to Goethe's Poems, I (1749-1786), (Oxford 1966), S.159.

19 Goethe, Begegnungen und Gespräche, a.a.O., loc.cit.

20 Vgl. Erich Heller, Essays über Goethe (Frankfurt a.M. 1970), S.113 f.

21 Vgl. dazu, wie zu dem Thema überhaupt, Peter Salm: "Pinpoint of Eternity. The Sufficient Moment in Literature" (in: Studies in 18th century Literature, volume 3; Case Western Reserve U.P.: Cleveland, 1973), 49 - 65.

22 Goethe, "Maximen und Reflexionen", Jubiläumsausgabe, Bd.38, S.266.

"Der Tod in Venedig" und

Manns Grundmotiv

1.

Die Erzählung ist in fünf Kapitel eingeteilt: 1.: Gustav von
Aschenbach, ein, in München ansässiger, alternder, überan-
strengter Schriftsteller begegnet auf einem Spaziergang an
einem Friedhof einem unheimlichen Fremden, der in ihm Lust
auf Reisen und Ferien von der Arbeit erweckt. 2.: Das Werk,
in dessen Dienst der überanstrengte Schriftsteller Aschenbach
steht, verkündet den Heroismus der Überanstrengten, deren
Leben ihrem Werk dient. 3.: Eine Ferienreise bringt ihn in
Berührung mit verzerrten Gestalten: Ein unterirdisch anmu-
tender Mann stellt ihm im Schiffsbauch die Karte von Triest
nach Venedig aus; ein geschminkter, homosexueller, greiser
Jüngling an Bord ekelt ihn an; ein, an den Fremden am Friedhof erinnernder, nicht-lizensierter Gondoliere rudert ihn zum
Lido. In seinem eleganten Hotel begegnet Aschenbach einem
schönen polnischen Knaben, den er von nun an bei den Mahl-
zeiten und am Strand mit Wohlgefallen beobachtet, bis er sich
in den, von der eigenen Mutter und von Altersgenossen umwor-
benen Halbwüchsigen verliebt. In Anbetracht des, ihm offenbar
unbekömmlichen Klimas macht Aschenbach jedoch Anstalten,
abzureisen. Der Abschied von Venedig fällt ihm unerwartet
schwer. Auch ist sein Koffer an eine falsche Adresse voraus-
geschickt worden. Damit hat er einen Vorwand gewonnen, zu
bleiben. 4: Nun lebt er der Augenliebe zu dem Knaben, der
ihm als Offenbarung der Schönheit erscheint und ihn in einen
Zustand des schöpferischen Enthusiasmus versetzt. Allein, auf
einer Bank, in Abwesenheit des Geliebten, spricht er die
"stehende Formel der Sehnsucht": "Ich liebe dich", aus.
5: In der vierten Woche seines Aufenthalts erfährt Aschenbach
von einem, in Venedig umgehenden "Übel", von dem er hofft,
daß es, zur Pest ausartend, die Schranken der Sittlichkeit nie-
derbrechen möge, damit er sich des Geliebten, dem er, ohne
je mit ihm zu sprechen, nun überall nachstellt, bemächtigen

könne. Wiederum findet eine Begegnung mit einem, an den Wanderer am Friedhof und an den unbefugten Gondoliere erinnernden Fremden statt, der diesmal in Gestalt eines, die Hotelge - sellschaft unterhaltenden und verhöhnenden Gitarristen und Bänkelsängers erscheint. Dieser Begegnung folgt die völlige Aufklärung über die in Venedig grassierende "indische Cholera", die Aschenbach den, für das Wohlergehen seines geliebten Knaben Verantwortlichen vorenthält, sowie ein dionysischer Traum, in dem Aschenbach sich als Phallusverehrer und Orgiast betätigt. Gleich jenem alten Homosexuellen, dem er zu Anfang seiner Reise begegnete, läßt er sich nun mit kosmetischen Mitteln aufschminken und verjüngen. In halt- und hoffnungsloser Selbsthingabe an seine - für sein eigenes Empfinden lasterhafte - Leidenschaft, meint er zu erkennen, daß der Dichter dazu berufen sei, der Leidenschaft, ja dem Laster zu verfallen. Zum Untergang reif, steckt er sich, infolge eines, als schicksalhaft interpretierten Zufalls mit, von Cholerabazillen vergifteten Erdbeeren an und stirbt in seinem Strandsessel, den Blick auf den geliebten Jüngling, der ihm im letzten Augenblick noch als göttlicher Führer ins Totenreich erscheint.

Die Kapitel folgen einer gewissermaßen logischen Gliederung: Das erste, etwa vier Seiten lang, stellt das Erwachen der Wanderlust durch die Begegnung dar, die man, je nach Auffassung, als Anlaß oder als Ursache von Aschenbachs Reise nach Venedig und in den Tod bezeichnen könnte. Das zweite, etwa sechs Seiten lang, bringt die Personalia des Protagonisten, dem die Begegnung widerfahren ist, schildert den fragilen Helden der Erzählung durch sein literarisches Werk. Das dritte Kapitel von etwa 22 Seiten behandelt die Reise nach Venedig, den Beginn der Leidenschaft, den Widerstand gegen sie, die Hingabe an sie; das vierte, etwa neun Seiten, schildert den erhebenden Rausch, das Glück der Liebe; das fünfte, letzte, etwa 19 Seiten, die Entdeckung der Seuche, den Ausbruch der manifest sexuellen Leidenschaft, die Infektion und den Tod des Protagonisten. - Anders als die Einteilung eines Dramas in Akte, oder die Gliederung eines Textes, e.g. eines Gedichts, durch, im engeren Sinne metrisch-rhyhtmische Einheiten, ist die Einteilung von den in die Kapitel eingeteilten Quantitäten unabhängig. Sie artikuliert die äußere Gliederung, die Wenden, die wichtigsten Momente im Aufbau der Erzählung und im Verlauf der Hanlung. Das Vehikel und der Held werden im ersten Kapitel in leise Bewegung versetzt; dem folgt - in einer Art flashback - eine eingehendere Reihe von Großaufnahmen des Helden, Reprise der wichtigsten Momente seines Schaffens. Nun wird in aufsteigender Linie die Reise in die Leidenschaft und zum Tod hin entwickelt. Das vierte Kapitel bezeichnet die Höhe, nur noch leise im Anstieg, ein Hochplateau; im fünften Kapitel erfolgt der tiefe Fall.

Im Kontrapunkt zu der äußeren Einteilung, den "Überlagerungsmustern" in der Lyrik vergleichbar[1], ergibt sich eine innerlichere, rhythmischere Gliederung in sich erweiternden Kreisen, wenn man, gemäß dem Auftreten der fremden Wandererfigur einteilt, die zu Anfang erscheint, dann wieder nach ca. 15, dann nochmals nach ca. 30 Seite. Eine ebenmäßigere, andere Gliederung ergäbe sich, wenn man auch die unheimlichen Gestalten auf der Reise nach Venedig, inklusive den geschminkten Homosexuellen, als zur Familie des Fremden gehörige Todesfiguren einbeziehen wollte; wobei man sich auch noch fragen könnte, ob sich nicht, zumindest der Funktion nach, diese so erschreckende und widrige Gestalt am Ende radikal verwandelt und eins wird mit der des Geliebten, da dieser sich als Todesgott, als Hermes Psychopompos darstellt. Aber wir wollen uns nicht allzuweit von der konkreten Erscheinungsform des Wanderers oder Fremden entfernen; und vielleicht täuscht man sich auch hinsichtlich der ästhetischen Relevanz der Proportionen, in denen die ihr verwandten Gestalten eingeführt werden, wenn man einmal ein günstiges Vorurteil für die geistige, gehaltliche Bedeutung der, für die Erzählung offenbar zentralen Figur des Fremden gefaßt hat, die sich zwar selbst in jeweils anderer, aber doch nur geringfügig abgewandelter Form zeigt, sodaß die Verhüllung für ihre Identität transparent bleibt.

Wer oder was ist diese Figur? Die wiederholt hervorgehobenen, an einen Totenschädel gemahnenden, physiognomischen Züge weisen darauf hin, daß sie den Tod repräsentiert, als Wandersmann, wie ihn etwa Dürer dargestellt hat, als Charon-artigen, stadtfremden Gondoliere, der aber den Obolus noch nicht annimmt, nachdem er Aschenbach in der sargartigen Gondel über das dunkle Wasser geführt hat; als der fremde, nach dem, mit der Seuche assoziierten Desinfektionsmittel riechende, wilde Musikant, der zum Totentanz aufspielt. Aber ist dieser Wanderer

nicht auch die Erscheinungsform des "fremden Gottes", - der
sich übrigens, da er ja die eigentliche, vitale und tödliche Ur-
macht repräsentiert, in unzähligen Masken und mithin auch in,
dem Namen nach anderen Göttern, wie etwa dem Hermes, darstellen kann? Ist der Fremde nicht Dionysus, der, wie in den
BAKCHAE des Euripides, den Protagonisten straft, der ihn bisher verleugnet hatte? Hier nicht den König Pentheus, sondern
einen, einseitig dem apollinischen Kult der Kultur und Zivilisation, dem Bereich der Vernunft und der ratio, dem edlen
Maß, dem moralischen Wert, der schönen Form in ehrgeizigen
Bemühungen ergebenen Literaten und Humanisten? Ist er nicht
die Macht, die Aschenbach dazu zwingt, sich, allerdings zu spät
und ohne seinen eigenen Untergang vermeiden zu können, dem
ein Leben lang in sich selbst Verleugneten zu unterwerfen? Mir
scheint die, von Manfred Dierks vertretene, von Manns Notizen
zu der Novelle nahegelegte Auffassung[2] umso einleuchtender,
als die Geschichte von Aschenbachs Liebestod nicht einfach auf
Todessehnsucht abgestellt ist, der Held - gleich Thomas
Buddenbrook: ein Eskapist von der Disziplin des Lebens - die
Erlösung, die letzte Enthemmung im Tod, via Erotik, oder,
wenn man so will, auf dem Wege der Todeserotik sucht und
findet. Im Dienste eines quasi kalvinistisch protestantischen
und nordisch preußischen Leistungsethos hat Aschenbach den
sexuell erotischen Trieb in sich wohl ein Leben lang gehemmt
und unterbunden. Nun erscheint ihm die Erfüllung, die Entfes-
selung und Befriedigung des Triebes nur durch Hingabe an völlige Auflösung, ja nur durch die totale Zerstörung des Ichs,
nur im"Verheißungsvoll-Ungeheuren" des, aus dem Bann der
Individuation erlösten Bereichs des Todes möglich zu sein. -
Aber begehrt Aschenbach wirklich Erfüllung seiner unerfüllten
Lebensgier durch den Tod? Oder will er Erlösung von dieser
und aller Gier im Tode? Es fragt sich, ob hier die Unterscheidung noch möglich ist.

Wüst ist jedenfalls, was diese Figur repräsentiert und was ihr
entspricht, im Sinne der Wüste, des tödlich Sterilen, in dem
alles Lebendige zu Asche wird, wie in dem der wüsten Entfes-
selung, - in einem Doppelsinn also, in dem auch Nietzsche von
libertiner, steriler, lasterhafter Sexualität spricht, und der
bei Mann selbst ausführlich entwickelt wird in der Schilderung
der alle Schranken niederbrechenden, die Persönlichkeit stei-

gernden, verzerrenden und zerstörenden, alle Gesittung, Moral,
Kultur, Zivilisiertheit verzehrenden, sinnlichen Leidenschaft
der Frau des Potiphar für den schönen jungen Joseph.[3] Wir
meinen also, die Figur repräsentiert beides: erotisches und
tödliches Abenteuer, tödliche und sexuelle Auflösung und Ent-
fesselung. Auch sind ja derartige, die Todesorgie suggerieren-
de Figuren aus romantischer Tradition bekannt und finden sich
selbst im "poetischen Realismus" manchmal in so anspruchs-
loser Gestalt wie der des schwarzen Geigers in Kellers Liebes-
toderzählung R o m e o u n d J u l i a a u f d e m D o r f e.

So läßt sich das Dionysische in Manns Erzählung, wie in der als
Vorbild wirksamen Abhandlung Nietzsches über die GEBURT
DER TRAGÖDIE auffassen als coniunctio oppositorum, als
maximale Realisierung des "Ur-Widerspruchs" selbst, nämlich
von Lust und Qual, schöpferischem und zerstörerischem, in-
tegrativem und desintegrierendem, erotischem und aggressivem
Lebens- und Todestrieb; als die, alle gemäßigten, illusori-
schen, oder jedenfalls nur ephemer geordneten raum-zeitlichen
Lebensgefüge nach der kreativen wie der destruktiven Seite hin
grenzenlos transzendierenden Ur-Macht, die sowohl als quasi
grenzenlose Unzucht, wie auch als völlige Zerstörung immer
über die eindämmende, Grenzen setzende Welt von gemäßigter
Form, Sitte, Vernunft, ratio triumphieren will und wird. Geht
Mann so weit wie Nietzsche, der wohl annimmt, daß es im
Grunde die dionysische Macht selbst ist, die, analog dem
"Willen" Schopenhauers, auch jene Sphäre der Grenzsetzungen
und begrenzten Individuationen, also auch die apollinische Welt
im Spiel mit sich selber nicht bloß zerstört, sondern auch her-
vorbringt? Daß mithin das Dionysische auch seinen eigenen
scheinbaren Gegensatz, das Apollinische, aus sich selbst heraus
produziert, um sich im Schein zu erlösen und diesen Schein
auch wieder zur eignen Lust und Qual in sich zu verschlingen
und zu vernichten? Der Eindruck einer dualistischen Auffassung überwiegt zunächst in der Novelle, wie auch in der bildlichen Darstellung des Verhältnisses zwischen dem Apollinischen und Dionysischen in Castorps Zivilisationstraum auf dem
verschneiten Zauberberg. Aber auch bei Mann wird das Verhältnis zwischen Dionysus und Apollo jedenfalls so gesehen, daß
das dionysische Element in seiner eigenen, unverhüllten Ele-
mentarform, solange es nicht alles überflutet, die apollinische,

64

gewissermaßen konträre Antwort herausfordert und herbei -
zwingt, und daß umgekehrt die Dominanz des Apollo, solange
sie nicht als Erstarrung in entleerten Formen, als eine gewissermaßen byzantinische, künstlich zivilisierte, repressive
Sterilität in freilich prekären, pyrrhischen Siegen über das Leben starr triumphiert, die Manifestation der unverhüllten
dionysischen Naturmacht herausfordert und heraufzwingt. Und
am Ende muß wohl auch bei Mann das Dionysische weiter gefaßt werden, also so, daß es, sowohl die eigene, propere Manifestation, wie auch seinen eigenen Gegensatz, die Selbstverneinung, Selbstentäußerung, Selbstentfremdung, der doch allein wirklichen Ursubstanz umschließt, wie das verdoppelte Ja
der Joseph-Romane das Nein. Und jedenfalls wäre es falsch,
die Verbindung mit dem Tod in der Novelle nur im Sinne einer
Verbindung mit dem quasi elementar Teuflischen zu stilisieren,
denn - so dämonisch, so teuflisch sich das tödlich entfesselnde
Element, so dämonisch und teuflisch sich der fremde Gott darstellt, - im Tod selbst liegt auch die Verheißung des Göttlichen, und es erscheint ja auch als Führer ins Totenreich am
Ende der durchaus schöne Geliebte. Es ist nicht nur so, daß
Aschenbach sich durch die Verbindung mit dem Tod an das
Teuflische ausliefert, er hat es auch da mit der Hoffnung auf
Wiedergewinnung einer paradiesischen Harmonie im Ver-
heißungsvoll-Ungeheuren des Jenseits zu tun. Die Macht des
Dionysischen - vielleicht gerade auch, weil sie die des
"Ganzen" ist und die Widersprüche miteinschließt - bleibt eine
mysteriöse. Sie erscheint als "das Böse", bzw. als die, das
Böse auslösende oder zum Bösen herausfordernde Macht. Den-
noch könnte sie wohl als die eigentliche Naturmacht imstande
sein, zu Gutem hinzuführen, könnte sie den angestrengten
Apolliniker und Leistungsethiker in einer Weise erlösen, die
jenseits von Gut und Böse läge und freilich auch das apollinisch
Gute nach allen Seiten hin transzendieren, wie die Natur die
Zivilisation, oder wie der Urgrund des Seins alle raum-zeit-
liche, begrenzte Wirklichkeit.

Wir lassen diese, hier nur im Sinne Thomas Manns und zum
Zwecke der Interpretation entwickelten Spekulationen auf sich
beruhen. Wir nehmen an, daß der Fremde Eros-Thanatos repräsentiert, d.h. sowohl darstellt, als auch erweckt. Daß man
den Fremden auch als "Projektion" Aschenbachs gemäß der,

in ihm bestehenden Spannung zwischen der Ökonomie seines
Ichs und der, dieses Ich bedrohenden inneren Mächte auffassen
kann, versteht sich. Aber auch Aschenbach selbst ließe sich
wiederum als bloße Fiktion und Projektion auffassen. Jedoch
die psychologische Auflösung dessen, was die Novelle an Form-
Mustern und konkreten Gestalten bietet, empfiehlt sich zunächst
nicht. Zum Zwecke einer formalen Analyse und Interpretation
ist es besser, sich vorerst an die Erscheinungsform der Figuren, an die Oberfläche, an den Text zu halten.

2.

Gemäß dem sogenannten Gesetz der wachsenden Glieder, hat die
Novelle die Form einer dreifachen Steigerung oder Intensivierung . Sie beginnt mit der geringsten Entlastung von den Forderungen des Ichs: der im täglichen Arbeitsplan vorgesehenen
Entspannung durch einen Spaziergang; führt zu größeren Ferien vom Ich: der Reise nach Venedig, der Erfrischung durch
das Abenteuer der Verliebtheit, das für dieses Ich zugleich
Verirrung in eine verbotene Liebe bedeutet; zuletzt aber zur
Zerstörung - zunächst nur der "Kultur" des Ichs und der
phantasierten Entfesslung orgiastischer, manifest sexueller
und destruktiver Leidenschaft, endlich zur Aufhebung des Ichs
durch die größtmögliche aller Reisen, die Reise ins Jenseits,
genauer: den Aufbruch zu dieser Reise. - Dem Erweiterungs-
muster analog kommt es zu einem immer näheren Kontakt mit
dem Fremden. Der Wandersmann an dem Friedhof rückt Aschenbach nah genug, um ihn mit dem Blick fixieren zu können. Der
Gondoliere verleitet seinen Passagier zu der - Aschenbach nicht
unangenehmen - Vorstellung, der Fährmann könnte ihn "hin-
terrücks mit einem Ruderschlag ins Haus des Aïdes" [4] beför-
dern. Noch näher kommt ihm der Musikant. Dieses, an sich
unerhebliche Näherrücken ist erwähnenswert als Illustration
des entscheidenden Prozesses der zunehmenden Disintegration
des Ichs. Bei der ersten Begegnung wird der Kreis nur in einem
kleinen Sektor angeschnitten; bei der nächsten reicht die Infektion, geht der Schnitt bis ins Zentrum der Persönlichkeit,
die bei der letzten Begegnung und in ihrer Folge völlig ver-
giftet, überwältigt, zerstört wird.

Der Impakt des Fremden, vielmehr: der durch den Fremden
repräsentierten Macht, läßt sich in dreifacher Richtung ver-

folgen: in Hinblick auf E r o s , auf T h a n a t o s (zu dem ich
Krankheit u n d Tod rechne) und auf den a p o l l i n i s c h e n
R e s p o n s des Ichs, der bewußten Persönlichkeit.

Zunächst liegen die Aspekte, zumal der erotische und der tödliche, nah beieinander. [5] Die, durch den Fremden erweckte
Vision der "mephitischen", "üppig untauglichen", phallischen
Urlandschaft macht Aschenbachs Herz "vor Entsetzen und rät-
selhaftem Verlangen" pochen. Ihr tödlicher pathologischer Aspekt, auch durch die Vorstellung vom lauernden Tiger illustrier
erhellt u. a. aus ihrem prophetischen Charakter: kommt
Aschenbachs Todes-Krankheit ihm doch wahrhaftig aus diesem
indischen Sumpf und Dschungel entgegen; wie auch daraus,
daß sie sich als momentanes m e n t a l d e r a n g e m e n t , als
Sinnesverwirrung darstellt, daß Aschenbach ihr in einem
ich-fremden, freilich sehr leichten halluzinogenen Anfall verfällt. Das sexuell-erotische Element - in der Landschaftsschil-
derung selbst durch "geiles Farrengewucher", "haarige Pal-
menschäfte", und dergl. angedeutet, - manifestiert sich auch in
der, von Aschenbach im Nachhinein für die Vision verantwortlich gemachten, heftigen Reiselust. Vom Ich - dem apollinischen Respons der bewußten Persönlichkeit - aus gesehen,
findet hier - im Kleinen - die Überwindung eines Zustandes
geistiger Sterilität statt, der den Anlaß zu dem Spaziergang
des Überarbeiteten gab, nämlich eine Erfrischung durch imaginäre Regression ins primitiv Natürliche einer exotisch verlockenden Unterwelt - wie denn überhaupt E r f r i s c h u n g
d u r c h R e g r e s s i o n das Grundthema der ganzen Novelle
ironisch umschreibt. Andererseits wird das zwar ich-fremde,
aber das Ich scheinbar noch nicht ernstlich bedrohende Element
sofort durch Einordnung in den ich-gerechten Arbeitsplan integriert: eben durch die Identifikation des Impulses als bloße
Reiselust - so sonderbar diese sich auch darstellen möge -,
mithin als zulässiges Bedürfnis nach Erholung, dem man
stattzugeben bereit ist, indem man sich eine zeitlich begrenzte
Ferienreise verschreibt, die am Ende ja auch nur dem, vom
Ich intendierten Werk zugute kommen soll.

Dennoch hat die Infektion eingesetzt. Sie läßt Aschenbach in
dem zu harmlosen Ferienort in Dalmatien keine Ruhe; treibt
ihn zu dem Entschluß, nach Venedig zu fahren. Es folgt nun
eine Phase, in der das Ich, die bewußte Persönlichkeit, defen-

siv reagiert, sich auf sonderbare Weise befremdet, dem gewohnten Zusammenhang entrückt, fast paralysiert, aber dennoch nicht ernstlich gefährdet fühlt, da eine derartige Selbstentfremdung immerhin als Ferienerfahrung akzeptabel sein
mag. - Die Gestalten, denen Aschenbach auf der Fahrt nach
Venedig begegnet, lassen sich verschiedentlich auffassen:
quasi als Nachwirkung der ursprünglichen Kontamination, oder
als deren unabhängige Intensivierung, oder als Schemen, die
zur zweiten Begegnung mit dem Fremden überleiten und schon
dieser zugehören. Es kommt gewissermaßen zu einer Aufspal-
tung der Figur des Fremden. Der, wie ein unterweltlicher
Teufel und Herrscher thronende, anrüchige Kartenverkäufer
im Schiffsbauch und sein Gehilfe, der bucklige, schmierige
Matrose, gehören dem Bereich des Thanatos an; der falsche
Jüngling mit dem, vom Gaumen fallenden künstlichen Gebiß
repräsentiert das lasterhafte, homoerotische Element, allerdings in einer, dem Verfall ganz nah gerückten, durch Todes-
nähe obszön und widerlich sich darstellenden Form, sodaß
selbst die, erotischer Sphäre zugehörigen, an das "feine Liebchen" bestellten Grüße zweideutig ominös wirken.

Dieses Liebchen, mit dem Aschenbach ein Verhältnis eingehen,
dem er verfallen wird, bis er sich endlich - in der Schluß-
vison - dem Meer vermählt, mag im weitesten Sinne die Stadt
Venedig selbst sein, die nicht nur mythischer Weise mit erotischer Lizenz, insbesondere mit lasterhafter, libertiner
Erotik verbunden, zugleich als ständig vom Meer bedrohte und
langsam versinkende, edle Halbruine mit dem Verfall aufs
innigste assoziiert wird. Die Doppel-Assoziation wird für Mann
verstärkt durch den Gedanken an den Grafen August von Platen-
Hallermünde, den überfeinerten, dekadenten Apologeten jener
sterilen - der Möglichkeit der Zeugung, der Nachkommen-
schaft, der Familie fernsten - homosexuellen Leidenschaft,
den edlen, homoerotischen Dichter, der die todgeweihte Schönheit Venedigs in makellosen Sonetten zelebrierte, die todgeweihte Liebe in ihrer ästhetischesten Form, als Liebe zum
Schönen, in dem Gedicht "Tristan" verherrlichte, dessen
Zeilen: "Wer die Schönheit angeschaut mit Augen / Ist dem
Tode schon anheimgegeben" auch die Motivgestaltung von
Manns Novelle auf einer möglichen Interpretationsebene
zusammenfassen. Und nicht nur innerhalb eines steril ontheti-

schen Bereichs gilt ja die Schönheit, eben weil sie - als pla-
tonische Idee - die Vollendung selbst ist, als ein, in immer
imperfekter, zeitlicher Existenz nicht realisierbares, uner-
reichbares Ideal; wie auch die Vollendung, die Erfüllung sehn-
süchtiger Liebe, die wahre Vereinigung, romantischer Gesinnung nur als Liebestod vorstellbar ist. Auch die erschütterndste
und einflußreichste Gestaltung dieses Motivs ist aber für Mann
mit Venedig verbunden, der Stadt, in der Wagner seinen
TRISTAN, sein vollendetestes Kunstwerk, komponierte, wie
auch Wagners Tod, der Tod des für Mann faszinierendsten,
modernen Künstlers ein Tod in Venedig war, und ein Ereignis,
das wiederum ein anderes mythisches Vorbild und den intellektuellen Lehrmeister Manns, den vereinsamten Ex-Wagnerianer
Nietzsche zutiefst erschütterte, der sich seinerseits dem ele-
gisch-erotischen, von Melancholie affizierten Existenzbereich
der Stadt eng verhaftet fühlte. So ist denn die Venedig-Thematik
(auf die ich hier nicht näher einzugehen beabsichtige) von zentraler Bedeutung für die Novelle: Venedig ist die Stadt des
erotischen Untergangs, des erotisch-letalen Verfalls. Die
Reise nach Venedig ist die Reise in die Stadt des Eros-Thanatos
und in ihre tödliche Umarmung. [6]

Treten bei der zweiten Begegnung zunächst die Todesaspekte -
des Fährmanns und seines sargartig auf einschläfernder Lethe
schaukelnden Gefährts - hervor, so evoziert die Gondel doch
auch die landläufigen erotischen Assoziationen, wie ja der
Gondoliere sein Opfer auch dem, nunmehr als der Knabe Tadzio
konkretisierten Liebchen zuführt. Und wenn im Folgenden die
erotische Entwicklung in der pathetisch-grotesken, einsamen
Liebeserklärung kulminiert, so entwickelt sich zugleich auch
der Thanatos-Aspekt, e.g. in der - zunächst unvollständigen -
Entdeckung des in Venedig umgehenden Übels. Wie in der Geschichte des, vom Liebestrank vergifteten Tristan, der sich
gegen seinen König und die Institution der Ehe fast bewußtlos
vergeht, erweist sich, auf ermäßigter, bürgerlicher Stufe,
die Leidenschaft als rücksichtslos gegen ich-gerechte sittliche
Vorschriften, mithin auch als eine Art moral derange-
ment, eine seelische Krankheit: denn was sonst vermöchte
den, auf Dezenz bedachten älteren Herrn dazu, besinnungslos
mit heißer Stirn an der Zimmertür seines Geliebten zu lehnen!

Aber es kommt auch zum positiven apollinischen Respons:

Aschenbach unternimmt es, in dem ihm gemäßen Medium der
Kunstprosa vermittels einer wohl-proportionierten sprachlichen
Komposition ein Analogon zur Schönheit des Geliebten herzustel-
len. Die Leidenschaft selbst wird, scheint es, eingespannt in
die, vom Ich geforderte Sublimierungsarbeit und fördert die,
für Aschenbach meritorischeste Produktivität. Und doch wird
man mit einer solchen Formulierung dem Verhältnis keineswegs gerecht. Denn in der hier in Rede stehenden Phase manifestiert sich die Leidenschaft selbst ja als reiner Kult des
Schönen. Keineswegs hat hier die, auch und gerade dem Ich
werte Ideal- und Kulturwelt abgedankt. Im Gegenteil: sie erscheint im höchsten Glanze. Der Held gerät in den Zustand
eines apollinischen Enthusiasmus, einer durchaus nicht maß-
losen, sondern in beschwingten Maßen sich erfüllenden, poetischen Trunkenheit und luziden Inspiration (was sich auch in
der, an den Hexameter herangesteigerten, gehobenen Sprach-
form kundtut), kurz: in einen apollinischen Schönheitsrausch,
der, wie erwähnt, zwar weitgehend dem Einwirken der tödlich-
erotischen dionysischen Macht zu verdanken ist, diese aber
zugleich in ihrer Nacktheit verhüllt, sie im besten Sinne des
Wortes beschönigt.

Der vorhin ungenügend als Erfrischung durch Regression bezeichnete Aspekt tritt hier wiederum deutlich hervor. Es
findet aber nicht nur Belebung durch Rückgang auf eine primitivere Stufe statt; die, im Grunde dionysische Leidenschaft
wirkt belebend auch und gerade in den obersten Rängen der
Kulturpersönlichkeit, aktiviert die Befähigung zu einer, allen
Idealen gerecht werdenden Begeisterung. Die Einwirkung der
Leidenschaft steht in engstem Zusammenhang mit einer
divine frenzy, die freilich unter anderem Aspekt auch als
Euphorie der von dem Eros-Thanatos Element infizierten
Gesamtpersönlichkeit erscheint.

Offenbar findet also erst im Gefolge der dritten Begegnung,
nach dem Auftritt des Totentanzmusikanten, sowohl von seiten
des Eros, wie des Thanatos die Zerstörung des Kultur-Über-
baus, der so mühsam sublimierenden und sublimierten Zivili-
sationspersönlichkeit des Protagonisten statt. Die Intensivierung erotischer Leidenschaft scheint zunächst ihre verklärenden
Wirkungen zunichte zu machen. Es ist, als würde in dem
orgiastischen Traum die Schwelle überschritten, an der die,

mit einem geistbeschwingten Verhältnis harmonierenden Ideali-
sierungen stehen. Von dieser obszön-dionysischen, freilich auch
hoch-traditionellen Bilder-Reihe, die immerhin illustriert, was
Nietzsche in seinem jugendlichen Essay als "überschwängliche
geschlechtliche Zuchtlosigkeit", "abscheuliche Mischung von
Wollust und Grausamkeit" und eigentlichen "Hexentrank"
charakterisiert, heißt es ausdrücklich, daß Aschenbach "Unzucht und Raserei des Untergangs" kostete, ja daß der Traum
"die Kultur seines Lebens verheert (und) vernichtet" zurück-
ließ.[7] Überwiegt in diesem Erlebnis das erotisch-sexuelle
Element, so scheint die völlige Aufklärung über das Übel und
Aschenbachs Gefühl heimlicher Verbundenheit mit ihm dem
Bereich des Thanatos näher zu liegen, indes das zutiefst un-
moralische Verschweigen der, auch seinem Liebling drohenden
Gefahr den weitgehenden Zusammenbruch von Aschenbachs
ethischer Persönlichkeit, übrigens schon vor dem Traum, illustriert. Auch erscheint er in dieser letzten Phase kaum mehr
als der Kultur-Schriftsteller und eloquente Humanist, sodaß
man vermuten könnte, die Rolle und Maske, die seine defensive
Persönlichkeit definierte, zusammenhielt, ausmachte, sei
eigentlich schon abgetan. Und so könnte auch das, auf entleer-
tem Strand stehengebliebene, photographische Stativ - das
bloße Auge - mit dem im Wind flatternden schwarzen Tuch -
ein sonderbares, ja rätselhaftes Symbol - u.a. darauf hin-
deuten, daß die, von Aschenbach selbst in der vorhergehenden,
hocherotischen Phase festgehaltene Rolle des sublimierten
Voyeurs, welche am Ende auch die Rolle des epischen Schriftstellers ist, ihm nun nicht mehr genügt; daß unter dem An-
sturm der, auf Zerstörung gerichteten Leidenschaft für den,
längst entgrenzende Vereinigung, Ekstase, Untergang Begeh-
renden auch die verfeinerte, auf Distanz gegründete Schaulust
zuschanden geworden ist. Und gewiß könnte man mit dem
Psychoanalytiker Kohut in mancher Hinsicht von einem Zusammenbruch der Sublimierung, von einer disintegration
of artistic sublimation sprechen.[8]

Dennoch muß man zugleich zugeben, daß Aschenbach die Rolle
des Beobachtenden keineswegs aufgibt, sie vielmehr noch am
Schluß des Schlusses wieder intensiv aufnimmt, da er mit,
zutiefst im Anschauen des Geliebten konzentrierten Blick,
wenn auch in dem Versuch, ihm zu folgen, stirbt. Und so geht e

auch nicht an, einfach den Zusammenbruch der sublimierenden Fähigkeit, das Erlöschen der apollinischen Fakultät zu statuieren. Es findet ja im Gegenteil, auch trotz des Zusammen-
bruchs von Aschenbachs Lebenskultur, ein gesteigerter apolli-
nischer Respons bis zum Ende statt. Zwar das konventionsbe-
wußte vernünftige Ich ist lädiert; und ebenso das "Über-Ich",
insofern es Instanz des Gewissens ist, aber nicht eigentlich die
idealisierende Fähigkeit, oder die Fähigkeit, das Ideal zu konzipieren und zu erkennen. [9] Der praktisch vernünftige Kultur-
schriftsteller, der ehrgeizige Karrierist, der Leistungsethiker
Aschenbach geht zugrunde, aber nicht eigentlich der Dichter,
nicht der die Erscheinung erkennend durchschauende, transzendierende Idealist und nicht der Verherrlicher der Erscheinungs-
welt, nicht ihr religiös bewegter Antagonist, noch ihr Verklä-
rer. Bis zum Ende findet eine Sublimierungsleistung höchsten
Grades statt. Erst jetzt meint Aschenbach sich selbst in seiner
Rolle wahrhaft zu erkennen: als Dichter, der sich nicht, wie
der Philosoph, in ein Empyrium des Überweltlichen, der reinen Geistigkeit, bzw. der Abstraktion hinaufsteigern, vielleicht
auch hinauf-schwindeln, hinauf-lügen kann, sondern der beiden
Bereichen, dem geistigen wie dem animalischen, der idealen
Sphäre ebenso wie der triebhaften Welt und Unterwelt verhaftet
bleibt und vielleicht gerade dadurch der menschlichen Wahrheit näher ist als der nur Geistige. So findet also jenseits der
Literatur eine Selbsterkenntnis des Literaten, des Dichters
statt. Auch kommt es, aufgrund des apollinischen Responses,
zu einer mythischen Befriedigung von Aschenbachs Sehnsucht,
indem er nämlich in dem Geliebten den ihn einladenden Toten-
führergott Hermes erkennt und also in der - übrigens von
Platen verherrlichten - beneidenswertesten aller Lagen, in der
Vereinigung mit dem Geliebten, oder doch im Aufbruch zu dem
ihm nahen, stirbt. Er erlebt im Tod die höchste Erfüllung -
wenn in der ambiguosen, doppeldeutig-ambivalenten Sphäre
Manns auch immer zugleich die Möglichkeit einer anderen Interpretation gegeben ist, derzufolge man sich sagen müßte,
derlei sei eben bloß eine letzte Illusion. Jedoch auch dann wäre
es eine apollinische Illusion. In keinem Fall kann man aber behaupten, daß die Fähigkeit zur Konzeption des apollinischen
Schleiers, der, mit Nietzsche zu reden, das Furchbare verhüllt, dem Träumer und Visionär Aschenbach abhandengekom-
men sei, der sich vielmehr, ähnlich Hofmannsthals Tor, in der

Konfrontation mit dem Tod als zur höchsten Steigerung produktiver Imagination fähig erweist.

Die Frage, die sich hier ergibt, ist die schon vorhin berührte
nach dem Zusammenhang des Dionysischen als des "Untersten"
mit dem "Obersten", dem "Über-Ich", der Fähigkeit zu um-
fassender Idealisierung und Verklärung, bzw. zu höchster eksta-
tischer Einsicht. In der Endperspektive erscheinen die Mächte
denn doch nicht mehr als so scharf getrennt; erscheint die tödlich ominöse Thanatos-Figur des Fremden auf seltsam durchsichtige Weise als verwandt mit dem apollinisch schönen Jüngling, der sich in den, die Seele leitenden Gott verwandelt. Es
deutet sich, hinter den vitalen Kulissen antagonistisch polarer
Mächte eine höhere Verbundenheit und Einheit an, der nachzugehen ich mich aber nicht imstande fühle.

Verwandt mit diesen Erwägungen ist auch die Frage nach dem
Verlust und Gewinn Aschenbachs. Ist der so bemüht tugendhafte Kultur-Würdenträger, von dem uns zu Anfang berichtet
wird, besser, reicher, menschlicher, ist er mehr wert als der
schändlich gedemütigte, zerbrochene, todgeweihte Mann, der
dem lasterhaft begehrten Sexualobjekt halt- und kraftlos, ja
atemlos hündisch, quasi mit heraushängender Zunge, hinter-
herläuft? Dieser erniedrigte Aschenbach - ist er nicht in mancher Hinsicht menschlicher, dem Herzen der Welt, dem Wesen
der Dinge näher als der ehrgeizig Tugendhafte? Ist die Zerstörung des Zivilisations-Ich nur ein Verlust; ist sie nicht auch
Gewinn, nicht auch eine nötige, zu bejahende Zerstörung?

Die Frage nach der Zerstörung Aschenbachs erweitert sich so
zur Frage nach dem Wert der bourgeoisen, der modernen,
vielleicht der Zivilisation überhaupt. Wenn aber hier gesagt
wurde, daß die Fähigkeit zur apollinischen Verklärung in
Aschenbach bis zum Schluß nicht erlischt, so ändert dies doch
an der Hauptlinie der Entwicklung nichts: Der Held - Repräsentant des Kultur- und Zivilisationsmenschen überhaupt -
erscheint als einer, der gegen die, allem zugrundeliegende
Naturwelt des Thanatos-Eros verstößt, der die wahren Mächte
verleugnet, sie ausschließen will, und der daher samt Super-
struktur von dem sich rächenden fremden Gott, bzw. von
Thanatos-Eros, zerstört wird, wobei in der Konflagration, die
stattfindet, auch das apollinische Potential in ihm eine Steigerun

erfährt, die aber eben auf Zerstörung hinausläuft. Was immer stattfindet: es ist, negativ gesehen, eine Zerstörung der Zivilisation, der Kultur, deren Wert bei Mann allerdings immer vorausgesetzt wird, wenn er auch zugleich immer wieder re - lativiert wird; von der Mann voraussetzt, daß sie erhaltenswert ist, aber zugleich auch, daß sie wert ist, zugrundezugehen; der Mann zutiefst verhaftet ist und mit tiefster Skepsis gegenübersteht, sodaß man von ihm sagen kann, er sei einer der letzten umfassenden Verherrlicher der Kultur- und Zivilisationssphäre innerhalb der westlichen Tradition, aber zugleich auch einer ihrer umfassenden Kritiker und Zerstörer. Ebendies entspricht ja auch der ausgewogenen ironischen Ambivalenz dieses Autors. So wird hier einerseits eine Tragödie geschildert: der Zusammenbruch einer, durch einen Menschen repräsentierten Zivilisation und Kultur. Andererseits aber stellt sich diese Zerstörung auch als eine Befreiung von übergroßer Last, lastendem Unbehagen, einengendem Zwang dar; und mag auch den Leser entlassen mit der Hoffnung auf das Verheißungsvoll - Ungeheuere oder aber auf die Möglichkeiten einer umfassenderen, den Grundmächten des Lebens gerechteren Lebensordnung als es jene war die im Fall des zusammenbrechenden bourgeoisen Leistungsethikers und Artisten in die Brüche ging.

3.

Das Phänomen der sich steigernden und tödlichen Entzündung, der Überwältigung eines sorgfältig gehegten Zivilisations-, Kultur- und Persönlichkeitsbereiches durch eine zugleich vitale und pathogene, steigernde und zerstörende Macht ist, Manns eigener Einsicht zufolge, sein Ur-Thema. Im Zusammenhang mit seinem "eigentlichen Durchbruch in die Literatur", der "melancholischen Geschichte" eines "kleinen Buckligen", für den "die Erscheinung einer merkwürdig schönen und dabei kalten und grausamen Frau den Einbruch der Leidenschaft" in ein "behütetes Leben" bedeutet, "die den ganzen Bau umstürzt und den stillen Helden selbst vernichtet", kommt Mann auf dieses "durchgehende, (sein) Gesamtwerk gewissermaßen zusammenhaltende Grund-Motiv", das die Erzählung vom kleinen Herrn Friedemann "zuerst anschlägt", zu sprechen. "Viele Jahrzehnte später, in dem ägyptischen

74

Buche" seiner Josephsgeschichte habe er darauf hingewiesen:

> "(Es) ist die Idee der H e i m s u c h u n g , des Einbruchs
> trunken zerstörender und vernichtender Mächte in ein
> gefaßtes und mit allen seinen Hoffnungen auf Würde
> und ein bedingtes Glück der Fassung verschworenes
> Leben. Das Lied vom errungenen, scheinbar gesicher-
> ten Frieden und des den treuen Kunstbau lachend
> hinfegenden Lebens; von Meisterschaft und Überwäl-
> tigung, vom Kommen des fremden Gottes war im An-
> fang, wie es in der Mitte war. Und in einer Lebens-
> späte, die sich im menschheitlich Frühen sympathisch
> ergeht, finden wir uns zum Zeichen der Einheit aber-
> mals zu jener alten Teilnahme angehalten.

> Im Anfang, wie in der Mitte: "Vom Kleinen Herrn
> Friedemann zum Tod in Venedig, der viel späteren
> Erzählung vom Kommen des "fremden Gottes" spannt
> sich der Bogen; und was ist die Leidenschaft von
> Potiphars Frau für den jungen Fremdling anderes
> als abermals der Einsturz, der Zusammenbruch einer
> mühsam, aus Einsicht und Verzicht gewonnenen hoch-
> kultivierten Haltung: die Niederlage der Zivilisation,
> der heulende Triumph der unterdrückten Triebwelt". [10]

Diese unverhüllten Triebmächte der Natur, deren Ausbruch das
Gehege defensiv repressiver Zivilisations- und Kulturwelt
bedroht und zerstört, sind bei Mann, wie bei dem späteren
Freud, Eros und Thanatos, Sexualität und Zerstörungstrieb
im umfassenden Sinn und in enger und antithetischer Einheit
oder Verflochtenheit.

Es versteht sich, daß sich das Grundmuster nicht nur in den
JOSEPH-ROMANEN, dem Hauptwerk seiner zweiten Phase,
findet, wo Mann es selbst hervorhebt; daß die "Idee der
Heimsuchung" scheinbar gesicherter bürgerlicher Existenz,
und zwar durch die Krankheit, im ZAUBERBERG behandelt
wird;[11] daß auch das Hauptwerk des frühen Mann die Disintegration eines scheinbar gesicherten bürgerlichen Kunstbaus -
nämlich den Verfall der Familie und Firma Buddenbrook -
beschreibt, und daß das Hauptwerk des späten Mann, DOKTOR
FAUSTUS, den Pakt des Repräsentanten deutsch bürgerlicher
Kultur, aber auch des Künstlers schlechthin, mit der unteren,

infizierenden, steigernden, genialisierenden und zerstörenden
Macht darstellt. Eine genauere Untersuchung des Gesamtwerks,
die auch als Illustration der Vereinbarkeit einer "reduktiven"
Perspektive mit immerhin imponierender Variabilität von Interesse wäre, läßt sich, u. a. auch deshalb, weil in den großen
Romanen das Grundmotiv vielfach überlagert wird, im gegenwärtigen Rahmen nicht unterbringen. Hingegen empfiehlt sich
zur Vergegenwärtigung der annähernden Omnipräsenz des
Grundmotivs ein Überblick über die kürzeren Erzählungen. [12]

Der Einbruch elementarer Triebmacht in die Zivilisationssphäre: Belebung und tragische Zerstörung einer menschlichen
Beziehung im gepflegten Milieu der haute bourgeoisie - "ganz
unten blendet Damast" (I, 5) - infolge des Durchbruchs sinnlicher Leidenschaft und "grausamer" Wollust, wird schon in
der V i s i o n (1893), einer ins Edle und Kostbare gesteigerten,
onanistisch anmutenden und mit Schuldgefühl verbundenen Phantasie des 18jährigen angedeutet. - Eine weitere Variation über
das Thema des Zugrundegehens am Sexualobjekt - hier des
erotisch betörten Bürgers an dem dirnenhaften Weib - behandelt
die recht kitschige Novelle G e f a l l e n (1896); indes D e r
W i l l e   z u m   G l ü c k (1896) die glorreiche Selbstzerstörung
eines überfeinerten alter ego durch eine, diesem unzuträgliche
Leidenschaft, insbesondere durch den seiner gebrechlichen
Physis letalen Geschlechtsverkehr, verherrlicht. [13]

Großartiger durchgeführt wird das Zugrundegehen des kläglichen Protagonisten am Liebesobjekt in der schon erwähnten
Erzählung vom K l e i n e n   H e r r n   F r i e d e m a n n (1897). Die
gefürchtete Leidenschaft erscheint hier dem décadent aber
auch als willkommener Anlaß dazu, sich aus der steril defensiven Sphäre der Sicherheit zu lösen; ermöglicht ihm wollüstige
Hingabe an den Selbsthaß, Befreiung vom Selbstekel im Selbstmord, der die Klimax der Erzählung bildet. Der tragisch groteske Liebestod des Krüppels, eine Orgie der Selbstzerstörung
in der Folge des Durchbruchs lang unterdrückter Erotik, hat
seine bewundernswerten Aspekte, wirkt u.a. erleichternd,
gleich der längst ersehnten Erlösung des Thomas Buddenbrook
aus der verkrampft repräsentativen Honoratioren-Existenz
durch den ihn entwürdigenden Tod, oder der analogen Erlösung
des pompösen Aschenbach aus defensiv verkrampfter Lebens-
disziplin.

Und wenn in den folgenden Erzählungen die Zuordnung zum
Grundmotiv weniger klar ist[14], so wird es doch schon in der
- schwachen - Kurzgeschichte G e r ä c h t (1899) wiederum
explizit, die analog zur - hier abgeschwächten - Friedemann-
Thematik, die Rache einer Frau an einem, im Grunde dekadenten, willensschwachen, unmännlich lüsternen Literaten
darstellt, dessen anmaßende Allüre zivilisierter - "plato-
nischer" - Geistigkeit durch einen unerwarteten Durchbruch
der Sexualität erschüttert und entlarvt wird.[15] - Den Untergang eines, in seiner Lebenssphäre - wenn auch kläglich -
gesicherten, unförmigen d é c a d e n t an dem ihn verhöhnenden
"vitalen" Liebes- und Sexualobjekt, also einen Liebestod
schaurig-grotesker Art behandelt die Kurz-Novelle L u i s c h e n
(1900), die von dem fetten Rechtsanwalt Jacoby und seiner ihn
betrügenden und tödlich demütigenden Gattin Amra berichtet. -
Paradigmatisch stellt sich das Grundmotiv in der novellistischen Fabel vom W e g   z u m   F r i e d h o f (1900) dar: Keine
elementare Triebmacht, sondern die gesunde Vitalität, das
radfahrende Leben selbst, zerstört den längst unterhöhlten,
defensiven Existenzbereich des d é c a d e n t. Die geringfügige
Demütigung des Lobgott Piepsam durch den Radfahrer, der
sich sein illegales Recht darauf, auf dem Gehweg zu fahren,
nicht nehmen läßt, ist nur der Anlaß zu dem, von ohnmächti-
gem Ressentiment gegen das Leben inspirierten, letalen Wut-
anfall des Beleidigten. Auch hier wird das "Lied" des "den
Kunstbau lachend hinfegenden Lebens" gesungen, wenn auch
von einem "treuen" Kunstbau nicht mehr die Rede sein kann:
Unglück (Verlust seiner Frau, der geborenen "Lebzelt", und
seiner drei Kinder), sowie den Schmerz anaesthesierende
Trunksucht und die Selbstverachtung haben den Schwächling
mürbe gemacht, der sich auf Ruinen von Grenzen und Geboten,
bzw. auf legale Lappalien wie das Fahrverbot auf dem Gehweg,
umso krampfhafter beruft als er sein eigenes Haus nur noch
mit äußerster Mühe zusammenhält. - Eine weitere Erzählung,
in der, wie schon im M i n d e r n i c k e l und im W e g   z u m
F r i e d h o f, der in seiner defensiven Ordnung von der Lebensmacht - hier: der Sexualität - bedrohte d é c a d e n t zum
Angriff übergeht, wodurch er selbst als Vertreter der Todesmacht erscheint, ist G l a d i u s   D e i (1902), eine Vorstudie
und karikaturistische Variation über das, in dem Lesedrama
F I O R E N Z A (1906) behandelte Savonarola-Thema. Man

könnte sagen: Dem fanatischen Schwächling, dem would-be-
Savonarola in dem frivol genießerischen München vor dem
ersten Weltkrieg scheint das repressive Glaubensgefüge von
der sinnlichen Schönheit der Lebensmacht selbst bedroht zu
sein; daher sein Ausbruch gegen das Portrait und seine Ver-
dammung der "wollüstigen"Stadt.Aber ist hier so eindeutig klar,
wer wen gefährdet, wer recht, wer am Ende die Macht hat:
die blühendes Münchner "Leben" repräsentierenden "Blüthen-
zweig" und "Krauthuber", oder der gegen die Erniedrigung
des Heiligen zum Sexualobjekt im Namen des Geistes protestie-
rende, schwächliche Mönch, der die Todesmacht, das Welt-
gericht, das Schwert Gottes auf die sündige Stadt herabbe-
schwört? Könnte nicht am Ende auch die Macht des Todes den
sinnlichen Kunstbau des Lebens hinwegfegen? Es hieße die
hier versuchte Rückführung dieser und anderer Erzählungen
von Mann auf eine, der Grundthematik zugehörige Konfiguration
mißverstehen, wenn man meinte, daß durch eine derartige
Reduktion auch der G e h a l t der Erzählungen eindeutig bestimmt sei. Allein in Anbetracht der von Mann unermüdlich
durchexerzierten Dialektik von Geist und Leben, oder Geist
und Natur, ist evident, daß einfache, eindeutige Interpretationen jedenfalls der Intention des Autors nicht gerecht werden.
Gerade von Seiten des "Geistes" , hier jener repressiv gesinnten Mönchsfigur, werden gute Gründe gegen "das Leben"
vorgebracht. Eine einseitige Erledigung der Problematik ist
von vornherein ausgeschlossen. Zwischen Lebens- und Todesmacht, zwischen dem Ordnungsgehege, aber auch zwischen
der alle vitalen Illusionen zerstörenden, nicht selten auch mit
dem Tod alliierten geistigen Macht und der immer wieder
triumphierenden oder den Durchbruch erzwingenden "Vitalität"
entwickelt sich eine endlos komplexe, oft widersprüchliche
Dialektik, deren endgültiger Ausdruck kein "Resultat", sondern
nur Manns ironischer Vorbehalt, nur Manns Ambivalenz ist:
sein ständiges Oszillieren und Vermitteln zwischen Alternativen und Polaritäten; und seine immer wieder erneute, immer
wieder frustrierte Suche nach der Synthese.

Eine reich orchestrierte Fassung des Grundthemas bietet, wie
schon der Titel vermuten läßt, die satirische Novelle
T r i s t a n (1903). Das gefährdete, fragile, dennoch "gefaßte
und mit allen seinen Hoffnungen auf Würde und ein bedingtes

Glück der Fassung verschworene Leben" der kranken Frau
des klobig vitalen Klöterjahn wird von dem dekadenten Artisten
Spinell vermittels sublimer Evokation der Liebestod-Thematik
und Todeserotik in Wagners TRISTAN zum Tod zerrüttet.
Nicht weniger deutlich als im Tod in Venedig wird
auch hier durch eine - zwar einigermaßen flache, halb und halb
bloß gespielte, artistisch-aesthetisch vorgespiegelte - Leidenschaft ein Equilibrium der Schwäche erschüttert; ist auch hier
die Bewegung zum Tod hin erotischer Rausch, lösende Regression und Transzendenz.

Daß Manns Grundmotiv erheblicher und verwirrender Variatio-
nen fähig ist, erhellt hingegen aus der Studie Die Hungern-
den (1903) und der Novelle Tonio Kröger (1903). Sowohl
Deletv wie der Schriftsteller Kröger sichern sich im Leben
vor dem Leben durch die Beschränkung auf die Rolle des artistischen outsiders, des literarischen Betrachters, des sublimierten Voyeurs. Was aber ihren "Kunstbau" bedroht, ist
nicht die unverhüllt, in "heulendem Triumph" sich manifestierende "unterdrückte Triebwelt".

> "Das 'Leben', von dem wir ausgeschlossen sind, -
> nicht als eine Vision von blutiger Größe und wilder
> Schönheit, nicht als das Ungewöhnliche stellt es uns
> Ungewöhnlichen sich dar; sondern das Normale,
> Wohlanständige und Liebenswürdige ist das Reich
> unserer Sehnsucht, ist das Leben in seiner verfüh-
> rerischen Banalität.." (I, 201).

Vielleicht erscheinen nur denen, welche die Triebwelt am ent-
schiedensten zu unterdrücken trachten, die unteren Mächte in
ihrer maximalen, gewissermaßen durch Unterdrückung zur
Explosion angestauten, aufs höchste gereizten Macht und mithin als Durchbruch des "unverhüllten" Eros und Thanatos,
hingegen jenen Gestalten, die sich halb und halb auf die Triebwelt einlassen, die Verführung und Bedrohung durch die vitalen
Mächte nicht in der, durch Askese dämonisierten, sondern in
milderer Form erscheint: als jene 'Wonnen der Gewöhnlich-
lichkeit", von denen Tonio und Detlev träumen. Denn beide
lieben ja das Leben, wie dies der Literat auf seltsam distan-
zierende Weise seiner relativ menschlichen Freundin Lisaweta
kundtut (I,228), nämlich so, als ob solche Zuneigung zum Le-

ben einem Literaten, obschon der ja am Ende auch nichts anderes hat als sein Leben, als Positivum anzurechnen wäre.
Bei Tonio Kröger kommt es zu keiner Vernichtung des Kunstbaus, wohl aber zur Bedrohung und Erfrischung des defensiv
umhegten Daseinskreises durch die Lebensmächte, nämlich
durch erotische Verliebtheit - zuerst in einen Knaben (Hans
Hansen), dann in ein Mädchen (Ingeborg Holm), die sozusagen
an die Stelle des Knaben tritt, so wie im Fall Castorps, der
auch zuerst den Knaben Hippe, dann aber Frau Chauchat gewissermaßen als Hippe redivivus liebt. In der, im mittleren
Alter Krögers stattfindenden Reprise dieser Doppel-Bedro-
hung und Erfrischung der einigermaßen sterilen Existenz
des artistischen Zuschauers erscheint dann die gefährliche
Verlockung zur Mitbeteiligung am "Leben" als eine - freilich
zur Reminiszenz abgeschwächte, mit dem Zuschauen sich be-
gnügende - Verliebtheit in beide, den Knaben und das Mädchen.[16] Die erotische Verlockung der Wonnen der Gewöhnlich-
keit und die Todessehnsucht ("Ich möchte schlafen, aber du
mußt tanzen"; I, 253) klingen an, ausgelöst durch die regressive, gefährdende, erfrischende, allerdings halb imaginäre
Wiederbegegnung mit den, die Lebensmächte repräsentierenden Gestalten aus Tonio Krögers Jugend. - Die Grundthematik
ist hier gemildert. Insofern es in T o n i o   K r ö g e r , wie in
dem mit einem märchenhaften happy end versehenen Roman
KÖNIGLICHE HOHEIT (1909) zu einem, allerdings prekären
Kompromiß kommt, wird die Möglichkeit einer Versöhnung
zwischen Kultur und Lebensmacht angedeutet und damit ein
glücklicherer Typus der Ausgestaltung des Grundmotivs antizipiert, nämlich die ins Positive gewendete "Heimsuchung",
die für eine Kultur fruchtbar gemachte Inundation durch die
Triebmächte. Es ist eine Konfiguration, die als Ideal der
Synthese in der, nach dem T o d   i n   V e n e d i g mit dem 1913
begonnenen, ab 1919 wieder aufgenommenen ZAUBERBERG
(1924) einsetzenden Phase, und zumal in der Epoche der (1926
begonnenen) JOSEPH-ROMANE (1933-1944) bei Mann eine
große, seine Ideologie beherrschende Rolle zu spielen bestimmt
ist.[17]

Explizit, in seiner eigentlichen Gestalt - jedoch in verzwickt
verschobener Weise - wird das Grundmotiv erst wieder in der,

die Dekadenz jüdischer nouveaux riches schildernden,
satirischen Schlüssel - Novelle W ä l s u n g e n b l u t (1906). Was
hier von den Protagonisten halb spielerisch inszeniert wird, ist
ein Zusammenbruch der herrschenden Sittlichkeit unter dem
Impakt der Kunst   - eines aesthetischen Erlebnisses, wenn
man so will: der Schönheit , - u. z. ein Durchbruch durch hoch-
polierte Zivilisationsfournier eines kulturbewußt-opulenten
bourgeoisen Milieus - wobei auch unterdrücktes, primitiv
Asiatisches durchschlägt. Beeindruckt von der theatralisch-
musikalischen Darbietung eines germanischen Inzests zwischen
Bruder und Schwester in Wagners W A L K Ü R E finden Sohn
und Tochter eines reichen jüdischen Emporkömmlings sich zu
einem analogen semitischen Inzest zusammen - wobei an Stelle
von Evas Apfel eine Kognakkirsche den Sündenfall einleitet.
Der Einbruch verbotener Sexualität in das Gehege des allzu gepflegten Luxus-Haushalts, der halb gemimte Triumph der Triebwelt ist u. a. auch ein Gestus höhnischen Vorbehalts und defensiven Trotzes angesichts der bevorstehenden Verheiratung
des Mädchens mit einem, den Autor repräsentierenden, deutschen, d. h. nicht-jüdischen Herrn von Beckerath. Was die
beiden miteinander treiben ist bei weitem nicht nur Ausleben
eines sexuellen Impulses, sondern ein von Ressentiment in-
spirierter Racheakt der zwar privilegierten, beneideten, aber
zugleich verhaßten, in der Gesellschaft nicht als vollwertig
und zugehörig anerkannten Judenkinder, - ein Racheakt, der
sich gegen eine ihnen feindliche, halb fremde, nur scheinbar
gesicherte, artifizielle Zivilisation richtet, der doch die beiden
selber zugehören, wie denn ihr Verhalten zugleich auch als
Symptom der Dekadenz ebenjener Zivilisation erscheint. [18]

Auf neuer Stufe, in Form einer - nur angedeuteten - politischen
Allegorie erscheint das Grundmotiv in der anekdotenhaften
Kurzgeschichte D a s   E i s e n b a h n u n g l ü c k (1909), die im
Bild des leichten Verkehrsunfalls den temporären Zusammenbruch, sowie die Restauration des Staates - der zivilisatorischen Ordnungs- und Repressionsmacht und damit aller Ränge
und äußeren Würden der von dem Unfall betroffenen Personen
darstellt. - Auch die Kurzgeschichte W i e   J a p p e   und   D o
E s c o b a r   s i c h   p r ü g e l t e n (1911), in der der kleine Engländer die damals von England erwartete Haltung der Neutralität vis à vis der - kriegerischem Zeremoniell gemäß -

veranstalteten Prügelei zwischen dem Vertreter der deutschen
und dem der romanischen Nationen einnimmt, läßt sich als politische Allegorie auffassen. Auch hier wird das Grundmotiv
umspielt, geht es doch um den Durchbruch des Elementaren -
hier in Form des Kampfes, der aggressiven Herausforderung
und Kraftäußerung, durch die der Mann sich erst als wahrer
Mann erweist; der Genüge zu tun selbst der, bloß die Konventionen der Zivilisation vertretende Ballettmeister Knaak bemüht sein muß; und mithin um die Frage, ob sich solche elementare Aggression in das Gefüge der Zivilisationswelt einfü-
gen und einbauen läßt. Und es ist nicht bloß für den ironisch
gezeichneten kleinen Engländer charakteristisch, der als passioniert kühler Betrachter ja auch die Zuschauer-Rolle des
Erzählers repräsentiert, daß sein Interesse erlischt, sobald
der allein faszinierende Durchbruch des Elementaren ausfällt,
ihm nicht mehr "etwas Reelles mit blutigem Ausgang" (I,337)
geboten wird.

Nun folgt Der Tod in Venedig (1912), das vollendetste
Werk Thomas Manns, das seine erste, künstlerisch produk-
tivste Epoche als deren Höhepunkt abschließt. Mit den besten
der früheren, durch sprachliche Dichte, Präzision und Leucht-
kraft ausgezeichneten Novellen und Kurzgeschichten halten
auch die besten der späteren, wie Unordnung und frühes
Leid oder Mario und der Zauberer, geschweige
denn halb mißglückte, wie Die vertauschten Köpfe,
Das Gesetz und Die Betrogene, weder stilistisch,
noch hinsichtlich ihres formalen Aufbaus, oder der Charakterisierung der Figuren den Vergleich aus; hingegen Manns
zum Teil sehr kunstvolle und geistreiche Essayistik, die in
mancher Hinsicht an die Stelle der quasi entspannenden, das
Hauptgeschäft des Romanschreibers unterbrechenden episo-
dischen Arbeit an den Novellen tritt, sich erst nach dem
Tod in Venedig voll entwickelt.

Ich übergehe das, nach realer Erschütterung des Zivilisations-
gefüges (ähnlich wie der "Gesang vom Kindchen") als Zeug-
nis der Rekonvaleszenz verfaßte Prosa-Idyll Herr und
Hund (1919), weil diese, für hundeliebende Deutsche wohl
kurzweilig endlose Schilderung mir nicht als Erzählung imponiert. Zunächst scheint Ähnliches für die halb idyllische
Zustandsschilderung in der Novelle Unordnung und

f r ü h e s   L e i d   (1925) zu gelten, die aber, obschon autobio-
graphisch-intim, auch eine Art Allegorie auf die, mit Demokratie experimentierenden Not- und Inflationsjahre der Weimar
Republik darstellt. Zur Andeutung herabgestimmt erscheint das
Grundmotiv hier in der jähen, leidenschaftlichen Verliebtheit
eines kleinen Mädchens als verfrüht provozierte Sexualität, die
in das umhegte und doch - infolge der Zerrüttung der traditionellen Sittlichkeit und Sitte - vergebens bewachte Schongebiet der Kindheit einbricht. Die Bedrohung durch anarchische
Unordnung und eine chaotische Lebensmacht, die aber offenbar
die Zukunft für sich hat, betrifft zugleich, ja vor allem auch
den ängstlich konservativ gestimmten Vater der Kleinen, den
Historiker Professor Cornelius, ein alter ego des Autors, der
sich, wider besseres Wissen, an die allein durch ihre Histori-
zität, d.h. ihr Vergangensein, schon beruhigende Vergangenheit und deren nicht mehr aufrechtzuerhaltendes Ordnungsgefüge klammern möchte. Wiederum ist daran zu erinnern,
daß Rückführung auf das Grundmotiv den Gehalt der komplexen,
ironischen Erzählung nicht erschöpft, die auch die Berechtigung des Konservativen vis à vis einer, zum Großteil nur
pseudo-revolutionären Avantgarde anerkennt und zur Diskussion stellt. - Deutlicher ist die - komplexe - Umschreibung
der Grund-Thematik in der, als politische Allegorie auf die
Bedrohung des Volks durch die demagogische, mit "unteren"
Mächten verbundene Bewegung des Faschismus deutbare Novelle M a r i o   u n d   d e r   Z a u b e r e r (1930). Die hier als
fremd und dämonisch anmutende Macht, welche die längst
korrumpierte und unterminierte Zivilisationssphäre bedroht,
ist zugleich deren Verfallsprodukt. In der Gestalt des bösar-
tigen, ressentiment-geladenen, den Faschismus repräsentierenden Zauberers fegt nicht eigentlich "das Leben" den bürgerlichen "Kunstbau" hinweg; vielmehr tritt hier ein per-
vertierter, anti-geistiger Geist betrügerischerweise im Namen gesund vitaler Macht auf; und diese falsche demagogische
Führerfigur gilt selbst als symptomatisch für den Zusammenbruch der defensiv bourgeoisen, kleinbürgerlich fanatisierten
Gesellschaft und ihres Ordnungsprinzips. Der - übrigen mit
hier als krankhaft geltender, normaler (Hetero-)Sexualität
feindlicher Erotik verbundene - Angriff des Magiers - einer
Artistenfigur und Selbstkarikatur Manns - gehört also dem
Symptombereich der Dekadenz, der gesellschaftlichen Seuche

an, die aus dem Verfallszustand der bürgerlichen Welt selbst
kommt. Hingegen die eigentliche Antwort und befreiende Tat
des bedrohten Lebens, das hier in Gestalt des liebeskranken,
beschränkten Proletariers Mario auftritt, gerade die Ermordung, die Tötung des Magiers ist. Mann zufolge ist der Faschismus eine pseudo-vitale, die starke, pralle, irrationale Vitalität durch faulen Zauber vortäuschende Krankheit und Seuche,
die den, von ihr ergriffenen, zum Fanatismus hypnotisierten
und galvanisierten Volkskörper zugrunderichten will. Man
könnte auch sagen: es ist eine Art dämonischer, pathologischer
Teufelsvitalität, die ihrerseits ein Dekadenzphänomen ist. Und
daraus ergibt sich dann auch die, von Mann selbst hervorgehobene Parallele zwischen der Verfallsorgie Aschenbachs, dem
Magier Cipolla, dem Teufelsbündler Leverkühn, und der, für
Mann immer wieder schuldvoller Pathologie und illusionärem
Zauber verhafteten Problematik des Künstlers als dem von
"unteren" Mächten inspirierten Geisteskind.

Nur hinweisen will ich auf die, für zünftige Mann-Forscher
gewiß verlockende Möglichkeit auch die, eiskalt in Form einer
indischen Legende präsentierte, metaphysisch didaktische
Farce von den V e r t a u s c h t e n K ö p f e n (1940) im Sinne des
Grundmotivs zu interpretieren.[19] Hingegen behandelt die Erzählung von der Entstehung der zehn Gebote, D a s   G e s e t z
(1943), eine mit Routine und gutem Willen, unter Zuhilfenahme
der, in der Arbeit an den JOSEPHROMANEN angesammelten
Kenntnisse verfertigte Fleißaufgabe, offenbar nicht das Grundmotiv selbst, sondern seine Inversion: - nicht den heulenden
Triumph der Triebwelt über Zivilisation und Kultur, sondern
deren Gründung, Entstehung, Behauptung auf Kosten der Triebwelt und mit Hilfe ihrer Unterdrückung. Drohung der unteren
Mächte, Lust und Mord stehen am Anfang der Laufbahn des
kleinen Moses, wie ihn der große Mann sich vorstellt, bestimmen seine Herkunft, bedrohen zunächst auch von innen
her als Impulse, e.g. der Mordlust, die gewalttätige Persönlichkeit des Gründers selbst, indes sie später dem repressiven
Gesittungswerk der zehn Gebote von seiten des Volkes drohen,
das Moses in harte Zucht genommen hat und das sich doch lieber im Tanz ums goldene Kalb der Unzucht überließe.[20]

Es ist charakteristisch für Mann, daß er sich zu einer solchen
- durchaus im Sinne seiner damaligen Propaganda gegen den

regressiv antikulturellen Nazismus konzipierte und auf der Linie seiner bewußten Gesinnung liegende - Arbeit entschloß, sie
sich aufnötigen ließ, ja eine eigenartige, interessante Auffassung des Moses entwickelte, sich aber für die Sache im Herzen
doch nicht erwärmen konnte, sodaß ihm der Kulturheros zur
halben - übrigen mit höherer Biblkritik à la Reimarus nicht
unvereinbaren Karikatur geriet. Kulturverfall, Gefahr und
Lockung der Dekadenz, und die Möglichkeit der Erfrischung
der Ordnungswelt durch regressive Mächte lagen ihm näher,
bewegten ihn tiefer als das für die Menschheit wie für die Epik
im Ganzen vielleicht bedeutsamere Thema der Kulturgründung.

Die Auffassung von Kultur und Zivilisation als problematische
Bürde, Verlockung der Auflehnung gegen diese Bürde, elegi-
sches Gefühl und Diagnose des Kulturverfalls, kurz: Kultur-
problematik ist und bleibt aber nicht nur ein zentrales Anliegen
Manns von Anfang (B u d d e n b r o o k s) bis zu Ende (K r u l l ,
F a u s t u s), sondern ist bekanntlich auch ein Hauptthema des
Zeitalters, das u. a. die Epoche der bürgerlichen Dekadenz
und des Faschismus, sowie der fortschreitenden Entmachtung
Europas ist. Die Untergangs- und Endgefühle sind unter den
besseren Literaturen de rigueur. So sagt etwa der spätere
Mann sehr schön im Zusammenhang mit einem "Spätwerk"
wie der ironischen Legende vom E R W Ä H L T E N (1951) -,
die auch von Heimsuchung durch die unteren Mächte und deren
glücklicher Sublimierung in dem zum Heiligen und Papst bestimmten Sonntagskind und Sünder erzählt:

> "Oft will mir unsere Gegenwartsliteratur, das
> Höchste und Feinste davon als ein Abschiednehmen,
> ein rasches Erinnern, Noch-einmal-Heraufrufen
> und Rekapitulieren des abendländischen Mythos
> erscheinen, bevor die Nacht sinkt, eine lange Nacht
> und ein tiefes Vergessen. Ein Werkchen wie dies
> ist Spätkultur, die vor der Barbarei kommt, mit
> fast fremden Augen schon angesehen von der Zeit."[21]

Und analoge Äußerungen ließen sich bei Hesse und vielen anderen, übrigens äußerst erfolgreichen,von der "Zeit" durchaus nicht mit "fast fremden Augen" angesehenen Schrift-
stellern in Mengen anführen. Benns Dichtung dramatisiert die
"Spät"-Gefühle und -Syndrome,aber auch Kafka spricht von

seinem Werk als einem Schwanengesang von Anbeginn und selbst
der junge Brecht gibt sich - allerdings als "Vorläufiger" - auf
die Frage "Was wird nach uns kommen?" die Antwort: "Nichts
Nennenswertes."

Weit über die belles lettres im engeren Sinne hinaus erstreckt
sich die - zunächst überwiegend pessimistische - Kulturkritik,
welche, wenn man nicht etwa bis auf die Rousseauisten des
"Sturm und Drang" zurückgehen will, im deutschen Sprach-
raum von Burckhardt und Nietzsche bis zu Weber und Spenglers
best-seller vom UNTERGANG DES ABENDLANDES floriert,
jedoch auch weiterhin von Bedeutung bleibt, da die Tatsache,
daß ein Dilemma nicht mehr "neu" ist, es ja leider durchaus
nicht erledigt oder weniger akut macht. - Lou Salomé hat
einmal Mann in Vergleich zu dem Aufklärer, oder wie sie wohl
meinte: dem strengen Wissenschaftler Freud als einen im
Herzen der Romantik verhafteten Dichter charakterisiert. Das
hat etwas für sich, wenn man Freuds Auffassung der Kultur-
Problematik, des "U n b e h a g e n s   i n   d e r   K u l t u r" und
seine Devise "Wo Es war, soll Ich werden"[22] in Betracht
zieht. Dennoch war dem frühen Freud, dem passioniert experimentierenden, rebellisch waghalsigen Erkunder psychischer
Unterwelt die Sympathie mit dem "Irrationalen" und Elementaren nicht so fremd wie eine spätere, von ihm selbst und
seinen immer respektabler und konformistischer sich gebär-
denden Anhängern betriebene Stilisierung will. Auch bleibt
seine Haltung vis á vis repressiver Kultur- und Zivilisations-
macht ambivalent. Bei aller Loyalität zu einem - seiner Ansicht nach immer notwendig "repressiven" - Kulturideal
(mag dieses auch durch, via Psychoanalyse zu etablierende,
flexiblere Kontroll- und Zensur-Instanzen psychisch tragba-
rer zu gestalten sein), faßt er dennoch die Zukunft mit Skepsis,
beinah im Sinne des Kulturpessimismus ins Auge. So entspricht
es seiner, die Bitterkeit desillusionierender Einsicht gerne
unterstreichenden Mentalität: Gehört für ihn doch fast zum
Wesen der Wahrheit und der Wirklichkeit, daß sie den Menschen hart anfassen, seine kindischen Hoffnungen zunichte-
machen, ihm weh tun. Freud   w i d e r s t e h t   der Versuchung,
den messianischen Anspruch darauf zu erheben, auserwähltes
Volk - als das ihm freilich nicht die Juden, sondern die aufgeklärten Menschen gelten - in ein gelobtes Land, ein psychi-

sches Utopia zu führen. Im Gegensatz zu dem ironisch individualistischen Mann, der Mühe hat, sich Sympathie für den
autoritär patriarchalischen Gesetzgeber Moses abzugewinnen,
identifiziert sich gerade der spätere und späteste, längst selbst
zum Haupt und Hordenvater einer orthodoxen Sekte frommer
Auserwählter avancierte Freud - immer noch jüdischer Tradition und dem in ihr wirksamen Vorbild verhaftet - mit Moses
und tritt immer entschiedener als Anwärter der Ordnungsmacht
des Ich auf, gibt immer weniger "romantische" Symphatie
mit jenen Mächten zu, die er doch auf sehr persönliche Weise
in dem Motto zur T R A U M D E U T U N G - "Flectere si
nequeo superos, acheronta movebo" - einst zu Hilfe rief.

Andererseits aber hat ja auch Mann, zumal in seiner, relativ
rationalistischen mittleren Phase ein positives Verhältnis zur
Bewußtmachung, sympathisiert auch er mit der Fruchtbar-
machung der "acheronta" für die Aufgaben des Kultur-Ichs,
wie denn überhaupt ein freieres, spielerisch wissenderes Verhältnis zum "Es" durchaus im Sinne - nicht nur mancher
seiner programmatischen Essays, sondern seiner ganzen Kunst
ist. Ambivalenter, der "Romantik" näher, teilt Mann das Thema der Kulturproblematik auch und gerade mit Freud, vielleicht
weniger deshalb, weil Mann auch von Freud gelernt hat, als
insofern beide - Mann bewußt, Freud den Einfluß verleugnend -
im Gefolge zumal von Nietzsches Kulturkritik stehen.

Ins Positive gewendet, dem Kulturpessimismus entgegengesetzt,
wird die Kulturkritik bei den Marxisten, e.g. auch bei hier
relevanten, Freud und Marx kombinierenden Revisionisten wie
Reich (in einer seiner Phasen) und - auf höherem intellektuel-
lem Niveau - Herbert Marcuse. Bei Nietzsche bietet der Verfall - i.e. die nihilistische Disintegration der im Innersten den
Nihilismus in sich tragenden, bisherigen westlichen Zivilisation
(insofern diese nicht im Zeichen der alten Griechen stand,
sondern vom Christentum und seinen Derivaten geprägt wurde)
- mithin eine Art Negation der Negation - die Chance zur vitalen Neuschöpfung, zum positiven Nihilismus, zur Entfaltung
des transmoralischen Kraftpotentials in Hinblick auf den Übermenschen als die schöpferische adequatio des schuldfreien,
reinen, starken, bejahenden, end- und ziellosen Weltspiels.
Die Marxisten bleiben ebenfalls beim Untergang - e.g. der
Kultur überhaupt oder des Abendlandes - nicht stehen, anerkenne

nur den der Bourgeoisie und ihrer Zivilisation, also einen Untergang, in dem die Chance für die sozialistische Utopie liegt;
interpretieren mithin die Zivilisationsproblematik im Sinne
ihres optimistischen Glaubens, wobei zumal Marcuses an
Freud gegen Freud orientiertes Buch über E r o s u n d Z i -
v i l i s a t i o n (1955) die doppelte Emanzipation der bislang
unterdrückten gesellschaftlichen Klassen und der bislang unterdrückten triebhaften Impulse (des polymorph perversen
Potentials) als Zukunftsprogramm entwirft. Auch von daher
ergeben sich wiederum Verbindungen zu utopischen Ansätzen
bei Mann, bei dem freilich, bei vorwiegend pessimistischer
Tönung in der Jugend- und Altersphase und nur tentativ positiver Stilisierung in der mittleren Periode, alles im Raum des
Vorbehalts bleibt und auch die Termini, in denen Kulturproblematik abgehandelt werden von mythischen, quasi theologischen
und jedenfalls metaphysischen zu psycho-soziologischen oszillieren. Nur ist auch zu bedenken, daß die Kultur-und Zivilisationsproblematik selbst sich in einem analogen Kontinuum
entwickelt: erscheint doch etwa jene, die Natur-und-Geist -
Polarität umspielende Metaphysik als Säkularisationsprodukt
der Mythe und Theologie vom Sündenfall, von dem verlorenen,
erst auf mühselig bewußten Wegen durch die Zeit vielleicht
wieder zu erringenden paradiesisch ursprünglichen Naturzustand der Kreatur; tritt doch die Kulturkritik, welche den Konflikt als bloß im Menschen und seiner Gesellschaft spielenden
auffaßt, gewissermaßen wiederum als Verweltlichung der
Metaphysik auf, indem sie statt (gefallener) Natur und Geist
etwa Begriffe wie naiv und sentimentalisch, triebhafte Vitalität und bewußte Reflexion, Es und Ich (bzw. Über-Ich) , usf.
postuliert.

Soviel zu einem weiten Feld, auf das hier nur flüchtig, zwecks
Einordnung von Manns Thematik in einen größeren Zusammenhang, hinzuweisen war. In seiner letzten, der Epoche des
F A U S T U S zugehörigen Erzählung, D i e B e t r o g e n e
(1953), kehrt Mann zu seinem Grundmotiv in jenem engeren,
in seiner Selbstdarstellung zitierten Sinne zurück. Die Novelle,
in mancher Hinsicht das weibliche Gegenstück zu Aschenbachs
Tod in Venedig behandelnd, ist eine, künstlerisch freilich
schwächere, letzte Opfergabe auf dem Altar der Todeserotik.
Wiederum besteht auch die Möglichkeit einer allegorischen

Deutung: Die in den Amerikaner verliebte, nur zum Schein ge-
sundende Betrogene mag Deutschland oder Europa repräsentieren. Im Fall der alternden, krebskranken Frau ist es nicht nur
der zivilisatorische Kunst- oder Überbau, sondern das Gebäude
des organischen Lebens selbst, das von der unteren, vital-
antivitalen Macht, dem entfesselten Todestrieb, der sich in
wild wuchernder Krankheit manifestiert, zerstört wird, wobei
aber diese Zerstörung die inspirierende, erfrischende, das
Lebensgefühl ein letztes Mal steigernde Form einer scheinbaren sexuellen Verjüngung samt scheinbarem Wiedereintreten
der weiblichen Periode verursacht und sich mit heftiger Verliebtheit verbündet. Die tödliche Zerstörung selbst tritt als
verjüngende, beglückende Liebesleidenschaft auf, das destruktive tödliche Ereignis erscheint zugleich als Gnade der Natur,
die tödliche Krankheit als Intensivierung des Lebensprozesses.
So stellt sich Manns Grundthematik hier noch einmal in jener
Doppeldeutigkeit und affektiven Ambivalenz dar, die ihn ein
Leben lang fasziniert hat.

<h2 style="text-align:center">4.</h2>

Verfolgt man zumal die Linie der frühen Erzählungen, so wird
einem die Vermutung nahegelegt, daß der - oder ein - Ursprung von Manns Grundthematik in einem Bild-, Gefühls- und
Gedankenkomplex zu suchen sei, in dem sich Lockung der
Sexualität mit einer Schuld- und Sündenvorstellung verbündet,
und zwar zwecks Selbstbestrafung, aber auch in einer Weise,
welche die Lockung nicht etwa zu mindern, sondern zu steigern
geeignet ist, e.g. in Phantasien von tödlichem Abenteuer, er-
hebendem und luziferisch berauschendem Sündenfall, die ihrerseits mitunter zu phantasierter Selbstbefreiung von allen auferlegten Zwängen, zur imaginären Transzendenz imaginärer
Schuld und Sühne führen mögen.

Offensichtlich erweist sich aber diese adoleszente Thematik
als höchst wandlungs- und steigerungsfähig. Als ihr gesellschaftliches Korrelat im weitesten Sinne erscheint die Zivilisationsproblematik, nämlich die Frage nach dem rechten
Verhältnis zu der mit Kultur und Zivilisation verbundenen
Repression; als ihr metaphysisch theologisches Korrelat aber
die Frage nach der Erlösung des Menschen, sei es durch, das

"Untere" aufzehrende und sublimierende Vergeistigung, oder
vielmehr durch Selbstaufgabe und -hingabe an die Naturmächte,
oder aber durch eine zu erhoffende Synthese der "geistigen"
und "natürlichen" Impulse und Triebkräfte. Zugleich erweist
sich in Manns Werken auch immer wieder, daß diejenigen, die
sich "rein" oder in hochmütig defensiver Isoliertheit von den
vitalen Mächten fern halten, gegen die Natur verstoßen, bzw.
sie provozieren, um dann zu Recht - sei es willentlich oder
wider Willen - den, von ihnen heraufbeschworenen, sich nun in
radikaler Gewalt offenbarenden, "unteren", den "Tiefen"
verhafteten Naturmächten (Eros, Thanatos) zu verfallen.

Wenn aber hier eine psychologische Perspektive hervorgehoben
wurde, aus der sich die Grundthematik als Bedrohung des zivilisierten Ichs durch (sexuell-erotische und destruktive)
Triebmächte darstellt, sollte damit nicht gesagt sein, daß diese Perspektive die "eigentliche", "wahre" sei, von der sich
die andern ableiten, auf die sich die andern reduzieren ließen.
Ein soziologisches Korrelat der Grundthematik, nämlich die
Bedrohung - nicht des zivilisierten Ichs, sondern der herrschenden Gesellschaftsordnung, d.h. die Dekadenz des Bürgertums,
der Niedergang der Bourgeoisie, ist bei dem Patriziersohn
Mann, aufs engste mit dem psychologischen Aspekt verbunden,
ja dominant. Behandeln doch schon die BUDDENBROOKS,
paradigmatisch für den geschichtlichen Verlauf, den Verfall
einer bürgerlichen Familie. Ebenso berechtigt scheint mir
aber auch die Anerkennung des philosophischen Aspekts der
gleichen Problematik, zumal als Bedrohung durch den, alles
in Frage stellenden, alles angreifenden, zugleich potentiell
höchst fruchtbaren, befreienden, zu radikaler Neuerung pro-
vozierenden Zweifel. Und eine analoge Erwägung gilt auch
für die existentielle, die ethische Sphäre. Eine umfassende
Erschütterung und Bedrohung jeglicher moralischer Ordnung
erscheint als Gefahr sowie als Chance der Befreiung, als
Verlockung durch wüste Anarchie und Chaos, aber auch als
Ermöglichung einer umfassenden Emanzipation des Menschen,
des Erringens einer neuen Stufe der Mündigkeit; mögen auch
hier, ebenso wie in Hinsicht auf die intellektuelle Erschütterung, im Ganzen von Manns Werk die Züge des Zweifels, der
- ironisch kontrollierten, bei allem heftigen Schwanken zugleich noch einer, stillschweigend als verbindlich anerkannten

bürgerlichen, quasi mediokren Anständigkeit verpflichteten -
Ambivalenz überwiegen. Und endlich sind auch die weitesten,
kosmischen und religiösen Aspekte von Manns Grundthematik
anzuerkennen: als In-Frage-Stellung, Bedrohung, potentielle
Auflösung jeglicher, im Glauben gegebenen oder postulierten,
transzendierenden, werttragenden oder auch nur Ordnung setzenden göttlichen oder kosmischen Macht, als - sei es nun
befreiende oder zerstörende, oder zerstörend befreiende, be-
freiend zerstörende - Invasion der Gottesordnung, bzw. der
mehr oder minder säkularisierten Substitute für eine eigentlich religiöse Anschauung. Denn Manns Problematik steht
auch von Anfang an im Zeichen des von Nietzsche diagnostizierten Nihilismus und entwickelt sich in ständiger Konfrontation
mit dem Nietzsche-Postulat, daß Gott tot sei. Dies mag im
Frühwerk nur angedeutet sein, obschon auch die B U D D E N -
B R O O K S nicht zufällig mit der Ironisierung des Katechismus
anfangen und mit der Ironisierung der illusorischen Hoffnung
auf die Familienreunion im Jenseits schließen. [23] Explizit
gemacht wird aber die religiöse Thematik im Z A U B E R -
B E R G , den J O S E P H R O M A N E N , L O T T E I N W E I -
M A R , dem E R W Ä H L T E N , D O K T O R F A U S T U S
und selbst im K R U L L , Romane, die allesamt auch Versuche
sind, die Glaubens- und Unglaubensfrage zu beantworten.

Fragt man aber, was die eigentliche Grundthematik sei, von
der sich alle andern als - psychisches Derivat? - Super-
struktur? - bloße Spiegelungen in einem "niedrigeren" Bereich? - ableiten lassen, so will ich die Antwort verweigern,
weil mir die, nach Art mancher marxistischer, oder psychoanalytischer, oder quasi theologischer Dogmatiker vorgenom-
menen Ableitungen so vorschnell vorkommen, wie mir etwa
im Fall eines physischen Objekts die Behauptung vorschnell
vorkäme, es müßten sich sämtliche Aspekte eines komplexen
Gebäudes aus seinem Grundriß, oder im Gegenteil: von seinem
Aufriß ablesen lassen. Um ein anderes Bild zu gebrauchen:
Für den Interpreten hat es oft seine gute Berechtigung, wenn
er den Text als eine bunte runde Kugel auffaßt, deren Aspekte,
Farbflecke, Schattierungen zwar in engstem Zusammenhang
miteinander stehen, von der man aber nicht sagen kann, auf
welchem Aspekt oder Farbfleck sie als auf ihre eigentliche
Basis zu stellen sei, da sie doch als ein schillerndes und sich

bewegendes Ganzes vor uns schwebt. Freilich mag diese Verweigerung letztgültiger Auskunft auch dem Leser verraten,
daß der Interpret selber sich wohl über das A und O, die
ersten und letzten Dinge nicht so im Klaren sei, wie dies wohl
wünschenswert wäre. Auch will ich, falls die Nötigung zur Entscheidung bestehen sollte, diese nicht abwälzen durch die Berufung darauf, daß das Geltenlassen komisch-universaler, ja
religiös-metaphysischer Aspekte bei gleichzeitiger, nicht ge-
ringerer Anerkennung individualpsychologischer und gesellschaftlicher Facetten und Gegebenheiten der gleichen Phänomene, und die Weigerung diese Facetten und Gegebenheiten allein
aus jenen Aspekten herzuleiten, oder jene Aspekte auf diese
Facetten und Gegebenheiten endgültig zu reduzieren durchaus
Manns eigenem Prinzip des Vorbehalts, der zwischen "hohen"
und "niedrigen" Perspektiven oszillierenden Optik der rollenden Sphäre, kurz: seiner künstlerischen Wahrheitserfahrung
entspricht.

Aber wird man nicht, derlei Exkurse ins Allgemeinste beiseitelassend, einwenden müssen, daß wir es uns mit der Reduktion
des Mannschen Erzählwerks auf die, von ihm selbst angegebene
Grundthematik zu einfach gemacht haben, indem wir eine Unterscheidung und Antithese vernachlässigten, die Mann selbst, zumindest seit seiner Abhandlung über GOETHE UND
TOLSTOI (1922), welche diese beiden als die relativ "naiven"
den sentimentalischen Figuren Schillers und Dostojewskis ge-
genüberstellte, immer wieder hervorhob? Zunächst scheint
es, als gäbe es einfach zwei voneinander scharf unterschiedene
Heldentypen bei Mann: Der eine - Aschenbach, Faustus
Leverkühn - im frühen und späten Werk dominierend, ist
tragisch pathologisch; seine Suche endet, ja erfüllt sich in
Selbstzerstörung. Der andere, glücklichere, durch Jaakob,
Joseph, den Goethe der LOTTE IN WEIMAR repräsentiert, beherrscht die mittlere, vom Gedanken der Synthese
geprägte Epoche Manns. Ihm gelingt es, sich gesund und siegreich im Leben zu behaupten: nicht, indem er die ihn gefähr-
denden unteren Mächte verleugnet, sondern indem er sich ihnen soweit hingibt und sie soweit in sein Ich aufzunehmen imstande ist, daß es ihm gelingt, die drohende Inundation zur
fruchtbaren Bewässerung, Erfrischung und Erneuerung seiner
Lebenskultur, seines Lebenskunstbaus umzugestalten. Zwar

der Prozeß erinnert auch an jenen, wohl anders gemeinten
Aphorismus von Kafka, in dem es heißt: "Leoparden brechen
in den Tempel ein und saufen die Opferkrüge leer, das wiederholt sich immer wieder; schließlich kann man es voraus be-
rechnen, und es wird ein Teil der Zeremonie."[24] Und wenn
auch Manns Riemer meint: der "Doppelsegen des Geistes und
der Natur" sei "wohl überlegt, der Segen - aber im Ganzen
ist es wohl ein Fluch und eine Apprehension damit - des
Menschengeschlechts überhaupt",[25] so zeichnet der "Jaakobs-
segen" dennoch, in Kontradistinktion zu dem pathologischen
Genie, den vitalen Typus (Goethe, Tolstoi, etc.) aus, der ge-
segnet ist "mit Segen oben vom Himmel herab und mit Segen
von der Tiefe, die unten liegt." Und damit eben wird das
Thema der Synthese umschrieben, gegen deren Geist Aschenbach verstößt, da er, als dämonisch Getriebener sein Potential forcierend, nicht um des Lebens sondern um der Leistung
willen leben will; narzißtisch hochmütig vor verunreinigender
Berührung mit dem Leben sich verschließend, das auf Selbstbewahrung bedachte Ich hegt und also die Rache der Naturmächte herausfordert, deren katastrophalem b a c k l a s h freilich
die Naturgenies nicht ausgesetzt sind, da sie sich eben in einem
naiveren, glücklicheren, auch weniger moralisch überwach-
ten, mehr vom Instinkt gelenkten Einvernehmen mit ebendiesen
Mächten durch das Leben bewegen, sich auch durch die qualifizierte Hingabe an sie im Leben zu erhalten verstehen. Am
deutlichsten wird das in den paradigmatischen Lebensläufen
von Jaakob und Joseph dargestellt, am präzisesten, wenn auch
nicht unbedingt am überzeugendsten, im Fall Josephs, der immer wieder quasi stirbt und quasi aufersteht: e. g. als der von
den Brüdern in die Grube - das annähernde Grab - geworfene
Jüngling, der wieder aufersteht in Ägypten; als der von Potiphar
in die "andere Grube" und in ein anderes annäherndes Grab
Geschickte, der nun wiederum einen "Tod" im Gefängnis er-
leidet, dem aber auch wiederum eine Haupterhebung, Auferstehung, Erhöhung folgt. Das von Tonio Kröger und der "königlichen Hoheit" zaghaft antizipierte, von Castorp auf dem
Zauberberg bewußt im Bild des homo dei als des Herrn über
die Gegensätze konzipierte Ideal der Meisterschaft, zumal
der virtuosen Beherrschung des Verhältnisses zu - ja quasi des
Paktes mit - den unteren Mächten zugunsten einer kulturell
produktiven und positiven Existenz wird von Jaakob und -

spielerisch virtuos- von Joseph annähernd verwirklicht; wie
auch von Goethe, der als mythischer Prototyp des modernen,
kulturell produktiven, vitalen Genies gilt. Hingegen sind Figuren wie Aschenbach und Faustus, die zunächst als Verwei-
gerer des Natürlichen erscheinen, offenbar zur Bemeisterung
und Synthetisierung der Gegensätze nicht befähigt, deren Wirkungen sie aber gerade deshalb in einem tieferen und intensi-
veren Ausmaß an sich erfahren und durchleben.

Dennoch erheben sich auch gegen diese, durchaus in Manns
Sinne vorgenommene Einteilung Bedenken, die freilich ebenfalls in den, in Selbstwidersprüchen florierenden Antithesen-
Systemen von Mann vorgesehen sind. War nicht eben von einem
Pakt mit den unteren Mächten die Rede? Geht nicht gerade
der quasi widernatürliche, vergeistigte, pathologische Typus,
den Leverkühn-Faustus repräsentiert, einen solchen Pakt ein?
Sieht man näher hin, so ergibt sich, daß auch die Differenzierung zwischen dem vitalen "natürlichen" Genie und dem pathologischen "geistigen", zwischen dem Genie der Gesundheit
und dem der Krankheit nur eine vorläufige ist; daß überall bei
Mann die Frage gestellt wird: Wie verhält sich das, auf Selbstbewahrung bedachte, ein Ordnungsgefüge repräsentierende
Ich zu der bedrohenden und befruchtenden Konfrontation mit den
Triebmächten? Und es erweist sich nicht bloß im Fall der -
auch nur annähernd - gesunden Protagonisten der vitalen
Synthese, sondern auch in dem der pathologisch Produktiven,
daß das schöpferische Verhältnis immer auf einem Spiel und
Verkehr mit den unteren Triebmächten beruht; daß auch das
pathologische Genie nur insofern schöpferisch ist, als es sich
darauf versteht, diese unteren Triebmächte in einem kulturell
zivilisatorischen Sinne produktiv zu machen, bzw. das zivilisatorische Regel- und Ordnungsgefüge durch den regressiven
Kontakt mit den unteren Mächten zu erneuern, zu steigern, zu
variieren. Alles produktive Menschentum kann in höherem
Sinne sich selbst nur gewinnen, indem es sich verliert. Alles
höhere Menschentum ist ein ständiges Spiel mit dem Wagnis
des Selbstverlustes zum Zweck des Selbstgewinns, der Selbst-
schöpfung. Und es steht auch bei Mann durchaus nicht eindeutig fest, wem am Ende die höchste Meisterschaft oder
der höchste Rang in diesem Spiel zuzusprechen sei: denen,
die es verstehen, sich denn doch aufgrund mancher Kompromis-

se relativ besser zu bewahren und als Meister der Gegensätze
aufzutreten, oder jenen, die zu ihren Großtaten am Ende nur
befähigt sein mögen aufgrund ihrer radikalen Befähigung zur
Selbstzerstörung, einer Befähigung, die sich paradoxerweise
allerdings gerade darin erweist, daß sie den unteren Mächten
schroffer und mit entschiedenerer Geste entgegentreten und
sie gerade dadurch aufs äußerste provozieren. Mann stellt die
Frage, wem der Vorrang gebührt: dem Typus Aschenbach-
Faustus (bzw. Schiller-Dostojewski), oder dem von den
Patriarchen und Joseph, von Goethe und Tolstoi repräsentierten? Den geistig Reinen, die zur tiefsten Selbsterniedrigung
und zu dem radikalsten Selbstverlustbestimmt sind, oder den
aristokratisch Vitalen, die geistig mit sich und der Welt nie
ganz ins Reine zu kommen vermögen und auf eine "vitale"
Weise in einem geistigen Sinne unrein, oder wenn man so
will: naiver bleiben? Mann selbst stellt die Frage - aber
nur, um sie nicht zu beantworten, um im "Vorbehalt" zu
bleiben. [26]

Wesentlich bleibt, wie gesagt, bei den von Mann vielfach qualifizierten und relativierten Gegensätzen, daß die Chance des
Menschen immer in Hinblick auf das Verhältnis zwischen der,
einem Ordnungsgefüge verschworenen Existenz und der Triebwelt gesehen wird. Daraus aber folgt wohl für Manns Gesamtwerk, daß sich sein Autor der Zivilisation, der Kultur verschrieben hat, ihr gewissermaßen verfallen und verhaftet
bleibt und dient, auch dort, wo er sie verneint. Mag er von
den zum Untergang oder von den zur Selbstbehauptung Erkore-
nen erzählen, immer setzt er doch ein produktives Verhältnis
zwischen den "geistig" zivilisatorischen und den allein als natürlich geltenden Triebmächten voraus. Und so wäre Mann am
Ende doch der Erz-Humanist als der er uns in der Epoche des
Nationalsozialismus erschien? Dennoch gewannen wir später,
zumindest seit dem Erscheinen des FAUSTUS den Eindruck,
daß jenes allzu positiv verkündete Synthesenideal der mittleren
Epoche, die zumal in den JOSEPHROMANEN gepredigte
zusätzliche Bejahung nicht als eigentliche Botschaft des Künstlers Mann aufzufassen sei und neigten nun dazu, die eher
skeptisch pessimistischen, auch kulturpessimistischen frühen
und späten Positionen Manns für die glaubhafteren, ihm im
Grunde gemäßeren zu halten; ist doch auch die ihm gemäße

Stimmlage nicht die der Verkündigung oder der Gewißheit, sondern die der absprechenden Liebe, der sich selbst problematischen, halb in den Zweifel selbst verliebten, ironisch gebrochenen Zuneigung. Will man Mann nahebleiben, darf man sich
wohl am Ende auch von den einander gegenseitig herausfordern-
den Positionen und Negationen, den ja und nein, den Napthas
und Settembrinis nicht zu sehr beeindrucken lassen und muß
in jenem ambivalenten Vorbehalt beharren, den dieser Autor
- darin nun doch wieder ein erasmischer Humanist - als das
eigentlich künstlerische Prinzip anerkannte und feierte und
gegenüber jeglichem Dogmatismus auch immer wieder ver-
teidigte; wie denn auch Manns Stärken und Schwächen, kurz:
sein Charakter als Schriftsteller, Denker, Künstler aufs
engste verbunden sind mit der Neigung und Nötigung in Hinblick
auf nahezu jede ihm nahegehende Sache, Figur, Erzählstruk-
tur, auf jedes ihm nahegehende Motiv, ja auch in jedem ihm
relevanten stilistischen Gebilde aufs gewissenhafteste zu
oszillieren.

5.

Wäre damit auch eine tendance dominante bestimmt,
unter deren Aspekt man eine kritische Beurteilung von Manns
Erzählwerk versuchen könnte? In unserer Zeit, in der Literatur eine relativ geringe Rolle spielt und das Regulativ eines
gebildeten Publikumsgeschmacks fehlt, pflegen sich um er-
folgreiche Schriftsteller buchhändlerische, sowie akademisch-
bureaukratische, zum Teil auch von Erben mit-verwaltete
und -gelenkte Kulturunternehmen zu bilden, für deren interes-
sierte Saturnalien diejenigen am besten taugen, die der guten
Sache durch fromme Verlogenheit, das sogenannte sacrificium
intellectus (allenfalls auch durch natürlichen Mangel an Ur-
teilskraft ersetzbar), bzw. durch törichte Akribie im Namen
einer prinzipiell kritiklosen Forschung oder "Wissenschaft"
(als wäre wahllose Materialanhäufung nicht fast deren Gegenteil), oder durch nicht minder kritik- und geschmackloses
Lob zu dienen begierig sind. Im Fall Manns tritt als kompli-
zierender Faktor noch hinzu, daß der pompöse Kult, der sich
etwa in den Jahren der Emigration um ihn entwickelte, eine
gewisse politische Berechtigung als antinazistische Veranstaltung beanspruchen konnte und daß selbst nach dem 2. Welt-

krieg kritische Einwände, e.g. seitens ehemaliger, durch die
Niederlage fromm gewordener Nazis, die nun gegen Manns
"Welt ohne Transzendenz" Einspruch erhoben, im Grunde wohl
gegen seine berechtigte Stellungnahme gegen das nationalso-
zialistische Deutschland gerichtet waren. Und überdies blieben
die Kontroversen um Mann auch weiterhin, in der Periode des
"kalten Kriegs", in der Mann selbst sich bemühte zwischen
Ost und West vermittelnd zu oszillieren, auf eine, für die Politik selbst freilich wenig relevante Weise mit politischen
Stellungnahmen verflochten.

All das scheint mir nun der Kritik an Manns Werk immer noch
im Weg zu stehen, obschon es an guten Büchern über Mann,
e.g.Weigands Exegese des ZAUBERBERGS, Erich Hellers
Würdigung des "ironischen Deutschen", Hans Wyslings
archivalischen Essays, nie gefehlt hat[27], obgleich Wysling
als Leiter und Erschließer des Mann Archivs auch ein neues,
unvoreingenommenes Verhältnis zu dem schon historisch gewordenen Phänomen ermöglicht; und obgleich weder Ein-
schüchterung durch die Kult-Industrie noch etwa der Gedanke
daran, was Mann von der DDR hielt, oder wie Ulbrichts
Funktionäre seinen propagandistischen Nutzwert einschätzten,
meine Meinung über seine Erzählungen beeinflussen sollte.
Dennoch traut man sich - traue ich mir - die rechte kritische
Distanz zu dem mitunter töricht verketzerten, dann wieder
unentwegt hochgespielten Werk noch immer kaum zu und will
also nur eine kritische Anmerkung im Zusammenhang mit der
Auffassung des TOD IN VENEDIG machen.

Man erinnert sich vielleicht an den langen Satz, der das zweite
Kapitel dieser Novelle eröffnet.

> Der Autor der klaren und mächtigen Prosa-Epopöe
> vom Leben Friedrichs von Preussen; der geduldige
> Künstler, der in langem Fleiß den figurenreichen,
> so vielerlei Menschenschicksal im Schatten einer
> Idee versammelnden Romanteppich, ,Maja' mit
> Namen, wob; der Schöpfer jener starken Erzählung,
> die 'Ein Elender' überschrieben ist und einer ganzen
> dankbaren Jugend die Möglichkeit sittlicher Entschlos-
> senheit jenseits der tiefsten Erkenntnis zeigte; der
> Verfasser endlich (und damit sind die Werke seiner

Reifezeit kurz bezeichnet) der leidenschaftlichen
Abhandlung über 'Geist und Kunst', deren ordnende
Kraft und antithetische Beredsamkeit ernste Beur-
teiler vermochte, sie unmittelbar neben Schillers
Raisonnement über naive und sentimantalische Dichtung zu stellen: Gustav Aschenbach also war zu L.,
einer Kreisstadt der Provinz Schlesien, als Sohn
eines höheren Justizbeamten geboren.

In einer oft zitierten, für die werkimmanente Methode vorbildlichen "Stiluntersuchung zu einem Thomas-
Mann-Satz" hat Oskar Seidlin vor fast dreißig Jahren
diese Periode feinsinnig seziert, um die Disproportion zwischen der volltönenden enumeratio von Aschenbachs Werk und
dem, die etwas kläglichen Personalia enthaltenden Nach- und
Hauptsatz, der die erdrückende Werk-Pyramide zu tragen
hat, als symbolisch für die Darstellung von Aschenbachs
Dilemma zu interpretieren. [28] Viel Richtiges und Gutes fiel
ihm dazu ein; aber er ließ gerade das beiseite, was diese
Novelle und ihren, bei aller kunstvollen Gedrängtheit und
Treffsicherheit sonst doch unerträglich grimaßierenden Würdenstil - sowie ihren, in seiner weihevollen Anmaßung schwer
erträglichen Helden - rettet: nämlich das Faktum, daß der
humanistische flatus vocis als Parodie intendiert ist und sein
muß. Denn wenn Erich Heller - Jahrzehnte nach Seidlin und
durchaus der hier gebotenen "Parodie der Klassizität" ein-
gedenk - auch mit der Vermutung, die Novelle sei "einmal
allen Ernstes als klassizistisches Werk konzipiert" worden,
auch recht haben könnte[29]: alles in der Erzählung ist ja
darauf angelegt, die anfängliche, zu einem Gutteil hohle Künstlerwürde zu entlarven.

Es geht aber hier nicht eigentlich um eine Meinungsverschieden-
heit, sondern um ein Geschmacksurteil und seine Wandlung.
In dem bloßen Befund stimme ich mit Seidlin überein. Er selbst
hebt ja die schlechte Balance jener langatmigen Periode zunächst hervor; korrigiert dann aber das Urteil in Anbetracht
ihres expressiven Werts und schließt nun - wie sonderbar! -
nicht auf die schlechte Belance Aschenbachs, die der Satz
imitiert und parodiert, sondern findet das Mißverhältnis nur
repräsentativ dafür, daß die Person hinter dem Werk verschwindet und erkennt eben darin "die heroische Leistung,

die pathetische Größe des Dichters Gustav Aschenbach", spricht
später vom dem "gewaltigen Gefüge" des "großen Satzes", ode
was ja auch wieder richtig ist, von einer "Pyramide", die den
Aufstieg des Aschenbachschen Werkes "von der reinen Materie
zum reinen Geist", einen "Prozeß progressiver Spirituali-
sierung" zum Ausdruck bringe. Kurz: der Satz gefällt ihm
einfach, er findet ihn nur schön oder erhaben, ohne zu spüren,
daß er in seinem preziösen Pomp auch eine Monstrosität ist.
Er sagt: "Was im Wort "Epos" wie eine Schamade klingen
würde, das klingt im Worte "Epopöe" wie eine martialische
Fanfare. Und diese Tonfarbe scheint dem Auftreten des großen
Preußenkönigs ebenso angemessen, wie sie es der Eröffnung
dieses mächtigen Vorstellungssatzes ist".[30] Aber er sagt
das ohne ironische Brechung, allen Ernstes - wie übrigens
auch Mann vormals und später derlei ohne ironische Brechung
und allen Ernstes zu sagen imstande war; hingegen in der
Novelle selbst der Würdenstil - auch die eigene, festredne-
risch Zeitblomsche Suada - eben nicht bloß zelebriert, sondern
zugleich auch persifliert wird. Und nur infolge dieser Brechung
einer - freilich gediegenen, aber zugleich unsäglich verblase-
nen - Klassizität der Aussage, nur weil es sich auch selber
parodiert, seine eigene Würde auch verhöhnt, weil es sich selber zum Opfer bringt,ist,so scheint es mir jetzt,das Werk noch
erträglich, ja bewundernswert.

Man empfand nicht immer so. Aber meinte man wirklich, es
wäre ohne parodistische Absicht zulässig, eine moderne Erzählung mit den Worten "Gustav Aschenbach oder von Aschenbach, wie seit seinem fünfzigsten Geburtstag amtlich sein
Name lautete" beginnen zu lassen, um dann von dem Spaziergang, welchen der Autor "von seiner Wohnung in der Prinz-
regentenstraße zu München aus allein" unternimmt, andächtig
zu berichten, bzw. von "jenem 'motus animi continuus', worin nach Cicero das Wesen der Beredsamkeit besteht"? Hatte
der große Mann doch dem Fortschwingen des produzierenden
Triebwerks "auch nach der Mittagsmahlzeit nicht Einhalt zu
tun" vermocht und "den entlastenden Schlummer nicht gefunden, der ihm, bei zunehmender Abnutzbarkeit seiner Kräfte,
einmal untertags so nötig war" und also "bald nach dem Tee
das Freie gesucht, in der Hoffnung, daß Luft und Bewegung
ihn wiederherstellen und ihm zu einem ersprießlichen Abend

verhelfen würden". - In einem, auf so hohen Prosa-Stelzen ein-
herschreitenden Stil, der zudem die eigene Präzision und Be-
weglichkeit ständig hinter feixenden Klischées - wie "entlasten-
der Schlummer", "das Freie suchen", "ersprießlicher Abend" -
versteckt, fangen platterdings selbst D I E   W A H L V E R -
W A N D T S C H A F T E N , an deren stilistische Nähe Mann mitunter zu erinnern geneigt war, nicht an, heißt es da doch nur
vergleichsweise simpel: "Eduard - so nennen wir einen reichen Baron im besten Mannesalter - Eduard hatte in seiner
Baumschule die schönste Stunde eines Aprilnachmittags zuge-
bracht, um frisch erhaltene Pfropfreiser auf junge Stämme zu
bringen." Und auch später in Manns Novelle, da die Prosa
sich bis in Hexameternähe erhebt und versteigt, hört sie, infolge ihres bewußt zitatenhaften, derivativ poetischen Charakters - "weißlich seidiger Glanz lag auf den Weiten des träge
wallenden Pontos " - nicht auf, sich selber zu parodieren, wie
denn auch ein parodistisches Gefälle entsteht, wenn auf einen,
in gehobener, annähernd gebundener Sprache sich bewegenden
Absatz eine pompös prosaische Aussage erfolgt (e.g.: "Der
Gast, den ein so gefügiges Mißgeschick hier festgehalten, war
weit entfernt, in der Rückgewinnung seiner Habe einen Grund
zu erneutem Aufbruch zu sehen"). [31]

Übrigens gibt es bei Mann offenbar auch ironische Passagen,
die nicht parodistisch sind, auch Parodie, die unironisch ist,
zum Beispiel nur noch Schauergeschwätz und Maskentanz, wie
zuweilen im F A U S T U S , manchen Maskenbildern von
Munch vergleichbar. Wenn aber der, sei es nun rechts- oder
linkstragende Würdenträger Mann, wo er ohne parodistische
oder ironische Verfremdung erscheint, zwar von historischem,
aber von geringem aesthetischen Interesse ist (das ja immer ein gegenwärtiges sein muß); wenn sein Bestes nur in
Verbindung mit Ironie oder Parodie zustandekommt; so bedeutet das noch keineswegs, daß alles Ironische oder Parodistische bei Mann zum Besten gehört.

Man denke etwa an den pseudo-orientalischen Erzählergestus
der J O S E P H - R O M A N E , oder an die zierlich gezierten
und geschraubten, quasi goetheschen Artigkeiten, Kühnheiten,
Sprachkünsteleien, mit denen der Goethe-Roman spielt; an
den professoral geschwätzigen Zeitblom-Ton, oder das affig
bewegliche Hochdeutsch des bildungsbeflissenen Hochstaplers

Krull. Derlei ist bewußtes "pastiche"; wie ja der Autor quasi
mit Augenzwinkern das Als-Ob der Stilgebung, die Tatsache
der Kostümierung dem Leser zur Kenntnis zu bringen nie unterläßt. Zweifellos sind die distanzierenden, verfremdenden,
erkältenden, mitunter bestürzenden Effekte beabsichtigt, die
der spätere Mann u. a. dadurch erzielt, daß er jedes Werk
auf eine besondere outrierte Manier, oder ein Spektrum von
Manierismen festlegt. Und man pflegt in diesem Zusammenhang -mit Recht - darauf hinzuweisen, daß Ironie und Parodie
eben kraft der Distanzierung dem Stoff die Schwere zu nehmen,
ihn zu vergeistigen vermögen; wie andererseits das Interesse
an der, sich zu ungunsten des Erzählten vordrängenden Weise
des Erzählens - zu Unrecht - als ein sehr künstlerisches gilt,
da doch in der Kunst alles auf das Wie und nichts auf das Was
ankäme (obschon es, wenn man die Unterscheidung einmal
gelten läßt, auf beides und ihr Verhältnis zueinander ankommt).
Auch gewinnt Mann gerade durch das Hervorheben der paro-
distischen Manier und der distanzierenden Perspektive die
Möglichkeit, annäherndes Rohmaterial, kolportageartige
Skandalgeschichten, psychisch-biographische Realia, aber
auch Realia aus Textbüchern, rohe Klitterungen, nahezu un-
verarbeiteten Bildungswust einzumontieren, ohne daß durch
dieses Verfahren, in dem Raffinement sich bewußt dem Pri-
mitivismus amalgamiert, ein Stilbruch entstünde. Und endlich
sind alle diese Prozeduren einbezogen in einen größeren Zusammenhang, umgriffen von dem artistischen Kalkül und intellektuellen Instinkt des meisterlichen Erzählers. Dennoch
bewirkt das prononcierte Vorherrschen von Ironisierung und
Parodie, das exzessive Betonen des Spiels mit dem Spiel zumal im späteren Werk Manns oft einen Verlust an vitaler
Substanz, der, indem er die dargestellte Welt zur Farce ent-
leert, oder wenn man will: "sublimiert", die Anteilnahme un-
terbindet und den Leser in einen Zustand hochgradiger Indifferenz versetzt, was vielleicht der Absicht des Autors entspricht und nihilistischen sophisticates behagen mag,
mir aber steril vorkommt und mich langweilt.

Das bloße Ironisieren und Parodieren (wenn man diese kompli-
kationsfähigen Termini in ihrer nächstlietenden Wörterbuch-
bedeutung nimmt) ist nicht Manns eigentliche Stärke. Er erreicht seine Höhe dort, wo er das ironisiert und parodiert,

woran ihm am meisten liegt, was ihm das Liebste ist, woran
er am leidenschaftlichsten hängt. Und so wäre hier nochmals
eine Gelegenheit dazu, alles zurückzunehmen, was ich vorhin
gegen Seidlins Auffassung vorbrachte. Ich deutete an, daß der
persiflierte Würdenstil ja Manns eigener Stil ist. Und was sich
in diesen solide gearbeiteten, bis in jedes Detail präzisen Formulierungen, in dieser in deutscher Prosa fast einzigartigen,
mitunter an Flaubert heranreichenden Schilderungskunst und
Treffsicherheit ausdrückt, ist ja Manns eigene, wahre Leidenschaft, sowohl für die Sprache wie, unabtrennlich davon, für
die genaue Erfahrung dessen, was sich in ihr widerspiegelt,
mithin: für die Welt. Aber ebendies verfällt hier der Ironie
des sich selber richtenden Schriftstellers. Und wenn der von
Seidlin hervorgehobene Arbeitsheroismus Aschenbachs, der ja
auch Eros für das eigene Ich und sein Werk, und wiederum:
für die Welt, und darüber hinaus: für das Schöne, für die
"Idee" ist, für nichts gälte, statt Manns eigenstem Werk-Eros
und -Ethos aufs genaueste zu entsprechen, so erreichte auch
die Ironisierung und Parodie nicht die Höhe, die sie hier erreicht. Das Schönste, Beste, Stärkste bei Mann - von der
frustrierten Liebesaffaire zwischen Tony Buddenbrook und
Morten Schwarzkopf, dem Tod von Thomas Buddenbrook, der
Schilderung von Hannos kurzem Leben, oder von Tonios Lieb-
schaft mit Hans Hansen bis zu Rahels Tod und der Szene am
Sterbebett Jaakobs, da er sich genötigt hält, seinem Liebling
den höchsten Segen zu verweigern, ja bis zu der Figur des
innig geliebten und verdammten Adrian Leverkühn - entstammt-
wir sagten es schon - dem ironischen Pathos der absprechenden Liebe. Eng verwandt mit den Episoden, in denen
der - die - das Geliebte zugrundegeht, Opfer-Spiel mit der
Annihilierung des ego oder alter ego, des Gegenstandes leidenschaftliche Identifikation (der auch überpersönlich sein
kann, wie etwa der ironisierte Bildungskult im Goethe-Roman)
ist das Ironisieren und Parodieren des Geliebtesten, das Manns
oszillierender Ambivalenz die optimale stilistische Ausdrucks-
möglichkeit bietet; und selbst auch wiederum Ausdruck der
Berührung von Eros und Thanatos, Minimalform der Polarität
und Einheit von Umarmung und Vernichtung ist.

So wie man aber den Aspekt ironisch parodistischer, quasi
polyphoner Ambivalenz bei Mann als wesentlich anerkennen
soll, statt ihn zugunsten einer Wunschvorstellung von einheit-

licherer, undialektischerer, homogener Darstellung zu verleugnen, so soll man auch anerkennen, daß Manns Interesse ein primär pathologisches ist; daß er sich zuerst und zuletzt für den
verheerenden Einbruch der zerstörenden Macht - die Dekadenz
des Bürgertums, die Disintegration der Persönlichkeit, den
Untergang der Kultur - interessiert und daß sein Interesse an
der Gesundheit, das in der mittleren Periode vorherrscht -
wenn auch nicht im ZAUBERBERG, der vornehmlich
Pathologie des Deutschen, des Europäers, der westlichen Welt
ist, - sich gewissermaßen zögernd aus dem Interesse an der
Krankheit entwickelt; und soll also nicht, wie etwa Benno von
Wiese in seiner Interpretation des TOD IN VENEDIG,
das Pathologische als das quasi Uneigentliche beiseiteschie-
ben.[32] Jedoch dies anzuerkennen, oder vielmehr gerade in
der Darstellung des Pathologischen die positive Bedeutung
Manns zu sehen, fällt den Deutschen offenbar seit jeher schwer,
und zwar infolge ihres "gesunden Empfindens", zu dem es gehört, daß man zwar die Andern (Juden, Oesterreicher, Franzosen, Slawen, Engländer, Amerikaner, usf.) für morbid und
dekadent, sich selber aber für gesund hält, - eine defensive
Wahnvorstellung, an der auch die Tatsache, daß die Nation vor
wenigen Jahrzehnten sich selber und das restliche Europa
durch Hingabe an eine kollektive Psychose halbwegs ruinierte,
kaum zu erschüttern vermochte. Denn dies steht für das gesunde Empfinden auf einem anderen Blatt.

Was aber Manns Selbstverständnis seiner Grundthematik angeht,
so ist wohl bezeichnend, daß er in der eingangs zitierten Cha-
rakteristik zwischen dem Einbruch "der Leidenschaft", bzw.
"trunken zerstörender und vernichtender Mächte", dem den
"treuen Kunstbau lachend hinfegenden Leben", dem "Kommen
des fremden Gottes" und dem "heulenden Triumph der Triebmächte" eigentlich keinen Unterschied macht, sondern all
dies als, wohl Kategorien wie 'Gesundheit' und 'Krankheit'
transzendierende Manifestationen der dionysischen, vitalen
und tödlichen Energie auffaßt.

6.

Ausgehend vom Thema der Venedig-Novelle behandelten wir
ein Grundthema von Mann; zum Abschluß einige Bemerkungen
darüber, wie sich im Ausgang von der Form der Novelle in

analoger Weise Grundformen, - i.e. annähernd omnipräsente
formale Aspekte - von Manns Erzählungen behandeln ließen.

Die Form der Venedig-Novelle wurde hier als die einer Steigerung oder Entfaltung eines vorgegebenen Potentials aufgefaßt, u.z. als eine, durch die dreimal wiederholte Begegnung
mit der, dem Eros-Thanatos Bereich zugehörigen Figur des
Fremden gegliederte Klimax. Die Möglichkeit einer anderen
Einteilung der Bewegung wurde zugegeben: e.g. durch Einbeziehung von Figuren der Schiffsreise, insbesondere des alten
Homosexuellen, als separate, vollgültige Inkarnationen des
"Fremden", oder gar durch Einbeziehung der zum Totenführer-
gott erhöhten Jünglingsgestalt als letzter überraschendster
Verwandlung der Todesfigur, vergleichbar den, sich am Ende
als Prinzen darstellenden Monstern mancher Märchen. Einleuchtender schien uns aber die engere Auffassung der Frem-
denfigur, deren Erscheinungsformen auf merkwürdige Weise
einer Art Niemandsland, einem undefinierbaren Grenzbereich
zwischen voller Identität und zureichender, die Identität auf-
hebender Verschiedenheit zugehörten, sodaß man sie mit einer
unlogischen, aber im Grunde auf so   Manches im Leben an-
wendbaren Formulierung als variierte Wiederkehr des Gleichen bezeichnen mußte. - Wir sagten: Der durch die erste
Begegnung erfolgten, scheinbar leichten Affizierung durch die
tödlich verlockende Dschungelvision und Reiselust folgen Rei-
seentschluß, Wahl der Liebestodstadt Venedig als Reiseziel,
und auf dem Weg dahin: flüchtige Begegnungen mit karikaturi-
stisch verzerrten Gestalten, die an unterirdisch tödliche oder
erotische Verfallswelten gemahnen. Der zweiten Begegnung
(mit dem Gondoliere) folgt die Fixierung an das spezifische
erotische Objekt (Tadzio), die Phase enthusiastischer Erotik,
die Feststellung der Seuche und mithin die erste Annäherung
an die spezifische tödliche Macht. Der dritten Begegnung
(mit dem Musikanten) folgen der totale, die "Kultur" des
Helden verheerende Durchbruch der sexuellen Leidenschaft
und der letale Ausgang.

Wir haben es hier mit einer Verwirklichung des Leitmotivprinzips zu tun: mit Steigerung, Anreicherung, voller Realisierung eines vorgegebenen Motivs oder Motivpotentials vermittels variierter Wiederholung, wobei das Leitmotiv nicht
eigentlich als stehende Redewendung sondern als sich wieder-

holende leitmotivische Figur (des "Fremden"), mithin als personifiziertes Leitmotiv erscheint.[33]

Zieht man nun die Isoliertheit des Protagonisten in Betracht, u. z. insbesondere von seinem Liebesobjekt, aber weiterhin auch von jeglichem näheren persönlichen Kontakt, und konzediert die Möglichkeit, daß am Ende die Gestalt oder Relevanz des "Fremden" wesentlich auf Projektion der in Aschenbach wirkenden, in wiederholtem Vorstoß sich manifestierenden Triebmächte beruht, also Ausdruck seiner eigenen dionysisch eskapistischen Sehnsucht nach lösender, enthemmender, sein Kultur-Ich zerstörender Regression und Todesorgie sei, so erscheint einem das Moment der Selbsterregung und Selbstentzündung, der insistierenden, sich exhibitionistisch steigernden Selbstdarstellung, sei es nun in der wiederholten Selbstbehauptung oder auch in zutiefst erniedrigender Selbstbestrafung und Selbstzerstörung dem gewissermaßen monomanen Prinzip des Leitmotivs oder einer möglichen Anwendung dieses Prinzips analog.

Daraufhin deutet auch die früheste, mir bekannte, indirekte Darstellung des Leitmotivprinzips bei Thomas Mann. Denn die wesentlichen Charakteristika jener Technik, die das Motiv quasi als ein sich entwickelndes Wesen behandelt, finden sich schon in Manns Beschreibung jener Improvisationen, in denen der halbwüchsige décadent Hanno ein "ganz einfaches Motiv ... ,ein Nichts, das Bruchstück einer nicht vorhandenen Melodie, eine Figur von anderhalb Takten" in variierter Wiederholung bis zum Exzess steigert. Nach einer, über zwei Seiten langen Darstellung der im Grunde monotonen und immer nur "die armselige Erfindung" umkreisenden Komposition heißt es schließlich:[34]

> "Die Lösung, die Auflösung, die Erfüllung, die vollkommene Befriedigung brach herein, und mit entzücktem Aufjauchzen entwirrte sich alles zu einem Wohlklang, der in süßem und sehnsüchtigem Ritardando sogleich in einen anderen hinübersank.. es war das Motiv, das erste Motiv was erklang! Und was nun begann war ein Fest, ein Triumph, eine zügellose Orgie ebendieser Figur, die in allen Klangschattierungen prahlte, sich durch alle Oktaven ergoß,

aufweinte, im Tremolando verzitterte, sang,
jubelte, schluchzte, angetan mit allem brausenden,
klingelnden, perlenden, schäumenden Prunkt der
orchestralen Ausstattung sieghaft daherkam ...
Es lag etwas Brutales und Stumpfsinniges und zugleich etwas asketisch Religiöses, etwas wie Glaube
und Selbstaufgabe in dem fanatischen Kultus dieses
Nichts, dieses Stücks Melodie, dieser kurzen, kindischen harmonischen Erfindung von anderhalb
Takten ... etwas Lasterhaftes in der Maßlosigkeit
und Unersättlichkeit, mit der sie genossen und aus-
gebeutet wurde, und etwas zynisch Verzweifeltes,
etwas wie Wille zu Wonne und Untergang in der Gier,
mit der die letzte Süßigkeit aus ihr gesogen wurde,
bis zur Erschöpfung, bis zum Ekel und Überdruß,
bis endlich, endlich die Ermattung nach allen Aus-
schweifungen ein langes, leises Arpeggio in Moll
hinrieselte, um einen Ton emporstieg, sich in
Dur auflöste und mit einem wehmütigen Zögern
erstarb."

Der sexuelle Charakter dieser von Hanno mit schlechtem Gewissen bis zur völligen Erschöpfung betriebenen musikalischen
Orgie wird auch von seinem gleichaltrigen Freund Kai, der
erregt errötend zu Hannos Erregung und Beschämung sagt:
"Ich weiß, wovon du spielst", sehr deutlich angedeutet. Diese
Musik ist, mit Benn zu reden, dunkle, süße Onanie, eine inferiore, imitative Version der für Mann immer verdächtigen,
vielleicht infamen, zugleich innig geliebten und bewunderten,
und ihn - wie so viele seiner Zeitgenossen - immer faszinie-
renden Musik Richard Wagners, Repräsentation der Monotonie
des Daseins, verzweifelt egozentrische Selbstbespiegelung der,
von blindem Impuls getriebenen Selbstdarstellung jenes dynamischen "Willens" - des élan vital, der Triebmacht, die,
nach Schopenhauer, als das metaphysische Ding an sich das
Wesen der Welt ausmacht, wobei bekanntlich auch für den
Philosophen die Sexualität das Zentrum, den Brennpunkt des
Willens repräsentiert.

Die Herstellung einer Beziehung zwischen Leitmotivtechnik
des Erzählens und einer primitiven - narzißtisch onanistisch
exhibitionistischen - Tendenz, die übrigens Manns eigener, an

Nietzsche geschulter Auffassung von den primitiven Wurzeln allen Künstlertums und insbesondere der Erzähl- und Schauspielkunst, durchaus nicht widerspricht, bedeutet aber ebenso wenig, daß das Leitmotiv im Sinne der genetic fallay auf primitive Ursprünge festzulegen, daß es auf solche Ursprünge in Wahrheit zu "reduzieren" sei, wie im Fall eines Menschen die Herleitung aus dem Embryo die Reduktion der entwickelten Persönlichkeit auf dieses bedeutet. In KÖNIGLICHE HOHEIT[35] behandelt der Prediger D.Wislizenus ein "vom Großherzog selbst" gewähltes "Schriftwort" "motivisch und sozusagen auf

> musikalische Art. Er wandte es hin und her, wies es
> in verschiedener Beleuchtung auf und erschöpfte es in
> allen Beziehungen; er ließ es mit säuselnder Stimme
> und mit der ganzen Kraft seiner Brust ertönen, und
> während es zu Beginn seiner Kunstleistung, leise und
> sinnend ausgesprochen, nur ein dünnes, fast körper-
> loses Thema gewesen war, erschien es am Schluß, als
> er es der Menge zum letztenmal vorführte, reich
> instrumentiert, voll ausgedeutet und tief belebt."

Noch soll hier geleugnet werden, daß die Leitmotiv-Technik dazu geeignet sei, im Medium des Vergänglichen das metaphysische, i.e. alles Vergängliche transzendierende, ja göttliche Prinzip des nunc stans, das heißt: des Seins als Allgegenwart, zu suggerieren. Ebendies deutet Mann, wohl nicht zufällig im Zusammenhang mit der Besprechung von Schopenhauers WELT ALS WILLE UND VORSTELLUNG an: "ein Phänomen von einem Buch, dessen Gedanke,

> im Titel, auf die kürzeste Formel gebracht und in
> jeder Zeile gegenwärtig, nur einer ist und in
> den vier Abschnitten oder besser: symphonischen
> Sätzen, aus denen es sich aufbaut, zur vollstän-
> digsten und allseitigsten Entfaltung gelangt - ein
> Buch, in sich selber ruhend, von sich selber durch-
> drungen, sich selber bestätigend, indem es ist und
> tut, was es sagt und lehrt: Überall, wo man es
> aufschlägt, ist es ganz da, braucht aber, um sich
> in Zeit und Raum zu verwirklichen, die ganze Viel-
> fältigkeit seiner Erscheinung, die sich auf mehr

als dreizehnhundert Druckseiten, in fünfundzwan-
zigtausend Druckzeilen entfaltet, während es in
Wirklichkeit ein 'nunc stans' ist, die stehende
Gegenwart seines Gedankens, so daß, wie auf
nichts anderes, die Verse des 'Divan' darauf
passen:
> Dein Lied ist drehend wie das Sterngewölbe
> Anfang und Ende immerfort dasselbe,
> Und was die Mitte bringt, ist offenbar
> Das, was zu Ende bleibt und anfangs war."[36]

Keineswegs sollen also die überaus entwicklungsfähigen, zu
vielfacher Verwendung brauchbaren, potentiell so vieldeutigen
Leitmotive hier eindeutig festgelegt und in ihrer Bedeutung
reduktiv beschränkt werden. Und wenn das Leitmotiv ein Repräsentant des Ich sein mag, so mag es auch Selbstbehauptung
repräsentieren und überdies die Möglichkeit der Selbstbehauptung auch in der Selbstbedrohung und in drohender Vernichtung. Es wird Leitmotive geben, die sich gewissermaßen
als glücklich, andere die sich als unglücklich erweisen, und
manche, die zum Stereotyp erstarren. Die variierte leitmotivische Wiederholung kann, wie ich anderwärts ausführlich und
- scheint mir - als Erster systematisch dargestellt habe, e
contrario auch Kontraste (Verlust der Identität, radikales
Anderssein), sie kann auch Entwicklungslinien suggerieren,
e.g. durch Evokation von Perspektiven, die sich über eine
weitgespannte Reihe variierter Wiederholungen erstrecken,
wie im Falle des motivischen "Ich bin's" von Manns Joseph,
in dem am Ende der Tetralogie die gesamte Entwicklung des
Helden von totaler Selbstverliebtheit via mythische Hochstape-
lei zu modifizierter, gemäßigter Selbstliebe und Selbstverwirklichung in Gestalt eines fürsorglichen Ernährers anklingt. Und
mag die Möglichkeit der Darstellung des Immer-Gleichen bis
zur Suggestion des nunc stans auch allein dank der Tatsache,
daß alles leitmotivische Spiel auf einer Wiederholungstechnik
beruht, einen von Mann und seinen Interpreten oft hervorgehobenen Vorrang haben; das Faktum, daß es außer den
"statischen" (stabilisierenden, das Immer-Gleiche betonenden)
Leitmotiv-Effekten auch "Kontrast-Effekte" gibt, sowie die
Wirkungen der sich entwickelnden Motive, in denen (wie in der
Figur des "Fremden") sowohl Identität wie Veränderung zur

107

Geltung kommen, verdiente noch weiterhin diskutiert zu werden. [37] Denn wenn auch, analog einer, für jede menschliche
Erkenntnis anscheinend gültigen Struktur, das Nicht-Identische,
Andere, bzw. jene "widersprüchliche" Mischung von Identischem und Nicht-Identischem, die den unteilbaren Fluß menschlicher Lebenserfahrung ausmacht, nur aufgrund von "Identi-
taten" dargestellt werden kann (läßt doch auch Veränderung
sich immer nur als solche erkennen aufgrund einer - sei es
realen oder bloß projizierten und postulierten - Identität,
eines Gleichgebliebenen, an dem Veränderung und Wechsel als
solche sich überhaupt erst ablesen lassen), so berechtigt einen
dies doch, weder im Fall der grundlegenden Erkenntnismittel
(e.g. Sprache, Logik), noch im Fall der Leitmotivtechnik zu
der Behauptung, es sei deren Um und Auf das Immer-Gleiche
zu fixieren oder widerzuspiegeln.

Dennoch begnügen auch wir uns hier damit, einen - bei Mann
ubiquitären, oder zumindest sehr häufig begegnenden - mehr
oder minder konservativen Wiederholungsaspekt der Leitmotivtechnik hervorzuheben, nämlich die Funktion des Leitmotivs im
Dienst und als Ausdruck einer Gesamtform, die man als E i n -
h o l e n d e s A n f a n g s d u r c h d a s E n d e bezeichnen kann.
Schon vorhin hieß es, das vorgegebene Potential müsse am
Ende voll "realisiert" werden. Zu Anfang noch ein dünnes,
fast körperloses Thema, erscheint das Schriftwort des Predi-
gers Wislizenus, als er es der Menge zum letztenmal vorführt,
"reich instrumentiert, voll ausgedeutet und tief belebt." Und
auch das vorgegebene thematische Potential der Venedig-Novelle wird entwickelt und gesteigert, sodaß man sich am Schluß
sagt: "D a r a u f also wollte es bei alldem von Anfang an
hinaus." Zudem ist es im Fall Aschenbachs die Wiederkehr
des Verdrängten - des anfänglich kaum oder nur flüchtig Zu-
gelassenen -, die sich immer deutlicher manifestiert und
schließlich in Aschenbachs Untergang triumphiert.

Diese Technik des Einholens des Anfangs läßt sich auch in
Details belegen: e.g. in der Wiederverkörperung des vordem
Aschenbach auf der Hinreise begegneten puer senex in der
Gestalt des Helden selbst; auf Wiederaufnahme - im Augen-
blick des grotesken Kontrasts zwischen einstigem Würdenstand
und gegenwärtiger Schande - der Besinnung auf die offizielle
Biographie, die Herkunft, die Ahnen Aschenbachs, von denen

das frühe biographische Kapitel berichtete; die Realisierung des anfänglich nur angedeuteten phallischen Elements im wüsten Traum; endlich das Einholen der Dschungel- und Seuchenvision durch den Bericht über die indische Cholera, des zu Beginn flüchtig Vorausgeahnten durch die , nunmehr zur Tatsache gewordene tödliche Infektion des Helden, auf die ja die ganze Veranstaltung hinausläuft, sodaß die zu Anfang als phantastische Anwandlung erträumte Bedrohung zum Schluß als voll "realisiert" erscheint.

Wir meinten schon in anderem Zusammenhang: Aschenbachs nur sich selbst suchender, auch in Tadzio nur sich selbst liebender, nur auf Selbstrealisierung bedachter, die Hingabe verweigernder, narzißtischer Typus sei wohl am Ende zu radikalster Selbstaufgabe in der Selbstzerstörung erkoren, wie dies ja auch das Beispiel Adrian Leverkühns zu lehren scheint, der übrigens in der Phase seiner Zerstörung auch wiederum seine Kindheit einholt, in ein Milieu zurückkehrt, das völlig - bis in Details der Lebensgestaltung - der ländlichen Umgebung entspricht, in der er aufwuchs, und der endlich in der Obhut seiner Mutter hindämmert. Auf eine glücklichere Weise scheinen die, sich durch qualifizierte Hingabe Selbst-Erhaltenden ihre Kindheit und Jugend einzuholen: so Tonio Kröger, dessen Geschichte in der (scheinbaren) Wiederbegegnung mit den Liebesobjekten seiner Jugend, Hans Hansen und Ingeborg Holm, kulminiert; so Joseph, dessen Geschichte sich ja darstellt als die einer Reunion, i.e. als Entzweiung (Entfremdung, Trennung) von Kindheit und Familie und als die in Ägypten endlich erreichte Wiedervereinigung und Versöhnung mit der Familie, den Brüdern, dem Vater, den Gestalten und Motiven der Kindheit, und zuguterletzt als die - von Entsagung und menschlich sozialem Mitgefühl qualifizierte und gedämpfte - glückliche Erfüllung des einst im Geiste ehrgeiziger Selbstverliebtheit konzipierten Jugendtraums von dem Einen, vor dem sich die Gestirne - die Brüder - verneigen. Und auch LOTTE IN WEIMAR (auf englisch: THE RETURN OF THE BELOVED) handelt von Wiederkehr und Wiedereinholen des Anfangs - nicht nur von seiten Lottes, die sich das "Werther"-Erlebnis vergegenwärtigen, zu Gemüte führen, es auf höhere Stufe des Bewußtseins noch einmal durchleben und somit erledigen will, sondern auch seitens Goethes, der eine produktive Lebenskunst

gesteigerter Wiederholung vor allem in seinen Werken realisiert.

Es ist als unterschieden sich die zum tragischen Untergang
bestimmten Figuren wie Aschenbach und Faustus von den Le-
benskünstlern (Tonio, Joseph, Goethe) dadurch, daß die
einen einen bösen Anfang, die andern einen guten einzuholen
bestimmt sind, mag diese Unterscheidung sich auch nicht so
einfach und nicht ohne Qualifikation aufrechterhalten lassen.
Offenbar sind wir aber hier wiederum in den Bereich einer
schon vorhin, zwar nicht in Hinblick auf eine Grundform, wohl
aber in Hinblick auf ein Grund-Thema Manns angestellten
Überlegung geraten. Wir sprachen von dem sich isolierenden,
sich bewahrenden, egozentrisch nur sich selber wollenden Ich,
von tödlichen Selbsterkundern und Selbsterregern, Selbst-
behauptern und -zerstörern, von den strengen Narzißten, zu
denen wohl auch Thomas Buddenbrook und Hanno gehören, noch
entschiedener aber Aschenbach, der ja auch in der narzißtisch
homosexuellen Leidenschaft für Tadzio seines verjüngten alter
ego habhaft werden will, um sich gleichwohl im Selbstbesitz
zu zerstören, der noch als zur Unzucht befreiter und verdamm-
ter Phallus-Verehrer an sich festhält, sich selber begehrt, sich
selber zerfleischen will. Wir meinten, daß die in sich Isolierten die gefährdetsten der sinnlichen und tödlichen Infektion und
Inundation durch die Triebmächte am radikalsten ausgesetzten
seien. Aber wir faßten auch die Leitmotivtechnik, wie sie jedenfalls von Mann vielfach und am deutlichsten, explizitesten
in den JOSEPHROMANEN (im Anschluß an das Zentralmotiv
"Ich bin's") ausgeübt wird, auf als Ausdruck der Selbstbehauptung und als Spiel mit Selbstbehauptung und Selbstzerstörung. Und auch hier gilt, daß man sich aufgeben, ja verlieren
können muß, um sich wiederzugewinnen; hingegen was sich
am strengsten bewahrt, sich am unwiederbringlichsten verliert.
Jedenfalls ist die Leitmotivtechnik (vgl. auch das in LOTTE
IN WEIMAR Goethe zuerkannte "büßende Gewinnen") engstens
verbunden mit der Thematik von Selbstbehauptung und Selbstverlust, Gefährdung und Befruchtung der Ordnung des Ich im
Widerspiel mit den "fremden" Triebmächten, sowie im Widerspiel mit der Welt.

Das auf Selbstbewahrung bedachte Ich wird von innen und

außen infiziert, überschwemmt, verunreinigt, gefährdet, be-
fruchtet. Die Frage ist: Wie reagiert es darauf? Aber in
"formaler" Weise zeigt dies eben auch die musikalische Handhabung der ich-artigen, individuierten, auf sich bestehenden
Leitmotive... Oder machen wir es uns mit einer solchen Bemerkung allzu leicht? Setzen wir uns allzu großzügig über die,
freilich etwas fadenscheinige, aber immerhin nützliche Unterscheidung zwischen Form und Gehalt hinweg? Wir wollen etwas über die Verbindung des Grundthemas der Heimsuchung
mit der Grundform des Leitmotivs erfahren. Schränken wir
jedoch im gegenwärtigen Rahmen die Frage ein: Fragen wir
also nach dem Verhältnis zwischen dem Thema der Heimsuchung und der Technik des Einholens des Anfangs.

Merkwürdig: - der Anklang von "Heim"-Suchung an Suche
des Heims, Einholung des - schlimmen - Anfangs, oder - der
Bedeutung des Wortes entsprechender - an ein Eingeholtwerden
von einem unheimlich Heimlichen, arg Vertrauten, Uranfäng-
lichen. - Ist es so, daß im glücklichen Fall die Einholung des
Anfangs vor dem Sündenfall so etwas wie Wiedergewinnung
der Urheimat, eines Paradieses (der Unschuld, der schuld-
losen Kindheit) bedeutet? Im unglücklichen Falle aber der anfängliche Sündenfall eingeholt wird - wie dies im Tod in
Venedig durch das Essen der verbotenen Frucht angedeutet
wird - und also der Erkenntnis, daß der Tod der Lohn der
Sünde, der Ursünde, der Erbsünde ist? Die Frage läßt sich
anders formulieren: Entspringt die - freilich nur in einem
entfernten, übertragenen Sinne - als Ausdruck eines Wieder-
holungszwangs anzusprechende - Tendenz des Leitmotivs der
- sich immer wieder wiederholenden - Nötigung zu dem -
nie völlig geglückten - Versuch, ein perännierendes Dilemma
durch Wiedergewinnung eines Zustandes vor dem Konflikt
zwischen Zivilisation und Natur, Moral und Trieb, "Ich" und
"Es" zu erledigen? Also dem Versuch eine - freilich nur
einer idealisierten, utopischen Vorstellung entsprechende -
konfliktlose Kindheit wieder einzuholen? Oder auf anderer
Ebene: eine als anfänglich imaginierte Sozialutopie der
nicht-repressiven, i.e. unschuldigen Gesellschaft? Oder in
aesthetischen Termini: einen Zustand schuldloser Sinnlichkeit
und mithin - heidnischer, "griechischer" - Schönheit, entsprechend dem Bilde der elysäischen Gefilde im Tod in

Venedig oder dem utopisch griechischen Idyll in Hans
Castorps Traum? Kurz: dem Versuch das - individuell psychische, kollektiv soziale, sinnlich aesthetische oder auch
metaphysische - Paradies vor dem Fall wiederzugewinnen?

Aber, wie schon gesagt, in der relativ unseligen, jedenfalls
dem Menschen wie wir ihn kennen, nicht ungemäßen Form komm
es nur zum Einholen und Realisieren der anfänglichen Schuld-
und Selbstbestrafungsphantasie, kommt es nur zur Bestrafung,
bzw. Selbstbestrafung für den Verlust der Unschuld; holt der
Protagonist am Ende nur seine uranfängliche Schuld ein. Und
die Hoffnung auf Wiedergewinnung von Unschuld, Harmonie,
Fülle richtet sich - wie in der Erzählung von Aschenbachs
Ende - auf das Land des Todes, jenseits des Sterbens, den
Bereich des "Verheißungsvoll-Ungeheuren."

Wir experimentierten hier wiederum mit Möglichkeiten einer
multiplen Perspektive. Aus einer Sicht stellt sich das Einholen des "bösen" Anfangs im Zusammenhang mit einer, mit
Erotik verbundenen Strafphantasie dar; aus einer anderen im
Zusammenhang mit dem Zusammenbruch einer bürgerlichen
Leistungsethik und der Regression, dem Einholen eines "bösen" elementaren Zustandes vor und unterhalb des "späten"
Zivilisationsbereichs. Aber das Einholen endlichen Scheiterns
läßt sich auch mythisch metaphysisch im Hinblick auf die
allem zeitlich Lebenden notwendig inhaerierende Imperfektion
interpretieren: Die Seele, die das vollendet Schöne "mit
Augen" sieht, ist ebendarum innerhalb der imperfekten Welt
dem Tod anheimgegeben und zur Rückkehr in die metaphysischen Gefilde hoher Ahnen, in den Bereich der außerzeitlichen
Perfektion, zum Einholen der vor aller zeitlichen Erfahrung
liegenden jenseitigen Heimat bestimmt. Und doch kann man
Aschenbachs Unfähigkeit dazu, jene ersehnte, von ihm verfrüht proklamierte, zweite - nach dem Genuß der Frucht
vom Baum der Erkenntnis wiedergewonnene - Naivität zu
erringen, und also die aesthetisch sinnliche Unschuld der ur-
anfänglich paradiesischen Schönheit in einem irdisch paradiesischen Zustand wieder zu gewinnen, auch als seine
tragic failure auffassen. Wie ja auch eine quasi theologische Auffassung, derzufolge Aschenbachs Verhalten sich
als Wiederholung des Sündenfalls, als Genuß der verbotenen
Frucht auffassen ließe, wiederum variierbar wäre, e.g. wenn

man Aschenbachs Versagen gerade in seinem selbstzerstöreri-
schen Schuldbewußtsein, statt in einer "fiktiven", nur von
einem entleerten bürgerlichen Moralbegriff diffamierten
"Schuld" sehen wollte. - Auch gibt es immer noch andere Möglichkeiten der Interpretation; und wiederum wollen wir uns
bei diesem Versuch, eine Grundstruktur freizulegen auf kein
ideelles Schema festlegen, sondern dem Geist Thomas Manns
und eigener Überzeugung entsprechend "im Vorbehalt" bleiben, sagt uns der Autor doch nicht, ob wir die psychischen
oder sozialen Aspekte als Spiegelungen und Epiphaenomene
ewig metaphysischer "absoluter" Gegebenheiten, oder umgekehrt, diese als die Spiegelungen und Projektionen der niedrigeren konkreten "Realia" begreifen, oder sowohl diese wie
jene gelten lassen sollen. Und wenn man auch dagegen einwenden könnte, daß die Autorität des Autors keine letztgültige
Instanz sei, der Kritiker vielmehr Stellung nehmen sollte,
auch wo der Autor selbst dies zu tun unterließ, so mag dies
zwar an sich berechtigt sein; aber im Falle Manns fällt es
umso schwerer dieser Mahnung zu folgen, als das Spiel mit
quasi gegensätzlichen, einander relativierenden Ansichten und
Wertperspektiven nun einmal zum Wesen dieses Autors gehört
und sowohl seine Stärke wie seine Schwäche ausmacht; und
ich mich überdies auch selber nicht imstande fühle, die Al-
leingültigkeit einer einzigen Interpretationsart zu behaupten.
Auch enthält ja der vorliegende Versuch wohl mehr Analyse,
mehr Interpretation als Kritik; und bleibt auch hinsichtlich
der Analyse insofern unvollständig als wesentliche Aspekte
von Manns Werk, namentlich seine realistische - Realia ver-
wertende, praezis fixierende, mitunter karikierende, quasi
leuchtende tableaux oder lebendige Bilder komponierende -
Schilderungskunst hier nur vorausgesetzt, aber nicht zum
Gegenstand der Diskussion gemacht wurde; und endlich auch,
trotz des Versuches, verschiedene Interpretationsmöglich-
keiten zu skizzieren, einem gewissen reduktiven Elan in der
Auffassung der Venedig-Novelle immerhin breiterer Raum gelassen wurde als geläufigeren, quasi idealistischen Ansichten,
sodaß wir wohl auch manchen sublimeren, "geistigen" Aspekten der Erzählung nicht gerecht geworden sein mögen, mithin
dem in Schwebe bleibenden "Kristall" des Werks auch in
dieser Hinsicht nicht Genüge getan haben.

Überhaupt sind ja die künstlerischen Phänomene, obschon prinzipiell ärmer als die der Erfahrungswirklichkeit, viel reicher als Erklärungen, von denen man Eindeutigkeit fordern darf. So wurde im Obigen z.B. das Leitmotiv als einer Tendenz zum Wiederholungszwang entsprechend aufgefaßt. Aber die Behauptung einer solchen Entsprechung müßte man sogleich auch durch einschränkende Phrasen qualifizieren, da ja das Leitmotiv zugleich auch ganz anderen Tendenzen entsprechen mag (wie z.B. auch Reim oder gebundene Rede vielfachen Impusen entsprechen, vielerlei Tendenzen befriedigen). Ferner wurde der Wiederholungszwang selbst hier so ausgelegt, als sei er von der Nötigung bestimmt, ein mit Schuldgefühl beladenes Anfängliches einzuholen und womöglich zu "erledigen", also aufzuheben und so eine Rückkehr in einen Stand der Unschuld zu erreichen. Aber bei einer derartigen Annahme wird wiederum der Wiederholungszwang, oder auch die Lust an der Wiederholung zu sehr vereinfacht, da diese Urvergnügungen und Urzwänge vielfache Wurzeln haben und mancherlei Funktionen erfüllen können. Einseitigkeit, Simplifikation, durchgehende Unzulänglichkeit der Einsicht in die vielfachen Wurzeln und multiplen Funktionen der artistischen Darstellungsmittel und -weisen, ferner die Unfähigkeit das "en même temps" oder die Überdeterminiertheit der Phänomene darzustellen, auch wo man etwas davon zu erkennen vermeint, sollen also hier nicht bloß zugegeben, sondern hervorgehoben werden, um zuguterletzt auch das Tentative, Vorläufige, Experimentelle unserer Spekulationen zu betonen oder zur genaueren, subtileren Ausarbeitung der hier skizzierten Perspektiven anzuregen.

Anmerkungen

1   Ein Konzept das ich Jörg Schäfers Studie über "klassische und manieristische Lyrik im Mittelalter" (W a l t e r v o n d e r V o g e l w e i d e und F r a u e n l o b, Niemeyer:Tübingen,1966) verdanke.

2   M. Dierks: "Untersuchungen zum Tod in Venedig" in: S t u d i e n z u M y t h o s u n d P s y c h o l o g i e b e i T h o m a s M a n n (T.Mann-Studien II, Francke: Bern,

1972), 13-59. Das Reich des Todes erscheint als das des "Verheißungsvoll-Ungeheuren" im vorletzten Absatz von Manns Novelle.

3   Vgl. Nietzsche, "Unter den Töchtern der Wüste" (Ende); Mann: Joseph in Aegypten.

4.   Erzählungen I, 355 (T. M. s Werke, Taschenbuchausgabe, Fischer Bücherei).

5   Zum Folgenden: ibid., 340 f., 390.

6   Mann ist sich derartiger Zusammenhänge sehr bewußt. So wird etwa in dem Essay über "Leiden und Größe Richard Wagners", wo die Rede von Wagners aber auch von Baudelaires, Delacroix's, E. T. A. Hoffmanns, Edgar Allen Poes, Barrès' und der Symbolisten - "phantastischer, tod- und schönheitsverliebter Welt abendländischer Hoch- und Spätromantik" ist, fast selbstver - ständlich der "letzte mit diesen Wassern Getaufte, der Liebhaber Venedigs, der Tristanstadt, der Dichter des Blutes, der Lust und des Todes , ... Wagnerianer von Anfang bis zu Ende", nämlich Barrés, mit der Liebestodthematik und einer "europäischen, mystisch-sinnlichen Artistik" in Zusammenhang gebracht, die "durch Wagner und den frühen Nietzsche die Stilisierung ins Deutsch-Bildungsmäßige, die Beziehung auf die Tragödie mit den Richtpunkten Euripides, Shakespeare und Beethoven" erhielt (Schriften und Reden zur Literatur, Kunst und Philosophie, 2 (Fischer, Bücherei; MK 114), 166 f.).

7   Vgl. Erzählungen I, 393 f.; Nietzsche: Geburt der Tragödie, 2. Abschnitt.

8   Heinz Kohut: "Death in Venice by Thomas Mann: A Story about the Disintegration of Artistic Sublimation" in: H. M. Ruitenbeck (ed.): Psychoanalysis and Literature (N. Y.: Dutton, 1964), 282-304.

9   Man wird vielleicht einwenden, daß sich die hier beschriebenen Verhältnisse widerspruchsloser durch konsequente Anwendung der Unterscheidung zwischen Ich und Über-Ich darstellen ließen, wenn auch Mann selbst diese Kategorien - anders als im Fall der Kategorien der Geburt der Tragödie - nicht bewußt übernimmt. Jedoch auch innerhalb des psychoanalytischen Metaphernsystems ergeben sich keine reinlichen Bruch-

linien. Es ist nicht etwa so, daß einfach das "realistische" Ich zugrundegeht, hingegen das "idealistische"
Über-Ich erhalten bleibt; vielmehr kommt es in beiden
Bereichen der Freudschen Topographie zu Ausfallser-
scheinungen und Intensivierungen.

10   T. Mann, "On Myself", in: Hans Wysling: Dokumente
und Untersuchungen, Beiträge zur T. Mann
Forschung, T. Mann-Studien III (Francke:Bern,
1974), 76 f.

11   Mann selbst hebt den Zusammenhang mit der Venedig-
Novelle hervor, indem er von seiner ursprünglichen
Konzeption des Zauberberg als novellistischem
Gegenstück und Satyrspiel zum Tod in Venedig sagt:
"Die Faszination des Todes, der Triumph rauschhafter
Unordnung über ein der höchsten Ordnung geweihtes Le-
ben, die im Tod in Venedig geschildert ist, sollte
auf eine humoristische Ebene übertragen werden".
(Schriften und Reden zur Literatur,... 2,
op. cit., 330).

12   Die im folgenden Text enthaltenen Hinweise beziehen sich
auf die, in chronologischer Reihenfolge in den zwei Bänden (I,II) von Fischers Taschenbuchausgabe der Werke
Manns enthaltenen Erzählungen.

13   Paolo - Sohn eines Deutschen und einer südamerikani-
schen Eingeborenen - trifft die, dem Geldadel zugehörige
Baronesse Ada, deren Gesicht zwar "nicht den geringsten Zweifel .. über ihre wenigstens zum Teil semitische
Abstammung (aufkommen läßt), ... aber von ganz un-
gewöhnlicher Schönheit" ist (I,36): "War es nicht klar,
daß dieser hoffnungslos kranke Mensch jenes junge Mädchen mit der lautlosen, vulkanischen, glühend sinnlichen
Leidenschaft liebte, die den gleichartigen ersten Regungen seiner früheren Jugend entsprach? Der egoistische
Instinkt des Kranken hatte die Begier nach Vereinigung
mit blühender Gesundheit in ihm entfacht; mußte diese
Glut, da sie ungestillt blieb, seine letzte Lebenskraft
nicht schnell verzehren?" (I,39). Die Antwort läßt kaum
6 Seiten auf sich warten: "Was habe ich noch zu sagen?
- Er ist tot; gestorben am Morgen nach der Hochzeitsnacht, - beinahe in der Hochzeitsnacht. Es mußte so
sein" (I,45). - Das Zitat illustriert, daß das Vorhanden-

sein des Grundmotivs - das nicht, wie Mann meint,
erst mit dem Friedemann in Erscheinung tritt - per
se keineswegs das künstlerische Niveau garantiert. -
Die kurze Skizze Enttäuschung (1896), anscheinend
die erste, geglückte Arbeit Manns, setzt sich mit dem
Grundmotiv e contrario auseinander, auch im Gegensatz
zu dem späteren, auf den gleichen Schauplatz verlegten
Tod in Venedig. Dem hier auftretenden décadent ist
gelungen, was dem Künstler Aschenbach zu seinem Heil
und Unheil mißlang: - die völlige, rettungslose Absi-
cherung gegen den erfrischenden Einbruch elementarer
Triebmacht in einer defensiv sterilen Sphäre alles
"durchschauender", hyperkritischer Bewußtheit. Jede
Erfahrung, sei es auch die der "glücklichen" oder der
"unglücklichen" Liebe, ja des "Glücks", vermag ihn
bloß zu enttäuschen; und er meint, daß auch die Erfahrung des Todes, von der er sich Befreiung, Entgren-
zung, Aufhebung des Horizonts erhofft, wie sie auch
das Meer leider zu leisten nicht imstande sei, ihn noch
im letzten Augenblick enttäuschen werde. - In der nächsten, wiederum danebengeratenen Erzählung, Der
Tod (1897), wird wiederum der Einbruch elementarer
Todesmacht umspielt: Der in abgesicherter Lebens-
Sterilität mit ihr feierlich flirtende, sich selbst ins
Pathetische stilisierende adelige décadent erträgt den
herbeigewünschten Tod nicht, lenkt ihn auf das von ihm
geliebte Kind ab und wünscht sich nun, da ihn der Verlust des einzig geliebten Mädchens erschüttert, auch
selbst den Tod im Ernst herbei.

14 Auch im Bajazzo (1897) stellt sich die Störung einer
Ökonomie der Schwäche dar, wirkt das Liebesobjekt
zumindest als Auslöser des Untergangs am Selbstekel,
geht es um einen "wüsten Auflösungsprozeß" (I, 79). -
Auch in Tobias Mindernickel (1898), einer Fabel
von dem aus Ohnmacht der Schwäche gespeisten Ressentiment, findet eine "Heimsuchung" statt, aber gewissermaßen in Umkehr des Grundthemas, da hier nicht "das
Leben" den defensiven Kunstbau eines décadent zerstört,
sondern der Schlechtweggekommene sich am "Leben"
rächt; sensationslüsterne, in sentimental rachsüchtigem,
dem Willen zur Macht schmeichelndem Mitleid schwel-

gende Zerstörungslust sich an der gesunden, in sich ge-
festigten, natürlichen Existenz eines Hundes übt. Zugleich ließe sich allerdings Mindernickels Mord an seinem geliebten Esau auch als Selbstpeinigung, als verschobener Ausdruck seines eigenen Willens zum Untergang und zur Selbstzerstörung, seiner eigenen Hoffnung
auf die erlösende Heimsuchung, nämlich auf Erlösung aus
marginal defensiver Existenz auffassen. - Eine weitere
Fabel vom Verhältnis des vergeistigten Dekadenten zum
Leben, D e r K l e i d e r s c h r a n k (1899) behandelt nur
die Perspektive des Heimgesuchten, Todgeweihten, der
- nicht weniger deutlich als "Mindernickel" - hier Albrecht van der Qualen heißt: Nur ihm erzählt "das Leben" in Gestalt eines, von allen illusorisch verschleiern-
den Kleidern der Maja entblößten, nackten jungen Mädchens seine Geschichten, die bezeichnenderweise wieder
im Durchbruch der Doppelmacht des Eros-Thanatos
ausklingen: "Das Ende war so traurig, wie wenn zwei
sich unauflöslich umschlungen halten und, während ihre
Lippen aufeinanderliegen, das eine dem anderen ein
breites Messer oberhalb des Gürtels in den Körper stößt,
und zwar aus guten Gründen. So aber schloß es" (I, 119).

15   Daß hier - wie in G e f a l l e n - zugleich das - auch in der
     Beziehung Tonio-Lisaweta mitklingende - damals schon,
     oder wiederum moderne Thema der Frauenemanzipation,
     insbes. die Vorstellung von einem, von m a l e s e x i s m
     und m a l e c h a u v i n i s m befreiten, quasi ent-
     sexualisierten, bzw. in sexualibus gleichberechtigten
     Verhältnis zwischen Mann und Frau in eher skeptisch-
     konservativem Sinne abgehandelt wird, widerspricht nicht
     der hier hervorgehobenen Thematik; wie ja überhaupt
     ein literarisches Erzählwerk kaum je nur e i n Thema
     hat.

16   Auf anderer, explizit erotischer Stufe analog ist die, von
     Mann Goethe zugeschriebene, imaginäre, voyeuristische
     Doppelverliebtheit in den Jäger und die Venus (LOTTE
     IN WEIMAR, Anfang des 7. Kapitels), eine Art à trois
     von Zuschauer und Agierenden, die sich ja auch mit
     andern ähnlichen Stellen bei Goethe selbst - e. g. phan-
     tasierter Beobachtung von Leda und Schwan durch Faust -
     berührt. Auffällig ist hier die Verbindung zu der, von

Freudianern postulierten infantilen Ur-Szene oder infantilen Phantasie von dem, dem Geschlechtsverkehr der
Erwachsenen (Eltern) zuschauenden, sich fürchtenden
und zugleich sich beteiligenwollenden Kind, - eine
Hypothese über deren Gültigkeitsbereich ich mir allerdings nicht im Klaren bin.

17   Die Verbindung zum Bereich der Grund-Thematik, die
sich zwar immer wieder herstellen läßt, scheint mir
auch in den nun folgenden Erzählungen einigermaßen
indirekt zu sein. Im Wunderkind (1903) erfahren weder das Publikum noch der Artist, der Leben nur spielt,
nur vorspielt, die Berührung mit der überwältigenden
Lebensmacht, die Mann fasziniert; und eben dieses auf
beiden Seiten sich manifestierende Vakuum verleiht der
geistreichen Studie über das Verhältnis und Mißverhältnis zwischen dem virtuosen Artisten und dem Publikum
ihr ironisch melancholisches Timbre. - Deutlicher
klingt das Grundmotiv in der kleinen Studie Ein
Glück (1904) an als "Verlangen eines einsamen, ver-
träumten Geschöpfes nach dem Leben, der Leidenschaft
und den Stürmen des Gefühls" (I,270). - In der satirischen Skizze Beim Propheten (1904) steht die
enorme Prätention auf geistige Macht in Kontrast zu
der Verfremdung des Hyper-Literaten Daniel zur Höhe
von den Mächten des Lebens, zu denen "ein gewisses
Verhältnis" (I,275, 279, 281) bewahrt zu haben, der
Stolz des Novellisten ist, in dem Mann sich selbst mit
wohlwollender Ironie portraitiert hat. Der Geist des
Daniel,der sich hier manifestiert, ist - im Sinne von
Nietzsches Hypothese - reines Ressentiment gegen das
Leben. Die extreme Sterilität schlägt, jedenfalls der
Intention nach, in barbarisch-destruktive Aggression
um. Das extrem "geistige", narzißtisch-hermetisch
von Berührung mit "Menschlichem" ("Gefühl, Sehnsucht, Liebe"; I,281) isolierte, zu fieberhaftem Größenwahn gereizte "einsame Ich" (I,280) erscheint zwar
selbst als äußerst gefährdet, an der Kippe zum Irrsinn,
vielleicht auch bestimmt dazu, von der Lebensmacht
hinweggefegt zu werden; aber auch als eine, den Kunstbau des Lebens gefährdende, potentiell gegen die Welt
gerichtete, pathologische Zerstörungsmacht. Die Figur

des Daniel zur Höhe weist Affinitäten und enge Beziehungen zu der des Adrian Leverkühn auf; und insofern die,
in der Höhe ihres babylonischen, elfenbeinernen, oder
radikal abstrakten Turmes und Kunstbaus sich isolierenden Egomanen die extreme Rache der Lebensmächte
herausfordern und heraufbeschwören, ergibt sich hier
auch eine Affinität zwischen Daniel zur Höhe und dem
sich isolierenden und autonom dünkenden Aschenbach
vor Einbruch der tödlichen Leidenschaft. - Den Aschen-
bach-Typus stellt auch - schönste Verherrlichung
Schillers - die S c h w e r e   S t u n d e (1905) dar, eine
Studie über das fruchtbar problematische Verhältnis
zwischen dem produktiven Schriftsteller und den ihn
bedrohenden und inspirierenden Todes- und Lebens-
mächten, hier: der den Dichter anfeuernden Macht des
Schmerzes und der tödlichen Krankheit (vgl. I, 285) und
der Macht "des Künstler-Egoismus, jener Leidenschaft
für sein Ich, die unauslöschlich in seiner Tiefe" brennt
(I, 286) und mit dem Eros im Dienste des Ideals aufs
engste verbunden ist.

18 Variante zum Thema ist auch die unbedeutende, aber
schokierende A n e k d o t e (1908), in der der zivilisierte Anschein, den sich die liebe herrliche gnädige Frau
des Herrn Direktor Becker zu geben weiß, kontrastiert
wird mit der schamlosen, verdorben sinnlichen, schmut-
zigen Person, als die ihr Mann sie seinen Gästen darstellt; denn auch hier ereignet sich für die von den
Beckers geladenen Gäste und den Leser der Zusammenbruch einer Zivilisationsfacade.

19 Entsteht doch das grundlegende Dilemma, das im weiteren Verlauf der Erzählung in frostig abstrakter und
humoriger Manier abgewandelt und abgehandelt wird,
durch den Einbruch der Macht sexuell-erotischer Begierde in das Ordnungsgefüge der drei Hauptfiguren und
führt zu dem Tod der zwei einander liebenden, männlichen Protagonisten, die freilich dazu bestimmt sind mit
wechselweis vertauschten Köpfen wieder aufzuerstehen
und dergestalt weitere Wirrnisse zwischen Geist und
Leben zu stiften und zu erleiden.

20 Manns Moses geht mütterlicherseits aus dekadenter Ver-
derbtheit, väterlicherseits aus quasi anonymer Vitalität
hervor. Analog der in Freuds Buch über den Mann Moses
entwickelten Hypothese, daß Moses ein Ägypter war, verdankt Manns Held seine Existenz der momentanen Lüstern-
heit einer ägyptischen Prinzessin, jedoch auch einem, bei
Freud nicht vorgesehenen, nach erledigtem Sexualver-
kehr von den Dienern des Pharaoh prompt erschlagenen,
kräftigen Judensklaven; und wird nun selbst ständig von
heftigen Triebansprüchen bedroht, bewegt, gepeinigt;
begeht einen, von gerechtem Zorn nur zur Not motivier-
ten Mord; zeichnet sich auch später noch durch Herrsch-
sucht aus, wie auch sein Konkubinat mit einer Schwarzen
als Zeichen seiner starken Sinnlichkeit - und Nachgie-
bigkeit gegen diese - ausgelegt wird.

21 Miszellen, Fischer Taschenbuchausgabe, MK 120,
S. 217.

22 Neue Folge der Vorlesungen zur Einfüh-
rung in die Psychoanalyse (Ende der XXXI.
Vorlesung).

23 Vgl. dazu meinen Aufsatz "Über Realismus und
Symbolismus im Werk Thomas Manns"
(in: STUDI TEDESCHI, Napoli; 1975 (1)).

24 Hochzeitsvorbereitungen auf dem Lande
u. andere Prosa (Schocken-Fischer: N.X., 1953), 41.

25 LOTTE IN WEIMAR (Werke, Taschenbuchausgabe), 59.

26 Vgl. den letzten Abschnitt ("Ein letztes Fragment")
des Essays über Goethe und Tolstoi.

27 Hermann J. Weigand: THE MAGIC MOUNTAIN (Apple-
ton-Century: 1033; U. of North Carolina Studies: Chapel
Hill, 1964); Erich Heller: THOMAS MANN (Erste
Fassung: " The Ironic German", London 1958; Suhrkamp:
Frankfurt a. M., 1959); Hans Wysling in: Paul Scherrer-
Hans Wysling: QUELLENKRITISCHE STUDIEN ZUM
WERK THOMAS MANNS (T. MANN STUDIEN I: Francke:
Bern 1967). - Es versteht sich, daß inbesondere zu der
hier, wie schon erwähnt, vorausgesetzten, aber nicht
begründeten Deutung von Manns Tod in Venedig, die
sich u.a. auf Arbeiten von M. Dierks ("Untersuchungen
zum Tod in Venedig" in: STUDIEN ZU MYTHUS UND
PSYCHOLOGIE BEI THOMAS MANN (T. MANN STUDIEN

II); Francke: Bern 1972)), André von Gronicka ("Myth plus Psychology"; Germanic Review, XXXI, 1956) und Heinz Kohut ("D e a t h i n V e n i c e by Thomas Mann: A Story about the Disintegration of Artistic Sublimation" in: M. Ruitenbeck (ed.): PSYCHOANALYSIS AND LITERATURE (N.Y.:Dutton, 1964) bezieht, weitere Sekundärliteratur anzuführen wäre. Vgl. etwa Herbert Lehnerts Bericht über die "T h o m a s - M a n n - F o r - s c h u n g" (Metzler: Stuttgart, 1969) und die Arbeiten und Hinweise in den bisher erschienenen Bänden der THOMAS-MANN-STUDIEN.

28   In: MONATSHEFTE, XXXIX (1947), 439-448.

29   Erich Heller: "T h o m a s M a n n u n d d a s K l a s - s i s c h e", in: R.Grimm, J.Hermand (ed.) DIE KLASSIKERLEGENDE (Athenäum: Frankfurt a. M. , 1971), 225.

30   Für die, aus Seidlins Aufsatz angeführten Zitate vgl. MONATSHEFTE, op. cit. , 440 f. , 446.

31   E r z ä h l u n g e n I (Taschenbuchausgabe), 46.

32   B.v.Wiese: DIE DEUTSCHE NOVELLE (Bagel: Düsseldorf, 1967), 304.

33   Vgl. dazu meine Arbeiten: "Some Function of the Leit- motiv in Thomas Mann's Joseph Tetralogy" (in: T h e G e r m a n i c R e v i e w , April 1947), 126-141; "Mann: Spheres of Ambiguity", in: D i a l e c t i c s a n d N i - h i l i s m (University of Massachusetts Press: Amherst, Mass. ,1966), 151- 226.

34   Gegen Ende des 2. Kapitels des letzten Teils des Romans. Ebenda auch die Bemerkung Kais.

35   Siehe das Kapitel "Der Schuster Hinnerke".

36   "Schopenhauer" in: S c h r i f t e n u n d R e d e n .. 2, op. cit. , 272.

37   Die "statischen Effekte" wurden schon von Ronald Peacock (D a s L e i t m o t i v b e i T h o m a s M a n n; Haupt:Bern 1934) ausführlich behandelt; nicht so die "Kontrast-Effekte" und die Möglichkeiten des sich "ent- wickelnden" Motivs, die ich, aufgrund von Andeutungen bei Mann und einigen Bemerkungen in Weigands Zauber- berg-Exegese, als erster in meinen oben angeführten Arbeiten s y s t e m a t i s c h behandelt zu haben glaube.

Vergleiche

Man wird gegen Vergleiche zwischen den zwei hier besprochenen Texten einwenden, daß die objektivierende Novelle, von
der Mann überdies zu verstehen gab, er hätte das in ihr behandelte "Problem" der "Künstlerwürde" ursprünglich in
Form einer Darstellung der beschämenden Altersleidenschaft
Goethes für die kleine Ulrike von Levetzow behandeln wollen[1],
völlig anderer Art sei als das bekenntnishafte Gedicht, weshalb
wohl auch dessen Besprechung reichlichen Anlaß zur Verwendung biographischen Materials gab, hingegen es an analogem
Material zu Manns Novelle offenbar fehlte. In Wahrheit liegen
jedoch beide Texte der autobiographischen Sphäre nah; und
auch im Fall der Venedig-Novelle war nicht nur, wie Mann
selbst betont, alles äußerlich Episodische, einschließlich des
polnischen Knaben, in der Wirklichkeit schon gegeben[2], sondern der autobiographische Gehalt geht tiefer, in ebenjene,
bisher bloß verleugnete homoerotische Sphäre, in der auch die
leidenschaftliche Verliebtheit und Herzensaffaire zwischen
Mann und dem Maler Paul Ehrenberg spielte, der später, zur
literarischen Figur geworden, in Gestalt des Rudi Schwerdt-
feger im FAUSTUS wiederauftaucht, wobei Mann dann aber
die eigene "Rolle" teilt in die des Adrian, den Rudi auf ver-
trackte Weise hintergeht, um von ihm auf noch vertracktere
Weise ins Unheil gebracht zu werden, und die der Ines Insti-
toris, die den Rudi aus verzweifelter Eifersucht umbringt.
Auch spielt das Thema der Homoerotik ständig in Manns Erzählungen hinein: e.g. als Verhältnis zwischen Kai und Hanno,
Tonio Kröger und Hans Hansen, Castorp und Pribislaw Hippe,
als Verliebtheit auch und gerade der Männer und insbesondere
des Erzählers in den, im Mondlicht sich herzeigenden jungen
Joseph, als Freundschaft zwischen Nanda und Shridaman in
den VERTAUSCHTEN KÖPFEN, als Begegnung zwischen
Krull und dem schottischen Lord, usf. Am Ende mag Aschenbachs Erlebnis nur um eine Schattierung weniger autobio-
graphisch sein als die Stimmung von Goethes "Wanderer",
der ja auch nicht bloß und ganz der Autor selbst ist, sondern
zugleich auch ein poetisches alter ego.

123

Lassen wir also die Bedenken beiseite, die sich auf die im
epischen Genre allerdings vorgetäuschte Erzählerdistanz, wie
überhaupt auf die zwar bestehenden und schwerwiegenden, aber
gerade der Vergleichbarkeit nicht abträglichen Unterschiede
zwischen den exemplifizierten Genres beziehen. Der Wanderer
entflieht aus der ihm öde oder qualvoll gewordenen Welt: das
gilt für den Goetheschen Protagonisten wie für Aschenbach. Das
Individuum, das zugleich die Welt der Zivilisation repräsentiert, ersehnt Natur, findet zur Natur und endlich zu Eros-
Thanatos.

Goethes Wanderer, müde des Treibens der ihn sonst fesseln-
den Menschenwelt, in der er doppelt elend ist, verläßt die
Stadt, ersehnt, befreit von der Qual der Mitwelt, den Frieden,
und sei es auch den Frieden des Todes. Für Aschenbach stellt
sich das Treiben als "continuus animi motus" der Arbeit,
des Werks dar, das für ihn Verbindung mit der Welt bedeutet,
von der gefeiert zu werden, er sonst das unbedingte Bedürfnis hatte: Nun will er weg, will Berührung mit dem Element,
das ihn erfrischen, ihn aus seinem ehrgeizigen Krampf befreien könnte. So wird er selbst zum Wanderer, der sich aus
der Arbeitswelt und endlich, nach dem dionysischen Traum,
aus der Zivilisationswelt löst, um der Rache und dem Lohn
der von ihm bislang verleugneten Natur zu verfallen.

Von der Welt abgestoßen findet der Wanderer sein Sehnsuchtsziel im Tod. Der Friede, sagt des Wanderers Nachtlied, ist
erst im Tod. Erst der Tod schließt die Wanderschaft. Das
Reiseziel wird erst im Tod eröffnet; der Tod ist die Reise ins
Verheißungsvoll-Ungeheure, heißt es im Tod in Venedig.

Das Problem wird gestellt durch die gesellig geschäftige Ar-
beitswelt, der die freie Muße in der Natur entgegengesetzt ist.
Es besteht im Konflikt zwischen der "flachen" Sphäre des
Alltags und der Arbeit und einer Sphäre der tieferen Lust und
Schmerzen, die sowohl eine apollinische Oberwelt, wie eine
dionysische Unterwelt umfaßt; im Konflikt zwischen einer
Sphäre der Selbstentfremdung durch Verflachung und Erstarrung im Gehäuse der Zivilisation und einer Sphäre, in der der
Mensch sich findet, aber zugleich von Selbstverlust, Verlust
der Individuation zugunsten der Mächte der "Tiefe" bedroht
und verlockt wird.

Eine - vielleicht unlösbare, jedenfalls ungelöste - Zivilisationsproblematik kommt in beiden Werken zum Ausdruck: explizit
im T o d i n V e n e d i g, implizit, als Flucht aus quälender
Menschenmitwelt in die reine Natur, auch im Gedicht; und am
Ende ist diese Zivilisationsproblematik äquivalent dem Problem
der gefallenen Welt, in der sich der Mensch im Schweiße seines Angesichts abmüht, und ihrer Erlösung, der Wiedergewinnung der Unschuld, des Friedens, der Einheit, die man - so
geben beide Autoren zu verstehen - wenn überhaupt, vielleicht
erst im Tod wiedergewinnen kann.

So ginge es also beide Male um ein Einholen des Anfangs, der
Kindheit, der Versöhnung mit der Natur im Rückgang hinter
die Zivilisation; um Wiedergewinnung der Unschuld jenseits
der Zivilisation; um Erlösung der gefallenen Welt; um die
Vollendung, die jenseits der gefallenen Welt ist; um Wiedergewinnung des Paradieses, der Harmonie jenseits des zeitlichen Daseins?

Zugleich ist, was dergestalt zur Darstellung kommt, zuletzt
eine Art Liebestod bei annähernder Erfüllung sowohl eines
sublim erotischen Schönheitsideals wie der völligen, beseli-
gend letalen Beruhigung. Die Novelle schildert einen dramatisch dialektischen Prozeß der Disintegration, der Todesar-
beit, die gerade auch das Wüste, Untere zum Vorschein bringt,
zugleich aber in tödlicher Konflagration das Gesamtgebäude
der Persönlichkeit, auch die sublimsten Etagèren und Zierate
des Palastes zu einem letzten Erglühen bringt. In Hinblick
auf diesen Prozeß wäre allerdings, wenn es hier auf Konsequenz und Kongruenz in einem möglichst vollständig durchge-
führten Vergleich ankäme, die lange Novelle nicht mit dem
kurzen Gedicht, sondern vielmehr mit Goethes episch lyrischer Pathologie und Verherrlichung des Wertherschen Leidens und Liebestodes zu vergleichen. Noch einmal ehe und
indem es untergeht, wird das lebendige Wesen in allen seinen
Dimensionen aufs intensivste belebt. Aber in dem Gedicht wird
ja nur der erfüllte sublime Augenblick, nur die lyrische Sus-
pension dargestellt, und auch diese nur sotto voce, im Modus
der elegischen Dämpfung.

Wie steht es aber um das Verhältnis zwischen den beiden
Mächten im Liebestod? Wird nicht Liebe zugunsten des Todes

aufgegeben, der sich als die stärkere Macht erweist? Führt nicht Eros zu Thanatos, wie dies in der Novelle dadurch dargestellt wird, daß die verklärte Gestalt des Geliebten zu der des Hermes Psychopompos, des göttlichen Führers der Seele in das verheißungsvoll ungeheure Totenreich wird? Ich erlaube mir auch das im Walde schweigende Gevögel als Repräsentant betulicher Lebendigkeit, des Hungers, wie vor allem auch der "Liebe" aufzufassen, also als Aussetzen auch und vor allem der erotischen Unrast. Allerdings: in beiden Endvisionen scheint die völlige Beruhigung des Eros erst jenseits des Daseins in Aussicht gestellt zu werden: wenn überhaupt - da die Rede vom Totenreich als dem Verheißungsvoll-Ungeheuren doch auch ein leises Element der Beunruhigung mitenthält, als gäbe es auch drüben noch etwas zu tun und zu ersehnen, obschon diese minimale Andeutung keineswegs auf jene sublime Unrast hinweist, wie sie etwa im faustischen Bereich Goethes als Charakteristikum des Jenseits erscheint.

In welchem Sinn aber kann überhaupt in Hinblick auf Goethes Nachtlied von einem Liebestod die Rede sein? Für den Aestheten im Künstler stellt die Schönheit die sublimste Form des Erotischen dar, bedeutet das Innewerden der Schönheit - hier des, in Gestalt der ruhenden Landschaft realisierten, klassisch vollendeten, völlig befriedeten, von Harmonie gesättigten Bildes der großen vollkommenen Seele - und die antizipierte Vereinigung mit dem vollendet Schönen die sublimste Erfüllung der erotischen Sehnsucht.

Wenn aber die völlige Beruhigung des Eros erst im Jenseits des Daseins in Aussicht gestellt wird, dann mag die Botschaft oder die beruhigende Illusion und Utopie des, im umfassendsten Sinne romantischen Dichters am Ende die sein: daß erst der Tod die Erfüllung jener dem Mangel entsprungenen Sehnsucht bringt, die man Eros nennt. Und selbst die Anschauung der Schönheit wäre - entsprechend Schopenhauers analoger Auffassung - als nur momentane, nur annähernde Erfüllung in Wahrheit auch nur Antizipation der Harmonie inmitten des noch im Sinnlich-Zeitlichen, in der Spannung zwischen Harmonie und Disharmonie sich erstreckenden Daseins, des "Treibens", mithin nur eine letzte Haltestelle vor der wahren Erfüllung im Tod?

Wie aber wenn diese letzte Haltestelle vor dem Tod die einzig
überhaupt mögliche Annäherung an eine zwar nicht zu verleug-
nende, faszinierend notwendige, aber in ihrer Vollendung völlig
unrealisierbare, gewissermaßen in sich kontradiktorische
ideale Fiktion darstellte? Man kann zwar glauben und noch
leichter sagen: Erst im Tod, erst jenseits des Todes sei
r e i n e Erfüllung möglich, Eros u n d Ruhe, wahre Harmonie, Restauration der Unschuld und des Glücks v o r dem
Sündenfall, unio. Aber der Glaube daran, daß die Spannung
Eros-Thanatos, die Spannung nicht nur von Erregung, Bedürfnis nach Ruhe und Ruhe, sondern auch von Ruhe und Bedürfnis nach Erregung lösbar sei, übersteigt jedenfalls alle Begriffe. Die Tatsache aber, daß alles, was wir überhaupt kennen in der hier als transzendierbar postulierten psychischen
Spannung steht, und die Ungewißheit bezüglich dieses, nach
modernem Gefühl menschlicher Bedürfigkeit allzu genau entsprechenden Glaubenspostulats mag den Akzent der nun auf
die bloß annähernde, bloß aesthetische Erfüllung, auf die
bloße Schönheit fällt, miterklären.

Unterscheidet man, wie es auch einer im 18. Jahrhundert verbreiteten Tradition entspricht, das E r h a b e n e , insbesondere
die vollendete Ruhe, als Sublimationsform des Thanatos (mithin auch des Schrecklichen, Häßlichen, Zerstörerischen, tödlich Indifferenten) und d a s S c h ö n e als Sublimationsform
des Eros (d.h. auch aller zärtlichen, aller lüsternen, aller
"normalen" und "perversen" Sexualität), so ergibt sich ein
sublimes Bild der Doppel-Macht: nämlich der Steigerung des
Eros zur klassischen Schönheit vereint mit der zum Erhabenen
der Erlösung und der vollkommenen Ruhe gesteigerten Macht
des Todes; und ebendiese Form der schönen Vollendung und
der todesnahen Schönheit ist in beiden, hier besprochenen Werken intendiert, weshalb es sowohl im Fall des Gedichts, wie
auch in dem der Novelle, zwar heutzutage naheliegend aber
dennoch vorschnell wäre, zu meinen, die dargestellte Klimax
ließe sich vom Standpunkt sinnen- und herzhafter "Lebens-
bejahung", oder aber durch eine radikalere, zu den stärksten
Giften entschlossenere Todessüchtigkeit leicht überbieten.

Kehren wir aber von diesem metaphysischen Exkurs zu der
etwas niedrigeren, vielleicht auch bescheideneren Fragestellung zurück, die den vorliegenden Versuch leitete. Was in dem

Gedicht noch direkt anklingt, erklingt in der Novelle im Medium ironischer Gebrochenheit. So das "Selig, wer sich vor der Welt verschließt." In beiden Werken vollzieht sich Offenbarung der Schönheit abseits der radikal imperfekten, konfusen oder korrupten, repressiven Welt. Weder im Nachtlied noch im T o d i n V e n e d i g wird aber der Zustand der Erfüllung - sei es auch in der Weltabgewandtheit - als ein im irdisch realen Bereich erfüllbarer dargestellt (wie ihn etwa Tellheim seiner Minna in Aussicht stellt). In beiden Fällen wird die endliche Erlösung in das Reich des Todes projiziert, wodurch der tragisch elegische Beiklang entsteht, den Platens Tristangedicht explicite formuliert, das gewissermaßen auf der Mitte liegt zwischen dem nur sanft Melancholie suggerierenden Goethegedicht und dem die Dissonanz zwischen mythisch utopisch metaphysischer Erfüllung im Jenseits und kraß realem Todesfall bis ins tragisch Groteske steigernden Erzählwerk.

Das Pathos der Goethschen Selbstprojektion als Wanderer impliziert hier wie anderswärts den elegisch rousseauistischen Sehnsuchtsblick auf das, dem Zivilisationsmenschen verloren gegangene Naturparadies, als dessen Transfiguration ja gerade auch bei dem frühen Goethe die Utopie des "Klassischen" erscheint.[3] In seiner Unzufriedenheit dem faustischen Malkontenten verwandt, ist der Wanderer gleichfalls Repräsentant des modernen Zivilisations- und Kulturmenschen, der sich in der von ihm selbst geschaffenen Zivilisation beengt fühlt. in der von ihm geschaffenen Kultur sich nur mit Unbehagen bewegt. Auch im Nachtlied des Wanderers schwingt das Wunschbild des Naturparadieses mit als Wunschbild der klassischen Sophrosyne, der erreichten Harmonie mit sich und mit der Natur, mit sich in der Natur. Bei dem, in einem radikaleren Sinn der Natur entfremdeten décadent Aschenbach wird dies Wunschbild von der wiederzugewinnenden klassischen Naivität, der zweiten Unschuld, der Annäherung an das irdische Paradies explizit, nämlich sowohl in seinen Spekulationen über diesen Gegenstand, wie in dem Wachtraum von den elysäischen Gefilden, die gewissermaßen das Jenseits der Kultur als positive Transzendenz aller Annehmlichkeiten und Tugenden des Kulturzustandes darstellen, hingegen der nächtliche dionysische Bereich das Überschreiten des Kulturbodens in Richtung

auf die Unterwelt bedeutet, beide, die Über- und die Unterwelt
aber im und als Jenseits gewissermaßen miteinander kommu-
nizieren.

Dabei soll nicht geleugnet werden, daß Flucht zur Natur in der
Goethezeit eine gewissemaßen positivere Rolle spielt als in
der Epoche Manns. Im Sinne des "beautus ille qui procul
negotiis" und der Befriedung des Menschenherzens in der wiedergewonnenen Natur wird das Motiv bestehen - solange noch
eine Differenz zwischen gesellschaftlicher und natürlicher
Welt spürbar bleibt, solange weder der Protest des Menschen
gegen seine Einschränkung und Denaturierung innerhalb der jeweils gegebenen imperfekten Gesellschaftsordnung ertötet ist,
noch die totale Utopie als völlige Kongruenz aller möglichen
gesellschaftlichen und individuell menschlichen Wünsche,
Triebansprüche, oder Forderungen im positiven Sinne, i. e.
als Paradies auf Erden, erreicht ist. Und so ist vielleicht das
Gedicht auch deshalb "zeitloser" als die Novelle, weil es als
reine Darstellung des Eingehens in die Ruhe der Natur "allgemein" bleibt; hingegen in der Erzählung eine, als pathologisch
aufgefaßte Leidenschaft repräsentativ wird für den Zusammenbruch des, von dem spezifischen Artisten Aschenbach im Bereich der Kunst eingebürgerten und dramatisierten bürgerlichen
Leistungsethos. Die Werke rechtfertigen die Existenz nicht;
die Natur verhöhnt den ehrgeizigen Dienst am Werk und Kult
des Werks, lautet die Botschaft der Novelle. Damit klingt aber
gerade in der, den Untergang des bürgerlichen Ethos zele-
brierenden Erzählung die Sehnsucht nach einer, der Natur und
den Menschen gerechteren - nicht derart künstlichen, nicht
derart mit Hilfe seelischer Repressionen und Selbstzwang
"sublimierenden" - Ordnung an, obschon andererseits die
explizite Ambivalenz Manns auch das ausweglose Dilemma
- des zwischen Überform und Unform immer schwankenden
Menschen - suggerieren mag.

Mit Hilfe dieser Andeutungen ließen sich nun noch weitere Pa-
rallelen und Kontraste entwickeln. Sollte aber zuguterletzt der
Interpret sich nicht auch selber fragen, warum ihm wohl an
zwei so divergenten Texten gerade das Problem der Zivilisation,
des Wertes oder Unwertes der von Menschen für Menschen
geschaffenen Welt, des Verhältnisses der radikal unzulängli-
chen "Welt" zu einer, als wahrhaft befriedigend vorgestellten

"Natur" vordringlich wurde? Warum gerade jenes Problem,
das Rousseau schon vor der Goethezeit so wirksam formuliert
hatte? Das sich seinerseits als weltliche Fassung des sehr
viel älteren Problems der gefallenen Welt und ihrer Erlösungs-
bedürftigkeit - sei es nun im Diesseits oder im Jenseits -
darstellt? Wir haben gelernt, daß die Perspektive, aus der
ein Interpret Texte betrachtet, mitbestimmend ist für seine
Interpretation, auch wenn er dabei die Texte nicht "verfälscht". Immerhin ist es dem Leser dienlich, wenn ihm ein
derartiges perspektivisches Vorurteil bekannt gemacht wird.
So will ich zugeben, daß mir die von Rousseau, Burckhardt,
Nietzsche, Mann, Freud, Marcuse et. al. immer wieder hervorgehobene Kulturproblematik seit längerer Zeit fast ständig
in der Literatur begegnet, sei es nun weil dieses Thema so
akut geworden ist, wie dies die Bedrohung der menschlichen
Existenz durch die, von ihm geschaffene - i. e. veränderte -
Welt nahelegt, oder nur, weil auch der Autor dieser Zeilen
eine Stufe des Alters und der Erfahrung erreicht hat, auf der
dem Wanderer die ihm gewohnte äußere und wohl auch innere,
fremde und eigenste Welt mitunter unheilbar und öde erscheint,
und er sich manchmal versucht fühlt, sich von ihr abzuwenden,
sich auf eine Reise zu begeben, Entspannung, Erfrischung ,
Ruhe zu suchen .... womit wir denn wiederum bei dem Ausgangspunkt dieser Betrachtung angelangt wären.

Zugleich empfinde ich aber auch, daß beide hier besprochenen
Texte, gerade weil sie dem Kontinum einer deutsch protestantischen Tradition so sehr angehören, uns schon gewissermaßen
gleich fern und gleich nah sind, wie eben Werke eines Epoche
die nicht die unsere ist, wobei das Goethegedicht vielleicht
noch näher liegt, weil es keine Spur von rezenter Aktualität an
sich trägt. Es sind Werke, in denen, ohne formal religiösen
Anspruch, dennoch der Welt, ihrem Treiben, der Rechtfertigung der Existenz in der Welt der Abschied gegeben wird und
ein Eingang in die Innerlichkeit und damit zugleich in Natur,
Tod und Jenseits (sei dieses auch das "Nichts") suggeriert
wird. Bei Mann erscheint dieser Weg nach innen als pathologisch und läßt sich, ohne daß man dem Text Zwang antut, als
das verzweifelte Ende, die Selbstaufgabe des sich in der Welt
beweisen wollenden Bürgers auffassen, was bei Goethe nicht
der Fall ist, von dessen Wanderer man zudem auch behaupten

könnte, daß er sich durchaus nicht n u r nach innen, sondern zu einer Harmonie in und mit der Natur hin bewegt. Dennoch ist bei beiden die Problematik der Weltflucht da; und beide Autoren könnten auch zu ihrer Verteidigung gegen die Anklage der Weltflucht sehr wohl sagen, daß der "gewiß der Größte (ist), welcher der Nacht die Treue und Sehnsucht wahrt und dennoch die gewaltigsten Werke des Tages tut"[4]: daß die schöpferische Freiheit im Verhältnis zur Welt darauf beruht, daß man der Weltbejahung nicht versklavt ist und über die Welt hinaussieht, - ein Gedanke, den Mann in seiner, dem Tod in V e - d i g folgenden positiven, will sagen: positiveren Phase auch in das Leitbild der Synthese miteinbezogen hat. Entscheidend aber für die Distanz, die ich zu Goethe wie zu Thomas Mann zu verspüren glaube, kommt mir nun vor, daß hier und jetzt der Weg nach innen oder zur Natur als - sei es nun positiv oder negativ zentrale - A l t e r n a t i v e zum Engagement in der "Welt" kein b e h e r r s c h e n d e s Interesse mehr erregen darf. Und dies nicht etwa, weil es keine "Welt"- Verneinung mehr geben dürfte: denn eine negierende, Welt anklagende, jeder Welt-Gestaltung satirisch, polemisch, apo- kalyptisch, nihilistisch widerstrebende Haltung ist sehr wohl noch möglich; sondern weil für uns und jetzt überall "Welt" ist, weshalb neben der Darstellung der Konkreta als des in der Welt Gegebenen, die negativen und positiven, satirischen und utopischen Darstellungen der Möglichkeiten der Weltge- staltungen als die aktuellen erscheinen. Freilich darf man hin- zufügen, was Mann im Vorausblick auf unsere Epoche sagte[5]: nämlich, daß "auch dieses Zeitalter" seine "Zeit haben" werde.

Anmerkungen

1   Brief vom 6.IX.1915 an Elisabeth Zimmer.
2   Vgl. dazu und zu dem Folgenden, H. Wysling: Q u e l l e n - k r i t i s c h e   S t u d i e n   z u m   W e r k   T h o m a s   M a n n s , op. cit. 300, 23-47.
3   Vgl. das frühe Gedicht "Der Wandrer" (etwa 1772).
4   Die Fortsetzung dieses Zitats aus Manns Essay "Süßer Schlaf" lautet: "Darum liebe ich das Werk am meisten, das aus der "Sehnsucht hin zur heiligen Nacht"geboren

wurde und gleichsam trotz seiner selbst dasteht in seiner
Willens- und Schlummerherrlichkeit, - ich meine den
'Tristan' von Richard Wagner". (Autobiographi-
sches, Fischer Bücherei, MK 119, S. 31).

5   Miszellen, op. cit., 218.

II.

VERSUCHE ÜBER NIETZSCHE

Marx und Nietzsche in ihrem Verhältnis zur Aufklärung

1.

In einer Zeit, die noch nicht allzu lang vergangen ist, hätten die meisten Germanisten und Antimarxisten, aber auch mancher Marxist, Marx und den Marxismus ohne Zögern auf der Seite der Aufklärung verbucht; wobei man damals von germanistischer Seite (ohne mit der Materie sonderlich vertraut zu sein) gerne etwas über westlichen, französischen, seichten Optimismus, Rationalismus, Empirismus, oder Materialismus hinzufügte. In jenen Jahren schien es, als gehörten Rationalismus und Empirismus, oder auch Rationalismus und Materialismus irgendwie zusammen, ebenso wie Idealismus und Irrationalismus; indes heute manche Leute der Ansicht sind, daß Rationalismus und Idealismus ein wahlverwandteres Paar bilden, und daß, da sich nichts als so resistent gegen eine konsequente Durchrationalisierung erweist wie die empirischen Data, auch nichts sich mitunter als so irrational erweisen sollte wie gerade das Empirische oder die materiellen Gegebenheiten. Werner Sombart, der Autor der Geschichte des modernen Kapitalismus, offenbar schon in einem protofaschistischen Zersetzungsprozeß begriffen, als er seine Wälzer gegen den proletarischen Sozialismus veröffentlichte, stellte eine Genealogie des Marxismus auf, in der er diesen via französische und englische (utopische) Sozialisten, ferner: Feuerbach, Jung-Hegelianer, Heine-Boerne, Jungdeutsche, von den französischen philosophes der Aufklärung ableitete, die er hinwiederum genealogisch mit Einflüssen englischer Philosophie des 17. und 18. Jahrhunderts (Locke, Hobbes, et al.), aber auch zu Jesuiten und Kalvinisten in Verbindung setzte, um als letzten Hintergrund oder Ursprung die "griechische Verfallsphilosophie" (e. g. Epikureer) und den "jüdischen Geist" zu postulieren. [1] - An dieser Aufstellung dürfte Manches nicht unrichtig sein, weshalb wir versuchen wollen, es auf Marx und die Aufklärung des 18. Jahrhunderts näher zu beziehen: Was immer der "jüdische Geist" sub

specie aeterni sein mag, wir - deutsche und österreichische -
Assimilanten sind charakteristischerweise die Erben einer
Tradition der deutschen Aufklärung, genauer: der von Lessing
Mendelssohn, N a t h a n gestifteten Überlieferung und ihrer,
von jedem spezifischen Dogma, ja jeder spezifischen ethni-
schen Zugehörigkeit weitgehend gereinigten Botschaft reiner
Menschlichkeit, welche den entschiedenen Sinn für ein über-
nationales Bürgerrecht in der, allerdings noch nicht existierenden Brüderschaft der Menschheit miteinschließt. Ich bin
ein Weltbürger, sagte Marx von sich selber im Exil. Man
braucht von seiner Sympathie für Lessing nicht gehört haben,
um zu erkennen, daß Marx dem soeben charakterisierten ideologischen Aufklärungsmilieu entstammt. (Es heißt, der Vater
hätte den jungen Marx mit Voltaire, Locke und Diderot - den
auch der späte Marx als seinen Lieblingsautor bezeichnet-[2]
aufgezogen). Es ist ein ideologisches Milieu, das eben infolge
des Begriffs einer gereinigten Humanität die Transzendenz
eines begrenzten "jüdischen" Geistes durchaus miteinschloß,
ja förderte; sich daher auch durchaus damit vertrug, daß
Marx, trotz der väterlichen Konversion zum Protestantismus,
der gute jüdische Antisemit war, der er war und blieb, - eine
Attitüde, die er übrigens mit repräsentativen Gestalten der
Aufklärung, wie Voltaire, teilte ... Was aber die griechische
Dekadenzphilosophie betrifft, i.e. die Denker jener Periode,
von der es heißt, daß die Philosophie sich in ihr von der Bemühung um all-umfassende spekulative Systeme abgewendet
hätte, um sich der praktischen Sphäre des Ethos und der Lebensgestaltung, sowie - in der für Marx in Frage kommenden
Richtung - einem (moderner Ansicht nach) antireligiösen
Impuls, nämlich: dem Materialismus, zuzuwenden: - so
finden wir die Dissertation des jungen Marx über die Natur-
philosophie Demokrits und - was für den hier in Frage stehenden Punkt wesentlich ist - über Epikur, "den größten griechischen Aufklärer"; antike Autoren, die, zusammen mit
Lukrez, in einer, mit den französischen Materialisten und
der Aufklärung überhaupt assoziierten Tradition stehen, mit
der sich Marx immer weitgehender identifizierte. Moses Hess
sagte von dem 23jährigen "... denke Dir Rousseau, Voltaire,
Holbach, Lessing, Heine und Hegel in Einer Person vereinigt;
ich sage v e r e i n i g t nicht zusammengeschmissen - so
hast Du Dr. Marx."[3]

Daß andere Ingredienzien - vor allem: Hegelianismus, ferner:
deutsche Literatur des prometheischen Sturm und Drang,
Weimar-Klassik, Goethe, deutsche Romantik im engeren Sinne -
sich zugesellen, soll uns nicht beirren. Althusser unterscheidet zwei Stadien in der humanistischen Periode des jungen
Marx: die eine (1840-1842), Kant und Fichte näher als Hegel,
eingeschworen auf Freiheit und Vernunft ("der Mensch ist nur
Freiheit als Vernunft") wird von Althusser im Sinne einer
rigorosen "Aufklärungsphilosophie" charakterisiert, die ihre
Anwendung in theoretischer, öffentlich geübter Kritik (und
journalistischer Publizistik) findet; die andere (1842-1845)
kulminiert in der HEILIGEN FAMILIE und den "THESEN
ÜBER FEUERBACH" (1845), schließt den Bruch mit den
Jung-Hegelianern und der spekulativen Philosophie mit ein
und umfaßt die Wendung zum materialistischen sozialistischen
Humanismus unter dem Einfluß von Feuerbach und über Feuerbach hinaus. Dieser Prozeß bewegt Althusser dazu, von einem
Programm praktischer Reappropriation des entfremdeten
menschlichen Wesens durch die proletarische Revolution zu
sprechen, das er mit der Attitüde der radikalen Links-Intellek-
tuellen assoziiert, um zu warnen - denn Althusser tritt für
eine anti-humanistische Position ein - : diese Phase beruhe
immer noch auf einer etwas abstrakten Auffassung des menschlichen Wesens, die etwas von Aufklärung, Bourgeoisie, ja
von Idealismus und Metaphysik an sich hat. [4] Ähnlich sagt
Engels in seiner Retrospektive über FEUERBACH UND DEN
AUSGANG DER KLASSISCHEN DEUTSCHEN PHILOSOPHIE
(wenn er auch betont, daß die HEILIGE FAMILIE einen
Schritt über Feuerbach hinaus bedeutete):

> Der Schritt, den Feuerbach nicht tat, mußte dennoch
> getan werden; der Kultus des abstrakten Menschen,
> der den Kern der neuen Religion bildete,mußte er-
> setzt werden durch die Wissenschaft von den wirk-
> lichen Menschen und ihrer geschichtlichen Entwick-
> lung. Diese Fortentwicklung des Feuerbachschen
> Standpunkts über Feuerbach hinaus wurde eröffnet
> 1845 durch Marx in der 'Heiligen Familie'". [5]

DIE HEILIGE FAMILIE enthält Marxens explizite positive
Würdigung der französischen Materialisten: Sie kämpften,
heißt es da ungefähr,gegen die bestehenden politischen Insti-

tutionen, die Religion, die Theologie und insbesondere gegen
die Metaphysik des 17. Jahrhunderts (Descartes, Malebranche,
Spinoza, Leibniz) und schlugen sie aus dem Feld. Dennoch
erlebte die Metaphysik ihre siegreiche und gehaltvolle Restauration, insbesondere in der spekulativen deutschen Philosophie und vor allem durch Hegels Genie. Der gegenwärtige
Angriff auf die spekulative Metaphysik im 19. Jahrhundert entspricht, nach Marx, dem Angriff auf die Theologie im 18. Jahrhundert. Ebenso wie damals die Philosophie der p h i l o s o -
p h e s sich gegen die Metaphysik richtete, so stellte Feuerbach bei seinem Auftreten wider Hegel der trunkenen Spekulation die nüchterne Philosophie gegenüber. Jetzt aber wird
die Metaphysik "für immer dem nun durch die Arbeit der
(idealistischen) S p e k u l a t i o n selbst vollendeten und mit
dem H u m a n i s m u s zusammenfallenden M a t e r i a l i s m u s
erliegen", wie ihn auf theoretischem Gebiet Feuerbach, auf
praktischem Gebiet der französische und englische Sozialismus und Kommunismus darstellen. - Die Parallele, die Marx
zieht, deutet den Grad an, bis zu dem er sich mit der Tradition der französischen Materialisten der Aufklärung identifiziert, wobei er zwei Richtungen unterscheidet: Die eine leitet
ihren Ursprung aus der mechanistischen Physik des Descartes
ab; sie kulminiert in den Antimetaphysikern, Physikern,
Ärzten Leroy, Cabanis, Lamettrie, welche die Seele für einen
Modus des Körpers und die Ideen für mechanische Bewegungen
erklären; existiert aber weiter bis in die Gegenwart, nachdem
sie zu großen Erfolgen in der Naturwissenschaft geführt hat;
um mit der Schule der französischen Anhänger Newtons und
der französischen Naturwissenschaft überhaupt zu verschmelzen. [6] Die andere Richtung stammt von Locke ab, der Bacons
Grundprinzip, nämlich den Ursprung der Kenntnisse und Ideen
aus der Sinnenwelt, bewies, oder jedenfalls "begründete". [7]
In der Nachfolge Lockes wurden die letzten theologischen
Schranken seines Sensualismus beseitigt. [8] Condillac, der
Schüler und französische Dolmetscher Lockes, richtete dessen
Sensualismus zumal gegen die französischen Metaphysiker
und bewies, daß nicht nur die Seele, sondern auch die Sinne,
"nicht nur die Kunst, Ideen zu machen, sondern auch die Kuns
der sinnlichen Empfindung Sache der E r f a h r u n g und
G e w o h n h e i t sei", mithin die ganze Entwicklung des Men-
schen von Erziehung und äußeren Umständen abhängt. Und

Condillac wurde erst durch die eklektische Philosophie des 19.
Jahrhunderts aus den französischen Schulen verdrängt. - "Die
Franzosen begaben den englischen Materialismus mit Esprit,
mit Fleisch und Blut, mit Beredsamkeit. Sie verleihen ihm das
noch fehlende Temperament und die Grazie. Sie z i v i l i s i e r e n
ihn". Insbesondere in Helvetius, bei dem er sogleich in Bezug
auf das gesellschaftliche Leben gefaßt wird, ferner sinnliche
Eigenschaften, Selbstliebe, Genuß, das wohlverstandene persönliche Interesse als Grundlagen aller Moral gelten, empfängt
der Materialismus den eigentlich französischen Charakter. [9]
"Die natürliche Gleichheit der menschlichen Intelligenz, die
Einheit zwischen dem Fortschritt der Vernunft und dem Fortschritt der Industrie, die natürliche Güte des Menschen, die
Allmacht der Erziehung sind Hauptmomente seines Systems."
- Lamettrie und Holbach vereinigen den kartesianischen und
den englischen Materialismus. - Marx übergeht andere Aufklärer, wie etwa Diderot und die Physiokraten. Nachdem er
die doppelte Abstammung des französischen Materialismus
von der Physik des Descartes und von dem englischen Materialismus, sowie den Gegensatz des französischen Materialismus gegen die Metaphysik zu seiner Befriedigung bewiesen hat,
behauptet er nun, daß, ebenso wie der Materialismus kartesia-
nischer Abstammung in die eigentliche Naturwissenschaft führte, die andere, von Locke sich herleitende Richtung direkt in
Sozialismus und Kommunismus mündete. Die Lehren des Materialismus - ursprüngliche Güte und gleiche Intelligenz-
Begabung der Menschen; Allmacht der Erfahrung, Gewohnheit,
Erziehung; Einfluß der äußeren Umstände auf den Menschen;
hohe Bedeutung der Industrie; Berechtigung des Genusses -
verbinden ihn notwendig mit Kommunismus und Sozialismus.

"Wenn der Mensch aus der Sinnenwelt und der
Erfahrung in der Sinnenwelt alle Kenntnis, Empfindung, etc. sich bildet, so kommt es .. darauf
an, die empirische Welt so einzurichten, daß er
das wahrhaft Menschliche in ihr erfährt, sich an-
gewöhnt, daß er sich als Mensch erfährt. Wenn das
wohlverstandene Interesse das Prinzip aller Moral
ist, so kommt es darauf an, daß das Privatinteres-
se des Menschen mit dem menschlichen Interesse
zusammenfällt... [10] Wenn der Mensch von den

Umständen gebildet wird, so muß man die Umstände menschlich bilden. Wenn der Mensch von Natur
gesellschaftlich ist, so entwickelt er seine wahre
Natur erst in der Gesellschaft, und man muß die
Macht seiner Natur nicht an der Macht des einzelnen Individuums, sondern an der Macht der Gesellschaft messen."[11]

- Die Sozialisten gehen von den französischen Materialisten
aus. - Die französische Revolution hat Ideen hervorgetrieben,
"welche über die I d e e n des ganzen alten Weltzustandes
hinausführen.

Die revolutionäre Bewegung ,welche 1789 im
C e r c l e   s o c i a l   begann, in der Mitte ihrer
Bahn L e c l e r c und R o u x zu ihren Hauptrepräsentanten hatte und endlich mit B a b e u f s
Verschwörung für einen Augenblick unterlag,
hatte die k o m m u n i s t i s c h e Idee hervorgetrieben, welche Babeufs Freund, Buonarotti,
nach der Revolution von 1830 wieder in Frank-
reich einführte. Diese Idee, konsequent ausge-
arbeitet, ist die I d e e des n e u e n W e l t z u -
s t a n d e s."[12]

"Die Babouvisten waren rohe, unzivilisierte Materialisten,
aber auch der entwickelte Kommunismus datiert d i r e k t
von dem f r a n z ö s i s c h e n M a t e r i a l i s m u s", der nach
England, seinem Mutterland, zurückwandert, und zwar in der
Form, die Helvetius ihm gab; auf dem Bentham sein System
des wohlverstandenen Interesses gründet, wie Owen, von dem
System Benthams ausgehend, den englischen Kommunismus
begründet, der nun wiederum die französischen Kommunisten
inspiriert, unter denen die wissenschaftlicheren, ebenso wie
Owen, "die Lehre des M a t e r i a l i s m u s als die Lehre des
r e a l e n H u m a n i s m u s und als die logische Basis des
K o m m u n i s m u s" entwickeln.[13]

Diese Würdigung schließt selbstverständlich die von Engels
später in seinem Buch über Feuerbach und den Ausgang der
deutschen Philosophie zusammengefaßte Kritik an einem nur
m e c h a n i s t i s c h e n Materialismus nicht aus, der unfähig

ist, die Welt als P r o z e ß , " als einen in einer geschichtlichen
Fortbildung begriffenen Stoff" [14] zu begreifen; eine Unfähigkeit,
die sich in einer ahistorischen Auffassung der Natur, ja selbst
der Geschichte manifestiert. Der alte - mechanistische -
Materialismus blieb vis a vis der Geschichte ohnmächtig; wußte
nichts von den historischen Ursachen, den treibenden Kräften,
die hinter den Beweggründen stehen, den geschichtlichen Ursachen, die sich in den Köpfen der Handelnden zu solchen Beweggründen umformen. Hingegen erwies sich als Stärke der
idealistischen "Geschichtsphilosophie (wie sie namentlich
durch Hegel vertreten wird)", daß sie sich in die Dynamik der
zugrundeliegenden bewegenden Mächte zu versetzen vermochte,
wenn auch, um diese zuletzt und fälschlich in ihre eigene abstrakte philosophische Ideologie zurückzuführen. Mit anderen
Worten - um Marxens These über Feuerbach aus dem Jahr
1845 zu zitieren, die allerdings auch insofern weiter geht, als
hier auch gesagt wird, daß weder idealistische noch materiali-
stische K o n t e m p l a t i o n oder Theorie je genügen kann, da
Aktion, da Praxis erforderlich ist -:

"Der Hauptmangel alles bisherigen Materialismus
(den Feuerbachschen miteingerechnet) ist, daß der
Gegenstand, die Wirklichkeit, Sinnlichkeit nur unter
der Form des O b j e k t s o d e r d e r A n s c h a u -
u n g gefaßt wird; nicht aber als s i n n l i c h
m e n s c h l i c h e T ä t i g k e i t , P r a x i s ; nicht subjektiv. Daher die t ä t i g e Seite abstrakt im Gegensatz zu dem Materialismus von dem Idealismus -
der natürlich die wirkliche, sinnliche Tätigkeit als
solche nicht kennt - entwickelt. [15] Feuerbach will
sinnliche - von den Gedankenobjekten wirklich
unterschiedene Objekte: aber er faßt die menschliche Tätigkeit selbst nicht als g e g e n s t ä n d l i c h e
Tätigkeit. Er betrachtet daher ... nur das theoretische Verhalten als das echt menschliche, während
die Praxis nur in ihrer schmutzig jüdischen Erscheinungsform gefaßt und fixiert wird. Er begreift
daher nicht die Bedeutung der "revolutionären",
der "praktisch-kritischen" Tätigkeit." [16]

Hier finden sich alle Elemente vereint: die Billigung des
älteren Materialismus als einer Art von Basis; die Kritik an

seiner Unzulänglichkeit in Hinblick auf dynamische Prozesse
und aktive Subjektivität; eine Unzulänglichkeit, die zum Teil
kompensiert wird durch Entwicklung einer idealistischen
Form des Denkens, der idealistischen Dialektik, die Prozeß
und Subjektivität zu erfassen vermag; sodaß endlich unter
der - zusätzlichen - Aegis praktischer politischer Aktion -
der Aktivität des Veränderns, an Stelle der bloßen Betrachtung der Veränderungen - Dialektik und Materialismus zusam-
mengebracht werden; wobei übrigens auch diese Entwicklung
als eine in dem älteren Materialismus antizipierte aufgefaßt
wird, da dieser ja, nach Marx, direkt zu den früheren Formen
des sozialistischen und kommunistischen Aktivismus führte.

Endlich ergibt sich auch aus Obigem die Kritik an der Aufklärung, inklusive des Materialismus, als Ideologie der
Bourgeoisie. Bezeichnend ist etwa die Weise, in der Marx
und Engels in der DEUTSCHEN IDEOLOGIE (1845) die, in
dem - als Spätprodukt der älteren Aufklärung aufgefaßten -
Utilitarismus Benthams "bis zum Überdruß" ausgeführte
"Theorie der wechselseitigen Exploitation" behandeln, welche
"mit Hobbes und Locke", gleichzeitig mit der ersten und zweiten englischen Revolution, den ersten Schlägen, "wodurch
die Bourgeoisie sich politische Macht eroberte", entsteht,
um später in der Nationalökonomie, bei den Physiokraten, etc.
zu florieren. Die "scheinbare Albernheit, welche alle die
mannigfachen Verhältnisse zueinander in das e i n e Verhältnis der Brauchbarkeit auflöst, diese scheinbare metaphysische Abstraktion", d.h. Reduktion auf das Nützlichkeits- und
Benutzungsverhalten, wird dadurch erklärt, daß tatsächlich
"innerhalb der modernen bürgerlichen Gesellschaft alle Verhältnisse unter das eine abstrakte Geld- und Schacherverhält-
nis subsumiert sind". Helvetius und Holbach idealisieren das
Dogma der wechselseitigen Exploitation, e.g. indem bei
Helvetius "alle Betätigung der Individuen durch ihren gegen-
seitigen Verkehr" - z.B. Sprechen, Lieben, etc. - "als
Nützlichkeits- und Benutzungsverhältnis dargestellt" wird. -
Warum diese scheinbar sinnlose, willkürliche Umschreibung,
diese sprachliche Maskerade? Weil die "Maskerade in der
Sprache" der "unbewußte oder bewußte Ausdruck einer wirklichen Maskerade" ist, nämlich dessen, was "wirklich bei
dem Bourgeois der Fall ist", der "exploitation de l'homme
par l'homme", der Tatsache, "daß ich mir dadurch nütze,

daß ich einem andern Abbruch tue." Die utilitaristische Doktrin
drückt die Ausbeutung des Menschen durch den Menschen aus,
wie sie in der bürgerlichen Gesellschaftsordnung besteht:
Für den Bourgeois

> "gilt nur ein Verhältnis um seiner selbst willen,
> das Exploitationsverhältnis; alle andern Verhält-
> nisse gelten ihm nur soweit, als er sie unter das
> eine Verhältnis subsumieren kann... Holbachs
> Theorie ist also die historisch berechtigte, philo-
> sophische Illusion über die eben in Frankreich
> aufkommende Bourgeoisie, deren Exploitations-
> lust noch ausgelegt werden konnte als Lust an der
> vollen Entwicklung der Individuen in einem von
> den alten feudalen Banden befreiten Verkehr. Die
> Befreiung auf dem Standpunkte der Bourgeoisie,
> die Konkurrenz, war allerdings für das achtzehnte
> Jahrhundert die einzig mögliche Weise, den Indi-
> viduen eine neue Laufbahn freierer Entwicklung zu
> eröffnen. Die theoretische Proklamation des dieser
> Bourgeoispraxis entsprechenden Bewußtseins, des
> Bewußtseins der wechselseitigen Exploitation als
> des allgemeinen Verhältnisses aller Individuen zu-
> einander, war ebenfalls ein kühner und offener
> Fortschritt, eine profanierende Aufklärung
> über die politische, patriarchalische, religiöse
> und gemütliche Verbrämung der Exploitation unter
> der Feudalität; eine Verbrämung, die der dama-
> ligen Form der Exploitation entsprach und nament-
> lich von den Schriftstellern der absoluten Monarchie
> systematisiert worden war."

Mittlerweile aber ist die Theorie absolet und zum Anachronis-
mus geworden... [17] - Ich gehe auf die weiteren Bezüge dieser
Kritik nicht ein, die hier ja nur zur Illustration einer Methode
dienen soll. Ein ähnliches Verfahren dient in der HEILIGEN
FAMILIE der Analyse der Erklärung der Menschenrechte.
In Kontrast zu deren Rationalisierung oder ideell-idealer
Rechtfertigung hat "die Anerkennung der Menschen-
rechte durch den modernen Staat keinen andern Sinn

142

.. als die Anerkennung der Sklaverei durch
den antiken Staat. Wie nämlich der antike Staat
das Sklaventum, so hat der moderne Staat die
bürgerliche Gesellschaft zur Naturbasis, sowie
den Menschen der bürgerlichen Gesellschaft,
d.h. den unabhängigen, nur durch das Band des
Privatinteresses und der bewußtlosen Natur-
notwendigkeit mit dem Menschen zusammenhängen-
den Menschen, den Sklaven der Erwerbsarbeit
und seines eigenen, wie des fremden eigennüt-
zigen Bedürfnisses. Der moderne Staat hat diese
seine Naturbasis als solche anerkannt in den allgemeinen Menschenrechten. Und er schuf
sie nicht. Wie er das Produkt der durch ihre eigne
Entwicklung über die alten Bande hinausgetriebenen
bürgerlichen Gesellschaft war, so erkannte er nun
seinerseits die eigne Geburtsstätte und Grundlage
durch die Proklamation der Menschenrechte an."18

Aber die Ideologen, die Protagonisten des modernen Staates
und der Menschenrechte - St.Just, Robespierre und ihre
Partei, die "das antike, realistisch demokratische
Gemeinwesen, welches auf der Grundlage des wirklichen Sklaventums ruhte, mit dem modern spiri-
tualistisch-demokratischen Repräsentativ-
staat, welcher auf dem emanzipierten Sklaventum,
der bürgerlichen Gesellschaft, beruht, verwechsel-
ten",- verlangten von den Männern der französischen Revolution, sie sollten antike Römer sein.

"Welche kolossale Täuschung, die moderne bürgerliche Gesellschaft, die Gesellschaft der Industrie,
der allgemeinen Konkurrenz, der frei ihre Zwecke
verfolgenden Privatinteressen, der Anarchie, der
sich selbst entfremdeten natürlichen und geistigen
Individualität - in den Menschenrechten anerkennen und sanktionieren zu müssen und zugleich
die Lebensäußerungen dieser Gesellschaft
hinterher an einzelnen Individuen annulieren und
zugleich den politischen Kopf dieser Gesellschaft in antiker Weise bilden zu wollen!

Tragisch erscheint diese Täuschung, wenn Saint-Just
am Tage seiner Hinrichtung auf die im Saale der
Conciergerie hängende große Tabelle der M e n s c h e n -
r e c h t e hinwies und mit stolzem Selbstgefühl äußer-
te: "C'est pourtant moi qui a fait cela." Eben diese
Tabelle proklamierte das R e c h t eines M e n s c h e n ,
der nicht der Mensch des antiken Gemeinwesens sein
kann, so wenig als seine n a t i o n a l ö k o n o m i s c h e n
und i n d u s t r i e l l e n Verhältnisse die a n t i k e n
sind."[19]

Man beachte die Härte dieser Kritik - wenn Marx auch hinzufügt:"Es ist hier nicht der Ort, die Täuschung der T e r r o r i -
s t e n geschichtlich zu rechtfertigen."

Überhaupt scheint mir, daß von hier ab die negativen Urteile
über die Aufklärung - in Hinblick auf ihre Tendenz zur Abstraktion, zur mechanistischen Pseudo-Erklärung, ihre Unfähigkeit historische Prozesse, sowie die Rolle der Praxis,
der Aktion zu begreifen, die mit der Kritik an Aufklärung als
Ideologie der im Aufstieg begriffenen Bourgeoisie verschmelzen, - in den klassischen marxistischen Werken von Marx
überwiegen. Das heißt: in jenen Werken, in denen er versucht,
eine Sozialwissenschaft auf der ökonomischen Basis (den produktiven Kräften und den Relationen der Produktion) in ihrem
Widerspiel mit den Überbaustrukturen (Staat, legalen, politischen, ideologischen Formen, inklusive Künsten) zu begrün-
den, wenngleich ebendieses Projekt - so weit Marx auch von
dem Konzept des bloßen h o m o o e c o n o m i c u s entfernt
sein mag - deutlich den Initiatoren der sozio-ökonomischen
Wissenschaft, inklusive Adam Smith, ihrem Begründer im
Zeitalter und im Geist der Aufklärung, verpflichtet bleibt.
Diesen Eindruck von dem Überwiegen der negativ getönten
Hinweise auf die Aufklärung bei dem reifen Marx bestätigt auch
der einzige, mir bekannte Hinweis im ersten Band des KAPI-
TAL, der sich auf die charakteristische Vorliebe der Aufklärung für rationalistische Pseudoerklärungen bezieht, welche
Phänomenen, die ihr Wesen Prozessen und vitalen Bedürfnis-
sen verdanken, die völlig außerhalb des Bereichs der Erklä-
rung liegen, eine rationale Begründung unterschieben.[20]

144

Sollten wir mithin die Vorstellung, daß Marx auf der Seite der
Aufklärung einzureihen sei, als irrig abtun? Wie ist es zu verstehen, wenn etwa M.H. Abrams von Marx sagt, "(his) ideal
for mankind embodies the essential values of Romantic huma-
nism"?[21]

2.

Ich halte inne, um dem Einwand Rechnung zu tragen, daß unsere Verwirrung wohl nur dem Mangel an einer zureichenden Definition der Termini Aufklärung und Romantik zuzuschreiben
sei. - Aufklärung ist, Kant zufolge, der Ausgang des Menschen
aus seiner selbstverschuldeten Unmündigkeit, also aus Unreife und Abhängigkeit. Und die offenbare, manifeste Absicht von
Marx deckt sich durchaus in positivem Sinne mit dieser Definition. Denn er trachtete nicht bloß danach, den Menschen in
abstracto zu emanzipieren, sondern nach der konkreten, kollektiven, zukünftigen Emanzipation aller Menschen von selbst-
verschuldeter, selbstverhängter, kollektiver Abhängigkeit,
Bevormundung, Unreife und Unmündigkeit im Hinblick sowohl
auf ihre materielle, sozio-ökonomische wie auch auf ihre geistige oder ideologische Versklavung. - Dagegen aber wird
nun wohl mein imaginärer Gesprächspartner einwenden, daß
von Aufklärung in so allgemeinem Sinne hier gar nicht die
Rede sei, sondern bloß von der Aufklärung als einer im späteren 17., vor allem aber im 18. Jahrhundert florierenden
Bewegung. Und es ist richtig, daß derartige Bezeichnungen
historischer Phasen oder Perioden sich nicht leicht in befriedigender Weise definieren oder abgrenzen lassen. Viele
von uns huldigen in Hinblick auf diese bloßen Etikette einem
- vielleicht im Doppelsinn des Wortes - verächtlichen Nominalismus: Wir haben so wenig Sinn für gelehrte Disputationen
darüber, wann die Antike oder das Mittelalter oder die Neuzeit anfing, wie für Versuche, mit den immer wechselnden
Konfigurationen, die man nur zum Behelf mit einer festen
Bezeichnung versieht, so umzugehen, als könnte man allen
Ernstes Termini wie Aufklärung und Romantik im Sinn einer
einfachen Sukzession, oder eines bloßen Antagonismus, oder
auch im Sinne einer quasi autonomen Dialektik behandeln, mögen solche Unterscheidungen, Antithesen, oder Dramatisierun-
gen einer Inter-Aktion zwischen den vorgeblichen Entitäten

sich auch zum pädagogischen Zweck vereinfachter Darstellung
empfehlen. Und doch könnte man einwenden, daß wir anscheinend weder mit diesen Termini noch ohne sie auf befriedigende
Weise auskommen und daß sich daraus beträchtliche Schwierigkeiten ergeben. - Man pflegte zumindest drei Aufklärungen zu
unterscheiden: die englische, vorwiegend empirisch, wissenschaftlich, sozio-ökonomisch gesinnte; die französische:
sozio-politisch, gesellschaftlich, sensualistisch; die deutsche
(insofern die Deutschen mehr als Nachahmer waren): zu einem
rationalistischen Idealismus, zu Theologie und zu apolitischem
Individualismus tendierend. - Auch gab es Rousseau und
Rousseauismus, die man ungefähr halbieren konnte, um sie
zwischen Aufklärung und Romantik aufzuteilen. - Im Fall der
Romantik aber wurde die Unklarheit des terminologischen Konzepts in so mancher bedeutenden Veröffentlichung - etwa über
die Wesensbestimmung der in Frage stehenden historischen
Konfiguration - zelebriert. Die traditionellen Termini der
Germanisten: Sturm und Drang (i.e. die deutschen Rousseauisten), Klassik (i.e. der nostalgische Klassizismus der
Weimaraner, eine Fusion von Pietismus, Rousseau, Winckelmann und neoklassizistischen Überlieferungen), die deutsche
Romantik (im engeren Sinn: die erste und zweite romantische
Schule, ferner: "Spätromantiker", romantische Phänomene,
die weit ins 19. Jahrhundert bis zu Wagner und über ihn hinaus
führten) wurden samt und sonders in einer weiter gespannten,
anglo-amerikanischen, westlichen Perspektive als Segmente
der gesamteuropäischen Bewegung der Romantik aufgefaßt,
welche die Aufklärung ablöst. - Der umfassende Begriff hat
Konsequenzen, die für deutsche Germanisten offenbar nicht
leicht zu akzeptieren sind. Romantik umschlösse das Zeitalter Goethes und des deutschen Idealismus überhaupt, wie
auch Hegel, obgleich man freilich sowohl Goethe wie Hegel
als Summen auffassen könnte, die über Aufklärung und Romantik hinausgehen. - Eine neue umfassende Bezeichnung: Realismus, oder Wendung zum Realismus könnte für Jungdeutsche,
Junghegelianer, Marx, Engels und Marxisten in Anspruch genommen weren.

Wir betonten Elemente der Aufklärung in der - vom Hegelianismus beherrschten - Frühphase von Marx; eine Rückkehr zu
den französischen Materialisten in der Periode der, unter dem

Einfluß von Feuerbach stattfindenden Bekehrung zum Materialismus; sowie die vorwiegend kritische Einstellung zur Aufklärung in den klassischen marxistischen Phasen von Marx, die
ein Bewußtsein neuer sozialer Realitäten und die Abwendung
von Auffassungen vom Menschen in abstracto - welche sowohl
für Aufklärung wie für Romantik bezeichnend sind - betonen.
Es mag mithin berechtigt sein, sowohl Marx (1818-1883), wie
den, eine Generation später geborenen Nietzsche (geb. 1844;
Ausbruch des Wahnsinns 1889; gest. 1900) unter der Rubrik
Realismus einzureihen; und zwar in einem Kontext, in dem
Auseinandersetzungen mit Romantik - für Deutsche insbesondere mit dem idealistischen Erbe- ein Hauptanliegen bildeten, weshalb es, übrigens, durchaus nicht ungewöhnlich war,
den Geist der Aufklärung als Alliierten zu beschwören, wie
dies nicht bloß Marx bei seiner Wendung zum Materialismus
tat, sondern auch Nietzsche in seiner zweiten, anti-romanti-
schen, skeptischen Phase. - Ich gebrauche den Terminus
Romantik im Sinne des weiten - europäischen, westlichen -
Konzepts, wie dies auch der Auffassung des späteren Nietzsche
entspricht; unterscheide aber Rousseau und Rousseauismus
als gesondertes, wenn auch verwandtes Phänomen, nicht nur
weil auch dieses Verfahren Nietzsches Auffassung entspricht,
sondern hauptsächlich deshalb, weil der wichtigste Gegensatz
zwischen Marx und Nietzsche sich auf den sozialen - mitunter
plebeischen - egalitarianismus Rousseaus, die Affirmation
der Gleichheit, bezieht, zu der sich Marx und Marxismus positiv verhalten, indes Nietzsches Antisozialismus, Antidemo-
kratismus, Protofaschismus, Elitismus - ebenso wie sein
positives Konzept von Aufklärung, von dem er Rousseau ausschließt - allesamt in engstem Zusammenhang mit seiner
Ablehnung des egalitarianismus stehen.

Ich begann mit dem Hinweis darauf, daß man Marx vielfach
mit der Aufklärung zu verknüpfen, auch ihn auf diese zu reduzieren pflegte.In analoger Weise wird heute im anglo-amerikanischen Raum Nietzsche gerne ins Lager der Romantik
verwiesen.[22] Sieht man vom individuellen Milieu ab, so könnte man sagen, daß Marx mit einer Reaktion gegen Romantik
koinzidierte, nämlich mit Jungdeutschen und Junghegelianern;
der junge Nietzsche hingegen mit einer Reaktion gegen ebendiese
Reaktion. Nicht zufällig wurde ein Autor, der sich seines soli-

den Realismus rühmte und seine Rolle als deutscher Voltaire
spielen wollte, nämlich der sehr alte Junghegelianer David
Friedrich Strauss die Zielscheibe von Nietzsches erster gewichtiger Polemik, die sich gegen den Kulturphilister, die
Inkarnation eines selbstgefälligen, imperialistischen,
bourgeoisen Liberalismus, die Gesinnung der sich ankündigen-
den Gründerzeit, wandte. Das bedeutet durchaus nicht, daß
Romantik im genauen Sinn im Haushalt des frühverstorbenen
Pfarrers Nietzsche, oder bei den Frauen, vor allem der
Mutter, die Nietzsche aufzog, vorherrschte. Was vorherrschte
war eher kleinstädtische, deutsch-bürgerliche Tugend nebst
kirchlicher Frömmigkeit; und im Fall des Knaben Nietzsche:
ein intensiver religiöser Glaube; nebst Tradition deutscher
Kultur des goetheschen Zeitalters; und gewiß auch ein Mangel
an voltairianischem Esprit, obschon Nietzsche Voltaire in der
Schule las und Hettners Geschichte der Literatur im 18. Jahr-
hundert exzerpierte. [23] Ferner sind zu erwähnen: antike
Klassiker in der Schule in Pforta; Nietzsches Vorliebe für
Hölderlin; seine Leidenschaft für Dichtung, für Musik (Schu-
mann, Beethoven); später: die entschiedene Wendung zur
klassischen Philologie, zu den Griechen, sowie - ich über-
springe hier manches - die Wendung zu Schopenhauer und zu
Wagner, dessen Apostel der junge Professor der klassischen
Philologie in Basel, der Autor der GEBURT DER TRA-
GÖDIE und der UNZEITGEMÄSSEN BETRACHTUNGEN
wurde und blieb - bis zu jenem Bruch, der MENSCHLICHES
ALLZUMENSCHLICHES bezeichnet, ein Buch, das Nietzsche
- zum Erstaunen und Schrecken seiner wagnerianisch, idealistisch, schopenhauerianisch gesinnten Freunde (obschon er
ja sich von der französisch erzogenen Cosima Wagner-Liszt
in französischer Literatur, inklusive mancher Autoren der
Aufklärung, hatte unterrichten lassen) dem Andenken Voltaires
widmete, um eine lebendige Verbindung zu stiften - von einem
Befreier des Geistes zum andern.

In allen Phasen seines Werkes kämpft Nietzsche mit dem, was
er Romantik nennt. Aber der frühe Nietzsche versteht den
Terminus in einem engen, germanistischen Sinn, um die
Schlegels und ihre Genossen, denen er in Wahrheit viel verdankt, zu diskreditieren; und schließt unter Romantik jene
Gestalten nicht mit ein, die ihm später als Höhepunkte der
europäischen Romantik gelten: nämlich Schopenhauer und

Wagner. Obschon der frühe Nietzsche sich selbstkritisch mit
dem desillusionierten theoretischen Menschen, dem Intellektuellen Faust, identifiziert; obgleich die GEBURT DER
TRAGÖDIE auf eine ideale Synthese zwischen theoretischem
und dionysischem Menschen im Bild des musiktreibenden
Sokrates anspielt; richtet sich der dominante polemische
Impuls des frühen Nietzsche gegen die theoretische Zivilisation, gegen den Sokratismus und damit gegen rationalistische Ideale der Aufklärung. Er fürchtet die Vorherrschaft
der Erkenntnis, die zur Annihilierung der Welt führt; hofft
auf neues Schöpfertum durch Stärkung des Unbewußten; und
will lieber - wagnerianisch zu reden - für den "dummen"
Siegfried als für den "wissenden" Wotan Partei ergreifen. [24]
Er schreibt:

> "Die Aufklärung verachtet den Instinkt: sie glaubt
> an Gründe. Die Romantiker ermangeln des In-
> stinktes: die Kunstwahngebilde reizen sie nicht zur
> Tat, sie verharren im Reizungszustande. - Man
> überwindet solche Zustände nicht eher theoretisch,
> als bis sie praktisch überwunden sind." [25]

Das klingt nun nicht nach Parteinahme für Romantik gegen
Aufklärung. Vielmehr liegt der positive Akzent auf befreiender
"realistischer" Tat, wie so manches Mal bei dem frühen
Nietzsche, der - was im Kontext späterer Polemik erstaun-
lich ist - auch Sympathie mit dem als "faustischen" Menschen
Rousseaus bezeichneten Typus des Rebellen bekundet, der,
durch Unterdrückung provoziert, danach strebt Natur zu erringen. Von diesem Idealtypus - den er dem goetheschen Ideal
und dem philosophisch gesinnten Menschen Schopenhauers ge-
genüberstellt - meint Nietzsche, er habe das "größte Feuer"
und die "populärste Wirkung." Mit innerem Anteil charakterisiert er seinen "Heißhunger nach Leben", seine "Unzufriedenheit und Sehnsucht", seinen Umgang mit den "Dämonen
des Herzens", seine Entschlossenheit, sich nicht innerhalb
der Zivilisation mit ihren Halbheiten, Konventionen, Einschränkungen, ihren "hochmütigen Kasten" und "erbarmungs-
losem Reichtum", ihren Priestern und ihrer schlechten Erziehung, die den Unterdrückten halb zerquetschen, zufrieden zu
geben. Von diesem mythischen Menschen Rousseaus, sagt
Nietzsche, geht eine Kraft aus, "welche zu ungestümen Re-

volutionen drängte und noch drängt; denn bei allen

> sozialistischen Erschütterungen und Erdbeben
> ist es immer noch der Mensch Rousseaus, wel-
> cher sich, wie der alte Typhon unter dem Aetna,
> bewegt"

und im Namen seines Ideals einer befreiten Natur und des
natürlichen Menschen die "Seele zu furchtbaren Entschlüs-
sen bereit" macht, "aber auch das Edelste und Seltenste
aus ihren Tiefen heraufruft."[26] - Und in der Nachbarschaft
dieser Betrachtung über SCHOPENHAUER ALS ERZIEHER,
nämlich in dem festlichen Abschied von WAGNER IN
BAYREUTH, findet sich auch Nietzsches Ermahnung, "mit
der rücksichtslosesten Tapferkeit auf die Verbesserung der
als veränderlich erkannten Seite der Welt loszugehen", im
Verein mit der Perspektive auf eine national-ethnisch bestimmte, quasi klassenlose Volksgemeinschaft, etwa im Sinne
eines nationalen Sozialismus...[27]

Nietzsche verfolgt jedoch diese Gedankenlinie zunächst nicht
weiter.Charakteristisch für die zweite Phase ist ab MENSCH-
LICHES ALLZUMENSCHLICHES eine positive Auffassung
von Aufklärung, die nun nicht nur von Rousseau unterschieden
wird, sondern in strengem Gegensatz zu einer Vorstellung
von Rousseau steht, die weniger von Nietzsches Lektüre dieses Autors als von seiner Konzeption des Rousseauismus als
Vorstufe von Demokratismus, egalitarianism, Sozialismus bestimmt worden zu sein scheint. So kommen Voltaire
und Rousseau in die Lage einander einfach als aristokratisch
gesinnter Freigeist ("quand la populace se mêle de raison-
ner, tout est perdu") und "maskierter Poebel-Mann" gegen-
überzustehen.[28] Denn es gilt - so meint Nietzsche in der
Phase von MENSCHLICHES ALLZUMENSCHLICHES - den
Geist der echten Aufklärung zu retten vor der Verwechslung
mit seinem Gegensatz, dem egalitären, plebeischen, optimistischen, irrationalen Glauben an die - von der Zivilisation
"gleichsam verschüttete" - Güte der menschlichen Natur und
an die Utopie als - quasi automatische, natürliche - Folge
der Zerstörung der Zivilisation durch die Revolution:

"Leider weiß man aus historischen Erfahrungen, daß
jeder solche Umsturz die wildesten Energien als
die längst vergrabenen Furchtbarkeiten und Maß-
losigkeiten fernster Zeitalter von neuem zur Auferstehung bringt: daß also ein Umsturz wohl eine
Kraftquelle in einer matt gewordenen Menschheit
sein kann, nimmermehr aber ein Ordner, Bau-
meister, Künstler, Vollender der menschlichen
Natur. - Nicht V o l t a i r e s maßvolle, dem Ord-
nen, Reinigen und Umbauen zugeneigte Natur,
sondern R o u s s e a u s leidenschaftliche Torhei-
ten und Halblügen haben den optimistischen Geist
der Revolution wachgerufen, gegen den ich rufe:
'Ecrasez l'infâme'. Durch ihn ist der G e i s t
d e r A u f k l ä r u n g u n d d e r f o r t s c h r e i t e n -
d e n E n t w i c k l u n g auf lange verscheucht worden: sehen wir zu - ein jeder bei sich selber -
ob es möglich ist, ihn wieder zurückzurufen."

Die Aufklärung wurde von und seit Rousseau durch Amalga-
mierung mit revolutionärer Substanz korrumpiert:

"Alles Halbverrückte, Schauspielerische,
Tierisch-Grausame, Wollüstige, namentlich
Sentimentale und Sich-selbst-Berauschende, was
zusammen die eigentliche r e v o l u t i o n ä r e
S u b s t a n z ausmacht und in Rousseau, vor der
Revolution, Fleisch und Geist geworden war, -
dieses ganze Wesen setzte sich mit perfider Begeisterung noch die A u f k l ä r u n g auf das
fanatische Haupt, welches durch diese selber wie
in einer verklärenden Glorie zu leuchten begann:
die Aufklärung, die im Grunde jenem Wesen so
fremd ist und, für sich waltend, still wie ein
Lichtglanz durch die Wolken gegangen sein würde,
lange Zeit zufrieden damit, nur die einzelnen um-
zubilden: sodaß sie nur sehr langsam auch die
Sitten und Einrichtungen der Völker umgebildet
hätte. Jetzt aber, an ein gewaltsames und plötz-
liches Wesen gebunden, wurde die Aufklärung
selber gewaltsam und plötzlich. Ihre Gefährlich-

keit ist dadurch fast größer geworden als die befreiende und erhellende Nützlichkeit, welche durch
sie in die große Revolutions-Bewegung kam. Wer
dies begreift, wird auch wissen, aus welcher Vermischung man sie heraus zuziehen, von welcher
Verunreinigung man sie zu läutern hat: um dann,
an sich selber, das Werk der Aufklärung
fortzusetzen und die Revolution nachträglich
in der Geburt zu ersticken, ungeschehen zu
machen."[29]

Im Gegensatz dazu steht in Nietzsches zweiter Phase das
Bekenntnis zu Voltaire als dem grandseigneur des Geistes,
aristokratisch in seinen Vorlieben, der Meister - wie so
mancher Repräsentant der Aufklärung - in aristokratischen,
neoklassisch-klassizistischen Genres der Wortkunst, einem
äußerst disziplinierten, von strenger Regel beherrschten und
rationalisierten, luziden Tanz in Ketten. In der für Nietzsche
neuen Bemühung und Praxis in einem auf Klarheit und Rationalität abzielenden Prosastil, in der nüchtern antimetaphysischen
Skepsis seiner Argumente ist Nietzsche, der "moraliste", d.
h. Analytiker der mores and moralia, die er - ähnlich wie
Helvetius und Larochefoucauld - auf egoistische Interessen
zurückführt, dem Geist der Aufklärung verpflichtet. Dies gilt
auch für das große Projekt, das er am Anfang des 1. Teils
von MENSCHLICHES ALLZUMENSCHLICHES entwirft: jener
"Chemie der Begriffe und Empfindungen" - zumal der "moralischen, religiösen, ästhetischen Vorstellungen und Empfindungen, ebenso aller jener Regungen, welche wir im Groß-
und Kleinverkehr der Kultur und Gesellschaft, ja in der Einsamkeit an uns erleben", die in dem antizipierten Ergebnis
kulminieren sollte, daß "auch auf diesem Gebiet die herrlichsten Farben aus niedrigen, ja verachteten Stoffen gewonnen werden", nämlich aus "Sublimierungen" eines quasi
animalischen, primitiven, kraß egotistischen Grundelements.[30]
Auch hat Nietzsche keine Ursache fortan der nun verkündeten
Mission - " die Fahne der Aufklärung - die Fahne mit den
drei Namen: Petrarca, Erasmus, Voltaire - von neuem
weiterzutragen"[31], - je wieder abzuschwören --- wenn wir
ihm nur einräumen, daß diese progressive Vorwärtsbewegung
auch Aufklärung über die Aufklärung erfordert und mitein-

152

schließt, und somit eine Umkehr des simplistischen humani-
tären Pathos und rationalistischen Credos der älteren, naiven,
über sich selbst noch unaufgeklärten Aufklärung. - Was immer
aber für die positiven Imperative und utopischen Postulate des
späten Nietzsche gelten mag: Nietzsche ist dem Geist der Aufklärung in jedem Fall in seinem Wesen zutiefst verpflichtet -
nämlich kraft seiner Aktivität als Analytiker, als Symptomato-
loge, als Kritiker, und mithin in dem, was er am besten kann.
Denn Nietzsches positive Größe liegt vor allem in seiner negativen Aktivität als Zerstörer, déconstructeur, z e r s e t z e n -
d e r G e i s t .

Charakteristisch ist der "D i e F e i n d s c h a f t d e r
D e u t s c h e n g e g e n d i e A u f k l ä r u n g" behandelnde
Aphorismus der MORGENRÖTE:

"Man überschlage den Beitrag, den die Deutschen
der ersten Hälfte dieses Jahrhunderts mit ihrer
geistigen Arbeit der allgemeinen Kultur gebracht
haben, und nehme erstens die deutschen Philosophen: sie sind auf die erste und älteste Stufe
der Spekulation zurückgegangen, denn sie fanden
in Begriffen ihr Genüge, anstatt in Erklärungen,
gleich den Denkern träumerischer Zeitalter, -
eine vorwissenschaftliche Art der Philosophie,
wurde durch sie wieder lebendig gemacht. Zweitens
die deutschen Historiker und Romantiker: ihre allgemeine Bemühung ging dahin, ältere, primitive
Empfindungen und namentlich das Christentum,
die Volksseele, Volkssage, Volkssprache, die
Mittelalterlichkeit, die orientalische Asketik, das
Indertum zu Ehren zu bringen. Drittens die Natur-
forscher: sie kämpften gegen Newtons und
Voltaires Geist und suchten, gleich Goethe und
Schopenhauer, den Gedanken einer vergöttlichten
oder verteufelten Natur und ihrer durchgängigen
ethischen und symbolischen Bedeutsamkeit wieder
aufrecht zu stellen. Der ganze große Hang der
Deutschen ging gegen die Aufklärung und gegen
die Revolution der Gesellschaft, welche mit grobem
Mißverständnis als deren Folge galt: die Pietät
gegen alles noch Bestehende suchte sich in Pietät

gegen alles, was bestanden hat, umzusetzen, nur
damit Herz und Geist wieder einmal voll würden
und keinen Raum mehr für zukünftige und neuernde
Ziele hätten. Der Kultus des Gefühls wurde aufge-
richtet an Stelle des Kultus der Vernunft, und die
deutschen Musiker, als die Künstler des Unsichtba-
ren, Schwärmerischen, Märchenhaften, Sehnsüch -
tigen, bauten an dem neuen Tempel erfolgreicher
als alle Künstler des Wortes und der Gedanken.
Bringen wir in Anrechnung, daß unzähliges Gute
im einzelnen gesagt und erforscht worden ist und
manches seitdem billiger beurteilt wird als jemals:
so bleibt doch übrig, vom Ganzen zu sagen, daß es
keine geringe allgemeine Gefahr war,
unter dem Anscheine der voll- und endgültigsten
Erkenntnis des Vergangenen die Erkenntnis überhaupt unter das Gefühl herabzudrücken und - um
mit Kant zu reden, der so seine eigene Aufgabe bestimmte - "dem Glauben wieder Bahn zu machen,
indem man dem Wissen seine Grenzen wies". Atmen
wir wieder freie Luft: die Stunde dieser Gefahr ist
vorübergegangen! Und seltsam: gerade die Geister,
welche von den Deutschen so beredt beschworen
wurden, sind auf die Dauer den Absichten ihrer Be-
schwörer am schädlichsten geworden, - die Historie,
das Verständnis des Ursprungs und der Entwicklung,
die Mitempfindung für das Vergangne, die neu erreg-
te Leidenschaft des Gefühls und der Erkenntnis,
nachdem sie alle eine Zeitlang hilfreiche Gesellen
des verdunkelnden, schwärmenden, zurückbilden-
den Geistes schienen, haben eines Tages eine andere Natur angenommen und fliegen nun mit den
breitesten Flügeln an ihren alten Beschwörern
vorüber und hinauf, als neue und stärkere Genien
eben jener Aufklärung, wider welche sie
beschworen waren. Diese Aufklärung haben wir
jetzt weiterzuführen - unbekümmert darum, daß es
eine "große Revolution" und wiederum eine "große
Reaktion" gegen dieselbe gegeben hat, ja daß es
beides noch gibt: es sind doch nur Wellenspiele, im

> Vergleich mit der wahrhaft großen Flut, in
> welcher wir treiben und treiben wollen!"[32]

Thomas Mann bediente sich dieses Aphorismus gegen die Intellektuellen der reaktionären Rechte. Er zeigt, wie der antiaufklärerische Geist der Romantik von Aufklärung und Humanismus in Dienst genommen wird. Jedoch in der Bewegung, die man wohl auch als Dialektik der Aufklärung bezeichnen könnte, wie Nietzsche sie sieht, wird nicht nur die regressive, retrograde Bewegung - im vorliegenden Fall: der Romantik oder des Idealismus - in ihr Gegenteil verkehrt oder verwandelt: - auch die dominante Bewegungsrichtung der Aufklärung unterliegt der Veränderung. Die oberflächliche Analyse des offenbarten Christentums, wie sie der deistischen Polemik der Aufklärung entspricht, wird kraft der historischen Empathie und archaischen Sympathie der Romantiker verwandelt in das profundere Verständnis für die Manifestationen des religiösen Lebens. Der Deismus wird abgetan - nicht um der reaktionären Wiederbelebung des Geistes des Christentums, sondern vielmehr: um einem gründlicheren Verständnis jenes archaischen Geistes Raum zu geben, das endlich sowohl die Archaismen wie auch seine seichteren, rationalisierenden Derivate aufheben wird, um zu einem reinen Atheismus zu führen. Und ein ähnlicher Prozeß wird für die Domäne der Ethik vorgesehen. Die Aufklärer waren darauf bedacht an christlicher Ethik ohne Christentum festzuhalten. "Je mehr man sich von den Dogmen loslöste, um so mehr suchte man gleichsam die Rechtfertigung dieser Loslösung in einem Kultus der Menschenliebe: hier in dem christlichen Ideal nicht zurückzubleiben, sondern es womöglich zu überbieten, war ein geheimer Sporn bei allen französischen Freidenkern, von Voltaire bis auf August Comte."[33] Wiederum war das tiefere Bewußtsein der Verwurzelung dieser Ethik im Boden des Glaubens, wie ihn die romantische Wiederbelebung desselben mit sich brachte, dazu geeignet, den intimen Zusammenhang zu enthüllen; jedoch nicht mit dem Ergebnis einer permanenten Erneuerung dieses Glaubens, sondern vielmehr um den Weg zur Überwindung eben jener Ethik zu bereiten, die, Nietzsche zufolge, von einer Verneinung der Vitalität inspiriert ist. Die irrationalistische Reaktion gegen den Aufklärerkult der ratio führt nicht zum triumphie-

renden Kult des romantischen Irrationalismus, der romantischen
Metaphysik, oder zur Wiederbelebung des mystischen Glaubens,
sondern - à la longue - zu einer vertieften Selbsterkenntnis,
oder einer vertieften Selbstreflexion der ratio, zu einer Selbstkritik des Intellekts, einer radikalen Aufklärung über die eigene Aufgeklärtheit, welche den früheren Glauben des Intellekts
an den Intellekt, den Glauben auch an den absoluten Wert der
Erkenntnis, "an die absolute Nützlichkeit der Erkenntnis...,
namentlich an den innersten Verband von Moral, Wissen und
Glaube" aufhebt. Ebendieser Glaube wird später, im JEN-
SEITS, u.a. als Subordinierung des Erkenntnisstrebens unter
die Moral der Menschenliebe gründlich verhöhnt: "O Voltaire!
O Humanität! O Blödsinn!" - da Nietzsche von dem Menschen Voltaire, der es bei dem Wahrheitsstreben "gar zu
menschlich" treibt - "il ne cherche le vrai que pour faire
le bien" - nun meint: "ich wette, er findet nichts!"[34] Und
was noch mehr ist: in einer weiteren Bewegung der Aufklärung wendet der aufgeklärte Geist sich gegen sich selbst, um
- als letzter Abkömmling der christlichen Ethik der Wahrhaftigkeit - den Kult der Wahrheit selbst, das asketisch reine
Streben nach Erkenntnis um der Erkenntnis willen, ins Nichts
zu zersprengen - und die Unausweichlichkeit und das Spiel vitaler Illusion, mithin die Leben stiftende Macht der Täuschung,
anzuerkennen.

Wie der antikirchliche und/oder antichristliche Deismus der
Aufklärung zum Atheismus radikalisiert wird, so wird das
adogmatisch humanitäre Ethos der Aufklärung zum transmoralischen Ethos gesunder und vornehmer Vitalität radikalisiert.
Indem der Aufklärerkult der ratio, der gemeinhin auf einem
absoluten, ja metaphysischen Wahrheitbegriff basierte, sich
wandelt zur radikalen Kritik an den Illusionen der Rationalität,
ja der Freigeist sich selber dazu zwingt oder zwingen will,
den Begriff der Wahrheit in einem radikalen Perspektivismus
aufzuheben, verfolgt er (wenn man ihm das Recht auf dieses
ihm höchsteigene Paradoxon zuerkennt) nur immer konsequenter seine quasi religiöse, asketische Hingabe an das Erkennt-
nisstreben; obschon man mit einigem Recht einwenden wird,
daß derlei radikale denkerische Prozeduren des über sich
selber aufgeklärten, sich selber aufhebenden Aufklärertums
dem alten Aufklärerglauben an "die Wahrheit" stracks zuwi-

derlaufen. Dieser Selbstaufhebungsprozeß des Aufklärertums
ist für Nietzsches dritte, späte Phase charakteristisch: Was
nun verherrlicht wird, ist der vitale Instinkt, der Erkenntnis
vollendet, um sie zu transzendieren und hinter sich zu lassen:
vergleichbar der Innervation, oder der spontanen Reaktion,
dem unbeirrbaren, unbewußten Reflex, der jedem umständ-
lichen, von Reflexion mitbestimmten und begleiteten Handeln
an Sicherheit und Präzision weit überlegen ist. Der frühe
Antisokratismus lebt wieder auf. Der Prozeß der intellektuellen Aufklärung erscheint nun als dem höheren, vitalen Zweck
subordiniert. "Die geistige Aufklärung", heißt es
jetzt, sei "ein unfehlbares Mittel,um die Menschen unsicher,
willensschwächer, anschluß- und stütze-bedürftiger zu machen, kurz das Herdentier im Menschen zu entwickeln,"[35]
nämlich: insofern sie nicht als "neue Aufklärung" eben doch
auch ein Mittel dazu ist, den überlegenen Herrenmenschen
ihren Willen klar zu machen und zu stärken: "Die alte (Aufklärung) war im Sinne der demokratischen Herdengleich-
machung aller. Die neue will den herrschenden Naturen den
Weg zeigen: - inwiefern ihnen alles erlaubt ist, was
den Herdenwesen nicht freisteht"; wobei allerdings gilt, daß
der Weg, der hier gezeigt wird, ein Weg der Überwindung
aller Illusionen bezüglich "Wahrheit und Lüge", "Gut und
Böse" ist: und somit "Aufklärung in betreff der gestaltenden
umbildenden Kräfte", d.h. bezüglich der erforderlichen Fähigkeit zur autonomen Selbstgestaltung, zur "Selbstüberwindung
des Menschen", zur Bejahung eines illusionslosen Lebens, das
sich der niederschmetternden Macht der Lehre von "der ewigen Wiederkunft" als "Hammer" zu bemächtigen imstande
ist.[36]

Hochgestimmte, wenngleich mehrdeutige, ambiguose Äußerungen dieser Art finden sich häufig in den Notizen des späteren
Nietzsche und weisen auf eine Inversion oder Umkehrung der
alten Aufklärung hin, wie ja auch Voltaires ehemalige Devise
im Kampf gegen Kirche und Klerus, "Ecrasez l'infâme",
die zum Slogan der Jakobiner, der Liberalen wurde, von
Nietzsche in einem umgekehrten Sinne gebraucht wird, nämlich: um die liberalen Moralismen anzuprangern, die, wie er
meint, "im Begriffe des guten Menschen die Partei alles
Schwachen, Kranken, Mißratenen, An-sich-selber-Leidenden

genommen (haben), alles dessen, was zugrunde gehen
soll"; somit das "Gesetz der Selektion" kreuzen: "..
das alles wurde geglaubt als Moral! - Écrasez l'infàme!
-- "37. - Ich aber muß mein Vorurteil gegen diese forcier-
ten Verkündigungen, Prophetien, Postulate eines Menschen
eingestehen, der zwar die Notwendigkeit aus dem Labyrinth
des Nihilismus zu entkommen, einsah, dem aber selbst, so
scheint mir, die klare Intuition von Gesundheit und Vitalität
sowie die Fähigkeit zu jener erneuten oder neuen Bejahung
fehlten, die er so leidenschaftlich begehrte. Und eben darum
halte ich mich lieber an den früheren, mittleren Nietzsche
der weniger steilen Gesten, der die befreiende Aufklärung
noch nicht ganz so weit vorgetrieben hatte, daß es nahezu
unmöglich wurde, sie nicht mit ihrem Gegenteil zu verwechseln.

3.

Meine Übersicht hat sich mancher Simplifikationen schuldig
gemacht: - bezüglich Nietzsche und Marx, wie auch bezüglich des Zeitalters der Aufklärung, das, wie alle Zeitalter,
die Ansätze zu einer Vielfalt von Entwicklungen aufweist. Um
diese Vereinfachungen zu korrigieren, könnte man nun die
Protagonisten mit Gestalten in Verbindung bringen, zu denen
ein Teil ihres Werks Affinitäten hat, z.B. Nietzsche mit
Voltaire, de Sade, Leibniz; Marx mit Diderot, Rousseau,
Lessing. Denn Nietzsche hat wirklich eine gewisse Affinität
zu Voltaire als dem reichhaltigen, brillianten, luziden und
widersprüchlichen "grandseigneur des Geistes"; zu de Sades
Intuition einer erbarmungslos harten, amoralischen Natur
und Schule der Grausamkeit, die der Rousseauistischen Intuition einer ursprünglichen Unschuld mit polemischer Schärfe
entgegengesetzt ist und nicht durch Rückbesinnung auf einen
anfänglichen oder präkulturellen Zustand sondern vielmehr
durch eine exzessive, immoralistische Entwicklung, ja eine
Art von lasterhafter Verfeinerung und Verschärfung einer,
erst durch die Zivilisation selbst ermöglichten, bewußten
Amoralität - gewissermaßen an dem amoralisch desillusionierten Ende der Geschichte - erreicht werden soll; oder auch zu
der Leibnizschen Invention eines deterministischen Panper-
spektivismus, z.B. in der Vorstellung eines Universums, das

nur als Summe von Einheiten einer sich in dynamischen Perspektiven manifestierenden Kraft denkbar ist. Und Marx hat
Affinitäten zu dem atheistischen, sensualistischen Materialismus Diderots; sowie zu dem Bild des halbverwaisten und
verfremdeten, ausgesetzten, rebellischen und unterdrückten,
sich nach sozialer Gemeinschaft sehnenden Menschen, der
Rousseaus egalitärer Emphasis, seinen plebeischen Sympathier
seiner aktivistischen Anklage der Ausbeutung der Vielen durch
die Wenigen zugrundeliegt; was nicht hindert Marx dennoch
auch mit Lessing zu verbinden, der im 18. Jahrhundert nicht
nur die dem Zeitalter überhaupt gemäße Idee des Fortschritts,
sondern eine progressive,prä-Hegelianische Dialektik antizipiert, e.g. in seiner ERZIEHUNG DES MENSCHENGE-
SCHLECHTS und in seiner Auffassung von der Entwicklung der
Menschheit und den Phasen der Religionsgeschichte überhaupt.
- Am Ende haben jedoch solche Apercus etwas Willkürliches
an sich, und so ziehe ich es vor, eine Konfiguration von Themen zu behandeln, die Marx und Nietzsche teilen.

Man kontrastiert Moderne mit Mittelalter gerne im Sinne von
Dynamisierung (Zunahme an Dynamik; Mobilität) und Versachlichung (dem Überwiegen sachlich-impersonaler Bezüge)
im Gegensatz zu relativ statischer und personaler Ordnung,
oder Konzepten von Ordnung, im sozialen, physischen,geistig-
spiritualen Bereich; sowie durch eine Unterscheidung - die
ihrerseits in einem interessanten Kontrastverhältnis zu dem
Kontrast-Paar von Entpersönlichung (Versachlichung) und
personalen Bezügen steht, - nämlich durch einen zunehmenden
Individualismus oder Subjektivismus im Gegensatz zur mittel-
alterlichen Vorherrschaft des Typus und der autoritativen
Norm. Diese Unterscheidungen legen nahe, daß in der modernen Mentalität eine Spannung besteht zwischen individualisti-
scher Mobilität oder dynamischer Subjektivität (der 'atomi-
sierten' Individualität, von der es oft heißt, sie sei 'ineffabile') und der unpersönlich dynamischen Sphäre der Sachlich-
keit; zwischen einem 'objektiven' und einem 'subjektiven'
Bereich. Und es hat auch nicht an charakteristischen Versuchen zu Synthesen gefehlt, die diese Spaltungen zwischen sub-
jektiv/objektiv, zwischen dem Individuellen oder Einzigartigen
und dem Allgemeinen oder Universalen, zwischen Individuum
und Gesellschaft, aber auch zwischen Mobilität und Statik,

zwischen Bewegungsfreiheit und überdauernder Ordnung, zwischen différance und Identität zu heilen bestimmt waren. -
Es wäre von Interesse, Konfigurationen von Ideen oder Ideologien in ein, auf alle diese Faktoren bezogenes Koordinatensystem einzuzeichnen. Ich will mich hier aber mit einigen Aspekten begnügen, die sich auf Dynamik oder Dynamisierung und auf die Betonung des allumfassenden Flusses beziehen.

Denn ebendiese Emphasis stellt einen gemeinsamen Nenner zwischen Marx und Nietzsche her. Zwar leuchtet es ein, wie das Beispiel Brechts andeutet[38], daß Marxisten sowohl zu der frühen, metaphysischen Phase Nietzsches wie zu der späten, aristokratisch elitären, weniger Affinitäten verspüren sollten als zu den "sokratischen" Aspekten, die in den Werken der zweiten Phase, in der Nietzsche als Protagonist der Aufklärung auftritt und seine Stimme dem Freigeist verleiht. Aber tiefere Affinitäten ergeben sich gerade zum dionysischen Aspekt Nietzsches, der sich übrigens ab MENSCHLICHES ALLZUMENSCHLICHES von dem skeptischen nicht mehr trennen läßt. Der Autor der GEBURT DER TRAGÖDIE sprach vom Menschen als fleischgewordener Dissonanz und entwickelte eine Artistenmetaphysik, die sich im Medium der Zeit durch Bewegungen dynamischer Kontradiktion entwickelt oder darstellt, was - wie Nietzsche selbst in einer Retrospektive hervorhebt[39] -, an Hegel gemahnte. In früheren Veröffentlichungen meinte ich behaupten zu dürfen, daß die zunehmende Dynamisierung von Lessing bis Hegel und über Hegel hinaus zu dem Auftreten eines "Hegel ohne Hegels absolutum" führte, d.h. zu einer mehr denn Hegelianischen Hingabe an eine "reine", jedes Glaubens an einen prännerierenden, harmonischen Zustand des Seins entbehrende Dialektik. Dem Dionysus Nietzsches war mithin Hegels Vorstellung verwandt, daß die Erscheinung "das Entstehen und Vergehen (ist), das selbst nicht entsteht und vergeht, sondern an sich ist und die Wirklichkeit und Bewegung des Lebens der Wahrheit ausmacht";wie auch seinem Diktum, "das Wahre ist so der bacchantische Taumel, an dem kein Glied nicht trunken ist"; indes, so meinte ich, Nietzsche kaum hätte hinzufügen können: " und weil jedes, indem es sich absondert, ebenso unmittelbar (sich) auflöst - ist er ebenso die durchsichtige und einfache Ruhe".[40]

Jedoch legt Nietzsche selbst den Gedanken nahe,seine spätere
Lehre von der ewigen Wiederkehr sei der Versuch, dem Fluß
des Werdens die Ruhe des Seins aufzuprägen.[41] Bei dem späteren Nietzsche, aber auch bei dem anscheinend spätesten,
der nun wiederum nicht so ohne weiteres als anti- metaphysisch zu bezeichnen sein mochte, - meinte ich, bedeute der
Name Dionysus "vor allem eine Begriffs- und Gefühls-Ge
stalt vom allumfassenden, ewig irdischen, dynamisch dialektischen, autonomen Fluß, in dem sich Gegensätze bedingen
und ineinander verwandeln, - und eben weil in diesem Spiel
keine Wiederkehr ist, mag in ihm auch alles wiederkehren."
Ich fügte hinzu: "Mit 'Dionysus' bezeichnet Nietzsche sein
Denk-Erlebnis einer allumfassenden 'Realdialektik', - welches folglich auch Denkerlebnis der 'subjektiven' Dialektik,
nämlich der des Denkens und Fühlens, kurz: dialektische
Spiegelung des Erlebens ist. Gilt doch - um den späten Nietzsch
zu zitieren -, daß er "die Philosophie ... allein noch .. als
die allgemeinste Form der Historie (gelten lassen will, nämlich) als Versuch das heraklitische Werden irgendwie zu beschreiben und in Zeichen abzukürzen ((es) in eine Art von
scheinbarem Sein gleichsam zu ü b e r s e t z e n und zu mumi-
sieren)".[42] So ist auch Nietzsche auf seine Art einer, der,
wie Brecht verlangte, gelernt hat, "im Fluß" "über den
Fluß" nachzudenken.[43]

Daß derlei Formulierungen, die im Bestreben,den gemeinsamen Nenner hervorzuheben,allzu allgemein bleiben, und dergestalt Problematik zu verhüllen geeignet sind, sei zugegeben.
Wenn man meine Interpretation von Nietzsches Dionysus als
legitimen Aspekt gelten läßt, wird die relative Nähe oder
Distanz zu Aspekten von Marx oder Marxismus u.a. davon
abhängen, inwieweit man bereit ist, Marx - etwa mit dem
Lukacs von GESCHICHTE UND KLASSENBEWUSSTSEIN
(einem mir übrigens weitgehend unverständlichen Werk) zu
hegelianisieren, oder, im Gegenteil, etwa mit Althusser, zu
ent-hegelianisieren. Zumindest wird man aber sagen dürfen,
daß sowohl Marx wie Nietzsche die Neigung dazu haben, ein
jedes Ding als im Prozeß begriffen, bzw. als Prozeß aufzufassen, ja Totalität zu begreifen als dynamische Einheit von
einander immer ungleichen antithetisch kontradiktorischen
Elementen (denn die, in einem konträren Spannungsverhält-

nis befundenen Entitäten werden zugleich als "Kontradiktionen" aufgefaßt), die sich in immer wechselnden Verhältnissen der "imbalance" (i.e.: nie im Gleichgewicht) befinden; mithin: im Sinne von Macht-Verhältnissen der Herrschaft und Subordination; und ferner: daß sowohl Nietzsche wie Marx eine derartige Dialektik als Funktion vitaler Bestrebungen (Triebe, Begierden, Bedürfnisse) und deren Perspektiven auffassen, statt etwa als dynamische Selbstrealisierung der "Idee".

Läßt eine derartige Dialektik sich ihrerseits der Aufklärung zuordnen? In einem engeren Sinne läßt sich Dialektik auffassen als phänomenologische Beschreibung des Denkprozesses, der Weise, in der sich der Intellekt bewegt, Perspektiven und Sequenzen von Perspektiven bildet. Aber manche Autoren fassen Dialektik offenbar als Logik sui generis auf, und zwar als die höhere, höchste, der meist so genannten Logik übergeordnete. Als solche, die Einheit der Gegensätze behauptend, gewissermaßen auf der Vorstellung basierend, daß a gleich non-a sei, ist sie der von Aristoteles gegen Heraklit, von Brentano gegen Hegel[44] erhobenen Anklage ausgesetzt, daß sie dem Satz vom Widerspruch zuwiderlaufe, mithin unlogisch sei. "To put the matter crudely", sagt Russell in Bezug auf dialektisches Argumentieren, "a result is accepted as true because it can be inferred from premises admittedly false and inconsistent with each other."[45] Im Großen und Ganzen halten die Hauptvertreter der Aufklärung an a = a fest; sie hängen einer Logik an, die nicht Dialektik - die von Dialektik unterschieden - ist. Auch scheint zweifelhaft, ob Dialektik als solche der Aufklärung näher gebracht wird, wenn wir sie als Realdialektik auffassen; wenn wir behaupten, daß Dialektik - obschon die Weise, in welcher der Intellekt oder Geist verfährt, nicht ausschließend - sich auf Prozesse in unserer Umwelt bezieht, und zwar insbesondere auf die soziale, historische Sphäre. So wohl sich argumentieren läßt, der Geist oder Intellekt verfahre dialektisch, oder entfalte sich in einem dialektischen Prozeß; so wenig Evidenz läßt sich für den Glauben daran anführen, daß irgendeine "dialectical necessity" den historischen Veränderungen inhärent sei. Russell meint, Marx hätte diesen Glauben von Hegel übernommen, aber ohne dessen einzige logische Basis, nämlich den Primat der Idee: "Marx believed that the next stage in human develop-

ment m u s t be in some sense a progress; I see no reason for
this belief."[46] Wenn das Universum im Wesentlichen im Prozeß progressiver Selbst-Erhaltung oder Selbstaufklärung be-
griffener, sich selbst verwirklichender Geist ist (wie bei
Hegel), dann ist die dialektische Progression vom Teil zum
Ganzen in der anfänglichen Annahme oder These implizit. Nur
Geist kann erkennen - sich selbst erkennen - und wird solche
Selbsterkenntnis im Fortschritt der Selbsterkenntnis progres-
siv verwirklichen. Was berechtigt aber zur Annahme eines
analogen Prozesses in der Natur oder selbst in der Geschichte?
Wenn der Glaube an eine dialektische Bewegung des Fortschritts im Lauf der Geschichte aber einer rationalen Basis
ermangeln mag, so wird anderseits gerade der Glaube an objektiv gegebene (von der Vorsehung geleitete) Gesetze der
Bewegung, ja an das Gesetz einer progressiven Entwicklung
im Verlauf der Geschichte, von der Aufklärung des 18. Jahrhunderts formuliert. Jedoch beim späten Lessing (siehe etwa
ANTIGOEZE, DUPLIK, ERZIEHUNG DES MENSCHEN-
GESCHLECHTS), der auch die Intuition der Dialektik als Prozeß paradoxer Progression von Irrtum zu Irrtum, Widerspruch
zu Widerspruch hat, nämlich als Prozeß des ewig strebenden
menschlichen Geistes, von dem er meint er sei dem Besitz
der Wahrheit vorzuziehen -- bei Lessing wird der Fortschritt
im Verlauf der Geschichte durch Ursprung und Telos, nämlich
durch eine wohlwollende göttliche Vorsehung gewährleistet.
Und selbst ein rein weltliches Postulat eines Gesetzes, das
den Fortschritt in der Geschichte gewährleistet, wäre dem
Vorwurf, es sei bloß verschleierte Theologie, ausgesetzt,
den Nietzsche, der auf einem radikaler offenen Dynamismus
und auf dem perspektivistischen Charakter aller, auf Prozesse bezogenen "Gesetze" bestand, auch immer gegen alles,
was ihm als Derivat des sich zersetzenden christlichen Glaubens galt, zu erheben bereit war. Je objektiver, je fester
umschlossen von einem statischen Rahmenwerk antizipierter
Zielpunkte auf dem Weg zu einem vorherbestimmten und un-
verrückbaren Endziel die Dialektik sich darstellt, desto mehr
wird sie an den von Becker beschriebenen Traditionalismus,
die "heavenly city" der p h i l o s o p h e s des 18. Jahrhunderts
gemahnen. [47] Je mehr wir uns hingegen auf die "subjektive"
Seite begeben, eine bloße M ö g l i c h k e i t des Fortschritts
postulieren, um aktivistische, hortatorische, offene Konzepte

und Gesinnungen zu intensivieren, desto unbestimmter und ungesicherter wird auch der im Namen der Dialektik erhobene Anspruch, desto weniger Erbauung, Trost, Gewißheit gewährt die Aussicht auf die Zukunft, auf die man sich in der schlechten alten Zeit der deterministischen Marxismen stützen, in die man sich quasi beruhigt zurücklehnen konnte. Noch läßt sich, scheint mir, das Dilemma lösen, indem man so etwas wie eine Einheit des Subjektiven und Objektiven oder die Geschichte als einheitlichen Prozeß postuliert. Denn sowie man diesem angeblich einheitlichen Prozeß ein ihm inhärentes Gesetz vindiziert, ist man sowohl belastet mit der intellektuellen Bürde einer säkularisierten Theologie (einer Allwissenheit bezüglich des Ziels und des immanenten Zwecks der vorgeblichen Totalität), sowie beschenkt mit deren Vorteilen, Annehmlichkeiten, Tröstungen (welche übrigens aktivistischer Praxis, m.E., nicht im mindesten abträglich zu sein brauchen. Denn die strengsten Deterministen - ob Mohammedaner, Kalvinisten, oder Stalinisten - ließen sich in ihrem Vorgehen durch den Glauben an ihre Vorherbestimmung, oder ihre Hoffnung zu den Erwählten, bzw. zur Avantgarde der Geschichte zu gehören, durchaus nicht aufhalten oder in ihrer Aktivität beeinträchtigen; wie es auch keinen angenehmeren Tod geben mag, als den im Bewußtsein, der einzigen, wahrhaftig wichtigen Sache zu dienen, und zwar in der Gewißheit, daß sie siegreich sein wird ...). Andererseits sind aber auch die Nachteile evident, die sich aus einer Dialektik ergeben, die bloß auf Anerkennung der Bedeutung der Kräfte und Relationen der Produktion in ihrem Widerspiel mit politischen, ideologischen Überbauten gründet, sowie - da nun einmal die Welt im Ganzen von uns weder nur 'gemacht' noch uns einfach 'gegeben' ist - auf dem Ineinanderwirken zwischen dem 'aktiven' Subjekt und den sozio-historischen Kontexten, in denen es sich befindet: Denn eine derartige Konzeption von Dialektik mag in ihrer Neutralität wohl die einsinnige Orientierung, die Schärfe, die Spitze verlieren, die einer Bewegung, die revolutionärer Umwälzung dient, nötig sind.

Ich deute hier - flüchtig und daher oberflächlich - eine Reihe von Problemen an, und zwar zwecks Hinweis auf Aspekte der Dynamisierung, der Tendenz, ein jedes Ding als einem Prozeß dienend, in einem Prozeß begriffen, bzw. als Prozeß aufzufassen. Zwar ist richtig, daß Nietzsche sich auf das Individuum konzentriert, fast immer vom Individuum ausgeht, zum Individuum zurückkehrt; daß er als sozialer Denker schwach ist, trotz seiner fein abgestimmten ästhetischen, literarischen, philologischen, psychologischen, epistemologischen, philosophischen, ja sogar ethischen Sensibilitäten. Die sozio-ökonomischen und politischen Domänen liegen im Grunde außerhalb des zentralen Bereichs von Nietzsches Bewußtsein, liegen jedenfalls außerhalb des Bereichs, in dem er sich vornehmlich als origineller Denker bewährt (was nicht heißt, daß sie keinen Einfluß auf ihn ausübten). Und zwar gilt dies vielleicht in noch höherem Grade als sich etwa bei Marx die psychologischen, ästhetischen und - im Verlauf seiner Entwicklung in zunehmendem Maße - die epistemologischen Interessen als marginal, als außerhalb des zentralen Bereichs seiner Aktivität als Denker erweisen. Der Unterschied wird evident, selbst wenn man an die beiden Gestalten in ihren charakteristischen Jahren denkt: Marx - in der Familie, in seiner Freundschaft mit Engels, seinen allerdings dürftigen politischen Aktivitäten, mitunter im - bürgerlichen - Elend, in Armut, überfülltem Quartier lebend - ist nie isoliert, ist immer der, als Individuum arrogante, anmaßende Protagonist des "Gattungs-Wesen" Mensch; dabei partiell wie betäubt, mit abgeschalteter Sensibilität, mitunter bärenhaft. Nietzsche - allein, immer isoliert, selbst im Verhältnis zu den sehr wenigen Jüngern (Lou, Gast); mit den angestauten Sensibilitäten der Super-Individualität immer in überwacher Bereitschaft, um auf die geringsten Provokationen hin zu reagieren und zwar häufig genug in befremdlich exzessiver Weise; erscheint immer als der - dem Anschein nach scheue, sensible, verletzliche - Protagonist eines Super-Egoismus.

Marx ist auf soziale Dynamik konzentriert; Nietzsche löst Erfahrungssphären des Individuums in dynamische Prozesse auf. Dies ist seine Hauptaktivität als Zerstörer, als Auflöser fester Strukturen des Glaubens, der Annahme, der Meinung, der Konvention . Kanon oder Regeln der Kunst, der Ethik (mores, moralia), Wesenheiten oder "Wahrheiten" der Religion und der Metaphysik, der Erkenntnis, des wissenschaftlichen Diskurses, der Sprache (inklusive der Sprachen der Mathematik und der Logik) werden - wir charakerisieren

Nietzsches Intention, nicht notwendig das, was er wirklich
leistete - 'aufgehoben' und gerechtfertigt, analysiert, ex-
ploriert, explodiert, verstanden und annihiliert als Symptom,
Strategie, Ausdruck der Dynamik vitaler Interessen, für die
zuletzt die Formel 'Wille zur Macht' als gemeinsamer Nenner dient. - Diese Prozedur des Kritikers Nietzsche geht seiner Wendung zum explizit kritischen Skeptizismus voran. Man
bedenke etwa die Art und Weise, wie in der GEBURT DER
TRAGÖDIE das apollinische und das dionysische Phänomen
als Strategien des vitalen Interesses aufgefaßt werden: das
eine dient dem defensiven Bedürfnis nach Trost und Eingrenzung, nach statischer Illusion ruhiger Harmonie, nach Schönheit; das andere dem Bedürfnis nach orgiastischer Enthemmung, dem befreiten - obschon noch etwas apollinisierten -
schöpferisch-destruktiven Elan, dem - immerhin ein wenig
sublimierten - Eros-Thanatos. Man bedenke endlich die Behandlung des Sokratismus als Ausdruck des Bedürfnisses nach
den beschwichtigenden Illusionen des Intellekts, des Optimismus der Logik, des happy ending der rationalen Erklärung,
die den unerklärten, unaufklärbaren, unerklärlichen Abgrund
verdeckt. Die Gewohnheit, alle Data des Bewußtseins, wenn
man so will, als 'Ideologie' anzusehen. d.h. als rationalisierten oder verkleideten, verschobenen oder verklärten Ausdruck eines vitalen Interesses, Triebs, Instinkts, Bedürfnisses, dynamischen Syndroms oder Disequilibriums - bewährt
sich ebenso in Nietzsches zweiter Phase, in welcher ausdrücklich die Kritik des Bewußtseins - der scheinbaren Einheit des moralischen Gewissens, ja: des Ego, des Selbst, das
in dynamische Pluralitäten aufgelöst wird, - vorherrscht.
Aber sie leitet auch Nietzsches Denken in seiner letzten Phase,
in der er alle Phänomene in den Termini der Frage nach
Krankheit und Gesundheit betrachtet und beurteilt (wobei die
Krankheit alles Unvornehme, Inferiore, Schlechte, Dekadente,
Faule, die zum Tode absinkende Detumeszenz; Gesundheit das
Vornehme, die im Aufstieg begriffene Vitalität miteinschließt).

Die fixierten Charaktere, statischen Wesenheiten, Identitäten
Postulate des 18. Jahrhunderts, das Schöne, das Wahre, das
Gute - wohin sind sie verschwunden? Sie sind aufgelöst in ein
passioniertes Kalkül der Dynamik vitaler Interessen und Verlangen. Gewiß sind Dynamisierung, Mobilisierung, Histori-
sierung schon auch im 18. Jahrhundert am Werk: im Abfall

von statischer Eingrenzung und Einordnung in all-umfassende
systematische Summen, in Systeme, wie sie die Philosophen
des 17. Jahrhunderts - allerdings schon in etwas verwirrender
Vielfalt - anboten; in der Entwicklung der Historiographie
(z. B. in Werken Voltaires); in den dynamischen weltlichen
Fortschrittsideologien; der aktivistischen Wendung des Intellekts in industriell-ökonomische Bereiche, zu sozialen
Experimenten; usf. Das 19. Jahrhundert geht in all diesen
Richtungen viel weiter. Und ebenso geht in mancher Hinsicht
(nicht in jeder) Nietzsche nun wieder weiter als Marx,
auch wenn beide im Sinne eines Minimums an statischen Po-
stulaten und Annahmen interpretiert werden. - Und zwar geht
Nietzsche um so viel weiter, daß man bei ihm und bei manchen
seiner Nachfolger mitunter den Eindruck hat, sie seien förm-
lich von der Vorstellung der Veränderung, des Wechsels, des
Flusses wie trunken oder schwindlig geworden, sodaß ihnen
nur Veränderung, Differenzierung oder Differenzen als wirklich imponieren, indes alle Annahmen von Identität oder von
Konstanten ihnen als Fiktionen gelten; obschon es doch wohl
den Anschein hat, daß, wenn alle Konstanten oder Identitäten
Vorstellungen oder Erfahrungen von Veränderung, Differen- ·
zierung, Wechsel, Inkonstanz implizieren, ebenso umgekehrt
gelten muß, daß Vorstellung oder Erfahrung von Veränderung,
Differenzierung, Inkonstanz der Annahme oder Erfahrung von
Konstanten oder Identitäten bedürfen; da sich ja die Veränderung, der Wechsel als solche nur in Bezug auf diese Konstanten etablieren und manifestieren können; und daß wenn
sowohl Identität wie auch Differenz sowohl Konstanz wie
Wechsel als Fiktionen anzusehen wären, jedenfalls beiden der
gleiche Status zuzuerkennen ist, also weder Identität noch
Veränderung, weder Konstanz noch der "Fluß aller Dinge"
per se Priorität beanspruchen könnten.

Wie dem auch sein mag! - Wir gingen von einer Betrachtung
in Hinblick auf Flux oder Dynamisierung. insbesondere qua
Geschichte, aus und fanden, daß sowohl Marx wie Nietzsche
die Geschichte als Funktion einer Dynamik vitaler Interesse
und Verlangen verstehen. Wir deuteten ferner an, daß dersel-
be Ansatz auch ihre charakteristische Auffassung von Denken
und Bewußtsein bestimmt, um auf ihre Kritik des Bewußtseins,
bzw. der Ideologien hinzuweisen die bei Marx in Termini

eines kollektiven Interesses, bei Nietzsche vornehmlich in
Termini individueller Interessen, Verlangen oder Triebe verläuft. Dieser Modus der Kritik stellt einen gemeinsamen
Nenner zwischen den zwei voneinander so verschiedenen Autoren dar. In dem Marxschen Schema werden die Produktions-
Kräfte und Verhältnisse der Produktion eng verbunden und direkt in Beziehung gesetzt zur Dynamik (dem Kampf) der do-
minierenden (herrschenden) und subordinierten (unterjochten)
vitalen Interessen und deren Trägern; aber der ideologische
Überbau, der diese Verhältnisse widerspiegelt, bietet keineswegs deren einfaches, unverzerrtes Spiegelbild, noch dient
dieser Überbau bloß ihrer Verhüllung; sondern er dient ihrem
Ausdruck, wenngleich auf dem Wege der Verschiebung, der
Inversion, etc. Die manifeste Ideologie ist zugleich Ausdruck
und Maske, Ausdruck und Verhüllung der latenten sozialen Dynamik; ähnlich wie in Freuds Schema der manifeste
Traum die zugrundeliegenden, latenten Traumgedanken oder
Regungen - i.e.: Psychodynamik - zwar ausdrückt und darstellt, zugleich aber entstellt und verhüllt. Und so wie man
von dem Träumer meint, er sei sich der motivierenden,
Impulse gebenden - aber auch hemmenden, entstellenden -
Kräfte, die für die Herstellung des manifesten Traums verantwortlich sind, nicht bewußt, so meint man auch: diejenigen,
die einer Ideologie Ausdruck verleihen, oder ihr zustimmen,
seien sich zumeist im Unklaren über die sozio-ökonomische
Dynamik, die ihren verklärten, entstellten Ausdruck in dieser
Ideologie findet; weshalb sie auch gerne mit rationalen Begründungen argumentieren, die ihnen als das Fundament ihrer
Konstruktionen gelten, obschon diese - vielfach unbewußte -
Rationalisierungen des zugrundeliegenden, latenten, unbekannten dynamischen Kräftespiels sind, welches der eigentliche
Ursprung und Schöpfer der Ideologie ist. Die Gründe und Begründungen, welche die Menschen für ihre Gedanken oder
Meinungen, ihr Fürwahrhalten und ihren Glauben anführen,
gelten als irrtümlich. Dabei wird die entscheidende Unterscheidung zwischen Gründen und Ursachen oft vernachlässigt,
als wären Gründe deshalb nicht stichhaltig, weil sie nicht die
Ursachen bezeichnen, die man für das Auftauchen der ideellen
Symptome und für die Anhänger- oder Gegnerschaft, die positive und negative Reaktion, die sie hervorrufen, verantwortlich
hält. Die angegebenen Gründe gelten jedenfalls nicht als die

eigentlichen. Ein Beispiel für das Verfahren ist die Weise, in
der Marx nicht nur die Erklärung der Menschenrechte (siehe
oben, S.141ff.) sondern sämtliche ideelle Strukturen der Aufklärung als symptomatisch behandelt für die aufsteigende
Bourgeoisie und für die sozio-ökonomischen Konstellationen
vitaler Interessen, die diesem Aufstieg zugrundeliegen. Nietzsches Kritik des Bewußtseins folgt einem ähnlichen Modell.
Denn wenn Nietzsche, um ein entscheidendes Beispiel anzuführen, Christentum und christliche Moral auf die Ressentiments
der Schwachen und eine dekadente Vitalität reduziert, die sich
in einem Jenseitsglauben und einer Ethik der Liebe und Brüderschaft der Menschen ihre Rationalisierung und Verklärung
schafft, so meint er damit nicht, daß die frühen oder die späteren Christen ihren Glauben und ihre Meinungen als bewußte
Rationalisierungen des Ressentiments propagieren, usf.; sondern er interpretiert ihren Glauben und ihre Ethik als Verhüllung u n d als Manifestation eines zugrundeliegenden, weitgehend unbewußten Syndroms und einer dynamischen Ökonomie
von Interessen und Impulsen. Ähnlich argumentiert er in Bezug auf Phänomene, die er für Abkömmlinge hält, die auf derselben Linie wie das Christentum liegen: e. g. Rousseauismus,
Romantik, Demokratie, Sozialismus; jedoch mitunter auch
im Fall von ideellen oder imaginativen Kreationen, die er
als Symptome einer starken, bejahenden, vornehmen Vitalität
gutheißt. Und sowohl Nietzsche wie Marx beweisen mitunter
bei derlei Analysen einen hohen Grad ingeniöser Subtilität,
obschon beide mitunter auch äußerst grob bei derlei Übungen
zu verfahren imstande sind, die bei Marx und Engels vornehmlich auf sozio-ökonomischen Data basieren, indes Nietzsches Data oder Annahmen eher in Bereichen der Psychologie
zu liegen pflegen. - Mithin sind sowohl Marx wie Nietzsche
von der dominanten Richtung und Methodik der Aufklärung weit
entfernt, obschon auch jener Epoche der Begriff der unbewußten Rationalisierung (e. g. des 'wishful thinking') durchaus
nicht unbekannt war und die Franzosen, zum Beispiel, auf
die, von ihnen (etwa seit Montaigne) gepflegte und weiterhin
lebendige Tradition der m o r a l i s t e s zurückblicken konnten, welche die immer "ins Schwarze der menschlichen
Natur" treffende Kunst, die verdächtigende, antimetaphysische Psychologie und Analyse, ebenso wie die "Sentenzen-
Schleiferei" von Nietzsches MENSCHLICHEM ALLZU-

MENSCHLICHEM[48], insbesondere durch das Kalkül der ver-
borgenen, verklärten, verschobenen Manifestationen des Egoismus bei Larochefoucauld, direkt beeinflußte. Jedoch bei aller
Anerkennung dieser und anderer gewichtiger Annahmen, bleibt
doch, scheint mir, viel Wahres an der Kritik des üblichen
Verfahrens der Aufklärung, die Marx ausspricht, wenn er in
Hinblick auf frühere Versuche, die Natur des Geldes, wie der
oft rätselhaften Formen, welche gesellschaftliche Relationen
und soziale Produkte annehmen, meint, daß es, mangels
adequater Erklärungen, die beliebte Manier der Aufklärung
war, derartige Phänomene als "willkürliches Reflexions-
produkt der Menschen"[49] aufzufassen. Das heißt: so, als
hätten die Menschen in bewußter Übereinstimmung Natur,
Funktion, Verhalten, Umlauf des Geldes, der Waren, der gesellschaftlichen Formen des Lebens im Staat, und dergleichen
mehr, definiert oder etabliert. Und es dürfte generell für die
Denker der Aufklärung gelten, daß sie Ursprünge, Natur oder
Wesen menschlicher Institutionen und Phänomene - insbesondere auch ideeller Phänomene wie Glauben an die Gottheit
und Religion - bewußtem Denken zuzuschreiben geneigt sind,
oder zumindest in Hinblick auf solche Phänomene eine Harmonie oder Konformität - sogar der Instinkte - mit dem
rationalen Kalkül zu postulieren, bzw. ihnen eine rationale
Funktion zu vindizieren (wie sie Lessing den Offenbarungs-
religionen in der ERZIEHUNG DES MENSCHENGE-
SCHLECHTS zuweist); indes die historischen Forschungen
der Romantiker, ihre historische Frömmigkeit vis à vis dem
Archaischen, dem Unterbewußten, dem Organischen, oder
ihre Sympathie mit instinktivem, a-rationalem, organischem
Wachstum dieses (rationalistische) Vorurteil korrigierten
und somit der hier in Rede stehenden Art der Kritik den Weg
bereiteten.

Allerdings wendet bei Nietzsche - wie schon angedeutet -
die ratio sich gegen sich selbst, detoniert der Intellekt
die Prätentionen des Intellektes. Und mit dieser Analyse des
arationalen, alogischen, vitalen Impulses und des Bedürfnisses nach ersprießlicher Illusion, welche für die Illusionen
der Logik (der Mathematik, der Sprache überhaupt), ja die
Illusion der Erkenntnis, die Illusion des Begriffs der Wahrheit
selbst wesentlich und konstitutiv sein sollen, wird eine Schwie-

rigkeit explizit, die auch der Ideologiekritik von Marx implizit
ist. Wenn Erkenntnis, wenn der Begriff der Wahrheit selbst
und ihre Kriterien durchaus nur Symptome eines vitalen
Interesses sind, e.g. eines Bedürfnisses nach Identität oder
Identischem, oder nach einem Gefühl der Kontrolle, einem
Machtgefühl, einer Sorte von befriedigender Illusion -- in
welchem Sinn kann es dann überhaupt und wahrhaftig 'Wahrheit' geben? Und wenn es Wahrheit nicht geben kann, welche
Folge hat dies für unsere Analyse der Erkenntnis und des
Strebens nach Wahrheit? -- sowie für eine große Anzahl von
anderen Dingen? Ist "Wahrheit" nur der Name für die wei-
test verbreitete oder vielmehr: für die umfassendste Perspektive von Illusionen, nur die unabweislichste - Illusion
oder Täuschung? Und was taugt eine derartige Aussage? Ist
sie und nur sie wahr? Was berechtigt uns, die wir alle Gründe
untergraben haben, dies zu behaupten? Die Aufklärung der
Aufklärung, die Selbstkritik des Intellekts scheint zum Suizid
des Intellektes, zu einer Explosion, einer Detonation der
neuen Aufklärung durch die letzte aller Aufklärungen zu führen. Man muß die Ideologiekritik von Marx nicht so weit vorantreiben. Dennoch erhebt sich auch angesichts des Universali-
tätsanspruchs der Ideologiekritik die Frage, aus welchen Gründen dem Marxismus und seiner Ideologiekritik eine Ausnahme-
stellung zuerkannt werden kann oder soll. Daß Marx und Engels
und ihre Anhänger behaupten im Interesse aller Menschen zu
sprechen, genügt nicht; selbst wenn wir anzunehmen bereit
wären, daß die Wahrheit eben genau das sei, was im Interesse
aller ist. Denn Andere haben ähnliche Behauptungen und Ansprüche vorgebracht. Und wenn alle die Anderen Ideologen
waren, die - sei es auch mit rational begründeten Argumen-
ten - bloße Rationalisierungen einer zugrundeliegenden Ökonomie vitaler Interessen propagierten, - welchen Grund haben
wir dafür, anzunehmen, daß dasselbe nicht ebenso bei den
Marxisten der Fall sei? Und wenn es der Fall ist und sie uns
dennoch die Wahrheit sagen, welches Gewicht hat dann ein
Argument, das sich gegen den 'ideologischen' Charakter einer
Lehre wendet, d.h. ein Argument, das darauf abzielt zu erweisen, daß ein gegebener Nexus von Aussagen einem gegebenen Gefüge von vitalen Interessen dient oder als dessen Ausdruck anzusehen ist. Offenbar keinerlei Gewicht. Die Frage
nach Validität oder Hinfälligkeit einer Doktrin wird offenbar

von der Frage nach den mutmaßlichen Ursprüngen, nach Genese, Geschichte, Funktion dieser Doktrin nicht tangiert ...
Jedoch ist hier nicht der Ort, diese Meinung weiter zu prüfen.

Wir wiesen auf 'Dynamisierung' hin: Geschichte wird aufgefaßt als Funktion der Dynamik vitaler Interessen (des Verlangens), ebenso das Denken (das Bewußtsein; die Ideologien); ebenso die gesamte soziale Domäne, in der wir leben; die verändert werden soll: gemäß unseren vitalen Interessen und gemäß unserer Einsicht in deren Dynamik. Marx sagte in seiner 11. These über Feuerbach: "Die Philosophen haben die Welt nur verschieden interpretiert, es kömmt drauf an, sie zu verändern". Ebendarin muß die Dynamisierung kulminieren (auch hier könnte man auf Antizipationen im 18. Jahrhundert hinweisen); und der Beweis für die dynamische Theorie des Marxismus soll in der revolutinären Praxis ihrer sozialen Ethik im Interesse aller, d.h. im Interesse der kollektiven Menschheit, der Gattung und des Menschen als Gattungs-Wesen liegen; wie auch die "Wahrheit" von Nietzsches letzter, höchster Vision in einer Entwicklung liegen soll, welche die Wenigen auf den Weg zur individualistischen Utopie: zum Übermenschen führt. - Die alles-verschlingende Kritik kulminiert in ihrer Aufhebung oder Selbsttranszendenz in ein Programm unerbittlicher Aktion und einer alles Gegebene übersteigenden - wenn auch etwas undeutlichen oder vieldeutigen - Utopie vollendeter Erfüllung, die den Telos, das letzte Ziel stellt.

Ich will hier nicht versuchen, Nietzsches Vorstellung eines Universums zu diskutieren, das von allem Zweck, providentiellem Gesetz und leitender Gottheit befreit ist, eines Universums, das zielloses, 'sinnloses' Spiel ist, exemplifiziert durch die Lehre von dem universalen Willen zur Macht, bzw. im temporalen Modus: durch die Lehre von der invarianten ewigen Wiederkehr des Gleichen, oder im Modus der Humanität: durch das Postulat des Übermenschen als dem Wesen, dessen maximales schöpferisches Potential durch völlige Abwesenheit aller "gegebenen" Bedeutungen, Stützen, Krücken entbunden wird und das daher in höchstem Grad dazu befähigt ist, das 'sinnlose' Weltspiel zu akzeptieren, vielmehr sich selbst in aktiver adequatio an das selbstschöpferische, selbst-

zerstörerische, sich selbst transzendierende, sich selbst ge-
nügende, ziellose Spiel des Universums zu realisieren. Jeder
Versuch, diese Vision in soziopolitische Termini zu übersetzen,
zen, führt den späteren Nietzsche zu protofaschistischen Perspektiven - mit mediokrer Langlebigkeit für die wissentlich
oder unwissentlich versklavten Massen; einer Herrenmen-
schen-Elite; den Härten der Züchtung eines höheren Typus
oder höherer Exemplare, bzw. der Eliminierung der inferioren
Exemplare und Rassen durch und zugunsten der Wenigen auf
Kosten der Vielen, der Viel-zu-Vielen; usf. Als Metapher
und Vision der Befreiung des menschlichen und übermensch-
lichen Potentials durch den Menschen, der zum Schöpfer seiner
selbst wird; auch und gerade als Versuch, die Wiedergewinnung, vielmehr: die Aneignung, die Eroberung des dem Menschen 'entfremdeten' eigenen Potentials zu konzipieren,
enthält derlei manche Einsicht. Das transmoralische Ideal,
die Vergottung des Menschen, auf die Nietzsche abzuzielen
scheint, ließe sich vermutlich auch ins 18. Jahrhundert zu-
rückverfolgen, e. g. via Byron zu de Sade. Dieses Denkbild
wird allmählich gereinigt; es erscheint sukzessive in weniger
verzerrter, schuldbeladener oder verkrampfter, seiner selbst
als monströs bewußter Gestalt. Irgendwann mag ein solches
Denkbild des menschlichen Potentials, mag der Versuch, den
Menschen zu vergotten, sich - es gab Versuche in dieser
Richtung - dem (blassen, unausgeführten) Wunschbild des
befreiten Menschen bei Marx amalgamieren, der gewissermaßen Hegels Vision der Selbstrealisierung des Absoluten in
Form eines Postulats der Selbstverwirklichung des Menschen
oder der Menschheit säkularisierte. Das 18. Jahrhundert war
vielleicht das erste, das einigermaßen explizit mit säkularisierten Theologien oder Religionen der Erde experimentierte
(wobei man wiederum an Lessings ERZIEHUNG DES
MENSCHENGESCHLECHTS gemahnt wird).

Inwieweit liefern Marx und Nietzsche solche Substitute für
Religion oder Ersatzreligionen? Immer wieder finden wir das
theologische Modell vom anfänglichen Paradies - der ursprünglichen primitiven Harmonie; der der Fall in den konfliktrei-
chen Zustand der Sünde, Unterdrückung, Not und Mühsal folgt;
aus dem - zumeist mit Hilfe der bewußten Arbeit, Anstrengung, Bemühung des Menschen - eine Wende und Rückkehr

zustandekommen soll, die in der Wiedergewinnung des Paradieses kulminiert. In seiner,von Ressentiment und Vorurteil
beeinträchtigten Weise hat in der Tat Sombart diesen Mythus
vom verlorenen und wiederzugewinnenden Paradies und seine
Säkularisierungsform behandelt, die er von zentraler Bedeutung für den proletarischen Sozialismus erachtete. [50] Mir
scheint der Mythus, der mir übrigens am Herzen liegt, zentral
für die meisten bedeutsamen (innerwestlichen) Kritiker der
westlichen Zivilisation. Die Projektion der Trinität in die Dimension der Geschichte durch Joachim da Fiore erscheint als
relevant. Die charakteristische Konfiguration wird in Lessings
triadischer ERZIEHUNG DES MENSCHENGESCHLECHTS
antizipiert; vielleicht auch in Rousseaus Betrachtungen über
einen postulierten Naturzustand und einen zweiten Stand der
Unschuld, der nach dem Durchgang durch die, dem Stand der
Zivilisation inhärente schuldvolle Verderbnis wiederzugewinnen ist. Das Grundmuster ist eher kontinuierlich immanent
als explizit in Schillers Essay ÜBER NAIVE UND SENTI-
MENTALISCHE DICHTUNG; wird, wenn ich nicht irre, zum
Schema einer Literaturgeschichte in Friedrich Schlegels Abhandlung über die griechische Posie; und anscheinend zum
Gemeinplatz romantischen Philosophierens; wie es auch -
zumindest als eine Möglichkeit - in Kleists philosophisch-
enigmatischem Gespräch über das Marionettentheater elegant
und konzis zusammengefaßt wird. Oft wird es in deutscher
Literatur - wie etwa in Manns Essay über GOETHE UND
TOLSTOI - aus einer dialektischen Bewegung zwischen den
polaren Gegensätzen von Natur (dem Naiven) und Geist
(dem reflexiven oder sentimentalischen Prinzip) abgeleitet,
wobei es seine Herkunft als Säkularisationsprodukt einer
theologischen Konzeption des Heilplans jedoch kaum verleugnet.
Das Schema enthält, wie gesagt, eine ursprüngliche 'naive'
oder 'natürliche' Harmonie; einen Sündenfall oder sündige
Abwendung von diesem ursprünglicher Stand der Natur oder
natürlichen Paradies, der in einen Stand gefallener Natur
und/oder korrumpierter, korrupter Zivilisation führt; sowie
den Fluch der Erkenntnis (des Guten und Bösen), der Reflexion, der Disharmonie und der Mühsal (zumal auch der
mühseligen Arbeit, der Fron). Jedoch der Fluch und Sündenfall erweisen sich ihrerseits nicht bloß als die üble, verzweifelte Konsequenz der ursprünglichen Sünde des Menschen;

sondern ebenso als Stimulantia, vielleicht sogar als Hervor-
bringer seiner auszeichnenden und edelsten Merkmale und
Leistungen; mithin: als symptomatisch für seine Verwandt-
schaft mit der Gottheit oder dem Göttlichen; und also als
felix culpa, als glückliches oder glückbringendes Unheil
und Dilemma, als Instrument, als Mittel, das den Gang, den
Fortschritt des Menschen durch die Geschichte gewährleisten
soll, der - einer utopischen Ansicht nach - in einer Wiederkehr ins Paradies, d.h. im Eingang in einen Zustand der Harmonie auf höherer Ebene als der der ursprünglichen naiven
Eintracht enden soll. Denn in dem ersehnten Endzustand wären natürliche Harmonie mit vollkommenem Bewußtsein
(der perfekten Reflexion) versöhnt; wären Natur und Geist
zur Synthese gebracht. - Diese Projektion hat, wie gesagt,
paradigmatischen Charakter als Grundmuster westlicher
Kulturkritik. Ich finde sie bei Marx nicht voll entwickelt;
jedoch umso deutlicher in Engels' URSPRUNG DER FA-
MILIE, DES PRIVATEIGENTUMS UND DES STAATS, mit
ihrer primitiven Harmonie einer kommunistischen Gemeinschaft in der Vorzeit; den historischen Stadien der Unterdrückung, des Klassenkampfs, der Ausbeutung, die ihren
Klimax im Kapitalismus erreichen, der zugleich den Wende-
punkt markiert, ja die Wende ermöglicht; und endlich in dem
verheißenen Utopia auf Erden. Und ich finde zumindest Spuren
des Heilsschemas bei Freud: Zwar die Präsenz des Schemas
manifestiert sich bei ihm vor allem e contrario: durch die
Art und Weise, in der Freud immer wieder der Lockung des
Mythus zu widerstehen sich bemüßigt weiß, e.g. in seiner
Kulturkritik mit ihrer Annahme eines ungebändigten, unge-
hemmten Zustandes der Gratifikation, des wilden Auslebens
der Triebe; einem mühsamen, pathologischen, oder zumindest von Pathologie geplagten, wenn auch ehrenvollen Zustand
der Zivilisation, der auf Repression basiert; und endlich der,
allerdings skeptisch qualifizierten Hoffnung auf Befreiung,
zumal in einer zugleich beherrschten und entlasteten, ent-
hemmteren Beziehung zwischen Ich und Es. Jedoch findet
sich das Schema explizite, gewissermaßen ohne Zensur seitens Skepsis, Selbstkritik, Puritanismus des intellektuellen
Gewissens, welches dem älteren, genialen Forscher eignete,
in Marcuses Utopie über EROS UND ZIVILISATION; und noch
unverhohlener bei Reich.

Fehlt das Muster bei Nietzsche, diesem selbsterwählten Erz-
kritiker säkularisierter Theologien, der den Gerüchen der
Theologie bis in entlegene, vom alten metaphysischen Glauben
weit entfernte Regionen nachspürte? Nietzsche hätte sich wohl
geweigert, das Vakuum zu füllen, das durch das Verblassen
jenes Glaubens entstand, den Max Weber als die zentrale Ideologie der Aufklärung bezeichnet; des Glaubens an weltlichen,
im Sinn des bürgerlichen Individualismus konzipierten Fortschritt, basierend auf dem aufgeklärten 'pursuit of self-in-
terest' oder 'wahren' eigenen Vorteil, der eine Harmonie
aus dem Konflikt der Interessen ergeben sollte, die (auch
in dem Trachten nach gemäßigtem, gesundem Lebensgenuß)
mitsamt den irdischen Errungenschaften der Menschheit der
Gottheit wohlgefällig war. Marx, der einen solchen Glauben
- auch den Glauben eines Condorcet, eines Adam Smith -
ablehnte, substituierte einen anderen Glauben; füllte allerdings das Vakuum für seine Anhänger. Denn was immer seine
eigenen Ansichten für ihn selbst bedeuteten, der Marxismus
ist längst zum säkularisierten Glauben, zur Ersatzreligion
oder zum Religionsersatz für viele (nicht für alle) Marxisten
geworden. Und es ist offenbar, daß darin ein Gutteil seiner
Faszination liegt. Aber Nietzsche? Dessen zentrales Anliegen
der Tod Gottes war? - Gewiß gibt es religiöse oder quasi-
religiöse Aspekte Nietzsches, e.g. die Verheißung eines weltlichen Zustands der Harmonie und Erfüllung - für die Wenigen,
Erwählten. Die Antike - insbesondere die Griechen - liefern
gewissermaßen die primitive Approximation des weltlichen
Paradieses oder dessen Verheißung; die christlichen Jahrtausende entsprechen - gemäß Nietzsches Denktechnik der
'Umkehrung' des tradierten Musters - dem Sündenfall, der
Verderbnis, der Korruption, der häßlichen, schuldbeladenen,
sich selber torturierenden Mühsal, der Dekadenz, der fertilen
Krankheit, dem fruchtbaren Fluch, unter dessen Aegis Span-
nungen, Verfeinerungen, höhere Grade des Bewußtseins, endlich sogar die Emanzipation von metaphysischem Aberglauben
entwickelt und errungen werden, die in der Hervorbringung
eines neuen Potentials resultieren, einer Möglichkeit ein
Über-Heidentum, Über-Griechentum von irdischer Schönheit,
Kraft, Vornehmheit, Harmonie zu erreichen - und zwar ohne
die metaphysischen Atrappen, - wie dies in dem irdischen
Utopismus konzipiert wird, der mit der Vorstellung vom

Übermenschen assoziiert ist, oder mit der Religion der Erde,
die Nietzsche-Zarathustra verkündet: - dem Quell und Ursprung jener Religionen der Erde, die Rilke, George, sogar
Thomas Mann und manch andere Autoren in der Nachfolge
Nietzsches entwickeln und verkünden.

Wenn ich aber sagen sollte, was ich für das Bedeutendste
an Marx und Nietzsche halte, so würde ich sie nicht als Verkünder von Visionen des Glaubens feiern, die sich als durchaus unzulänglich erweisen, wenn man sie als Versuche dazu
auffaßt, allumfassende Perspektiven zu formulieren, geschweige denn als Substitute für ein religiöses Dogma, die
man als solche in Bausch und Bogen anzunehmen hätte, um
unkritisch an sie zu "glauben". Vielmehr verdienen diese
Autoren ein kritisches Studium und sind, scheint mir, vornehmlich als Kritiker zu betrachten, die stärker und positiver
kraft ihrer Negationen und Analysen wirken als durch ihre
etwas nebulosen Positiva; die völlig aufgehen in dem, was
unsere dringendste Sorge sein muß: nämlich in der Beschäftigung mit der Problematik einer Zivilisation, die sich selbst
längst problematisch geworden ist und immer näher an den
Rand der Selbstzerstörung zu treiben scheint. Ich würde die
beiden als Denker betrachten die- wie Mann von Freud behauptete - "Bausteine" zu einer "sich bildenden neuen Anthropologie" oder einer neuen Erkenntnis des Menschen beigetragen
haben und damit zum Fundament der Zukunft, "dem Hause
einer klügeren und freieren Menschheit"[51], oder - was noch
wichtiger sein mag - : einer menschenfreundlicheren, lebens-
freudigeren.

Anmerkungen

1   Werner Sombart, DER PROLETARISCHE SOZIALISMUS
    (Jena: Gustav Fischer, 1925/25, 2 Bde) I, 84.
2   S.S. Prawer: KARL MARX AND WORLD LITERATURE
    (Oxford: Clarendon Press, 1976), 343.
3   Maximilien Rubel, MARX-CHRONIK (Reihe Hanser 3,
    Hanser Verlag, München , 1968),12.
4   Louis Althusser, FOR MARX (Vintage,Random:New York
    1970), 224, 237.

5   Marx-Engels, DIE HEILIGE FAMILIE (Dietz:Berlin:
1953), Vorbemerkung, S. 7. - Althusser, der Marxens
Entwicklung nicht im Licht einer hegelianischen "Aufhebung" Hegels sehen will, sondern, wie es dem Struk-
turalisten geziemt, Diskontinuitäten postuliert, betont:
es handle sich um "a real retun to the 'pre-Hegelian",
um eine Suche nach Verbündeten im Kampf gegen deutschen Idealismus, insbes. "das System", und in der
Bemühung, den Materialismus wiederherzustellen.
(Op. cit., 77 f; vgl. Marx-Engels: WERKE (Dietz:
Berlin, 1975; Bd. 21, S. 272).

6   Für das oben Zusammengefaßte und das Folgende vgl.
DIE HEILIGE FAMILIE, VI. Kapitel, Abschnitte c)
(Kritische Schlacht gegen die französische Revolution)
und d) (Kritische Schlacht gegen den französischen
Materialismus).

7   Der Materialismus, meint Marx, sei der eingeborne
Sohn Großbritanniens (siehe Duns Scotus). Locke zwang
die Theologie selbst, den Materialismus zu predigen.
Er war überdem Nominalist. Der Nominalismus gilt
Marx als der erste Ausdruck des Materialismus. Den
modernen englischen Materialismus leitet er von Bacon
ab, bei dem er mit empirischem Experiment und ratio-
naler Methode verbunden ist. Und obschon er bei Bacon
die theologischen Inkonsequenzen rügt, lobt er ihn, indem er sagt: bei Bacon "lacht" die Materie "in poe-
tisch-sinnlichem Glanze den ganzen Menschen an"; indes
der Materialismus bei dem Systematiker Hobbes men-
schenfeindlich, fleischlos, mechanisch, geometrisch,
aksetisch, zum abstrakten Verstandeswesen wird, dafür
aber auch die rücksichtslose Konsequenz des Verstandes
entwickelt. (HEILIGE FAMILIE, VI. Kapitel, Abschnitt
d)).

8   Marx meint, der Theismus (Deismus) sei für den
Materialisten bloß eine bequeme Weise, die Religion
loszuwerden. Locke habe die Philosophie des bon
sens, des gesunden Menschenverstandes, begründet,
d. h. auf einem Umweg gesagt, daß es keine von den
gesunden menschlichen Sinnen und dem auf ihnen basierenden Verstand unterschiedne Philosophien gebe.
(Loc. cit.).

178

9   Loc. cit.
10   "Wenn der Mensch unfrei im materialistischen Sinne,
     d. h. frei ist, nicht durch die negative Kraft, dies und
     jenes zu meiden, sondern durch die positive Macht,
     seine wahre Individualität geltend zu machen, so muß
     man nicht das Verbrechen am Einzelnen strafen, sondern
     die antisozialen Geburtsstätten des Verbrechens zerstö-
     ren und jedem den sozialen Raum für seine wesentliche
     Lebensäußerung geben." Loc. cit.
11   Solche Ideen, meint Marx, finde man selbst bei den
     ältesten französischen Materialisten. Bezeichnend für
     die sozialistische Tendenz des Materialismus sei
     Mandevilles, eines älteren englischen Schülers von
     Locke, Apologie der Laster." Er beweist, daß
     die Laster in der heutigen Gesellschaft unentbehr-
     lich und nützlich sind. Es war dies keine Apologie
     der heutigen Gesellschaft." Loc. cit.
12   DIE HEILIGE FAMILIE (Dietz: Berlin, 1953), 246.
13   Ibid., 262. Es folgen Zitate aus Helvetius, Holbach,
     Bentham, welche insbesondere kommunistische Tenden-
     zen im Zusammenhang mit dem Materialismus illustrie-
     ren.
14   Marx-Engels: WERKE (Dietz:Berlin, 1965), Bd. 21, 278 f.
     Das Folgende: ebenda, 277 f., 297 f.
15   Im Gegensatz zu Althusser (Fußnote 5), legt Marx, wie
     auch die oben zitierte Bemerkung von Engels, den Ge-
     danken nahe, daß die idealistische Dialektik, die sich
     als fähig dazu erwies, den Prozeß und die Rolle der Sub-
     jektivität zu erfassen, denn doch in dem neuen Materialis-
     mus "aufgehoben" wird.
16   Die 1. These über Feuerbach.
17   Marx-Engels: DIE DEUTSCHE IDEOLOGIE (Dietz:
     Berlin, 1953), 435.
18   DIE HEILIGE FAMILIE, op. cit., 238.
19   Ibid., 249 f.
20   Marx-Engels, WERKE (Dietz: Berlin, 1975), Bd. 23, 106.
21   Prawer, op. cit., 411.
22   Vgl. auch den "Epilog" in H. G. Schenk, THE MIND OF
     THE EUROPAN ROMANTICS (Anchor Doubleday, Garden
     City, N. Y., 1969) und S. 268 (Fußnote 5) bezüglich der
     Klassifizierung von Nietzsche als Romantiker bei K. Joël,

T. Mann und V. v. Seckendorff, sowie der Meinung von
Walter Kaufmann.

23 Für Dokumentierung der Details siehe mein Essay über
"NIETZSCHE IN HIS RELATION TO VOLTAIRE AND
ROUSSEAU", in: STUDIES IN NIETZSCHE AND THE
CLASSICAL TRADITION (ed. J. C. O. 'Flaherty et al.;
Chapel Hill: University of North Carolina Press, 1976),
109-133.

24 F. Nietzsche, DIE UNSCHULD DES WERDENS. DER
NACHLASS I und II (ed. A. Bäumler; Kröner, Stuttgart;
Kröners Taschenausgabe)I, 32.

25 Ibid., 35.

26 "SCHOPENHAUER ALS ERZIEHER", 4. Abschnitt.

27 "RICHARD WAGNER IN BAYREUTH", 3. Abschnitt.

28 MENSCHLICHES ALLZUMENSCHLICHES I, Aphorismus
438; F. NIETZSCHES GESAMMELTE BRIEFE (5 Bände;
3. Auflage; Insel, Leipzig, 1902 ff.), IV, 341.

29 MENSCHLICHES ALLZUMENSCHLICHES I, Aphorismus
463; MENSCHLICHES ALLZUMENSCHLICHES II,
("DER WANDERER UND SEIN SCHATTEN"), Aphorismus 221.

30 MENSCHLICHES ALLZUMENSCHLICHES I, Aphorismus 1.

31 Ibid., Aphorismus 26.

32 MORGENRÖTE, Aphorismus 197.

33 MORGENRÖTE, Aphorismus 132.

34 JENSEITS VON GUT UND BOESE, Aphorismus 35.

35 DER WILLE ZUR MACHT (ed. P. Gast), Abschnitt 129.

36 DIE UNSCHULD DES WERDENS II, 299 f.

37 ECCO HOMO, vorletzter Abschnitt.

38 Vgl. Reinhold Grimm, "BRECHT UND NIETZSCHE",
in: STUDI TEDESCHI, 1974, 1.

39 ECCE HOMO, "Die Geburt der Tragödie", 1. Abschnitt.

40 PHÄNOMENOLOGIE (Vorrede), (F. Meiner, Hamburg,
o. D.), S. 39. Zu den Selbstzitaten: P. Heller, DIALEC-
TICS AND NIHILISM (Amherst, 1966), 80 f.; "ZUM
THEMA BRECHT UND NIETZSCHE", in: STUDI
TEDESCHI, 1953, 3.

41 WILLE ZUR MACHT, Abschnitt 617.

42 UNSCHULD DES WERDENS, op. cit. I, 242.

43   B. Brecht, GESAMMELTE WERKE (2 Bände; London, Malik Verlag, 1938), I, 90.

44   Franz Brentano, GRUNDLEGUNG UND AUFBAU DER ETHIK (A. Francke, Bern, 1952), 20.

45   Bertrand Russell, A CRITICAL EXPOSITION OF THE PHILOSOPHY OF LEIBNIZ (London, George Allen and Unwin, (1900); new edition: 1937; 1971), 110.

46   Bertrand Russel, "WHY I AM NOT A COMMUNIST", in: Sidney Hook (ed.): THE MEANING OF MARX: A SYMPOSIUM (Karrar and Rinehart, New York, 1934), 52.

47   Carl L. Becker, THE HEAVENLY CITY OF THE EIGHTEENTH-CENTURY PHILOSOPHERS (New Haven, Yale, 1932).

48   MENSCHLICHES ALLZUMENSCHLICHES I, Aphorismen 36 und 37.

49   Marx-Engels, WERKE, op. cit., 23, 106.

50   Sombart, op. cit., I, 317-330.

51   Ich entnehme das Zitat von Mann dem Umschlag von S. Fischers Ausgabe der GESAMMELTEN WERKE Sigmund Freuds.

Nietzsches Kampf mit dem romantischen Pessimismus

1.

Als undezidierter Nichtphilosoph, Philologe, Literat, ver-
gleichweise Weltkind auf einem Philosophenkongreß meine
ich zunächst am sichersten zu fahren, indem ich eine, für
Nietzsche charakteristische dialektische Denkbewegung
(Kehre, Umkehr, Schleife, Spirale) nur genauer, womöglich
eleganter, beschreibe, als ich dies in einem langwierigen
Exkurs zu dem Aphorismus "Reaktion als Fortschritt" von
Menschliches Allzumenschliches schon getan ha-
be; und zwar in Hinblick auf Renaissance und Reformation, wie
auch auf die Aufklärung und insbesondere auf die Romantik[1],
unter der ja der spätere Nietzsche - mit Recht - eine, die
Aufklärung ablösende, den Rousseauismus, auch der Stürmer
und Dränger, weiterführende, in wesentlichen Belangen die
weimaranische, nostalgische Klassizistik - wenn auch nicht
den ganzen, über sie hinausgewachsenen Goethe - miteinbe-
greifende, in Schopenhauer, Wagner, dem romantischen Pessimismus kulminierende, sich vielfach mit realistischen,
szientistischen Bestrebungen überschneidende, tief ins 19.
Jahrhundert weiterwirkende gesamteuropäische Bewegung verstand; sodaß auch für ihn, wie für fast alle bedeutenden westlichen Autoren des späteren 19. Jahrhunderts, die Auseinandersetzung mit der Romantik - die Überwindung der Romantik -
ein Hauptthema war, oder sein Hauptthema implizierte. -
Ich sagte: eine dialektische Bewegung. Ich hielt eine solche
weder für die einzige, noch die beste, noch die wahre oder die
der Wahrheit (sie war ja oft genug eine fehlgehende, und man
bedurfte zur Beurteilung ihres Erkenntniswertes Kriterien,
die durchaus außerhalb ihrer selbst lagen), wohl aber für eine,
die im Verlauf eines Jahrhunderts, in dem sich das Denken
immer mehr selbst reflektierte, charakteristischerweise ins
Selbstbewußtsein getreten war und die als dynamisch imponier-
te, zudem sie sich bei Nietzsche, der ja keine neutralisierten

Denkvorgänge bot, immer voll affektiv orchestriert, mithin
auch als Bewegung der Emotionen dramatisch darstellte. Bei
dem Wort dialektisch dachte ich an das, was ich für die land-
läufige Bedeutung hielt: eine Denkbewegung, bei der sich die
zunächst oft polemisch abgegrenzte Position zu ihrer eigenen
Gegenposition hin entwickelt, von dieser her ergriffen, zer-
setzt, aufgezehrt, vernichtet wird, aber so, daß ein Drittes
entsteht oder entstehen soll, in dem beide - Position und Gegenposition - aufgehoben sind; also eine Denkbewegung, in der
Umarmung und Agon, Verzehr und Assimilation, Aufhebung
und Wandlung enthalten sind. Nietzsche, meinte ich, stellt
Bewegungen des Denkens dar. Die transzendierende Perspektive setzt jeweils die transzendierte voraus und weist zugleich
über sich selbst hinaus auf künftige Wendungen. Von weitem
sah man oft nur die antithetische Kehre: es kehren sich gegen
sich selber Aufklärung, Sokratismus, Wahrheitsstreben und,
nicht bloß weil dieses als Abkömmling des Christentums gilt,
also auch das Christentum und damit dessen letzter, oder vorletzter Ausläufer: die Romantik, der romantische Pessimismus. Sah man aber näher hin, so ergaben sich übergreifende
Zusammenhänge, Phasen und Phasen von Phasen, begannen
die Gegensätze sich auseinander zu entwickeln...

Reaktion als Fortschritt - das bedeutete nicht nur Umfunktio-
nierung der reaktionären Bewegungen der Reformation und
der Romantik, sondern der sie umfassenden des Christentums,
das als Gegenschlag zur antiken Kultur, als Sklavenaufstand,
Nietzsche als die reaktionäre Katastrophe galt - zugleich
aber - wie fast jede décadence-Bewegung - Gewinn an Vergeistigung, Vertiefung, Verfeinerung, Erweiterung der menschlichen Psyche bedeutete, wenn nur die Überwindung - mit dem
späteren Nietzsche zu reden: die Nutzbarmachung der Krankheit für die höhere Gesundheit gelang. Und aus all dem ergab
sich nun, daß in dem von Nietzsche intendierten Prozeß auch
die mit positiven Vorzeichen versehenen Bewegungen: Renaissance, Aufklärung, ja auch das umfassendere Leitbild der
(entmetaphysizierten) Antike umfunktioniert und transzendiert
werden sollten. Ich vergegenwärtige, was ich damals als ein,
von seiner sensiblen Denk-Kunst, Gottseidank, auch immer
wieder überspieltes, pauschales Dogma des späteren Nietzsche
zusammenfaßte: Romantik - wie Sokrates: Wirbel und Wende-

punkt - bereitet den Nihilismus vor, dessen allauflösende
Macht zum Untergang - oder zu der Umkehrung und Aufhebung
des passiven, dekadenten Nihilismus in den aktiven und schöpferischen führt, wie dies das Evangelium vom Übermenschen
fordert. Die Romantik, mit dem Rousseauismus und dessen
Abkömmlingen (Demokratismus, Sozialismus) verbunden,
ist, wie diese, Spätprodukt und Ausläufer des Christentums;
der die westliche Geschichte - wie in der Reformation - in den
Dienst der Krankheit und Lebensverneinung zwingenden décadence-Bewegung (deren östliches Pendant der Buddhismus ist).
Ihre Überwindung bedeutet Überwindung der zweitausendjäh-
rigen - nur sporadisch, in Episoden, in wenigen Glücksfällen
aufgehobenen - Dominanz der décadence. - Das Christentum
ist der Versuch der Schlechtweggekommenen, Schwachen,
Kranken, von Ressentiment gegen das sich entfaltende Leben
Beherrschten durch eine moralische, metaphysich-religiöse
Interpretation ihr Mißbehagen am Leben zu rechtfertigen, indem sie die Welt für schlecht erklären. Es ist der Versuch,
Leben und Welt durch Moral und ein postuliertes, moralisch-
metaphysisches Jenseits - d.h. im Namen einer Fiktion, eines
'Nichts' - zu überwinden, zu entwerten, zu negieren. Daher
führt das Christentum notwendig zur Romantik als Ausdruck
des Ungenügens am Wirklichen und zum weltflüchtigen, welt-
feindlichen romantischen Pessimismus. Und auch der im romantischen Pessimismus noch etwas verschleierte Nihilismus
ist Folge des Christentums: die Offenbarung des essentiellen
negierenden Impulses, der im Laufe seiner Entwicklung erst
alle Hüllen durchdringen muß, bis er zuletzt unverhüllt darstellt, was von Anfang an sein Wesen war. (Hier wird in um
fassendster Umkehrstruktur das bisher Gott zugeschriebene
Prinzip als das quasi mephistophelisch verneinende, das bisher als das teuflisch böse Prinzip verschriene als das positive,
schöpferische statuiert). Zuletzt muß sich die nihilistisch
weltfeindliche Moralität und die nihilistisch radikale, den vitalen Illusionen feindliche Wahrhaftigkeit gegen die christliche
Fiktion selbst - i.e. gegen moralische Absoluta, das Jenseits,
den moralisch-metaphysischen Gott - kehren und sich so in
selbstzerstörerischer Konsequenz durch die Entwertung aller
Werte (inklusive auch der Wahrheit und Wahrhaftigkeit selbst)
vollenden und als reine Verneinung erweisen. Aus der Romantik einen Fortschritt machen hieße also im weitesten Sinn:

Die Entwicklung der letzten zwei Jahrtausende vom spätantiken
Christentum bis zum dekadenten Nihilismus des 19. Jahrhunderts umkehren und damit alles, was durch eine Jahrtausende
während Krankheit gewonnen wurde, in den Dienst des auf-
steigenden, bejahenden Lebens zwingen.

Wie hat man sich die Überwindung der Romantik vorzustellen?
Im Bereich produktiver T a t und großer Politik offenbar
durch die starke und wohlgeratene Art Mensch, welche die
großen Affekte noch ungebrochen hat: den Willen zum Genuß
und das Vermögen zu kommandieren, - antizipiert durch jenen Unmenschen und Übermenschen - Gegenstück zu dem verlogenen Rousseau, antik, Menschenverächter -, der gegen
den Schauspieler (die Künstler, Diplomaten, Juden, Frauen),
für den Mann spricht, der in Europa wieder Herr über den
Kaufmann und Philister zu werden hat; jenes Stück Granit und
antiken Wesens, den Initiator des klassischen Zeitalters der
Kriege, von dem zu hoffen steht, daß es ein paar Jahrhunderte
dauern werde; den Feind der Zivilisation, der das eine Europa
wollte und dies als Herrin der Erde: kurz durch Napoleon[2]....
Oder bin ich hier etwa ins falsche Zitatenfahrwasser geraten?

Halten wir uns lieber an die, dem Kompetenzbereich Nietzsches
näher liegende Frage nach der g e i s t i g e n Überwindung der
Romantik. Hier scheint es zunächst, als stelle er bloße Antithesen auf: So, wenn er etwa, im Gegensatz zu dem romantischen Pessimismus der Entbehrenden, Mißglückten, Überwundenen, den Willen zum Tragischen und zum Pessimismus als
Zeichen der Stärke des Intellekts, vor allem aber: des Geschmacks, Gefühls, Gewissens, - der das Furchtbare, Frag-
würdige des Daseins nicht fürchtet, hinter dem Mut, Stolz,
Verlangen nach einem großen Freinde stehen,-als s e i n e
antiromantische Perspektive behauptet[3]; oder scharf unterscheidet: Die an der Ü b e r f ü l l e d e s L e b e n s Leidenden
wollen eine dionysische Kunst und eine tragische Ansicht und
Einsicht in das Leben; die an der V e r a r m u n g d e s
L e b e n s Leidenden suchen Ruhe, Stille, glattes Meer, Erlösung von sich durch Kunst und Erkenntnis; oder aber den
Rausch, den Krampf, die Betäubung, den Wahnsinn. Dem Dop-
pelbedürfnis der l e t z t e r e n entspricht alle Romantik in
Künsten und Erkenntnissen; ihnen entsprach und entspricht eben-

so Schopenhauer wie Wagner. Daher gibt es auch ein dionysisches Verlangen nach Z e r s t ö r u n g, Wechsel, Werden als Ausdruck der übervollen, zukunftsschwangeren Kraft und ein Verlangen nach Zerstörung aus Ressentiment, aus Haß des Mißratenen, Entbehrenden, der zerstören m u ß, weil ihn das Bestehende, ja alles Bestehen, alles Sein empört und aufreizt (Beispiel: die Anarchisten). Und so gibt es auch einen Willen zum V e r e w i g e n aus Dankbarkeit und Liebe, eine Apotheosenkunst - dithyrambisch: Rubens, selig-spöttisch: Hafis, hell-gütig: Goethe, Licht und Glorienschein: Homer - und einen Willen zum Verewigen aus Ressentiement, dem "tyrannischen Willen eines Schwerleidenden, Kämpfenden, Torturierten.., welcher das Persönlichste, Einzelnste, Engste, die eigentliche Idiosynkrasie seines Lebens noch zum verbindlichen Gesetz und Zwang stempeln möchte und der an allen Dingen gleichsam Rache nimmt, dadurch, daß er ihnen s e i n Bild, das Bild s e i n e r Tortur aufdrückt, einzwängt, einbrennt. Letzteres ist der r o m a n t i s c h e P e s s i m i s m u s in seiner ausdrucksvollsten Form, sei es als Schopenhauerische Willensphilosophie, sei es als Wagnerische Musik; - der romantische Pessimismus, das letzte g r o ß e Ereignis im Schicksal unserer Kultur"[4]. Aber wenn Nietzsche hier nun wieder seinen, den klassischen, den dionysischen Pessimismus als den zukünftigen hinzufügt, vom dem er doch anderwärts auch zugegeben hat, daß er an ihm nicht nur f ü r sich, sondern auch g e g e n sich - mithin also gegen den eigenen romantischen Pessimismus der Schwäche - festhalte[5], und wir bei der Schilderung des Torturierten nicht umhin konnten an Nietzsche selbst zu denken, mag uns der Verdacht kommen, daß hier vielleicht doch nicht nur eine simple Antithese, ein unverbundener, bloßer Gegensatz postuliert wird.

In analoger Weise könnte man etwa das, immer noch nahe, polemische Verhältnis auch des späten Nietzsche zu Schopenhauer durch bloße Antithesen oder antithetische Umkehrungen charakterisieren: Der Eine, allzu robust, an der Erde klammernd, triebhaft, kämpft an gegen triebhafte, lust-leidvolle Verhaftung in der Welt; fordert asketische Weltverneinung; der Andere, vom Selbstmordwunsch Versuchte, kämpft an gegen romantisch asketische Weltverneinung, will triebhafte, leid-lustvolle Weltbejahung bejahen. Der Eine predigt Erkennt-

nis der Illusion, um die Illusion aufzuheben; der Andere die
Illusion der Erkenntnis, um Illusion zu bejahen; der Eine
postuliert Omnipräsenz, Allmacht des Willens, um sie -
durch dessen Selbstverneinung - mystisch zu verneinen; der
Andere Allmacht des Willens, um sie ekstatisch zu bejahen. -
Und ebenso ließe sich das immer noch nahe, polemische
Verhältnis des späten Nietzsche zu Wagner behandeln, indem
man etwa moralistisch-kulinarischen Genuß der Sinnlichkeit
in einem gegen die Sinnlichkeit gerichteten Pathos bei dem
Einen kontrastiert mit amoralisch asketisch-gymnastischer
Hingabe an Erkenntnis in einer gegen diese gerichteten Erkenntnis der Erkenntnis bei dem Andern; oder die Glorifizie-
rung eines von Schuld erlösten Endes bei dem Einen mit der
Verherrlichung eines von Schuld befreiten Beginns beim Andern. Daß aber diese Beziehungen zu den Hauptrepräsentanten
des romantischen Pessimismus intimere sind als die der
bloßen antithetischen Umkehr ergibt sich, selbst wenn man sie
bloß von den, vom späteren Nietzsche desavouierten Meistern
des jungen Nietzsche her ansieht: da denn etwa der Wagnerianer meinen könnte, Nietzsche, der mit Tristan begann, sei
eben nur bis zum Siegfried, aber nicht bis zum Parsifal gekommen, gegen den er im Namen des Siegfriedideals auftrete;
wie auch der Schopenhauerianer sagen könnte, Nietzsche be-
ginne mit der kontemplativen ästhetischen Erfahrung des, sich
als Schauspiel repräsentierenden Lust-Qual-Charakters der
Willenswelt[6] und komme bis zu der Einsicht in die temporale -
mit der Zeit selbst ko-extensive - Ewigkeit des Willens, aber
nicht bis zu dessen Verneinung oder Selbstaufhebung im Heiligen, gegen den er - man denke an Schopenhauers Vergleich
zwischen dem vital verzierten griechischen Sarkophag und dem
christlichen Sarg - im Namen der, auch bei Schopenhauer,
durch die Griechen repräsentierten Bejahung des Willens
auftritt.

Von Nietzsche aus aber sieht es so aus, als befreite er das,
schon bei Schopenhauer und Wagner - mithin im romantischen
Pessimismus selbst - vorhandene transromantische Potential; ja
als befreie er Schopenhauer zu sich selbst, als erlöse er Wagner vom Fluch des Kreuzes. - Nietzsche nähert - scheinbar
unkritisch - den, ins Undifferenzierte, Naive stilisierten Wag-
nerschen Siegfried dem eigenen Übermensch-Ideal an, obschon

er sich doch des modern alexandrinischen Exotismus der Epoche
romantischer Eckensteher und ihres, dem Mangel an eigenem
Stil komplementären Geschmacks an vielfacher Kostümierung
in Hinblick selbst auf Winckelmanns und Goethes Griechen, wie
auch auf Hugos Orientalen, Scotts Engländer des 13. Jahrhunderts und namentlich der Edda-Personagen Wagners bewußt
war.[7] - Er findet ferner eine - zunächst notwendig mit des-
illusionierter Verdüsterung und pessimistischer Färbung verbundene - Annäherung an die, dem Menschen eigene, unmo-
ralische Natur durchaus schon in Schopenhauers Anerkennung
der Allmacht des bösen, blinden Triebes (des Willens) vor[8],
aus der Schopenhauer nur die richtige Konsequenz - den Verzicht auf jede, auf traditionellen moralischen Wertungen beruhende, metaphysisch-religiöse Fehlinterpretation - zu ziehen unterläßt. Es gibt nicht nur einen 'reaktionären', halb
deutsch, halb christlich der Moral und Metaphysik verhafteten
Schopenhauer und einen Voltairianer, Europäer und freien
Moralisten (d.h. Beobachter der mores und moralia)[9]; sondern gerade in der scheinbar nur reaktionären Perspektive
der moralischen Verneinung steckt - eben infolge ihrer Anerkennung, der blind-egoistischen, vital-bösen Triebnatur - ,
verpuppt, schon die befreiende. Die Reaktion entwickelt quasi
aus sich heraus, als konsequente Radikalisierung ihrer selbst,
eine Steigerungsform, in der sie sich gegen sich selbst kehrt,
womit sie zugleich schon einer andern, positiven Macht dionysischer Bejahung dient, zu der es Schopenhauer gleichwohl nicht
bringt: gewinnt bei ihm im Endeffekt. doch die reaktionäre
Tendenz als solche noch einmal die Oberhand. Er beschreibt
die Hälfte oder zwei Drittel jener Schleife, die in der Rückbe-
wegung zum Alten - einem reculer pour mieux sauter - doch
dazu bestimmt ist, dies Alte aufzuheben und die neue Gesinnung zu etablieren, was Nietzsche zufolge, jedoch erst ihm
selbst als dem Nachfolger, Fortsetzer, Überwinder Schopenhauers gelingt, indes dieser, trotz richtigem Ansatz, den entscheidenden Sprung noch nicht wagt. Schon bei Schopenhauer
führt die manifest reaktionäre - metaphysisch-moralische -
Gesinnung (die ihrerseits Nachschößling der religiös christlichen ist) zur wissenschaftlichen - als ihrer Konsequenz
und Antithese, ihrer Steigerungsform und ihrem Gegensatz.
Die wissenschaftliche Gesinnung aber deckt nun, als Sinn für
Wahrheit, das irrtümliche ("unlogische") Fundament aller

Moral auf; hebt mithin auch die alte Vorstellung der Sündhaftig-
keit (mithin der Schuld) auf; obschon sie selbst Effloreszenz
des moralischen Sinnes ist und eine Art von nihilistischer Askese darstellt, als deren sublim spielerische Form der Schwebezustand freigeisterhafter Ataraxie erscheint. [10] Zuletzt jedoch
ist auch die wissenschaftliche Gesinnung dazu bestimmt, zur
dritten Macht zu führen, die nun sowohl der metaphysischen
wie der kritisch negierenden als die wahrhaft positive vital
amoralischer Bejahung entgegentritt, welche den Willen ver-
göttlicht - und nun ihrerseits wieder auch den Ausblick auf
eine transzendierende Moral der Amoral und anti-meta-
physische Metaphysik eröffnen mag, was ich aber hier beiseite
lasse. - Schopenhauer, meint Nietzsche, tat einen wesentlichen Schritt zur Anerkennung der Ungöttlichkeit und Sinnlo-
sigkeit des Daseins im Sinne einer sittlichen Weltordnung;
aber statt nun, kraft dieser Anerkennung, das transmoralisch
vitale, quasi schöpferisch göttliche Willenspotential im Menschen zu aktivieren, fällt er - der der Entdeckung der Moral
als Notlüge so nah kam - nur wieder zurück, bleibt stehen
und stecken in ebenden christlich-asketischen Moralperspek-
tiven, welchen mit dem Glauben an Gott doch der Glaube ge-
kündigt war. [11] - Aber: Metaphysik und Mitleidsmoral, die
diese Welt und ihre Natur zugunsten einer andern, von Schopenhauer ja gewissermaßen schon als Nichts erkannten, nun
seinerseits zu verneinen: das hieße die Negation - das
Christentum, bzw. die Romantik, den romantischen Pessimismus - dazu zwingen, sich selber zu annihilieren; das wäre
die Negation der Negation, der Durchbruch, der das Positive
freisetzt.

Statt an dem Trugbild des illusionistisch, melioristisch, moralisch verfälschten 'Naturmenschen' des Rousseauismus zu
haften, hatte das 19. Jahrhundert, in seinen stärksten Repräsentanten, die Kraft dazu, mutig illusionslos, die ganzere
Bestie, die umfassendere, bösere Natur und Animalität zu sehen, aber nicht den Mut, sie gutzuheißen. Man hatte nicht gewagt, das Wachstum der Furchtbarkeit als Kondition auch für
das Wachstum der Kultur zu begreifen; blieb bei der Falsch-
münzerei der Geschichte zugunsten des 'guten' Menschen
und beim sozialistischen Ideal als dem Residuum des Christentums und Rousseaus in der entchristlichten Welt, stehen.

Schopenhauer war nicht stark genug zu einem neuen Ja. Aber er, wie Wagner, hatten schon alles beigebracht und bereitet an Explosivstoffen und an Spannung von Bedürfnissen für Neubedürftige, die, ihrer selbst noch unbewußt, an den alten Werten leiden - mithin für die epochale Krisensituation, in der allein eine Umwertung der Werte erreicht werden kann.[12]

Vergegenwärtigen wir uns nun in einem weiteren europäischen Rahmen in Hinblick auf Wagner und die mit ihm, gemäß Nietzsches Auffassung, aufs engste und innigste zusammengehörigen französischen Spätromantiker jene Bewegung der Selbstvernichtung und Selbstüberwindung der Romantik. Nietzsche nennt diese "letzten großen Suchenden" Vermischer der Künste, Fanatiker des Ausdrucks (wie Delacroix), Entdecker im Reiche der Erhabenen, Häßlichen, Gräßlichen, im Effekte, in der Schaustellung; nennt sie Virtuosen, Feinde der Logik, Exotiker, begehrlich nach dem Ungeheuren, Krummen, Sichwidersprechenden; Tantalusse des Willens, heraufgekommene Plebejer, unfähig ein vornehmes lento zu wahren, Selbstzerstörer durch Arbeit (wie Balzac), Antinomisten, Aufrührer in den Sitten, Ehrgeizige, Unersättliche ohne Gleichgewicht und Genuß; allesamt zuletzt an dem christlichen Kreuze zerbrechend und niedersinkend - wie Wagner, aus dessen Parsifal Roms Glaube ohne Worte ertönt. Diese Revolutionäre gegen deutsches Muckertum, diese Artisten mit ihrer Delicatesse, ihrem Sinn für Nuance - diese décadents (Prototyp: Baudelaire) - mit ihrem fond von Krankheit, von Unheilbarkeit - diese "im ganzen ... verwegen wagende, prachtvoll gewaltsame, hochfliegende und hochemporreissende Art höherer Menschen, welche ihrem Jahrhundert - und es ist das Jahrhundert der M e n g e ! - den Begriff 'höherer Mensch' erst zu lehren hatte", die - wie Wagners Tristan - Wollust der Hölle, Gegengift gegen alles Deutsche boten - Gift: aber "wenn man von einem unerträglichen Druck loskommen will, so hat man Haschisch nötig"[13] - lehnt Nietzsche sie nur ab? Keineswegs. Er identifiziert sich mit der décadence, deren Antipode er zugleich sein will, und im besonderen mit der pessimistisch-nihilistischen Bewegung, die zwar als romantischer Pessimismus die Romantik vollendet, sich aber sogleich dialektisch als antiromantischer Pessimismus oder als rein artistischer Nihilismus gegen die Romantik kehrt, und die er selbst nur

noch radikaler, bis zur Umwertung aller Werte vorantreiben
will, um unter dem Vorzeichen einer bejahenden Vitalität, den
romantischen Pessimismus in einen dionysischen zu verwandeln, den passiven Nihilismus - Symptom für Niedergang
und Rückgang der Macht des Geistes - in den aktiven Nihilismus - das Zeichen der gesteigerten Macht des Geistes -
umzukehren. [14]

Romantik - Wagners Nibelungenschluß -ist Vorbereitung des
Nihilismus im Bereich der Kunst. Typisch ist die Verwandlung von 1830 bis 1850, die Wagner und Flaubert illustrieren,
indem sie Beispiele dafür liefern, wie der romantische Glaube
an die Liebe und die Zukunft in das Verlangen zum Nichts sich
verwandelt. Aber auch in dem Gegenschlag zur Romantik, der
Gegenbewegung, geführt von gegen jeden "Inhalt" gleichgül-
tigen, "reinen" Artisten, meint Nietzsche, macht sich der
passiv nihilistische Zug geltend. Auch sie ist nur reaktiv,
produktiv aus Widerwille gegen die romantischen Ideale und
Lügen; moralistisch, als Sinn größerer Wahrhaftigkeit, aber
pessimistisch; tut die Beichtvater- und Puritaner-Psychologie
d. h. die zwei Formen romantischer Psychologie ab, aber
auch ihr Versuch, sich rein artistisch zum Menschen zu stellen, ist nicht deren wahre Überwindung. Auch da wird die
umgekehrte Wertschätzung noch nicht gewagt. [15]

Die Vergegenwärtigung einer dialektischen Entwicklung, in
der die romantische, die pessimistisch-fast-nihilistisch-
spätromantische, die artistisch-ästhetizistisch-ganz-nihili-
stische nach-und-anti-romantische décadence-Bewegung jeweils selbst die Voraussetzung für ihre Umkehrung und
Selbstüberwindung schaffen, löst scheinbare Widersprüche
in Nietzsches Urteilen auf. Insofern sie die dialektische Bewegung intensivierend und radikalisierend ihren eigenen Untergang und die Aufhebung der Romantik vorbereiten, darf
Nietzsche-Zarathustra die höheren Menschen - die hochfliegende Weise der Spätromantiker, zu denen Nietzsche ja auch
selbst gehört - schätzen: Aber so nah ein Wagner in der
Gestalt des "sehr freien", "harten", wohlgeratenen Siegfried
dem eigenen Wunschbild kam, es geschah ihm und den andern
Spätromantikern mit Fug und Recht, daß sie am Kreuz zer-
brachen: Keiner war tief und ursprünglich genug zu einer
Philosophie der Antichrist. Und fast ebenso kann Nietzsche von

der "geistreichsten Bande" Pariser Geister der sechziger
Jahre, die sich zu den dîners chez Magny zusammenfanden, -
Sainte-Beuve, Flaubert, Gautier, Taine, Renan, die Goncourts,
gelegentlich Turgenjew, usw. - urteilen: "exasperierter
Pessimismus, Cynismus, Nihilismus, mit viel Ausgelassen-
heit und gutem Humor abwechselnd; ich selbst gehörte gar
nicht übel hinein" -; aber auch: "ich kenne diese Herren aus-
wendig, so sehr, daß ich sie eigentlich bereits satt habe.
Man muß radikaler sein: im Grunde fehlt es bei allen an der
Hauptsache: - la force"[16].

Er meinte, er hätte in seinem Frühwerk deutsche Musik und
Philosophie, zumal Schopenhauer und Wagner, als Symptom
der Kraft, Tapferkeit, Fülle, kurz: des dionysischen Pessimismus mißverstanden, obschon sie doch dessen Gegenteil:
nämlich Romantik waren. Aber das Mißverständnis ist, gemäß
Nietzes Auffassung, daraus zu erklären, daß sich die Gegensätze auseinander entwickeln; es nur einer - allerdings der
bedeutsamsten - dialektischen Umkehr bedarf, um romantischen Pessimismus in dionysischen umzuwerten. Und es ist
anderseits auch zu bedenken, daß die Wunschbilder einer,
aus Sehnsucht nach Kraft produktiv gewordenen Schwäche die
Täuschung und Selbsttäuschung begünstigen, sie seien nicht
Symptom des Mangels sondern der Fülle. Wie auch wiederum
der Vitalste, der dionysische Gott und Mensch, sich nicht nur
den Anblick des Fürchterlichen und Fragwürdigen gönnen kann,
sondern selbst die fürchterlichste Tat, jeden Luxus von Zerstörung, Zersetzung, Verneinung; ihm ist das Böse, Unsinnige,
Häßliche gleichsam erlaubt, infolge eines Überschusses von
zeugenden, befruchtenden Kräften, die aus jeder Wüste Frucht-
land schaffen können. [17]

Schön: das ist der klassische, dionysische Pessimismus der
Kraft, dem die Zukunft gehören soll, Nietzsches proprium
und ipsissimum: nur sieht der, wie Nietzsche wohl weiß, dem
andern, dem Pessimismus der Schwäche mitunter zum Verwechseln ähnlich, weshalb denn bei dem so schwierigen Rück-
schluß vom Werk auf den Schöpfer alles wieder auf die "furchtbare Frage" hinausläuft, ob Fülle oder Entbehrung, ob Gesundheit oder Krankheit da produktiv geworden sind. [18] Und die
gleiche Frage erhebt sich auch bei den Gegensatzphänomenen:
18. Jahrhundert der Revolution und Napoleon; Epoche der

Empfindsamkeit und Goethe. Napoleon - Fortsetzer der, von
der Schwäche, dem Rousseauismus inspirierten Revolution,
die ihn erst ermöglicht hat, kehrt die Revolution um, verwandelt sie, dank seiner Kraft, ins Gegenteil: in Überwindung
des 18. Jahrhunderts. Goethe: Schöpfer, nicht des zerstörend-
vitalen dionysischen Pessimismus, aber einer dionysisch bejahenden, auf Verewigung des Menschenbildes gerichteten
Apotheosenkunst, trug 18. Jahrhundert - Gefühlsamkeit,
rousseauistische Naturidolatrie, das Antihistorische, Idealistische, Unreale und Revolutionäre (das nur eine Form des
Unrealen ist) - in sich; aber durch eine, im umgekehrten
Sinn als der Rousseauismus verlaufende Rückkehr, vielmehr
ein Hinaufkommen zur Natürlichkeit der Renaissance, zur
Antike, zu praktischer Tätigkeit, zum Realismus, zur Totalität, überwand er in sich das 18. Jahrhundert, bildete er
sich zur Toleranz aus Stärke, zum dionysischen Allbejaher. [19]

So will Nietzsche selbst - in Hinblick auf Napoleon und Goethe -
Umkehrer, Überwinder der Romantik sein und dekretiert:
"Es ist zuletzt eine Sache der Kraft: diese ganze romantische
Kunst könnte von einem überreichen und willensmächtigen
Künstler ganz ins Antiromantische ... Dionysische umgebo-
gen werden, wie jede Art Pessimismus und Nihilismus in der
Hand des Stärksten nur ein Hammer und Werkzeug wird, mit
dem eine neue Treppe zum Glück gebaut wird"[20]. Daß ihm
dabei die Frage, ob ihn Fülle oder Entbehrung, Gesundheit
oder Krankheit inspiriert, keine Ruhe läßt, ist weniger ver-
wunderlich, als daß er, der so offenbar Kranke, monoman
nach Gesundheit Verlangende - vielleicht gerade weil er, als
ein nach Gesundheit Süchtiger, Verdurstender sich nur noch
des Wunschbilds der Stillung bewußt sein will - diesen, in seinem Sinne ja hoch-romantischen Notstand, sich oder jedenfalls seinen Lesern zu verbergen weiß; mögen sich e contrario
auch aus den Werken und Notizen, direkter aus den Briefen
Nietzsches fortwährende Selbstzweifel ablesen lassen; wie
übrigens sein Zweifel mitunter auch an den Objekten seiner
Verehrung nagt: selbst an dem, im Kampf um die Macht
korrumpierten Napoleon, mehr noch an Goethes "angeb-
lichem Olympiertum"[21].

2.

So ungefähr also sieht sie aus- diese Schleife, die Nietzsche, indem er versucht sie zu beschreiben, selbst zu beschreiben versucht: von einem quasi naiven romantischen Optimismus, der seiner eigenen Negativität noch nicht auf die Spur gekommen ist, zu einem durch Enttäuschungen ent-täuschten, durch Desillusionierung klüger und verzweifelter gewordenen romantischen Pessimismus, welcher umschlägt in den antiromantischen, asketisch desillusionierten Pessimismus und Nihilismus, der hinwiederum - nicht nur aus sich selbst, aber doch auch aus sich selbst heraus - und durch sich selbst - herausfordert zu seiner Überwindung- über die prekäre Indifferenz eines kaum verneinenden und kaum bejahenden, resigniert und spielerisch losgelösten Schwebezustands hinaus - zu einem bejahenden dionysischen Pessimismus und heroisch aktiven Nihilismus und endlich zur dionysischen Allbejahung des schöpferisch und zerstörerisch spielenden Weltkindes, des aus sich rollenden Rades, die gewissermaßen auch den Nihilismus hinter sich läßt, indem sie ihn in sich aufnimmt und aufhebt, obschon er dennoch ihre Voraussetzung ist, ja mehr als das: ihr Grund, Ungrund, Element, sodaß sie durchaus in ihm heiter besteht, mag sie ihn auch in einem fort durch ihre Strahlkraft auflösen.

Diese Schleife - nicht nur Bezwingung einer Krankheit sondern ihr Umschlag in Gesundheit, wobei Gift zur Heilstoff wird - dies annähernde Wunder von Heilung, Wandlung, Transsubstantation - was haben wir davon zu halten? Aber indem ich diese Frage, die ich nicht beantworten werde, auch nur stelle, ja sie reduziere auf die Frage, was uns die von Nietzsche beschriebene Bewegung bedeutet, verdirbt sie mir mein anfängliches Konzept der neutralen Deskription. Und es ist wohl nicht nur Kleinmut angesichts der Größe der philologischen Aufgabe oder Bescheidenheit angesichts der mir unzugänglichen, echt philosophischen Fragestellung, wenn ich, des bloß gelehrten Tons satt, statt nur näher und immer unparteiischer auf das Detail von Nietzsches Bewegung einzugehen, drei, den Modi der Zeit entsprechende Momente dieser Bewegung hervorhebe: ein vergleichsweise konservativ auf Vergangenheit, ein kritisch auf Gegenwart, ein

postulierend p r o j e k t i e r e n d auf Z u k u n f t bezogenes;
eben weil diese mir auch für uns und die akademische Beschäftigung mit Literatur, die sich seit Jahrzehnten ja vielfach im
Fahrwasser von Nietzsches Bewegung bewegt, relevant zu sein
scheinen.

Romantischem Pessimismus, ja einer, ihres Pessimismus
noch halb unbewußten Romantik, die sich wegsehnt aus gegenwärtiger Welt in eine andre, ferne, oder vergangene, aus ak-
tueller Unordnung und akutem Unglauben in die ordo, den Glauben, aus kranker, reflektierender, schizophrener Moderne in
pure, gesunde, vitale Renaissance, und weiter: in die Antike
- solcher Romantik eng verwandt ist eine elegisch konservative,
elegisch pessimistische Kulturkritik, die allerdings sofern sie,
das regressive Pathos radikalisierend, ihren etwas museal
kulturwahrenden Charakter aufgibt, in ihr Gegenteil umschlägt,
den traditionellen Zivilisations- und Kulturrahmen sprengt,
um etwa als Sehnsucht nach einem primitiv utopischen, non-
repressiv vitalen Naturzustand - sagen wir: der Südseeinsu-
laner, oder Willi Reichs Trobiandern, - starke Affinitäten
zu einer revolutionären Zukunftsutopie zu entwickeln; ehe
sie, bei weiterer Intensivierung, jenseits der Inseln sich ins
Meer selbst verliert, mit Benn von thalassaler Regression
träumt bis zum Klümpchen Schleim. - Solange sie nicht dermaßen umschlägt, sondern als elegisch konservativ pessimistische Kulturkritik sich selber treu bleibt, scheint dieses
Moment mir am besten repräsentiert durch das, beim frühem
Nietzsche nur deutlicher hervortretende, beim späten und
spätesten Nietzsche nachwirkende Element Burckhardt, den
Nietzsche als rückgewandten, historisierenden und doch wahrhaft gebildeten Gelehrten der alten Kultur, die ihr Bestes
hinter sich hat, zu schildern nicht müde wird. [22] Durch
Burckhardt, der schon als Jüngling in Abscheu vor merkantiler
Hast, Versklavung, politischem Geschrei und "Begehrlich-
keit der Massen" davon träumt, versenkt im tyrrhenischen
Meer, in stillster Grabesgrotte, Konservator zu werden
("Dann freßt euch auf, ihr Lumpenpack, / Daß wieder Stille
wird auf Erden"). Und exquisit im Sinne dieser Mentalität
scheint mir jene Basler Episode: als in tiefer Erschütterung
bei der Falschmeldung von dem Brand des Louvre in der Pariser Kommune (Mai 71), Burckhardt und Nietzsche sich

gegenseitig in ihren Wohnungen suchen, dann schweigend Hand
in Hand die Treppe zu Nietzsche hinaufgehen, um den gewiß
unvermeidlichen Untergang ihrer Welt in Trauer zu begehen:
"Was ist ihre wissenschaftliche Existenz, wenn ein einziger
Tag die herrlichsten Kunstwerke, an die sie als das allein
Ewige und den höchsten Sinn der Geschichte geglaubt haben,
vernichten kann; wenn die Gegenwart, aus der Burckhardt
in sein Reich der Kunst und Betrachtung floh, jeden Augenblick sinnlos ihre Pranke über die vermeintliche Mauer werfen kann."[23] Ich zitiere das, nicht weil ich es besonders
schön, sondern weil ich es charakteristisch finde. Der epigonal-
museal anmutende, zusammenfassende, liebevoll kritische
Eklektizismus schließt Selbstkritik nicht aus sondern ein:
Burckhardt genießt Nietzsches polemische Analyse des Histo-
rismus als Kulturkrankheit des modernen Alexandrinismus,
wie anderseits Nietzsche mit Burckhardt darin übereinstimmt,
daß die auszeichnende Begabung der Epoche - seiner und
Burckhardts - in dem umfassend gerechten, ubiquitären historischen Sinn liege, der allerdings nur als second-best, als
Schwundstufe kompensatorisch an die Stelle der eigentlichen
kulturellen Kreativität tritt[24] - wie im Schema des Nachfahrs
Spengler, allerdings da schon in Richtung auf die, aus dem
Befund des unabwendbaren abendländischen Untergangs zu zie-
hende Konsequenz eines technologisch armierten, caesaristi-
schem Imperialismus. - Durchaus gehört hierher bei Nietzsche
der, seiner selbst überdrüssige, späte Sokratismus des Faust
der GEBURT DER TRAGÖDIE, der sich nach den Ufern
Griechenlands und der ästhetischen Helena sehnt; aber auch
der Freigeist von MENSCHLICHES ALLZUMENSCHLICHES
in dem Beethovens Neunte Symphonie noch einmal
die längst im Verklingen begriffene metaphysische Saite in
Schwingung versetzt; der nur zu gut die große Kunst begreift,
die allein der Glaube ermöglichte, der nicht mehr möglich ist;
nur zu gut versteht, daß die Menschheit ihr Bestes den metaphysischen Irrtümern verdankt, deren Erinnerung er, der diese Irrtümer durchschaut, nun dankbar festzuhalten entschlossen ist.[25] Nicht nur der frühe und mittlere, auch der späte
Nietzsche bietet - selbst, dort, wo seine manifeste Haltung
die entgegengesetzte ist - Zusammenfassungen, fast (wie er
das selbst von Platos Dialogen behauptet)[26] eine Art von
Arche Noah des abendländischen Erbes, in die er einzelne

schöne specimens in Lebensgröße aufnimmt, andere in
aphoristische Quintessenzen einpöckelt, um sie en miniature
zu bewahren: - eine Arche, bestimmt dazu, Manches hinü-
berzuretten in die Epoche nach der Flut. - Aber er hat auch
seine Absurditäten: dieser elegisch konservative Nihilismus,
der selber gerne glauben möchte, woran er, ach, selbst nicht
mehr glaubt, mit seiner Klage um tote Götter, den toten Gott,
die, wenn es sie je gegeben hätte, wohl kaum gestorben sein
könnten; um die, wenn es sie nicht gab und nicht gibt, man
endlos zu klagen am Ende keinen Grund hat. Sie haben ihre
Absurditäten: die schönen, fast zu schönen Jeremiaden des
enterbten Erben, das Edelgejammer humanistischer Nostalgie;
die Tantaliden - arme Reiche, reiche Arme - zwischen dem
Nicht-mehr und dem Noch-nicht die Vorteile umfassendster
Perspektiven auf Erfüllungsmöglichkeiten - Traubengirlanden,
kühlender Quellwasserspiegel - genießend, die allerdings den,
von Durst Gequälten sich ständig entziehen. Und so mag ihnen
als Steigerungsform, Selbstüberwindung, Transfiguration jener
Schwebezustand erscheinen, von dem Burckhardt sagt: Welch
"wunderbares Schauspiel ... , dem Geist der Menschheit erkennend nachzugehen, der über allen ... Erscheinungen
(unsrer Krisen- und Übergangsepoche) schwebend und doch
mit allen verflochten, sich eine neue Wohnung baut. Wer hie-
von eine Ahnung hätte, würde des Glücks und Unglücks völlig
vergessen und in lauter Sehnsucht nach dieser Erkenntnis
dahinleben."[27] - Ein wunderbares Schauspiel - Burckhardt
fügt zwar hinzu: "freilich nicht für zeitgenössische, irdische
Wesen" -; aber wir sind, offenbar selbst von einer psychologischen Möglichkeit verführt, dem Bereich elegisch pessimistischer Kulturkritik entschwebt in einen schon fast zu-
kunftsfreudigen Bereich der Kontemplation, der seinerseits
wieder nah verwandt ist dem von Nietzsche in MENSCHLI-
CHES ALLZUMENSCHLICHES entwickelten Ideal des
heiter asketischen Freigeists, der, kaum noch ans Leben gebunden, allein um der Erkenntnis willen weiterlebt und dabei
doch, in losgelöstem Schweben über Menschen, Sitten, Gesetzen, Schätzungen, wohl auch auf die Illusion der Erkenntnis
zu verzichten genötigt wird.[28] Damit aber sind wir schon
mitten in der Problematik des zweiten, nicht romantisch auf
Vergangenheit, sondern im wesentlichen kritisch auf Gegenwart bezogenen Moments.

Die Haltung des kritischen Freigeists entwickelt sich bei
Nietzsche vornehmlich als Mut zum Häßlichen, zum Kröten-
fressen, in Affinität zu anti-idealistischen, anti-metaphysischen,
'niedrigen' Perspektiven - zumal einer, niedrige materielle
Interessen und Triebregungen betonenden Psychologie (und
Soziologie), die in allem den - allerdings bald auf- und um-
gewerteten, aus seiner vorgeblichen bloßen Niedrigkeit emanzipierten - Egoismus als treibendes Motiv gelten läßt. Es
entstehen Spielarten der, asketisch, sich Glauben und Romantik, Glaube als Romantik verbietenden, Atheismus gebietenden
Attitüde, wie etwa auch bei Flaubert oder im NIELS LYHNE:
E. g. ein 'reiner' - von moralisch-metaphysischer Interpretation befreiter, von Flammen und Aschen hingeopferter
Metaphysik und Moral noch glühender, in leuchtenderer Ver-
gänglichkeit erstrahlender - Ästhetizismus (es ist Glanz, gewonnen aus der Hingabe der, nun als illusionär geltenden,
ewigen Güter - fast ebenso wie aus dem Heiligentum des
ephemeren schönen Augenblicks -, der nun der perfekten
Geste, dem vollendeten Satz als dem einzig noch Wahren, Gültigen zuwächst); oder die 'reine', d. h. moralinfreie, antimetaphysische wissenschaftliche Haltung - bis zum streng
desillusionierenden Neopositivismus und darüber hinaus: zu,
mit Mitteln der Logik Logik zersetzendem Fiktionalismus.
Wobei man sich zugleich - von Flaubert bis Mann, Jacobsen
bis Musil - immer auch sehr deutlich des Verlusts an vitalen
Illusionen stolz, leidend, beschämt bewußt wird, - zu denen
nun durchaus auch die religiösen, moralischen, dem Leben
Sinn verleihenden gehören: - mithin der décadence, die vielfach als Komplement des radikal desillusionierenden Geistes
erscheint.

Aber hier wäre nun auch an nahezu alles zu erinnern, was
Nietzsche auszeichnet; der nicht bloß den Intellekt, sondern
den Weisen einem alles verzehrenden stillen Feuersturm vergleicht; der groß, der dionysisch ist vor allem als Entwurzler,
Um-und-Umkehrer, Vernichter, Protagonist des großartig
destruktiven, alle scheinbar Gewißheit in Frage stellenden,
verheerenden Zweifels und eines kühnen und bewußt experimentierenden Fiktionalismus und Perspektivismus, sodaß
sein Werk am Ende im Geistigen ein Analogon bietet zu jenem,
von ihm antizipierten Schlachtfeld- und Werkstättencharakter

der Epoche, von der etwa der Nietzscheaner Ernst Jünger,
übrigens auch und gerade in seiner faschistischen Phase
(dem"ARBEITER") schwärmte. - Unerschöpflich interessant ist dieser Zerstörergeist Nietzsches - besonders so lange
man die Last alter hemmender Bindungen spürt, sich fragt:
wovon komme ich damit los?, sich frei werden fühlt - und
auch wiederum, wenn man sich fragt: wohin komme ich damit?,
und sich eines Wozu der gewonnenen Freiheit bewußt zu werden
meint. Aber wie monoton in seiner endlosen Ambivalenz, der
Wellenbewegung, in der auch der Aufbau nur dem Zusammen-
fall des Schaums zu dienen scheint, ist zugleich dies Spiel der
Oszillation um den, in allem Wechsel doch nur immer als
perennierendes Non-Resultat vergegenwärtigten Nullpunkt!

Es bestehen doch wohl direkte Verbindungen zwischen dem, sei
es verzweifelten, sei es ironisch resignierten Asketismus
strenger Antimetaphysiker, die überall das Scheinproblem auf-
zudecken wissen, und dem, auch von Nietzsche unternomme-
nen, paradox anmutenden Versuch als zwecklosen Zweck der,
für unmöglich erklärten Erkenntnis das Durchschauen jener
Welt von Illusionen zu statuieren, in der zu leben wir genötigt
sind. Und ebenso zum Bereich einer, zu allem und nichts bereiten Intellektualartistik (-wie sagte doch der spätere Nietzsche? es fehlt la force! -) im akademischen Zirkus von,
mit dem Spiel immer nur spielenden, irrelevante, feixenden,
traurigen clowns, einer Sphäre des Schwindels, der sophisticated blague des Déconstructeurs, der sich konsequenterweise
längst hätte selbst dekonstruieren müssen, jener scheinbar
nichts und alles gelten lassenden Kritik, die als anonymes
Impersonal über allen Schätzungen zu schweben vorgibt, als
lebe sie - die doch das hochgespielte Produkt einer betrieb-
samen Clique ist - in ihrem reinen Eskapismus durchaus nur
hoch da droben in und von der Luft.

Immer wieder hört man von daher die Auskunft: es sei alles
nur Spiel. Aber einerseits ist ein, durch Statuierung des Spiel-
charakters (des Daseins, der menschlichen Belange, des
Universums) modifiziertes Engagement nicht bloß aufgrund
eines Nihilismus, sondern ebenso aufgrund eines religiösen
oder metaphysischen Fürwahrhaltens, bzw. eines Glaubens
an eine, rein immanent jede jeweilige Position transzendierende Bewegung möglich. Andrerseits hebt, wo man den Spiel-

charakter - Welt-, Denk- und Sprachspiel absichtsvoll miteinander konfundierend - autonom setzt und allzu fest eine
Art von 'dogmatic futility" behauptet, das Spiel sich durch
Einsicht in den Spielcharakter auf und ruiniert sich selbst:
eben weil es sich für autonom hält; was Nietzsche besser
verstand als seine Nachbeter, die übrigens selbst auch Beziehungen zu andern Attitüden unterhalten: zumal des romantischen Pessimismus und des, an mythologisierte Historie
anknüpfenden Bewußtseins der décadence und des Untergangs.
Denn, 'fiddling while Rome burns', sagten sie immer noch
gern ihr › qualis artifex pereo', freilich auch nur in ihrer
Fiktion von Fiktionen, denn in Wirklichkeit sind's harmlose
Pedanten....

Es war hier die Rede vom großen europäischen Thema des
19. Jahrhunderts: dem désillusionement, der Enttäuschung
im Doppelsinn des Worts. Läßt sich das - siehe Flaubert,
Jacobsen, etc. - rein aufspalten in ein positives Bestreben
loszukommen von romantischen Täuschungen und andrerseits:
in die Bitterkeit des Enttäuschten, der die Illusion verloren
hat, und seine Einsamkeit und Nüchternheit? Aber die geht
nun auch mit dem Stolz der Mündigkeit (des Mündiggewor-
denseins), mit einem neuen Gefühl der Freiheit, der Kraft -
auch im amoralischen Abwerfen moralischer Schranken -
einher. Und hier wäre ein Ansatzpunkt für den dionysischen
Pessimismus und den heroischen Nihilismus der Spielfreude:
bis zur Verwegenheit der Maxime: nichts ist wahr, alles ist
erlaubt; die gleichwohl eng benachbart ist dem kafkaschen:
es ist alles Lüge, alles verboten; noch näher aber der Meinung, es sei, da nichts wahr ist, auch sowohl alles wie auch
nichts erlaubt: nämlich alles indifferentes Spiel fiktiver Differenzen. Merkwürdig, wie das Nietzsche so gemäße, zerstörende Spiel des Nihilismus im Perspektivismus, im Fiktionalismus auch wieder Formen des Eskapismus entwickelt: in
fin-de-siècle-Esoterik derer, die an nichts mehr glauben in
ihren elfenbeinernen Türmen und unterirdischen Palästen,
fern der blöden, noch illusionsgläubigen Menge; aber vielleicht auch in Beziehung zu der etwas absurden Esoterik
mancher, seit den zwanziger Jahren florierenden, linkskri-
tizistisch-avantgardistischen Elite-Intellektuellen in ihrer
Entschlossenheit zu wirkungsloser Radikalität; sowie - auch

gegenwärtig - in Ausflüchten vor den, nur noch in Gänsefüß-
chen gesetzten Realitäten, die sich allerdings - einem on dit
zufolge - davon, daß man sie - Nietzsches Sprachkritik und
epistemologische Aperçus auswalzend - nur noch als sprachliche Fiktionen unter andern anerkennt, bisher nicht ver-
flüchtigen lassen haben sollen.

Aber was habe ich eigentlich gegen jene Kritiker, die zwischen
dem antiromantischen, aber romantischem Idiom und romantischem Pessimismus noch halb verfallenen Nihilismus Flau-
berts und einem, zur eigenen Selbstgenügsamkeit und Serenität
sich beredenden Nihilismus fluktuieren; deren Attitüde suggeriert, daß sie aus einem verzweifelten in einen heiter resignierten, spielerischen Nihilismus hinüberwollen; weshalb
sie jedem Text, der ihnen wert ist, ihren Nihilismus vindizieren oder unterschieben; was eben beweisen soll, daß ein
Autor, der was taugt, nie was Bestimmtes zu sagen hat; daß
ein Text, der was taugt, ausschließlich ein sich selbst ge-
nügendes Spiel mit fiktiven Perspektiven treibt, die einander
aufheben; und daß ebendies das einzig Gute-Wahre-Schöne sei,
das an die Stelle der ehemaligen Wirklichkeit und des abgedank-
ten Guten-Wahren-Schönen zu treten habe? Man sagt von manchen dieser Kritiker, sie hätten in den Abgrund geschaut und
seien lächelnd wiedergekommen: Das charakterisiert sie gut,
wenn man nämlich bedenkt, daß diese lächelnden Revenants
oder feixenden Schälke in ihrer defensiven Schlauheit auch leugnen, daß es überhaupt einen Abgrund gibt, in den man schauen
könnte, da ja vielmehr das, in sich selbst genügsame Spiel
der mit sich spielenden Philologen - will sagen: der Texte,
der Sprachfiktionen - das Ein und Alles sein soll ... Sieht
man ab von der, bei Philologen verständlichen, wenn auch
etwas schwachsinnigen Illusion, daß durch Erweiterung der
Sprachmetapher - e. g. durch Bezeichnung aller Erfahrungs-
gebiete als Texte, die ja die Nötigung zur Unterscheidung zwischen diesen (wenn auch nun innerhalb der Textmetapher)
nicht aufhebt - etwas wesentliches gewonnen sei; so ergibt
sich deutlich wiederum die Nähe zu dem, schon erwähnten
Freigeistideal des mittleren Nietzsche, der im sehr bewußten,
von Affekten weitgehend entlasteten Kreisen über als fiktiv
erkannten Schätzungen sein Genüge finden wollte; wobei allerdings nachdenklich stimmen mag, daß der spätere Nietzsche

in dieser Vorstellung, in dieser Entfernung von jedem vitalen
Engagement, ein pathologisch defensives, bestenfalls aber ein
Rekovaleszenten-Ideal sieht - härter: die Weisheit jener Weisen, die nur "Zwiespalt und Zwitter von Pflanze und von Gespenst", von passiv vegetierender und schattenhafter Geistigkeit sind, da ihm ihr Versuch über die perspektivistischen
Schätzungen h i n w e g zukommen ein "lebensfeindliches und
auflösendes" Prinzip zu repräsentieren scheint. [29]

Immerhin, geben wir zu: man kann die Werke Nietzsches infolge ihres reichhaltig fragmentierten und desintegrierten
Charakters und seines, mit Perspektiven immer wieder auch
spielenden Denkens so lesen, daß dabei nichts andres heraus-
kommt als eben dies, sich selber konstruierende und dekon-
struierende, aufbauende und verschlingende Perspektivenspiel;
ja man kann auch mit Nietzsche das Universum (inklusive
Texte) als ein solches Spiel betrachten. Und warum sollte
eine derartige analytisch-kontemplative Betrachtung nicht den
Lebensstil von Intellektuellen bestimmen? Aber das heißt
weder, daß dieser Kontemplation nun im Sinne Nietzsches die
Aufgabe hätte, die einzelnen Gegenstände der Betrachtung der
eigenen, quasi neutralisierten Haltung anzugleichen, da das
große, sich aufhebende, zu betrachtende Spiel erst aus dem
Widerspruch der spezifisch dezidierten und engagierten Perspektiven sich ergibt; noch daß jener neutralisierte, quasi
aperspektivische Perspektivismus für Nietzsche nicht auch
ein illusionärer ist oder wird.

Die da oben hocken und immer nur den Spielcharakter betrachten - sind das nicht diejenigen, die nicht mitspielen,
deren Enthaltsamkeit nur defensiv die Kondition verleugnet,
die sie selbst als die allgemeine behaupten? Gehört der Entschluß zum Einsatz, zum Mitspielen, am Ende zu jener zwingenderen Perspektive, in der für den späteren Nietzsche allein
die Wahrheit bestehen soll? Das Genügen am Aushängen des
Willens, der Schwebezustand - wenn er mehr sein will als
Rekonvaleszenz und Übergang, nämlich: Beharren in der
'reinen' Dekonstruktion, - erweist sich nicht nur als Illusion
der Desillusionierten, sondern als Symptom, u. z. nicht nur
dem späteren Nietzsche zufolge. Unser modernster, mit sich
spielender Nihilismus illustriert ebendies: er hat den Charakter des Eskapismus in Anbetracht einer Situation, die man im

Grunde für aussichtslos hält. Die Haltung der, sich im Perspektivenspiel genügen wollenden Virtuosen der Dekonstruktion
empfiehlt sich, wenn man an die Möglichkeit einer konstruk-
tiven Weltgestaltung nicht glaubt; die dem Menschengeschlecht
oder der eigenen Gesellschaft zugemuteten Probleme (Aufgaben) nicht für lösbar hält; sich aber über die Aussichts-
losigkeit trösten (sich etwas vormachen) will, indem man sie
zur universalen Kondition erhebt und ihr einen sich genügenden
Spielcharakter vindiziert. Es ist eine Naivität der, bei der
Intellektualität der zwanziger Jahre stehenbleibenden Mentalität, die aus der Erfahrung des Faschismus nichts gelernt hat,
obschon oder eben weil sie von ihr immer noch immobilisiert
und quasi okkupiert ist, - eine Naivität so mancher Kritiker
französisch-strukturalistischer Observanz, - zu glauben, daß
man der Nötigkeit zur Eindeutigkeit , zur Festlegung der
Wünschbarkeiten, zu einem, mehr als zum Spiel schlechthin
sich bekennenden Programm entgehen könne. Wo die längst
nicht mehr latente, sondern manifeste Bedrohung unserer
Zivilisation durch die, von ihr geschaffenen Mittel und Zustände anerkannt wurde und wird (und das war schon zu
Nietzsches Zeit der Fall), kann und konnte die zukunftsträch-
tige Antwort nur eine sein, die sich zu einer, für richtig, er-
sprießlich, der Situation gerecht werdenden, mithin auch
Wahrheitsgestalt in sich bergenden Lösung, Arbeit, zu einem
positiven Versuch entschließt und nicht in reinem Spielcharakter zu verharren wünscht. Die sich aus dem verzweifelten
in einen heiteren Nihilismus bewegende, den Spielcharakter
aller Standpunkte, Erkenntnisse, Bemühungen betonende Bewegung, die alles relativiert nur nicht ihren eigenen Relativismus, alles als perspektivistische Illusion durchschaut, nur
nicht ihre eigene Verfallenheit an den Perspektivismus, ist
zumindest a u c h Symptom mangelnden Entschlusses und
Willens, dem was realiter offensichtlich droht, mit einer
Bemühung zu seiner Bewältigung zu begegnen.

Nietzsche war sich darüber im Klaren; und wenn er in seiner
späteren Phase hinter seine These oder Einsicht in den fiktio-
nalen Spielcharakter des Daseins, der Erkenntnis , usf. zu-
rückzugehen scheint, indem er dogmatisch, apodiktisch,
imperativisch fordert, so nur darum, weil er aus seiner These oder Einsicht - an sich und formaliter berechtigte, wenn-

gleich in ihrem konkreten Gehalt vielfach unberechtigte und
unbesonnene - Konsequenzen zieht.

Ich sprach von zwei - immerhin legitimen - modi: dem
bewahrenden, elegisch auf Vergangenheit als Gegenwart,
Gegenwart als Glied der Vergangenheit basierenden, gegen
den der antimetaphysische Affekt sich richtet; und dem kritisch auflösenden, in dem es schließlich weder Vergangenheit noch Zukunft gibt, sondern (obschon man oft das Gegenteil behauptet) nur Gegenwart als Spiel der sich auffächern-
den, ständig im Wechsel begriffenen différance. Bleibt der
dritte, der projektierende (reformatorische, revolutionäre,
utopische), der planend auf Zukunft gerichtete modus als der
uns gemäßeste. (Denn mangels einer Offenbarung, die eine
metaphysische Erfüllung erschließen könnte, steht wohl
nichts andres zur Wahl als Planung, Entscheidung, u. z. auch
für den, der glaubt, daß selbst der eigene Entschluß noch
Antwort ist auf das, was uns hält, erhält, nötigt).

Ein Vorteil der von Nietzsche eingeführten Betrachtungsweise
liegt im Bewußtsein des inkohativ perspektivistischen, vor-
läufigen, interpretativen Charakter unsres Selbst- und Welt-
bildes; einer Ansicht, der gegenüber etwa der ältere Marxismus mit seinem dogmatischen Aberglauben an, durch kon-
stante Interessen und Interessenkonflikte in ihrem vorherwiß-
baren Verlauf bestimmte Abläufe der 'Geschichte', wie auch
die, zur universalen Fatalität erhobene, individualhistorisch
biopsychische Mythologie mancher orthodoxen Freudianer und
ihre starre Auffassung von dem Verhältnis zwischen einer als
objektiv statuierten Realität und einer subjektiv psychischen
quasi im 19. Jahrhundert zurückgeblieben sind.

Aber mag Nietzsches Prozedur für die, an einer Vorstellung
metaphysischer Absoluta - e. g. des Guten, Wahren, Schönen -
Haftenden auch Schockwirkung haben: wenn er etwa das Schöne
und Gute nun nur als vornehmste und vitalste Perspektiven gelten läßt, so liegt es ihm fern alles in einen nivellierenden,
relativistischen Topf zu werfen. Vielmehr proklamiert er die,
im Sinne seiner Postulate gemäßen Kriterien, Steigerungsfor-
men, Hierarchien. Das Wahre soll fortan nur als zwingendste,
umfassendste Perspektive gelten - samt zugehörigen Hierarchien
von mehr und weniger zwingend umfassenden. Aber abgerechnet

die Prätention auf Absoluta: - wie weit ist man mit dieser
Umbenennung von älteren Auffassungen entfernt? - Zwar mag
man an einer durchgehenden Leistung der Relativierung aller
intellektuellen, wie aller emotionellen Perspektiven dennoch
festhalten: Die Behauptung der zwingenderen und zwingend-
sten, umfassenderen und umfassendsten Perspektive mag nicht
dasselbe sein, wie die apodiktische Behauptung eines unverän-
derlich Absoluten; der Spielcharakter mag nicht verloren gehen: - Es ist wie bei sportlichen Wettbewerben: daß einer
schneller läuft als der andre, ist nicht abzuleugnen; beweist
die Überlegenheit des einen über den andern; aber auch die
bisher schnellste Zeit ist nicht als Absolutum der Schnelligkeit
festzulegen, zu behaupten, zu glauben ... Grade weil er kein
Jenseits der Perspektiven, auch keine einzig absolut wahre
anerkennen will, zieht Nietzsche - mit Recht - aus der, von
ihm geforderten Einsicht in den Spielcharakter des Daseins
die Konsequenz des Postulats intensiv-vitalen Engagements
im Kontext der Perspektiven; und legt auf dieses Postulat
und die ihm dienenden Hypothesen und Postulate zusehends
immer größeren Wert, - größeren auch als auf seinen Pan-
Perspektivismus. Nicht in diesem sieht er seinen entscheidenden Beitrag: Auch die Hypothese der ewigen Wiederkehr ak-
zentuiert er nur, insofern sie, die Kranken erschütternd, daß
sie vor Unlust vergehen, die wenigen Andern zum stärksten
Engagement provoziert: zur höchsten schöpferischen Leistung,
Bejahung, Selbstrealisierung. Und auch den Willen zur Macht,
scheint mir, will Nietzsche nicht primär als erklärende Hypothese propagieren, sondern er drängt auf seine möglichst konkrete Auffassung in der Gestaltung der Kultur, des Staates,
der Mentalität, der Physis des zu erzielenden, nur noch als
Postulat utopischen Engagements fungierenden Übermenschen.
Durchaus im Gegensatz zu jenem modernen Vorurteil: Es
käme nicht auf Antworten, sondern nur aufs Fragenstellen, auf
das In-Frage-Stellen, an, fordert 'the postmodern Nietzsche'
Eindeutigkeit, Antwort, wenngleich als Tat, Verwirklichung,
Gestalt. Wie stellt sich von hier aus nun die, im Sinne eines
antimetaphysischen Perspektivismus auch nur illusionäre -
'aperspektivische' - Perspektive der Losgelöstheit dar? Nur
als eine unter andern? Oder - da jede Erkenntnisperspektive
nun als Funktion und Symptom einer vitalen, eines vitalen
Interesses, zu gelten hat - als eine, die noch der alten meta-

physischen Illusion verpflichtet bleibt: als gäbe es den, der
allgemeinen Verflochtenheit in die Irrtümer der Welt enthobenen, rein geistigen und darum dem absoluten An-sich der
Dinge näheren Zustand; der doch, da kein An-sich, keine
vita contemplativa, die sich durch Askese ihm annähern könnte, anerkannt wird - nun selbst eher als Schwundstufe der
Vitalität, wohl kaum als im Sinne des Vitalideals privilegiert,
erscheint. Erst das auf konkrete Gestalt bezogene kreative
Engagement überwindet die Problematik des, aufs Jenseits
sehnsüchtig weltflüchtig bezogenen, romantisch metaphysischen
Bedürfnisses. - Oder weiß sich bei all dem in Nietzsches
Spätphase dieses metaphysische Bedürfnis doch auch immer
wieder durchzusetzen und feiert, eben gerade da es für endgültig überwunden und abgetan erklärt wird - transfigurierte
Wiederkehr des Verdrängten, Totgesagten - eine Wieder-
auferstehung als Metaphysik des Willens zur Macht, der
in seinem temporalen Modus der ewigen Wiederkehr dem Werden den Stempel des Seins aufdrückt? Auf diese Frage, wie
auch auf die Frage, ob solche Metaphysik, wenn sie vorhanden
wäre, als weitere 'Transzendenz' oder aber als Regression,
als Rückfall aufzufassen sei, gehe ich hier nicht ein. Ich
begnüge mich damit, die Schleife bis in die Phase des Projekts,
des als Postulat proklamierten Programms zu verfolgen.

Wir wissen: die Befähigung zur Realisierung der schöpferisch
engagierten Perspektiven des Kindes - des aus sich rollenden Rades - gilt dem späteren Nietzsche als entscheidend.
Dennoch, meine ich, versagt er hier - und zwar offenbar,
insofern er den romantischen Pessimismus eben nicht überwunden hat, sondern ihn nur überschreit.

Nicht in Frage gestellt wird hier: die prinzipielle Berechtigung der intendierten Bewegung aus dem romantischen Pessimismus zum Pessimismus der Stärke, aus verzweifeltem zu
aperspektivistisch spielerisch auflösendem, endlich heroischem
Nihilismus, der, seiner selbst überdrüssig, sich überwinden
soll zur autonom illusionslos bejahenden Kreativität; und damit wohl auch: die Berechtigung einer Bewegung vom skeptisch analytischen Stil zum utopisch proklamierenden, postu-
lierenden, sei es auch imperativischen, des Nicht-mehr- und
Über-Nihilisten. Anerkannt wird die Einsicht in die Notwen-

digkeit des Engagements, der Wendung zum positiven Projekt, zumal jene, von Nietzsche geforderte Arbeit an ökumenischen Zielen, die sich die Menschheit nunmehr selbst zwecks bewußter Gestaltung der Kultur zu geben habe.[30] Auch will ich hier - obschon er mich so wenig überzeugt, wie der feierlich jugend stilartige, parodistische Bibelton des Zarathustra - nicht Anstoß nehmen an Nietzsches Versuch, das zur Heiterkeit geläuterte Dionysiertum im Sinne einer nicht mehr defensiven Klassik zu stilisieren, wie sie sich mitunter beim späteren Goethe findet, zumal aber bei den Griechen; wie denn überhaupt Nietzsches Geschmack und Prophetie in der Hoffnung auf Erneuerung einer, von Metaphysik gereinigten Superantike zu kulminieren scheint. Aber ich gehe nicht mehr mit, wenn nun, in engem Anschluß an diese Antike, den langen Atem, die Klassizität, Latinität des großen, quasi römisch imperialen Stils aere perennius, der Machttraum caesaristisch diktatorischer Weltherrschaft und großer Politik sich auftut[31]; Nietzsche, in Hinblick auf den, auf breitester Basis (infolge des gerade dazu nützlichen Demokratismus, i..e. der Verfalls- und Versklavungsform des Menschen, seiner Vermittelmäßigung und Werterniedrigung[32]) geschaffenen, durchaus nötigen, massenhaften Sklavenstand, in Distanzgefühlen luxurierend, das Lob der, nur den Wenigen zustehenden Herrenmoral, der vornehmen Rassen anstimmt, auf deren Grund die prachtvoll nach Beute und Sieg lüstern schweifende Bestie nicht zu verkennen ist[33]; seine Phantasie schwelgen läßt im sadomasochistischen Eros, der das Rudel der blonden Raubtiere, den staatenbildenden Männerbund zusammenhält, aber auch innerhalb der, nach außen und unten sich austobenden Eliten, jeden mit jedem das Spiel tyrannisierenden Wettbewerbs und der Unterjochung genießen und erleiden läßt, bis hinauf zur einsamen Spitze des Supertyrannen. Was da losgelassen wird- inklusive die, übrigens absichtsvoll, raffiniert zubereiteten Brutalitäten, Atrozitäten, nicht zuletzt pour épâter les bourgeois -: es ist zugleich doch echte Phantasie und Utopie; Gegenbild zur Existenz des Einzelgängers, des in sich gekehrten Gelehrten; zur Sekurität und aus der bourgeoisen Sekurität des 19. Jahrhunderts, des bourgeois anti-bourgeois, durchaus wie bei Flaubert: gerichtet gegen den flôt de merde der Bourgeoisie und der Masse, freilich auch in Haß gegen und

aus Angst vor dem heraufkommenden, fordernden Pöbel: Gegenbild - auch darin Flaubert ähnlich - zur, als unabwend-
bar empfundenen décadence, dem Gefühl der Gewißheit, selbst
ein décadent zu sein; und zur eigenen Krankheit, der Nietzsche,
je rettungsloser er ihr verfällt, umso unentwegter, eine über-
hitzte, e contrario von der Pathologie inspirierte, im Kampf
gegen das eigene Leiden, das taedium vitae, die Todessüchtigkeit forcierte, krasse Utopie von hybrider Gesundheit ab-
gewinnt: Die Utopie eines Leidenden, Lebensmüden, der
sich und aller Welt das Ideal superabundanter Vitalität ein-
brennen muß, das eben darum symptomatisch wird für das
eigene, engste Leid des Torturierten; der sich am Rande des
Irreseins megaloman in den Wahn der mehr als königlichen,
eigenen Vollkommenheit steigert: ecce homo - "Müßiggang
eines Gottes am Po entlang"...[34]

Dieser hybride Kranke, vor allem: dieser Protofaschist, den
man - Nietzsche im Sinne des heute Akzeptablen entschärfend -
gern eskamotiert, womit man ihn in umgekehrtem Sinne verfälscht als die Nazis, die gerade den Protofaschisten für,
allerdings in seinem Sinn allzu plebejische Zwecke als ihren
Propheten ausschlachteten: - dieser kranke Nietzsche mit
seiner Super-Gesundheit, dieser von Ressentiments Geplagte
mit seiner exzedierenden Vornehmheit, dieser durchaus echte
Protofaschist, der ja gerade dann zutage tritt, wenn man nach
dem 'Positiven' fragt, ist, scheint mir, weitgehend ein Produkt des romantischen Pessimismus: des Wunsches von dem
Eigenen - sei's der Zeit und Welt, in der man lebt, sei's von
sich selbst, dem eigensten, physisch-psychischen Leiden -
weg- und loszukommen in ein phantasiertes Jenseits: mag
dieses auch eine klassizistische Utopie der Stärke und Gewalt
in einem phantasierten Diesseits sein, in dem sich nicht bloß
allzuviel wagnerianisch Siegfriedhaftes, zuviel Delacròix, zuviel Baudelairemäßiges findet, sondern das am Ende e contrario von den Zügen der eigenen Krankheit, die Nietzsche so
überreichlich 'kompensiert', verzerrt wird. Ich meine, daß
es hier, in der, für Nietzsche entscheidenden letzten Wendung, jener Bewegung aus dem romantischen Pessimismus -
in der Vision engagiert positiver Produktivität, des schöpferischen Kindes, des auf den Übermenschen bezogenen Über-
kulturprogramms der wiedergewonnenen Unschuld - Nietzsche
ähnlich ergeht wie Thomas Manns Aschenbach: die Bewegung

sich zum Krampf verzerrt, in Auflösung gerät, er in wesentlichen Stücken in ein, aus dem romantischen Pessimismus ge-
borenes Wunschbild, ein Negativ zur eigenen Misère regre-
diert: daß er mithin in seinen positivsten Positiva am unver-
läßlichsten, wohl selten irrelevant, aber auch fast nie beim
Wort zu nehmen ist; weshalb man ihm übrigens auch seine
Ambiguität zugute gehalten hat, als wäre Unklarheit im Fordern, im Befehlen ein Vorzug...

Die Bewegung der Schleife, von der hier die Rede war, wird
von Nietzsche nicht rein vollzogen. Er kommt nicht völlig und
in Wahrheit zu der Gestalt, die das Problem erledigt, weshalb
auch keine der soi-disant 'überwundenen' Phasen der, immer
wieder von neuem - wenn auch immer mehr im Sinne der letzten Schritte - vollzogenen Bewegung verschwindet. Ein Beispiel dafür ist der Antichrist und Eiferer gegen Wagner, der
das Vorspiel zum Parsifal als größte Wohltat bezeichnet, die
ihm seit langem erwiesen wurde, und zwar in Anbetracht der
unbeschreiblichen Macht und Strenge des Gefühls, die, wie
sonst nichts, das Christentum - "in der Tiefe" nehme und
"zum Mitgefühl" bringe[35]. Das Bedenkenswerte und Bedenk-
liche dieser Erschütterung, die vielleicht einem Literaten
gemäß wäre und ihm nur Ehre machte, wird einem deutlich,
wenn man sich den Anspruch des späten Nietzsche darauf,
Stifter der, die Millennia der Metaphysik und zumal des Christentums ablösenden, sie im höchsten Sinne aufhebenden Über-
Religion der nächsten Jahrtausende zu sein. Man stelle sich
den Gründer eines neuen Glaubens im Zustande schwermütiger
Nostalgie im Andenken an den alten vor, den er anderwärts
als pures Gift verdammt: - wenn nicht Moses angesichts
der Götter Ägyptens, so Luther, der immerhin mit dem Papst
noch Dogmen teilte ... Aber offenbar ist hier jeder Vergleich
absurd, und zwar auch in Anbetracht des, von Nietzsche explizite dramatisierten Agons und Eros, wobei einem allerdings
der Verdacht kommen könnte, daß vielleicht jene Denkbewegung, die sich als exquisit dialektisch darstellen, die noch im
Fluß befindlichen, ungelösten, unerledigten sein mögen. Das
Dialektische - heißt das vielleicht: das Unerledigte? Und
eben weil bei Nietzsche die hier in Rede stehende Bewegung
und ihre Phasen nicht bis zur Vollendung und Erledigung gebracht wurden, gibt es immer auch die Möglichkeit, ihn im

Sinne dieser unerledigten einzelnen Phasen zu lesen: also etwa
des elegischen Nicht-mehr, der Sehnsucht nach verlorner Geborgenheit; oder aber im Sinne des, sich jede Illusion verbietenden, wissenschaftlerisch gesinnten, sokratischen, endlich
aber auch die Wahrheitssuche als Illusion sich untersagenden,
asketisch skeptischen Freigeist; im Sinne des, in und über den,
als Illusion erkannten Sphären illusorischer différences heiter
schwebenden oder heiter grimassierenden Nihilismus; im Sinne eines heroisch destruktiven, aktiven, tragisch dionysischen
Pessimismus, im Sinne eines, neue Welt- und Selbstschöp-
fungen spielerisch entwerfenden, den Nihilismus bejahend
transzendierenden Projekts; usf. Denn alle diese Möglichkeiten, sowie die verbindenden und transzendierenden Stufen,
bleiben als Möglichkeiten in Nietzsches Texten angelegt, was
sowohl eine Stärke wie eine Schwäche dieses vieldeutigen und
uns, wohl auch in dieser Vieldeutigkeit und Ambiguität noch
nahestehenden Schriftstellers ausmacht. Ich aber gehöre zu
den Lesern, denen am Ende bei Nietzsche die heiter, leidenschaftlich, rastlos, alles und sich selbst verzehrende Aktivität und Passion der Erkenntnis imponiert, die sich am
reinsten dort darstellt, wo sie ihre eigene, menschlich allzumenschliche Bedingtheit und Vorläufigkeit, ihren inkohativen,
experimentierenden Charakter nicht mehr und noch nicht verleugnet.

Anmerkungen

1 Siehe Peter Heller: "Von den ersten und letzten
   Dingen". Studien und Kommentar zu einer Aphorismen-
   reihe von F. Nietzsche (Berlin, 1973), S. 268-357, insbes.
   299-345. Der erste Teil des folgenden Essays faßt u. a.
   ebd. ausführlicher dokumentierte Auffassungen zusammen. Zum Terminus Romantik bei Nietzsche ist zu
   bemerken, daß Nietzsche sich zwar auch in den Früh-
   schriften mit polemischer Spitze gegen "die Romantik"
   wendet, deren zumal Schopenhauer ausschließenden
   Begriff aber enger faßt (vgl. "DAVID FRIEDRICH
   STRAUSS", Abschnitt 2; UNSCHULD DES WERDENS I,
   35, 72; Heller, op. cit., 300, 322) als - zumeist - in
   seinen späteren Schriften.

2   Die Belege zu den, in dem Absatz kombinierten Zitaten
    finden sich in WILLE ZUR MACHT, Abschnitt 98;
    GENEALOGIE DER MORAL, 1. Abhandlung, Abschnitt
    16 (Ende); DIE UNSCHULD DES WERDENS, II, 407 f.;
    FRÖHLICHE WISSENSCHAFT, Aphorismen 361, 362.
3   MENSCHLICHES ALLZUMENSCHLICHES, Vorrede,
    7. Abschnitt.
4   FRÖHLICHE WISSENSCHAFT, Aphorismus 370.
5   MENSCHLICHES ALLZUMENSCHLICHES II,
    Vorrede, 7. Abschnitt.
6   Siehe GEBURT DER TRAGÖDIE.
7   WILLE ZUR MACHT, Abschnitt 829.
8   WILLE ZUR MACHT, Abschnitte 91, 120; NIETZSCHE:
    Kritische Gesamtausgabe, ed. Coll.: Montinari, Berlin
    Abt. IV, Bd. 3, 404, 407.
9   UNSCHULD DES WERDENS I, 240; FRÖHLICHE
    WISSENSCHAFT, Aphorismus 99; vgl. ferner zu dem
    Obigen und dem Folgenden die Belege in Heller, op. cit.,
    320-345.
10 Vgl. KRITISCHE GESAMTAUSGABE IV 2, 555, 415
    und MENSCHLICHES ALLZUMENSCHLICHES I,
    Aphorismus 34.
11 FRÖHLICHE WISSENSCHAFT, Aphorismus 357;
    GENEALOGIE DER MORAL, 3. Abhandlung, Abschnitt
    27.
12 WILLE ZUR MACHT, Abschnitte 1017, 1008; JEN-
    SEITS VON GUT UND BÖSE, Abschnitt 257.
13 Ibid., Abschnitt 256; ECCE HOMO, Warum ich so
    klug bin, Abschnitte 5 und 6.
14 WILLE ZUR MACHT, Abschnitt 22.
15 WILLE ZUR MACHT, Abschnitt 1 ("Zum Plan"; Ende);
    Abschnitte 106, 56.
16 JENSEITS VON GUT UND BÖSE, Abschnitt
    256; F. Nietzsches GESAMMELTE BRIEFE (vgl.
    op. cit. IV, 337 f).
17 FRÖHLICHE WISSENSCHAFT, Aphorismus 370.
18 Ibid., UNSCHULD DES WERDENS I, 166.
19 GÖTZENDÄMMERUNG, Streifzüge, Aphorismen 44
    und 49; WILLE ZUR MACHT, Abschnitt 104.
20 UNSCHULD DES WERDENS I, 166.

21 UNSCHULD DES WERDENS II, 417; WILLE ZUR
    MACHT, Abschnitt I ("Zum Plan"; Notiz Nr. 7).
22 Vgl. MENSCHLICHES ALLZUMENSCHLICHES,
    Aphorismus 24; GÖTZENDÄMMERUNG, Streifzüge,
    Aphorismus 5; und zum Thema Nietzsche und
    Burckhardt Heller, op. cit. 41-54, 232-246, wo sich
    auch Belege und Literatur zu dem Folgenden finden.
23 Zitiert nach dem Nachwort von Rudolf Marx zu Jacob
    Burckhardt, WELTGESCHICHTLICHE BETRACH-
    TUNGEN (Kröner; Stuttgart, ohne Datum), 287.
24 Vgl. etwa Burckhardt, op. cit., 212 f. , auch 69 f.;
    Nietzsche, MENSCHLICHES ALLZUMENSCHLICHES
    II, Aphorismus 179; KRITISCHE GESAMTAUSGABE
    IV 2, 505, 559.
25 MENSCHLICHES ALLZUMENSCHLICHES I,
    Aphorismen 153, 220, 20; UNSCHULD DES WERDENS I,
    406.
26 Wenn auch in wenig schmeichelhaftem Sinne; siehe
    GEBURT DER TRAGÖDIE, 14. Abschnitt.
27 Burckhardt, op. cit. , 273 f.
28 MENSCHLICHES ALLZUMENSCHLICHES I,
    Aphorismus 34.
29 ZARATHUSTRA, Vorrede, 3. Abschnitt; WILLE ZUR
    MACHT, Abschnitt 608.
30 Vgl. MENSCHLICHES ALLZUMENSCHLICHES I,
    Aphorismus 25.
31 Vgl. zu dem Folgenden die Begründungen und Belege
    in Heller, op. cit. , 220-227 (Nietzsches Machttraum),
    258-261, 284-287 (Antisozialismus), 262-289 (Kon-
    zept der Vornehmheit); ferner etwa die Stichworte
    "Herr" (Herrenmoral) und "Sklave" in Oehlers
    NIETZSCHEREGISTER (Kröners Taschenausgabe).
32 JENSEITS VON GUT UND BÖSE, Aphorismen 202, 203.
33 GENEALOGIE DER MORAL,1.Abhandlung, Abschnitt 11.
34 ECCE HOMO, "GÖTZENDÄMMERUNG", 3. Abschnitt.
35 KRITISCHE GESAMTAUSGABE VIII 1, 202 f.

Nietzsche über die Vornehmen und die Vornehmheit

Vornehmheit und die Vornehmen beschäftigen Nietzsche in jeder Phase seines Werks. Der Themenkreis ist mehr als nur implizit in der idealistisch ästhetischen Phase der GEBURT DER TRAGÖDIE und der UNZEITGEMÄSSEN BETRACHTUNGEN mit ihrem Leitsatz, daß die Welt nur als ästhetisches Phänomen gerechtfertigt sei. Denn Nietzsche sieht den ästhetischen Bereich, Kunst, Künstler nie nur im engeren , fachlichen Sinn, sondern immer auch unter dem Aspekt des Lebens, des schönen, daher edlen, vornehmen Lebensstils und der zu einem derartigen Lebensstil Befähigten, der wahren Aristokratie, des echten Adels. Und wenn er sich in seiner zweiten, radikal skeptischen Phase, die mit MENSCHLICHES ALLZUMENSCHLICHES einsetzt und über die MORGENRÖTE zur FRÖHLICHEN WISSENSCHAFT führt, nun auf die Leidenschaft der Erkenntnis konzentriert, so faßt er die "freien Geister"wieder als Angehörige einer Aristokratie des Intellekts des Geistes auf und behandelt ihr Streben als Vorrecht, Kennzeichen, Sport und Tragik eines solchen, in mancher Hinsicht noch halb imaginären Standes. In den späteren Werken - ZARATHUSTRA, JENSEITS VON GUT UND BÖSE, GENEALOGIE, den Polemiken gegen Wagner und gegen das Christentum, sowie in der Autobiographie ECCE HOMO und den Nachlaßnotizen, inklusive dem sog. WILLEN ZUR MACHT, wird die Präokkupation mit dem Thema "Was ist vornehm?" explizit. Vornehmheit wird nun als höchster, transmoralischer, vitaler Wert aufgefaßt, gilt in gewissem Sinne als synonim mit der höchsten Form der Gesundheit und Wohlgeratenheit. Höhere Gesundheit und Vitalität sind Gesundheit und Vitalität einer höheren Art, konstitutiv für wahre Vornehmheit, wahren Adel (worunter nicht die gemeint sind, die im Gotha stehen); und die Elite, die einer solchen Gesundheit, Vitalität, Vornehmheit fähig sind, bilden die wahre Aristokratie, vor allem: die der Zukunft, welche zu jenem Postulat höchster Vitalität, Gesundheit, Vornehmheit hinstrebt, das Nietzsche Übermensch nennt. Auf manchen niedrigeren Stufen mögen Vornehmheit und

Gesundheit miteinander in Konflikt sein; auf der höchsten sind sie eins. - Erinnern wir uns hier an die Unterscheidung der GENEALOGIE zwischen einer Sklavenmoral, in der gut und böse, Tugend und Sünde miteinander im Streit liegen, und der Herrenmoral - einem transmoralischen, amoralischen Ethos, wenn man es von dem Standpunkt christlicher oder pseudo-christlicher Moralität aus beurteilt -, in dem sich gut und schlecht voneinander ungefähr so unterscheiden, wie eine höhere Macht, Geschicklichkeit, Fähigkeit, Sorte e. g. eine gute Waffe, ein gutes Auto oder Pferd, ein guter Klavierspieler oder Liebhaber von einem weniger guten, adäquaten, tüchtigen leistungsfähigen, usf. (Wir kennen die Unterscheidung - sie gilt übrigens nicht gerade als vornehm - sehr wohl. Wir sprechen von einem guten Tennisspieler oder Philologen, ohne im Mindesten zu implizieren, daß der Bezeichnete ein "guter Mensch" sei, wie man denn auch von manchen guten Menschen meint, sie seien schlechte Musikanten. Jedoch liegt in der Unterscheidung etwas Erkältendes, vielleicht auch Erfrischendes, was evident wird, wenn man in der Serie auf den Liebhaber stößt, neben dem Klavierspieler, dem Pferd und dem Auto. Wendet man ein, Nietzsches Herrenmoral sei auf einem umfassenderen Konzept der Machtfülle aufgebaut als jenem, das der Einschätzung begrenzter Qualifikationen zugrundeliegt, so ist dies zwar richtig; dennoch bleibt die quasi maschinelle, auf dem Leistungskalkül beruhende Einschätzung seinem Konzept von Vornehmheit als Ausdruck überlegener Macht verwandt).

Angesichts der Tatsache, daß sich Nietzsche mit der Vornehmheit und den Vornehmen ständig befaßte und dieses Thema in seinen späteren Schriften sein Hauptanliegen wird, versteht sich, daß ich hier bestenfalls einen Grundriß skizzieren und Aspekte eines großen, komplexen, der ausführlichen Diskussion werten Gegenstandes liefern kann.

Ich fange mit marginalen, "niedrigen", psychobiographischen Bemerkungen an, die Ihnen vielleicht als illegitim, irrelevant oder unwürdig erscheinen werden. In den Briefen und Berichten, die Nietzsches Zusammenbruch im Januar 1889 ankündigen, begleiten und folgen, wechseln zwar tiefe, apathische Depression, Weinkrämpfe, Singen, Augenblicke der Luzidität und

214

Ruhe, kindliche Folgsamkeit, Wutausbrüche und Exhibitionen
einer erbärmlich wirkenden orgiastischen Raserei einander ab;
jedoch herrscht ein emphatischer Größenwahn vor. Um den
hilflos in sich gewissermaßen zerbrochenen, in Stücke gegan-
genen Patienten in einem Zustand annähernder Ruhe zu erhalten, erzählt man ihm, daß er ein Fürst sei, der inkognito reise, daher ihn niemand zu begrüßen habe, und stellt ihm, auf
seine Phantasien eingehend, bevorstehende große Empfänge
in Aussicht, usf. Und es stimmt damit überein, daß es in den
Briefen aus der Epoche vor, während und nach dem Wahn-
sinnsausbruch von Erwähnungen der höchsten Kreise der
Aristokratie wimmelt, wenngleich Nietzsche sich in dem
aufschlußreichsten autobiographischen Dokument dieser aller-
letzten Phase, dem Brief an Burckhardt vom 6.1. (oder 5.1.)
1889, nicht bloß als Inkarnation großer Männer und Herren
fühlt, als König und Vater von Königen, sondern es vielmehr,
wie Bernoulli sagt, zur Eigenart seines Größenwahns mit-
dazugehörte, daß er den Ehrgeiz miteinschloß, auch die sen-
sationellen Verbrecher des Tages in seiner eigenen Person
zu verkörpern[1]. Und so wie die Leidenschaft für Diotima (i.e.
Cosima Wagner) in der letzten Phase nur an die Oberfläche
kommt, so gehört auch die Phantasie, ein großer - wenn auch
"anständiger" - Verbrecher, etwa ein Königsmörder zu sein,
wohl auch zu dem permanenten Bestand von Nietzsches Phan-
tasieleben (worauf etwa der frühe Hinweis auf Ravaillac, den
Mörder von Henri IV hinweisen mag). In Übereinstimmung
mit den ständigen Hinweisen auf die Aristokraten - er hat
ein kleines Studentenzimmer reserviert, gegenüber dem
Palazzo Carignano, in dem er als Vittorio Emmanuele geboren
ist; er ist, obschon äußerst bescheiden gekleidet, Feuilletonist
der grande monde; war zweimal bei seinem eigenen Begräbnis
zugegen, einmal als Conte Robilant ("nein, das ist mein Sohn,
insofern ich Carlo Alberto bin, meine Natur unten"), - findet
sich Exzess und Karikatur der aristokratischen Manier, die
freiwillige und unfreiwillige Parodie jener Pseudo-Beschei-
denheit, Affabilität, Simplizität, die, indem sie sich darstellt,
eine völlige Sicherheit in puncto sozialer Distanz impliziert,
nämlich eine so gesicherte, daß sie sich das Als-Ob der Nähe,
ja der Vertraulichkeit leisten kann, jener aristokratischen
Desinvoltüre und Herablassung, die an das wohlwollende Win-
ken der Hand eines Monarchen gemahnt, an dessen Wagen-

verschlag sich Volk drängt -: "Erwägen Sie", schreibt er an
Burckhardt, den er als "Lieber Herr Professor" adressiert,
"erwägen Sie, wir machen eine schöne, schöne Plauderei,
Turin ist nicht weit, sehr ernste Berufspflichten fehlen vor
der Hand, ein Glas Veltliner würde zu beschaffen sein.
Negligé des Anzugs Anstandsbedingung." Oder auch: "Morgen
kommt mein Sohn Umberto mit der lieblichen Margherita, die
ich auch nur hier in Hemdsärmeln empfange." Zudem erinnert man sich, wiederum verbunden mit der durchgehenden
Fiktion ein Aristokrat im inkognito zu sein und dem Anspruch
darauf, Macht zu besitzen (denn Nietzsche zufolge ist Vornehmheit ja aufgebaut auf dem Spiel mit Macht, der Gewißheit der Macht), an die Prätention auf Allmacht des Gedankens, oder eine Annäherung an diese, die sich auch, mit
Bernoulli zu reden, in jenem "barocken Rechenfehler" darstellt, der in der Meinung liegt, "geistige Macht kompensiere
politische Macht", einem Wahn, der weit über Nietzsches Berechtigung,, "sich für ruhmreif zu halten", hinausging.[2]
Jeder, behauptet er etwa, behandle ihn wie einen Fürsten,
"es gibt eine extreme Art, wie man mir die Tür aufmacht,
mir Speise vorsetzt", "ohne Namen, ohne Rang, ohne Reichtum werde ich hier wie ein kleiner Prinz behandelt, von jedermann bis zu meiner Hökerin herab, die nicht eher Ruhe hat,
als bis sie das Süßeste aus allen ihren Trauben zusammen-
gesucht hat".[3]

Ich sollte hier aufhören. Es ist genug. Aber ich finde diese
Passagen von absorbierendem, wenn auch groteskem Interesse. Auch beschränken sie sich nicht auf den nächsten Umkreis
der Periode des Kollapses. Im April 88 schreibt er in seiner
"Vita" an Brandes:

> Ich bin am 15. Oktober 1844 geboren, auf dem
> Schlachtfelde zu Lützen. Der erste Name, den ich
> hörte, war Gustav Adolf. Meine Vorfahren waren
> polnische Edelleute (Nieżky); (eine unfundierte
> Behauptung, die an ähnliche Prätentionen etwa bei
> Rilke erinnert) es scheint, daß der Typus gut er-
> halten ist, trotz dreier deutscher "Mütter".
> Im Auslande gelte ich gewöhnlich als Pole; noch
> diesen Winter einzeichnete mich die Fremden-
> liste Nizzas comme Polonais. Meine Groß-

216

> mutter gehörte zu dem Schiller-Goetheschen
> Kreise Weimars; ihr Bruder wurde der Nach-
> folger Herders in der Stellung des General-
> superintendenten Weimars. Ich hatte das Glück,
> Schüler der ehrwürdigen Schulpforta zu sein,
> aus der so viele (Klopstock, Fichte, Schlegel,
> Ranke usw., usw.), die in der deutschen Lite-
> ratur in Betracht kommen, hervorgegangen
> sind. [4]

Hier haben wir wiederum die Verbindung literarisch-in-
tellektueller Nobilität mit der des Blutes (obschon ja
Nietzsche zufolge, jeder Adel Geblütsadel ist). Und er fährt
in der gleichen Manier fort, erwähnt die, ohne Dissertation
gewährte Doktorwürde, seinen Offiziersrang (reitender
Artillerist) und fügt, obschon er darauf hinweist, daß er wenig Gebrauch davon machte, hinzu: "Ich verstehe mich nichts-
destoweniger auf zwei Waffen: Säbel und Kanonen - und vielleicht noch auf eine dritte ..", wohl auf seine Expertise in
der Handhabung intellektuellen Dynamits anspielend. Er erwähnt ferner seine "unbeschreiblich nahe Intimität mit
Richard und Cosima Wagner" - es klingt wie ein sublimes à
trois auf einer Insel, "wie abgelöst von allen früheren Beziehungen", in einem "Vertrauen ohne Grenzen" -, seine
internationalen Erfahrungen und Beziehungen ("fast alles, was
zwischen Paris und Petersburg wächst"), seine "alte Freundin, die Baronin Meysenbug" jedoch auch (es mag Nietzsche
in einem Brief an den Juden Brandes passend erscheinen)
"den sympathischen Dr. Rée"; all das, versteht sich, gegen
den Hintergrund einer völligen Isoliertheit, die in krassem
Kontrast steht gegen seine frühen Jahre und sofortigem Erfolg,
ja: beginnendem Ruhm, der Aufnahme in eine intellektuelle
und künstlerische Avantgarde, die in Deutschland weithin Anerkennung fand; in Kontrast zu dem verzweifelten Gefühl, ig-
noriert zu werden, nicht einmal beleidigt, nicht einmal be-
schimpft - wie etwa von seiner Schwester, die ihm, wie er berichtet[5], an seinem Geburtstag mit äußerstem Hohn schrieb,
er wolle "wohl auch anfangen 'berühmt' zu werden; das
werde ein schönes Gesindel sein, das an ihn glaube. Und in
diesen Jahren zählt er manchmal zweihundert Tage Schmerzen: "Meine Spezialität war, den extremen Schmerz cru,

v e r t, mit vollkommener Klarheit zwei bis drei Tage hinter -
einander auszuhalten, unter fortdauerndem Schleim-Erbre-
chen"[6].

Warum bestehe ich auf diesen langen deskriptiven Passagen?
Weil e i n e Weise, sich Nietzsches Gedanken über Vornehmheit anzunähern (eine Weise: es gibt auch andere), darin
besteht, diese Vorstellungen in dem Kontext und in Kontrast
zu dem Kontext aufzufassen, in dem sie oft als polemische
Reaktionen, als Gegen-Attitüden entstehen, bis Nietzsche in
dem Licht erscheint, in dem er Freud erschien, der an Arnold
Zweig im Alter schrieb, Nietzsche habe ihm in seiner Jugend
als Anwalt eines für ihn unerreichbaren Ideals von Vornehmheit gegolten[7]. Und hier könnte man nun das Entstehen dieses
Ideals von Vornehmheit im Kontrapunkt zu der anwachsenden
Bedrohung durch die Krankheit verfolgen, welche e contrario
die steilen und immer exaltierteren Vorstellungen von Gesundheit und Über-Gesundheit mitbestimmt und verzerrt; denn es
sind die Vorstellungen eines Menschen, der gegen seine eigene
Krankheit, den Hang ihr nachzugeben, ja die Versuchung des
Selbstmords ankämpft, den aufzuschieben er, in einem Brief
an Overbeck, sich selber verspricht - bis nach Beendigung
ebenjener Werke, von denen er verkündet, sie seien die
Früchte und die Boten, die Ankündiger höchster und ihrer selbst
mächtiger, selbstgenügsamer und dennoch überfließender,
strahlend vornehmer Vitalität. Auch hielte ich es nicht für
den Zweck einer solchen Übung, Nietzsches Vorstellungen
über Vornehmheit und vornehme Vitalität bloß zu entwerten.
Wenn Kafka etwas absurder Weise behauptet, die Wahrheit
ließe sich nur von dem, der in der Lüge ist, der selbst Lüge
ist, sehen, so könnte man mit mehr Vernunft behaupten, daß
manche, durch die Erfahrung von Krankheit eröffneten Perspektiven wohl geeignet dazu sein dürften, Gesundheit und
edle Vitalität in einem neuen, vielleicht auch klareren Licht
zu sehen, - was eben jenen nicht so leicht möglich wäre, welche sich der Vorteile und Tugenden vornehmer Gesundheit
in einem unverminderten, präsenten Zustand erfreuten. Überdies bin ich aber überhaupt der Meinung, daß keine Untersuchung der Interessen oder Bedürfnisse, welche einer gegebenen Ansicht, Attitüde, oder Lehre zugrundeliegen oder diese
inspirieren, je genügen könnte, um die in Frage stehende

Ansicht, Attitüde, oder Lehre in ihrer Validität zu etablieren
oder zu entwerten. Dennoch kann Einsicht in Bedingungen oder
Bedürfnisse, aus denen eine Ansicht, Attitüde, Lehre erwächst,
nützlich sein, ja sogar für uns notwendig; und zwar nicht nur,
weil wir daran gewöhnt sind, historisch zu denken und derartige Attitüden, Ansichten, Lehren als Ideologien, als Funktionen eines Syndroms vitaler Bedürfnisse und Tendenzen aufzufassen; sondern weil die Kenntnis solcher bedingender Faktoren uns erlauben mag, Distanz zu gewinnen , die Meinungen,
Attitüden, Ideologien gewissermaßen zu desintegrieren, um
besser in der Lage zu sein, sie quasi philosophisch-distanziert
zu prüfen, um endlich festzustellen, von welchem Nutzen sie
für uns sein könnten - angesichts unserer vitalen Interessen
und Bedürfnisse und der Kriterien, denen wir unser Vertrauen
schenken. Analoge Erwägungen gelten auch für die Perspektive,
in der ich nun Nietzsches Ansichten über die Vornehmheit zu
betrachten beabsichtige - nämlich: nicht als Gegen-Attitüden
in Nietzsches Kampf mit seiner Krankheit, sondern als Gegen-
Attitüden zu dem, was ich der Kürze halber als Naumburger
Tugend bezeichnen möchte: nämlich zu jenem gesellschaftlichen Mileu und moralischen Kanon, jenem Lebensstil, der
sich für Nietzsche innig verband mit der soliden, frommen
und frömmelnden, engstirnigen, engherzigen, moralistischen,
tugendsam selbstgefälligen, fleißigen, ehrgeizigen, tüchtigen,
kleinlich harten, sentimentalen, zähen, treuen, patriotischen,
warmherzigen, boshaften, verlogenen, intoleranten, gelehrig
lenksamen, zugleich hartnäckig eigensinnigen, kleinbürgerlichen und klein-bis-mittelstädtischen gesellschaftlichen Klasse und Gemeinschaft, in der er aufwuchs und die er ein Leben
lang sich zu überwinden trachtete, um schließlich in ihre
Obhut zurückzufallen, nach seinem Zusammenbruch, der Rückkehr zu einer zweiten, armseligen Kindheit, in der Pflege
der einfältigen, ihn hätschelnden Mutter und einer gründlich
konventionellen Schwester, welche seine Erbin, Biographin
und einflußreiche Misinterpretin wurde.

Ein Milieu kleinbürgerlicher Eminenz: denn nicht weniger
kam dem früh verstorbenen Vater, Pastor Nietzsche, zu;
nicht weniger beanspruchten auch wenn es ihnen nach dem Tod
des Familienoberhauptes zu erreichen, durchaus nicht leicht
fiel, die Mutter und die Frauen, in deren Obhut der Knabe auf-

wuchs, der selbst bald als kleiner Pastor bezeichnet wurde in Anbetracht seines überaus ernsten, korrekten, in sich gekehrten, frommen, tugendsamen und humorlosen Betragens, in einer Atmosphäre, in der allerdings die korrekte, genaue Erfüllung der Mores mit Moral fast zusammenfällt.

Nietsches Bedürfnis, die dürftig übertünchten Ressentiments und die Mediokrität der christlich pseudo-christlichen, kleinstädtisch bougeoisen Moral loszuwerden: - davon loszukommen - wohin? in die Vornehmheit, zu den Vornehmen: das ist e in Aspekt unseres Themas. Und doch besagen Wendungen wie loswerden, loskommen zu wenig und zu viel. Die Naumburger Tugenden zu negieren und zu verklären, ihnen zu entkommen und sie zu sublimieren - das kommt der Sache schon etwas näher. Die Naumburger Tugend war klein- und mittelbürgerlich, provinziell, nationalistisch, deutsch, christlich: Nietzsche konzipierte - jedenfalls ab MENSCH-LICHES ALLZU MENSCHLICHES - eine internationale, urbane, europäische, antichristliche Vornehmheit. Phantasien von südlicher Wärme, Fülle, Glanz und farbiger, reicher Pracht taten sich mitunter hervor. Prinz Cesare Borgia als Papst -- derlei schien attraktiv auch durch die Distanz von der Naumburger Tugend. Bedenken wir aber auch, daß Nietzsche weder in seiner Karriere und auf seinem Lebensgang noch in seinen Schriften je den Weg zu einem zeitgenössischen, damals existierenden Geburtsadel suchte oder empfahl. Auch blieb er als Gelehrter nicht in dem Kreis, den man damals, bei nur mäßiger Anstrengung der Einbildungskraft, als so etwas wie eine Aristokratie des Geistes auffassen hätte können, nämlich in Academia, in den Universitätskreisen, einer zu jener Zeit in jenem Lande hochgeschätzten Kaste. Vielmehr verfolgte er einen nirgends vorgezeichneten Pfad als freier Schriftsteller und Intellektueller - und diskutierte ständig und auf höchst originelle Weise das Ethos und die Problematik der freien Geister der Vergangenheit, der Gegenwart und der Zukunft, d.h. einer intellektuellen Elite oder Nobilität. Gewiß in Übereinstimmung mit meinem eigenen Vorurteil, jedoch auch auf der Basis der Evidenz der Texte, glaube ich, daß Wesen, Charakter, Schicksal dieser Intellektuellen - der Freigeister und ihrer Elite - Nietzsches beharrlichstes, am längsten währendes Anliegen bildeten, von

dem musiktreibenden Sokrates der GEBURT DER TRAGÖDIE
bis zu den Abschnitten über den Freigeist im JENSEITS und
in der dritten Abhandlung der GENEALOGIE, ganz zu schweigen von den Werken der zweiten Phase, in denen er ja kontinuierlich als Freigeist spricht. Es ist wahr, daß er gelegentlich ehrgeizige Juden verhöhnt, die, da sie eines Adels von
Geblüt ermangeln, nur eine Aristokratie des Geistes gelten
lassen wollen[8]. Und wenn der spätere Nietsche darauf besteht, daß es nur eine Aristokratie, einen Adel von Geblüt
gebe, nämlich einen Adel höherer Zucht und Züchtung, eine
physische Aristokratie, so nicht nur, weil ja, sobald man die
metaphysische Dualität von Leib und Geist leugnet, auch der
Geist nur etwas am Leibe ist, nur Teil der physischen Kon-
titution (und daher hervorragender Intellekt oder geistige
Überlegenheit ein physisches Charakteristikum, eine Eigen-
schaft der Gesamtkonstitution ist); sondern er bestand auf
der Aristokratie des Blutes, der Rasse, des Instinkts auch
in pointiertem Gegensatz zu Repräsentanten des überwachen
Bewußtseins und des gewitzten, findigen, regsamen, unruhig
reflexiven Intellekts. Denn ebenso wie der frühe Nietzsche
der GEBURT DER TRAGÖDIE, der die edlen, ihrer selbst
unbewußten, unreflektierten Instinkte griechischer Aristokraten, welche nicht wußten, warum sie so fühlten und handelten, wie sie handelten und fühlten, in Schutz nahm gegen
das sokratische Bestehen auf Bewußtsein , auf Gründen -
ebenso träumte und predigte der späte Nietzsche von Vornehmen und einer Vornehmheit, in der die Machenschaften und
Mechanismen des Bewußtseins von überlegenen, unfehlbaren
Instinkten transzendiert, in denen das Bedürfnis nach müh-
seliger Reflexion überwunden sein würden durch perfekte
Innervation, die Sicherheit von Reflexen, und dergleichen.
Auch darin, meine ich, liegt noch etwas vom Traum des
Intellektuellen, seiner Utopie der Selbsttranszendenz in Hinblick auf super-Greeks, Über-Griechen, Wesen, die nicht,wie
Lessing einmal sagte, auf unsere elende Art nach Gründen
zu denken und zu handeln verfahren, sondern auf eine vollendete Weise, in dem Stand der wiedergewonnenen Unschuld,
jenem dritten Reich, das deutsche Literatur und Philosophie
immer wieder verlockt hat: seit Lessing, seit Schillers
Essay über naive und sentimentalische Dichtung, den Roman-

tikern, Kleists Reflexionen über die, aller Reflexion enthobenen Marionetten, usf.

Was immer an Phantasien in der letzten Phase manifesten Größenwahns auftauchen mag (inklusive der Phantasie, er habe Bismarck und alle Antisemiten abgeschafft[9]); was immer das beträchtliche Residuum an hochkonventionellen Auffassungen enthalten mag, die im Fall Nietzsches (wie übrigens auch bei Marx) seine Lebensführung und seinen Lebensstil de facto beeinflussen; der Autor Nietzsche ist jedenfalls nicht der Fürsprecher der deutschen Aristokratie seiner Epoche. In der MORGENRÖTE heißt es:

> Viele große Erfahrungen haben und auf und über
> ihnen mit einem geistigen Auge ruhen - das macht
> die Menschen der Kultur, welche ihrem Volke den
> R a n g   geben. In Frankreich und Italien tat dies
> der Adel, in Deutschland, wo der Adel bisher im
> ganzen zu den Armen im Geiste gehörte ... taten
> es Priester, Lehrer und deren Nachkommen.[10]

Aber heißt das nicht jedenfalls für Deutschland eine Rangordnung statuieren, in der der Nachkomme des Naumburger Pastors die Oberhand über den Adel gewinnt? Jedoch Nietzsche fügt parenthetisch die Hoffnung hinzu, daß der deutsche Adel in Zukunft den Mangel an geistiger Distinktion überwinden werde. Er bewundert die "Gebärden der vornehmen Welt", in deren "Gliedern fortwährend das Bewußtsein der Macht sein reizvolles Spiel spielt", sodaß sie, Beherrschung über ihre Muskeln und ihren Willen übend, sich nicht gehen lassen, sich nicht anlehnen, oder Impulsen nachgeben, usf. Und jene Lust an Beherrschung ins Geistige übertragend, will er eine Zukunft vorhersehen, in der der Adel, in der Einsicht, daß es in moderner Zeit "u n a n s t ä n d i g   wird, sich mit Politik zu befassen", dem Gefühl der Überlegenheit eine höhere Stufe eröffnen wird als bisher: "da es nunmehr, dank allen freien Geistern, dem adlig Geborenen und Erzogenen erlaubt und nicht mehr schimpflich ist, in den Orden der Erkenntnis zu treten und dort geistigere Weihen zu holen, höhere Ritterdienste zu lernen als bisher, und zu jenem Ideal der   s i e g r e i - c h e n   W e i s h e i t   aufzuschauen, welches noch keine Zeit mit so gutem Gewissen vor sich aufstellen durfte wie die Zeit,

welche gerade jetzt kommen will".[11] Allerdings: das ist ein
Passus aus einem Werk der mittleren Phase, in der, wie
schon gesagt, Nietzsche der Stimme des Freigeistes Vorrang
läßt. Jedoch auch sie weist auf einen Bereich des Konflikts
bei Nietzsche hin, sowie auf seine Hoffnung, ihn zu überwinden: nämlich auf den Konflikt zwischen dem geistigen Adel
und dem physischen Adel der Natur, zwischen der Tugend
des Naumburger Pfarrersohns - und der Vornehmheit der
wohlgeborenen, schönen Über-Griechen. Und diese Hoffnung
auf eine Synthese, die den Konflikt zwischen christlichem
Erbe und heidnischen Aspirationen transzendierte, bewegt
weiterhin auch den späten Nietzsche, e.g. wenn er, Gift
speiend gegen Christentum und Bibel - jenes "übelriechende
Judain von Rabbinismus und Aberglauben" - von deren Gegensatz spricht, der Vereinigung zwischen den "vornehmen Ständen", über den Köpfen der Herde, nämlich der
"Philosophen" und der "Krieger", die charakteristisch für
das persische (arische) Gesetzbuch des Manu sei.[12] Eine
Passage, die übrigens die Art und Weise illustriert, in der
der späte Nietzsche den Sinn für Proportionen verliert, um
seine Botschaft der Vornehmheit schreiend zu verkünden und
gewissermaßen durch sorgfältig inszenierte literarische Wut-
anfälle das Spiel vornehm überlegener Macht darzustellen.

Ich fürchte, daß meine Bemerkungen verwirrend wirken könnten, weil ich zwischen den verschiedenen Ebenen der Darstellung explizit zu unterscheiden vermieden habe, obschon doch
jedes seriöse Argument einer solchen Unterscheidung bedürfte. Phantasien, die einen Kollaps begleiten - in denen Nietzsche
etwa als Vittorio Emmanuele erscheint - stehen auf einem
anderen Blatt als etwa die Tatsache, daß es Herrn Nietzsche
geschmeichelt haben könnte, wenn ihn ein hochgeborener
Herr in die feine Gesellschaft jener Tage eingeladen oder
eingeführt hätte. Und weder das eine noch das andere sollte
uns bekümmern, wenn wir Erwägungen in Betracht ziehen,
welche der Autor Nietzsche über Aristokratie und/oder Vornehmheit anstellt, bei denen wir anderseits nun vielleicht genötigt wären, zwischen verschiedenen Phasen von Nietzsches
Denken zu unterscheiden, das ja ständig in Bewegung bleibt.
Erstens darf ich aber wieder daran erinnern, daß ich ja
bestenfalls Prolegomena liefere, Bemerkungen, die, hoffent-

lich, dazu verhelfen könnten, eine systematischere und gründlichere Diskussion von Nietzsches Gedanken über die Vornehmen und die Vornehmheit vorzubereiten. Zweitens aber will ich gestehen, daß mir allerdings scheint, es stellen sich auf verschiedenen Ebenen - der Ebene wahnwitziger und/oder infantiler Phantastik, der Ebene einigermaßen konventioneller Einstellungen und Haltungen, die mit spezifischen Verhältnissen von Nietzsches Existenz eng verknüpft sind, wie auch auf verschiedenen Ebenen des Werks selbst - doch immer wieder einander so ähnliche Konstellationen dar, daß sich ein durchgehendes Grundmuster verrät. Der verrückte Nietzsche, der sagt, er sei Vittorio Emmanuele; der normal eitle, ambitiöse Nietzsche, den es schmeichelt, der gerne angibt mit der Aussicht darauf, daß er, der Adlige des Geistes, ohne Titel, ohne Geld, als Gleichberechtigter von den beautiful people, der grande monde seiner Tage behandelt werden wird und jener Nietzsche, der, sich mit Voltaire vergleichend, sich selber in seinen Schriften als grandseigneur des Geistes bezeichnet - sind am Ende nicht so ungeneuer weit voneinander entfernt. Noch sind diese Individuationen ihrerseits so weit entfernt von jenem Nieztsche, der auf utopischer Ebene die klarsichtige, vitale Aristokratie der Zukunft antizipiert oder postuliert, eine elitäre Minorität - hoch über der Masse -, mit der er sich selbst identifiziert. Und alle diese Gesten lassen sich, ohne daß damit über ihren Wert oder Unwert etwas ausgesagt wäre, sehr wohl auf das bekannte Grundmuster der deutschen Bourgeoisie beziehen, die sich - auch in ihren literarischen Repräsentanten seit Lessing, seit Goethe - in signifikant positiver Weise zur Aristokratie verhält: zuerst um Schutz, Anschluß, Förderung unter den Schwingen der Aristokratie zu finden (die Revolution gegen ein ancien régime vermeidend, Gunst gewinnend, einen Kompromiß erwirkend), dann um zu blühen und zu gedeihen in Symbiose mit der Aristokratie (statt sie zu verdrängen und zu ersetzen), und endlich, um, scheint mir, ihrerseits Protektor zu spielen und eine treue Anhänglichkeit, ja zuweilen eine erstaumliche Untertänigkeit sogar gegenüber leeren, ausgeleierten Überbleibsel einer Kaste zu erweisen, die ihre wesentlichen Funktionen schon lange verloren hat, um dennoch zäh in beträchtlichen Enklaven und Nischen von Besitz, Macht, gesellschaftlichem Prestige und Snobbismus zu überleben - bis auf den heutigen Tag.

Der positive Prototyp in dieser Hinsicht ist Goethe und seine
Wendung zu Weimar, Wilhelm Meister und seine Wendung zur
Gesellschaft vom Turm. Aber um gerecht zu sein, sollte man
sich erinnern - nicht an gegenwärtige europäische Aristokratie, nicht an den deutschen Adel von heute - längst nach dem
letzten Versagen in dem Versuch einer Selbstrechtfertigung,
e. g. den ohnmächtigen, verspäteten, zögernden, halbschüri-
gen Gesten des Widerstandes gegen Hitler, als die meinten,
er sei zu einem verlorenen Spiel entschlossen und nicht mehr
davon abzubringen - sondern an das, was Aristokratie zu
Goethes Zeit war, als es kaum eine wahrhaft kultivier-
te Gesellschaft außerhalb ihres Bereichs gab,und was sie auch
noch ein Jahrhundert später in Nietzsches Zeitalter bedeutete,
welches die Einigung Deutschlands im Namen und kraft eines
aristokratischen Willens zur Macht erlebte. Das war ein Ereignis, das Nietzsche in mancher Hinsicht entsetzen mochte,
da er die Entfaltung einer vornehmen, umfassenden, vitalen
Individualität in den Wenigen,die dessen fähig waren, ersehnte und den preußischen Staatskult in Hinblick auf die ihm werte
Elite ebenso fürchtete, wie überhaupt die nivellierende, ab-
stumpfende Wucht und Macht moderner Bureaukratie und ihrer
Forderung, gerade auch an die, Nietzsches Erachtens, eines
Besseren Fähigen, nach einseitiger Expertise, professioneller
Deformation zur fachidiotischen Kompetenz und idiosynkrati-
schem, dem Beruf gemäß verbildeten Charakter, bzw. zur
efficiency des Zahnrads in der großen Maschinerie. Und doch
mußte ihn dies Ereignis auch tief beeindrucken. Und es ist,
scheint mir, zweifellos, daß Nietzsche, wenn er zur Wahl
gezwungen worden wäre, sich auf die Seite von Bismarck,
Aristokratie und haute bourgeoisie gestellt hätte; jedenfalls
nicht auf die der Sozialisten oder dessen, was er für Meinung
oder Interesse der Masse hielt; wenngleich Nietzsches Kommentare zu den tagespolitischen Fragen seiner Zeit von mar-
ginaler Bedeutung sind, von geringem Interesse selbst für ihn,
von noch geringerem für uns; indes seine utopischen Ausblicke für ihn ein Hauptanliegen waren und auch einen fort-
währenden, großen Einfluß hatten und vielleicht noch haben und
haben werden. Jedoch auch diese Ausblicke sind, meine ich,
mit-geformt oder tragen zumindest Spuren von dem Impakt der
Aristokratie in Nietzsches Epoche und perpetuieren, insoweit
dies der Fall ist, nicht bloß Elemente einer Haltung vis a vis

dieser schwindenden Gesellschaftsschicht sondern vis a vis
einer idealiter konzipierten zukünftigen Aristokratie und mithin in Bezug auf einen Gegenstand von mehr als bloß historischem Interesse.

Ich sagte: man soll gerecht sein. Nietzsches Beschäftigung mit
den Vornehmen und der Vornehmheit betrifft vor allem ein
I d e a l der Vornehmheit in seiner Beziehung zu einem Stand
der Vornehmen (Adel, Aristokratie). Auch ist dies nicht bloß
bei ihm der Fall. Wir sagten, Goethes Meisters sei prototypisch. Er, wie sein Schöpfer Goethe, wenden sich der Aristokratie zu, weil diese Kaste das menschliche Ideal oder die
Ideale des Menschentums entworfen hat: Leitbilder des Menschen, der nicht im Stande des Sklaventums, oder der Spezialisierung, der Ausbeutung sich befindet, nicht deformiert
vom Professionalismus und der erzwungenen Abhängigkeit,
nicht "entfremdet" ist --- und wenn irgendwo, so sind in
dieser Kaste und Klasse die Versuche gemacht worden, ein
derartiges Leitbild auch zu leben, wie unvollkommen oder
mangelhaft diese Versuche auch ausgefallen sein mögen.
Ebendarum verfällt auch Marx, dem man - im Gegensatz zu
Nietzsche - nicht vorwerfen kann, er habe eine auf der
Hierarchie des Kastenwesens aufgebaute Gesellschaft begün-
stigt - auf ein im wesentlichen aristokratisches Ideal des
gentleman of leisure, e.g. in jener bekannten Äußerung in der
DEUTSCHEN IDEOLOGIE, derzufolge ihm eine kommunisti-
sche Gesellschaft erlauben würde, heute dies morgen jenes
zu tun, am Morgen zu jagen, nachmittags zu fischen, am
Abend Vieh zu züchten und nach dem Abendbrot ein Kritiker
zu sein, wie es ihm gefiele, ohne daß er darum nun auch
gezwungen wäre, je ein Jäger, Fischer, Hirte oder professioneller Kritiker zu werden.[13] Das ist dürftig, dünn, vag
genug, vielleicht eine nebenbei hingeworfene, kaum recht
durchdachte Aussage, wie das Meiste an klassischen marxistischen Verkündigungen über das humane, humanistische
Ideal, auf das nach stattgehabter Revolution abzuzielen wäre,
so als ob derlei sich von selber erledigen würde, wohl gar,
wie die älteren Marxisten dachten, unter der wohlwollenden
Vorsehung der sogenannten "Geschichte". Magere, dünne
Idealsuppe - dennoch abgeborgt dem Proviant an Idealvorstellungen, den die Aristokratie entwickelt hatte. Diese Vor-

stellungen gründen, offensichtlich, für die gesamte westliche
Zivilisation weitgehend auf Modellen, welche das klassische
Altertum lieferte: Die Urbanität, die skeptische Toleranz des
römischen Imperiums, zugleich der Anspruch darauf, Monu-
mente (wie jene auf dem Kapitol) zu errichten, auf Lebensgestaltung (wie die vita Caesars), Lebensstile, Gesten, Formulierungen (wie die des Horaz), die aẽre perennius gültig bleiben sollten, geben auch für Nietzsche das Muster für das, was
er den "großen Stil" nennt, ab: obgleich bei den Deutschen
seit dem 18.Jahrhundert, und insbesondere auch bei Nietzsche
den Griechen (mag er dies auch manchmal ableugnen) ein
prä-eminenter Platz eingeräumt wird, sowohl in der Artiku-
lation und Gestaltung, dem Kanon des Ideals der körperlichen
Schönheit und Wohlgeratenheit, wie auch in Schöpfungen, welche Vornehmheit in Manieren, Gedanken, sinnlicher Erfahrung, Mores und Ethos projektieren und gestalten -- wie dies
ja das Amt der Künste ist, inklusive der Literatur, in welcher derlei Vorbilder und vorbildliche Gesten auf dem Wege
über-und durch-musterhafte Modelle sprachlichen Ausdrucks
geliefert werden. Es ist daher ein wenig überraschend, wenn
der frühere klassische Philologe Nietzsche nicht nur auf unsre
"immer noch ritterliche und feudale"Vornehmheit hinweist,
sondern gelegentlich auch diese unsre, auf dem Weg über die
Christianisierung geschaffene Vornehmheit vornehmer findet
als die der Griechen; indes er als letztes Zeitalter europäi-
scher Vornehmheit das aristokratische französische des 17.
und 18. Jahrhunderts (letzteres mit erheblichen Abstrichen)
postuliert. Und es ist ebenso charakteristisch wie erwägens-
wert, wenn er die Modernen ermahnt,das Erbe adelig vornehmer, edler Gesinnung ja nicht preiszugeben "aus dem Ge-
fühle, daß die alten Gegenstände dieser Tugenden in der Achtung gesunken sind (und das mit Recht), sondern behutsam
diesem unserm köstlichen Erbtriebe neue Gegenstände (zu)
unterschieben".[14]

Dieser Hinweis auf die wünschenswerte Möglichkeit einer Um-
funktionierung unsrer traditionell überlieferten, tief verwurzelten Aspirationen auf Vornehmheit in einem veränder-
ten gesellschaftlichen Kontext ist nur e i n e , fast zufällig gewählte Bemerkung unter vielen anderen, die sich ausführlich
mit spezifischen Aspekten, Zügen, Gewohnheiten, Bedingungen,

der Vornehmheit befassen. Was die aufmerksame Sorge und
inständige Bemühung um die Spezifika eines menschlichen
Ideals - und was sonst ist Vornehmheit? - bzw. um Leitbilder vom Menschen angeht, zu denen man hinstreben, auf die
man hin erziehen, planen, sogar züchten könnte, sowie in
seiner ästhetischen Sensibilität, ist Nietzsche Marx und Freud
überlegen, die sich kontinuierlich nur um die negativen Faktoren und Zustände - e.g. der Ausbeutung oder der Neurose -
kümmerten, als ob soziale oder, im Falle Freuds, psychische Gesundheit bloß Negationen der Negativa wären und sich
von selber herstellen müßten - in einem Vakuum, das man
vage als klassenlose Gesellschaft oder als einen Zustand der
psychischen Harmonie oder Anpassung an ein als "Realität"
bezeichnetes X umschrieb. Überhaupt haben die Modernen
sich überwiegend auf Anti-Ideale konzentriert und "das Positive" mit einem aus der Impotenz geborenen Hohn beiseitegeschoben. Nur e contrario ist eine Spur von positivem Ideal
aus Kafka zu erraten ; und selbst in Brecht ist kaum mehr
als eine Spur und was da ist, insbesondere das Baal-Azdak
Element, trägt Spuren des Einflusses von Nietzsche. Und
doch tut es nicht weniger not, Vorstellungen, Projekte, Bilder von Gesundheit, Vitalität, Vornehmheit zu diskutieren
oder aufzustellen als von Krankheit, Dekadenz, Nivellierung
in einen Zustand der Indifferenz oder Indifferenzierung --
zumal wenn es Planung, sinngerechten Aufbau einer gemeinsamen Zukunft für die Menschheit geben soll. Und Nietzsche,
obschon er in seiner eminentesten Leistung, nämlich kraft
seiner hervorragenden negierenden kritischen Aktivität, zu
den Modernen gehört, war bewundernswert trans- und postmodern auch darin, daß er das dringliche Bedürfnis nach
positiven Projekten erkannte: wie er überdies auch die Grenzen des letzten, entschiedenen Versuchs in dieser Richtung
erkannte, den eine bürgerliche Elite in Anlehnung an aufgeklärte Aristokratie, vor allem aber mit dem Ziel, ein Modell
menschlicher Vornehmheit oder vornehmer Menschlichkeit für
die Gebildeten der höheren Mittelklasse zu schaffen, unter-
nommen hatte; ein Projekt, dessen bewußter Erbe Nietzsche
war und das er nach allen Richtungen zu erweitern trachtete,
indem er den Begriff der Bildung selbst erweiterte zu dem
der Bildung, der Formung eines Übermenschentums, freilich
mit dem Ergebnis, daß das alte Konzept gewissermaßen ex-

plodierte. Ich spreche hier von den Bemühungen Winckelmanns
Herders, Goethes, Schillers, die in dem Weimaraner Klassizismus resultierten, der, wie Nietzsche sehr wohl wußte, bei
all seinen Verdiensten und bewundernswerten Leistungen zu
eng war und blieb, zu sehr defensiver Kompromiß in seinen
verschiedenen vorsichtigen und etwas restringierenden, be-
schneidenden, gesellschaftlichen, psychologischen, moralischen, pseudo-theologischen Harmonisierungsversuchen, die
allzuviel von der Wahrheit der modernen condition humaine
unter den gepflegten, schön gedeckten Tisch bürgerlich vornehmer Hochkultur fallen ließen. Und der post-moderne
Nietzsche, meine ich, war bewundernswert nicht nur in der
Weise seiner Anerkennung des Bedürfnisses nach umfassenden Projektionen, Projekten, positiven Zielen - in einem
Zeitalter, in dem die Menschheit ihre Entwicklung nicht mehr
einem hypothetischen, providientiell von außen her einwirken-
den, metaphysischen Agenten überlassen konnte, sondern die
Entwicklung planen und entwerfen mußte, und zwar auf globalem
Maßstab, wie sie ja auch in globalem Maßstab die Erde ver-
wüstete und ausbeutete. Ich sage: er war nicht nur in der
Anerkennung des Bedürfnisses bewundernswert, sondern auch
in seiner Bereitschaft - und mitunter sogar in seiner Fähigkeit - diesem Bedürfnis zu entsprechen, und zwar unter anderm, indem er ein Bild oder Bilder und Konzepte einer vitalen Vornehmheit oder vornehmen Vitalität entwarf. Dennoch
bin ich weit entfernt davon, zu behaupten, daß er in diesem
Unternehmen in toto erfolgreich war.

Ich warnte davor, daß ich zu einer substantiellen Diskussion
von Nietzsches Konzept der Vornehmheit nicht kommen würde.
Im Rückblick scheint mir, daß ich, meinem Vorurteil entsprechend, limitierende Faktoren besprach, die e contrario
manche von Nietzsches Vorstellungen bestimmten: Denn
Nietzsches Vorstellungen entstanden im Gegensatz zu diesen
Faktoren und eine derartige Opposition pflegt eben auch Be-
schränkungen, Limitierungen mit sich zu bringen. Nietzsches
Kampf mit seiner Krankheit erwähnte ich bloß als einen solchen limitierenden Faktor, der seine mitunter exzessiven
Vorstellungen von einer vornehm gesunden Vitalität mit-be-
stimmte; näher ging ich auf seinen Kampf mit der Naumburger Tugend, dem kleinbürgerlichen Ethos und Lebensstil ein,

die mit seiner Erziehung und seiner gesellschaftlichen Herkunft eng verbunden waren. Jedoch wenn ich auch nur Prolegomena bieten, nur im Groben den Boden bereiten möchte, um einer gründlicheren Diskussion von Nietzsches verschiedenen Vorstellungen von Vornehmheit vorzuarbeiten, so scheint mir nun doch, als müßte ich auf ein oder zwei substantielle Aspekte von Nietzsches Gedanken über die Vornehmheit und die Vornehmen eingehen, die mir nämlich immer wieder so sehr zum Hindernis wurden, daß ich ihm kaum in dem, was er sonst über diese Gegenstände zu sagen hatte, zuzuhören imstande war. Ich spreche von Nietzsches unentwegtem Elitismus und was dieser Elitismus impliziert: die Anwaltschaft einer Herren-Kaste oder Herren-Rasse in Opposition gegen die versklavte Masse oder Herde; seinem Bestehen auf der Notwendigkeit, Geschichte als sadistische oder sado-masochistische Veranstaltung zu bejahen, ja zu glorifizieren; quasi als Schaustück, in dem die Vielen rücksichtslos hingeopfert werden zwecks Erzeugung und Entwicklung der Wenigen und ihrer schöpferischen, wenngleich etwas qualvollen, torturierten Ekstasen, Verzückungen, Erhöhungen und Aufgaben.

Ich bin es müde hier die einschlägigen Passagen zu rezitieren: Nietzsches Faszination mit der blonden Bestie auf dem fond jeder starken, kriegerischen, erobernden Rasse oder aristokratischen Kaste, des prachtvollen Rudels raubgieriger, beutelustiger Raubtiere; seine Bewunderung der Renaissance virtu a la Cesare Borgia; vor allem seine Vision einer Utopie, beherrscht von, was er als das vornehme "Pathos der Distanz" zwischen Herren und Sklaven beschreibt. [15] Gewiß ließen sich diese Aspekte mit den Faktoren verbinden, die ich oben erwähnte. Die Torturen der (eigenen) K r a n k h e i t werden quasi rationalisiert, verklärt, gerechtfertigt - auf individueller und auf grandios weitgespannter historischer Ebene - als notwendig für die Hervorbringung der höheren Gesundheit : nur die Torturierten, die in Agonie Geschundenen sollen den Gipfel edler Vitalität erreichen. Die lauen und defensiv kleinbürgerlichen, "christlichen" Tugenden werden durch den Amoralismus und Immoralismus unterminiert und explodiert; indes die Furcht des pettybourgeois und der mittleren Klassen überhaupt vor ihrer Eliminierung durch

déclassement, durch Nivellierung, durch Untergang in der
Masse, dem Proletariat, positiven Ausdruck findet in der
Identifikation mit den Raren, Wenigen. Zugleich dienen diese
Visionen spektakulärer Herrschaft, Versklavung, Gewalttat,
etc. - bei Nietzsche wie bei Flaubert - einem Gestus des
Protests seitens des Intellektuellen, des outsider, des Unabhängigen gegenüber dem, was ihm als unaufhaltsame, unab-
wendbare Demokratisierung erscheint, -- einem Protest, der
auch von dem Wunsch inspiriert ist, die verleumdete, unterliegende Sache, the lost cause, zu verteidigen; sich auf
verlorenem Posten zu bewähren. Und diese Visionen befriedigen auch - bei Nietzsche wie bei Flaubert - eine Sucht
nach dem Exotischen, Sehnsucht des bourgeois-antibourgeois,
die ein Produkt des Ekels an bourgeoiser Sekurität ist, entstanden aus einer im wesentlichen romantischen Nostalgie des
in der Sekurität Befindlichen, Gesicherten. - Und so fort:
und so weiter. - Und ebenso ist offensichtlich, daß diese Aspekte auch über das 19. Jahrhundert hinaus und voranweisen
auf den Faschismus hin; und daher würde mir nicht im Traum
einfallen, zu leugnen, daß Nietzsche unter anderm, und zwar
in emphatischem, ja eminenten Sinne, auch ein Protofaschist ist.

Aber mir liegt hier weniger daran, Nietzsches Elitismus nach
rückwärts zu seinen Ursprüngen oder nach "vorwärts" mit
späteren Entwicklungen in Verbindung zu bringen, in denen
dieser Elitismus gefeiert, ausgeschrottet, angewandt und miß-
braucht wurde; sondern mir liegt daran, manche seiner Aspekte zu bewerten, vielleicht auch zu verwerfen, um den Raum
zu gewinnen, das in Betracht zu ziehen, was der Betrachtung
wert ist. - Nicht daß ich bei all dem gegen Nietzsches Bestehen auf Eliten als solches etwas einzuwenden hätte. Die Tatsache der Eliten und der Führerschaft, sowie das Bedürfnis
nach Eliten und Führerschaft, ist evident und wird in allen
Zeiten und Gesellschaften wohl evident bleiben; wie auch in
allen kollektiven menschlichen Unternehmungen - von Tennis-
spielern und Dichtern, in Landwirtschaft und öffentlichen Bau-
arbeiten, in bureaukratischen Verwaltungsgebilden ebenso wie
in den Wissenschaften oder in politischen Institutionen. Auch
wird dies nur von höchst elitären, wenngleich sich selbst
problematischen Individuen geleugnet, die selbst das Produkt

und die Nutznießer jener Eliten sind, welche sie durch Entwertung der Eliten überhaupt negieren wollen. Die charakteristischen Probleme, die sich ergeben, beziehen sich vielmehr auf Kohärenz und Kommunikation in und zwischen den
Hierarchien, auf die wünschenswerte Mischung von Stabilität
und Mobilität, und auf die Kriterien und Prozesse der Aus-
wahl, die es den Besten ermöglichen, zu führen (an die
Spitze zu kommen). Jedoch in seiner extremen Abscheu gegen
jede Gleichmacherei (und für Nietzsche ist Sozialismus im
großen und ganzen nichts als rücksichtslose Nivellierung aller
Distinktion, aller Unterschiede und Differenzierungen zugunsten eines niedrigen, stumpfen, gemeinen, gemeinsamen Nen-
ners, einer grauen Herde) -- in seiner Abscheu gegen Nivellierung besteht Nietzsche in exzessivem Ausmaß auf jenem
zuvor erwähnten Pathos der Distanz, als ob das einzige worauf es ankommt eben Differenz wäre, als ob das Gedeihen
menschlicher Gemeinschaften nicht etwa a u c h sondern
a u s s c h l i e ß l i c h abhinge von Prozessen der Differenzierung in Grade, Ränge, Verhältnis von Herren und Sklaven,
oder vielmehr von Extremen des Antagonismus; als ob
menschlicher Gemeinschaft ausschließlich gedient wäre durch
rücksichtslos feindlichen Wettbewerb und abgründige Spaltung.
Und diese Tendenz Nietzsches geht sehr weit und tief (weshalb übrigens auch die in vielem durchaus ungerechte, ver-
zerrte Polemik von Lukàcs[16], der den ganzen Nietzsche aus
dem Antisozialismus ableiten will, einen fond von Berechtigung hat), - so tief, sage ich, geht diese Tendenz, daß sogar
Nietzsches Anerkennung und Bejahung des aristokratischen
"Primus inter pares" oft, man ist versucht zu sagen: immer-
während, in Gefahr ist, umzuschlagen in den Wahn des solus
ipse, des einsam tyrannischen Selbst, das sich zur absoluten
Übermenschlichkeit deifizieren will.

Es ist, glaube ich, richtig, daß dieser Isolationismus oder
diverse Sorten von Isolationismus, die selbst in Nietzsches
Knabenzeit merklich vorhanden sind, von ihm auch als Abwehr
entwickelt werden: gegen eine extrem sensible Reizbarkeit,
eine hilflose Mutabilität und Bereitschaft sich mit vielerlei
Zuständen zu identifizieren, eine Neigung zu einem hysterisch
dionysischen Verlust der Grenzen des Selbst, eine Offenheit
und Bereitschaft dazu, jede Unterscheidung, jede Diskrimi-

nierung aufzugeben und alles mitzufühlen, zu verstehen, zu
tolerieren, mit allem mitzuleiden, sich empathetisch in alles
hineinzuversetzen und mitzuschwingen. Und zumal im Mit-
leiden glaubte Nietzsche ja immer mehr seine größte Gefahr
zu erkennen. Dennoch beeinträchtigt dieser defensive Isolationismus Nietzsches Denken und seine Befähigung zu um-
fassendem Bewußtsein. Nicht nur behauptet er: Jede Erhöhung des Typus Mensch sei das Werk einer aristokratischen
Gesellschaft, welche an eine lange Leiter der Rangordnung
und Wertverschiedenheit von Mensch und Mensch glaubt und
Sklaverei in irgendeinem Sinne nötig hat. [17] Nicht nur glaubt
er an eine Gesellschaft, zu deren Wesen der "eingefleischte
Unterschied der Stände" gehört. Er hält das amoralische
oder transmoralische Ethos des Unterschieds zwischen gut
und schlecht, dem er selbst anhängt, für ein Produkt jenes
Pathos der Vornehmheit und Distanz,des "dauernden und do-
minierenden Grundgefühls einer höheren herrschenden Art im
Verhältnis zu einer niederen Art, zu einem 'Unten'". [18]
Aber das heißt die Vornehmheit der Vornehmen auf einer Be-
findlichkeit aufbauen, die bloß das Gegenstück, die Kehrseite
des sklavischen Ressentiments ist,nämlich auf dem Herab-
schauen, der Verachtung, oder Niedrigschätzung des Herren
vis a vis dem Sklaven, welche recht genau den Neid des Sklaven widerspiegelt. Und es ist gerade dieses Bedürfnis nach
"invidious comparison", einem der eigenen Erhöhung dienenden Sichvergleichen, nach dem Gefühl der eigenen "Vornehmheit" im Gegensatz zu den oder dem "Niedrigen", was gewissermaßen den unvornehmen Aspekt der Vornehmheit ausmacht,
jedenfalls durchaus nichts wahrhaft Vornehmes ist, da es
diesem Gefühl und Bedürfnis völlig ermangelt an Unschuld,
Heiterkeit, Autonomie, oder zumindest an jener Unabhängig-
keit und Zufriedenheit mit und in dem eigenen Wesen, ohne
welche wahre Vornehmheit (übrigens auch gemäß Nietzsches
Definitionen) kaum denkbar ist. Die Vornehmheit und die
Vornehmen , wie Nietzsche sie hier konzipiert, sind selbst
an die Sklaven versklavt, unaufhörlich der Versicherung ihres
eigenen Wesens e contrario bedürftig. Auch haben so manche
Experimente in dieser Richtung nicht dazu beigetragen die,
wenig Vertrauen erweckenden theoretischen Konstruktionen zu
stützen. Lassen wir einen Augenblick den Einwand beiseite,
daß eine vulgäre, bzw. : immens volkstümliche Massenbewe-

gung wie der Nationalsozialismus uns in dieser Sache keine
Lehre zu erteilen habe. Die Nazis haben, scheint mir, mitunter in durchaus genuiner Weise, manche der rücksichtslo-
sen, grimmigen nietzscheanischen Tugenden entwickelt, insbesondere in Hinsicht auf unentwegte Aggressivität und Energie, Mut, Ausdauer, Bereitschaft zu heroischer Selbstopferung, etc. (Züge, die ich übrigens nicht geringzuschätzen
geneigt bin). Aber wer könnte mißkennen, daß, jedenfalls
auf der gegenwärtigen Stufe der menschlichen Entwicklung,
auf der ein gewisser Sinn für menschliche Solidarität sich
nicht gut verleugnen läßt, selbst solche heroischen Tugenden
im Nu korrumpiert werden, wenn willkürlich, ja fast zufällig herausgegriffene, ausgesonderte Mitmenschen wie Vieh
behandelt werden und schlimmer, nämlich statt der mitunter
immer noch heroischen Schlächterei des Krieges ausgesetzt
zu sein, der unheroischen Abschlachtung in Vernichtungsla-
gern, dem Genozid, oder der Deshumanisierung durch bru-
tale Sklaverei überantwortet werden; wenn eine Herrenrasse
der Wenigen ständig von der Angst und dem Hass, bzw. der
kriecherischen Schmeichelei der überwiegenden, erdrücken-
den Mehrheit umgeben ist. Sehen wir einen Augenblick von
dem unverdienten Elend und Leiden ab, das den Vielen auf-
gebürdet wird: wie könnte man ernstlich glauben, daß dem
Ziel einer Hervorbringung der höchsten Grade der Geistigkeit, des Bewußtseins, oder aber der höchsten, vollendeten
Entfaltung der Sensibilität, der Schönheit, der vitalen Gesundheit am besten damit gedient wäre - nein: ausschließlich und nur damit gedient wäre, daß man globale Zustände
der Versklavung und des Terrors schafft!? Jedoch solche
Vorstellungen sind nicht bloß illegitimerweise Nietzsche von
"vulgären" Nazis oder Faschisten imputiert worden. Noch
ist es wahr, daß der Denker, der die Ursache des Herauf-
kommens der demokratischen Ordnung in der Blutvermischung
von Herren und Sklaven diagnostizierte[19] und die Aufgabe
der Zukunft darin sah "eine Herren-Rasse heraufzuzüchten,
die zukünftigen 'Herren der Erde' : - eine neue, ungeheure,
auf der härtesten Selbst-Gesetzgebung aufgebaute Aristokratie,
in der dem Willen philosophischer Gewaltmenschen und Künst-
ler-Tyrannen Dauer über Jahrtausende gegeben wird"[20], bloß
und ausschließlich in bildlich figurativen Wendungen sprach.
Nietzsche begehrte "jene ungeheure Energie der Größe

234

zu gewinnen, um, durch Züchtung und andrerseits durch Vernichtung von Millionen Mißratener, den zukünftigen Menschen
zu gestalten und nicht zugrunde zu gehn an dem Leid,
das man schafft und dessengleichen noch nie da war."[21]
Und das sollte bloß in einem metaphorischen Sinne gemeint
sein, mit Bezug auf irgendeinen relativ harmlosen inneren
Prozeß - bei einem Autor, der anderseits ja sehr wohl und
ausdrücklich die Prozesse der Verinnerlichung beschrieb,
für die eine metaphorische Ausdrucksweise relevant ist: die
Verinnerlichung mächtiger Triebe, "denen mit Einrichtung
des Friedens und der Gesellschaft die Entladung nach außen
versagt wird", weshalb sie sich im Bunde mit der Imagination
nach innen schadlos zu halten suchen, wie etwa Habsucht und
Eroberungslust im Erkennen-Wollen[22] --- einem Autor, der
sich also sehr wohl auch in dieser Hinsicht klar auszudrücken
verstand!

Und dennoch ist es nicht bloß wahr, daß man Nietzsche hinwiederum auch verzerrt, wenn man die Abschnitte, welche
die Proto-Nazi-Perspektiven unterstützen, überbetont und
allzu simplistisch auslegt; sondern es ist auch richtig, daß
es bei Nietzsche viele Passagen gibt, die tatsächlich auf
aggressive Weise zweideutig sind, sodaß ihr Anwendungsbe-
reich - wohl der Absicht des Verfassers gemäß - offen bleibt
und sich darüber streiten läßt, ob man sie wörtlich oder in
einem quasi bildlichen, verinnerlichten Sinn auffassen sollte.
Und es scheint mir überdies auch wahr zu sein, daß Nietzsche
am besten und besonnensten gerade dann verfährt, wenn er
Prozesse der Eroberung, Herrschaft, Meisterung, Versklavung, Unterdrückung, Hierarchisierung, Distanzierung, usf.
auf interner, verinnerlichter, oder figurativer Ebene beschreibt, als Ereignisse eines Innenlebens, mit denen er
auf eine viel tiefere Weise vertraut ist als mit den Ereignis-
sen auf politischer Ebene, die ihm immer fremd blieben (wie
er denn auch, gleich seinem ehemaligen Meister Schopenhauer,
jede Erfahrung und Teilnahme auf politischem Gebiet ent-
behrte und mied). Selbstverständlich wird jeder Gedanke von
gesellschaftlichen Sphären affiziert und alles Denken bezieht
sich notwendig auf gesellschaftliche Sphären. Dennoch hat es
einen guten Sinn Nietzsche von Denkern wie Marx zu unterscheiden, deren Hauptbeitrag in einer Analyse gesellschaft-

licher Dynamik besteht. Nieztsche geht charakteristischerweise vom Individuum aus und kehrt zur Frage nach dem Indiv-
duum zurück. Wir sagten: er erweitert, intensiviert und explodiert am Ende das deutsche Bildungsideal, das weimariani-
sche Erbe, und zwar in Richtung auf eine neue Katholizität,
eine anhebende Vision eines umfassenderen, weniger defensiven Menschentums. Insoweit er aber überhaupt Originalität
und Distinktion in der Erforschung einer sozialen Kaste oder
gesellschaftlichen Schicht erweist, bewährt er sich, m. E.,
viel weniger in der Darstellung der imaginären, etwas phantastischen politischen Herrscher und phantasierten Herr-
schaftsgebilde, oder in der Kennzeichnung der Massen (von
denen er womöglich noch weniger weiß), als in der Darstellung einer nicht unbeträchtlichen Elite, die in der modernen
und post-modernen Gesellschaft immer mehr eine distinkte
Funktion übernimmt und ihren eloquentesten Analytiker und
Fürsprecher in Nietzsche fand: nämlich in der Darstellung
der Verfassung der ungesicherten, beweglichen, weder solid
verwurzelten noch freilich je frei schwebenden oder absolut
unabhängigen, kritischen Intelligenz: idealiter: der "freien
Geister", in negativen Termini (sowohl marxistischer wie
faschistischer Prägung): der wurzellosen pettybourgeoisen
Intellektuellen, -- kurz: des gesellschaftlichen Stratums,
zu dem wohlauch wir (Sie und ich) gehören; in deren Arbeit
und Existenz Prozesse der Internalisierung, der Verinnerlichung von Verhältnissen der Domination, der Versklavung,
der Aggression, usf., mit großer Häufigkeit auftreten und
auch fruchtbar zu werden vermögen.

Es ist daher tatsächlich ergiebig, Nietzsches Beobachtungen
über das Pathos der Distanz in figurativen Termini innerer
Begebenheiten und Erfahrungen abzuhandeln, wie er dies selbst
zu tun unternimmt. Denn wenn ich auch glaube - oder hoffe -,
daß in den externen sozialen Domänen, die Menschheit keinen
wesentlichen Gewinn davon haben wird, wenn sie die von
Nietzsche verschriebenen Prozesse rücksichtsloser Dynamik
von Herrschaft und Übermacht wörtlich verwirklicht, so wird
es doch bestenfalls noch sehr lange dauern, ehe die Verinnerlichung solcher Dynamik und ihre figurative Verwirklichung
in weitgehend verinnerlichten, verschobenen, auch gemilderten
Formen und Gestalten zum überflüssigen Archaismus geworden

sein wird und mithin obsolet und unnütz zu dem Zweck der
Förderung und Veredlung des Menschen. - Aus den nietzscheanischen Perspektiven läßt sich noch manche Einsicht in
Dynamik des geistig emotionalen Lebens gewinnen, Einsicht
zumal in jene ständigen Übungen von Gehorsam und Befehl,
Unterwerfung und Distanzierung, die, Nietzsche zufolge, aus
dem Pathos sozialer Distanz erwachsen, nun eine Sehnsucht
schaffen, ein Verlangen "nach immer neuer Distanz-Erwei-
terung innerhalb der Seele selbst, die Herausbildung immer
höherer, seltenerer, fernerer, weitgespannterer, umfäng-
licherer Zustände, kurz eben die Erhöhung des Typus 'Mensch',
die fortgesetzte 'Selbst-Überwindung des Menschen', um
eine moralische Formel in einem übermoralischen Sinne zu
nehmen."[23] Und daher lohnt es auch zu lesen, was Nietzsche
über die Vornehmen und die Vornehmheit zu sagen hat, vorausgesetzt, daß man nicht nach einer Doktrin sucht, der man
sich völlig verschreiben könnte, der man zumindest als ge-
treuer Anhänger in toto sich unterwerfen wollte. - Aber
sollte es derlei in einem Zeitalter, in dem immerhin manche
Köder von rechts, links und der Mitte angeboten wurden und
werden, überhaupt geben -: nämlich für Intellektuelle, deren
Vornehmheit, wie Nietzsche wohl wußte und in der Bewegtheit
seines Denkens selbst noch entgegen seinen eigenen Ansprüchen und Forderungen demonstrierte - in der immer schwie-
riger, prekärer, nötiger werdenden Ausübung einer - relativ -
unabhängigen kritischen Funktion besteht?

Anmerkungen

1   Carl Albrecht Bernoulli: FRANZ OVERBECK UND
     FRIEDRICH NIETZSCHE (E. Diederichs:Jena, 1908)
     II, 495. Vgl. ebd. (e.g. 232-236; 246; 251; 493; 496)
     die weiteren Berichte über Nietzsches Zusammenbruch.
     - Der im folgenden wiederholt zitierte Brief an
     Burckhardt vom 6.1. (oder 6.1.) 1889 findet sich in
     WERKE (= Friedrich Nietzsche: WERKE IN DREI
     BÄNDEN, hsg. Karl Schlechta; Hanser: München,
     ohne Datum), III, 1351 f.

2   Bernoulli, II, 228.
3   An Meta von Salis, Turin, 29.12.1888; An Franziska
    Nietzsche, Turin, 21.12.1888.
4   An George Brandes, Turin, 10.4.1888. Ebd. auch
    die folgenden Zitate.
5   An Meta von Salis, Turin, 29.12.1888.
6. An Georg Brandes, Turin, 10.4.1888.
7   "In meiner Jugend bedeutete (Nietzsche) .. mir eine
    mir unzugängliche Vornehmheit" (S.Freud, A.Zweig:
    BRIEFWECHSEL, hsg. E.Freud (S.Fischer: Frankfurt
    a.M., 1968; S. 89).
8   WILLE ZUR MACHT, Abschnitt 942.
9   An Burckhardt, Turin,6.1. (oder 5.1.), 1889.
10 MORGENRÖTE, Aphorismus 198.
11 MORGENRÖTE, Aphorismus 201.
12 ANTICHRIST, Abschnitt 56.
13 DIE DEUTSCHE IDEOLOGIE :I(Feuerbach); A.1
    (Geschichte).
14 MORGENRÖTE, Aphorismus 199; GENEALOGIE,
    1.Abhandlung, Abschnitt 16.
15 GENEALOGIE, 1.Abhandlung, Abschnitt 11; "Cesare
    Borgia": siehe Schlechta: NIETZSCHE-INDEX (Hanser:
    München, 1965) unter diesem Namen; "Pathos der
    Distanz" : GENEALOGIE, 1.Abhandlung, Abschnitt 2;
    ANTICHRIST, Abschnitt 43.
16 In: DIE ZERSTÖRUNG DER VERNUNFT (Berlin: 1955),
    244-317.
17 JENSEITS, Aphorismus 257.
18 GENEALOGIE,1.Abhandlung, Abschnitt 2.
19 JENSEITS, Aphorismus 261.
20 WERKE (Schlechta),III, 504 f.
21 Ibid., 427 f.
22 Ibid., 418.
23 JENSEITS, Aphorismus 257.

III.

VERSUCH ÜBER FREUD

Zum Thema Psychoanalyse und Germanistik. Gedanken zu Freuds Interpretation von Jensens 'Gradiva'.

Vorbemerkung

Früher stand der Mehrheit der Germanisten, die von der Psychoanalyse nichts wußte und nichts wissen wollte, eine Minderheit von eifernden Apologeten gegenüber. Wenn diese behaupteten, über die Psychoanalyse sei nur der ein Urteil abzugeben imstande, der sie am eigenen Leib erfahren habe und (so ging die Meinung) dieser Erfahrung auch im Geiste nicht abtrünnig geworden war, so konnte man immerhin entgegnen, daß die Gläubigen und Dogmatiker allezeit in ähnlicher Weise argumentierten: Nur der Initiierte, der die Weihen empfing, ihrer für würdig erachtet wurde und würdig blieb, sei zu urteilen fähig: Dies aber bedeutete für die außerhalb des Dogmas Befindlichen nichts anderes, als daß nur dem Indoktrinierten, nur dem Doktrinär Gehör zu schenken sei; wodurch wiederum die Möglichkeit einer Diskussion abgeschnitten werde. Heute ist die Lage sogar in deutschsprachigen Längern, geschweige denn im anglo-amerikanischen Sprachgebiet eine andere. Wenn jedoch die, auf dem Umschlag zu den, von S. Fischer produzierten GESAMMELTEN WERKEN Freuds zitierte Meinung Thomas Manns, daß Freuds Werk "einen der wichtigsten Bausteine" zu einer "sich bildenden neuen Anthropologie" abgebe, zu Recht besteht, so besteht auch heute noch die Aufgabe, diesen Baustein als Baustein zu verwenden, den psychoanalytischen Beitrag in einen größeren Zusammenhang einzubauen, die psychoanalytische Perspektive, die immer noch so etwas wie einen monolithischen Block bildet, der sich schlecht mit anderen Perspektiven vereinbaren läßt, in einer weiteren Sicht zu integrieren und damit auch zu subordinieren.

Dieser Aufgabe gerecht zu werden, dürften diejenigen Analytiker, die sich, doktrinären Impulsen des Gründers folgend,

in einem anti-wissenschaftlich gesinnten Kult und Orthodoxismus festgefahren haben, kaum imstande sein. Wenn aber die
psychoanalytische Erfahrung wirklich das ist, was Freud und
seine Anhänger behauptet haben: nämlich eine, durch den
bloßen Intellekt nicht nachvollziehbare, existentielle Erfahrung, so dürften auch diejenigen Autoren, die Psychoanalyse
mit positiver Anteilnahme behandeln und besprechen, ohne
doch die Erfahrung der Psychoanalyse selbst gemacht zu haben,
nicht zureichend in der Lage sein, die Aufgabe der Integration
zu erfüllen. Wer aber ist dazu imstande? Am ehesten vielleicht manche dem Orthodoxismus entronnene, halb und halb
als Renegaten verdächtigte Analytiker und manche Laien, die
sich denn doch, auf welchem Weg immer, ein Teil der intel-
lektuell-existentiellen psychoanalytischen Erfahrung zu eigen
zu machen verstanden. Zu diesem mögen sich, ebenfalls in
ihrer Berechtigung zweifelhaft, ambivalente Ex-Patienten gesellen, denen man von seiten der Unbefangenen gewiß mit
manchem Vorbehalt wird begegnen müssen, da es naheliegt,
daß sie ihre unüberwundenen Schwierigkeiten auch auf die
fachliche Diskussion projizieren werden; denen man gewiß
auch von professionell orthodoxer Seite die Vorwürfe unüber-
wundener, negativer, sowie positiver - also: ambivalenter -
Übertragung machen wird. Dennoch scheint mir, daß in der
jetzigen Lage nicht nur die orthodox Professionellen oder die
rein intellektuell und detachiert Anteilnehmenden, sondern
auch die gebrannten Kinder, die Ex-Patienten, einen Beitrag
zu liefern imstande sein mögen. Und selbst wenn man dies bestreiten wollte, wäre es dem Autor dieser Zeilen ein Bedürfnis, den letztgenannten Standort als solchen zu charakterisieren, da eben seine Perspektive durchaus nicht die des, nur
aus freien Stücken und gewissermaßen degagiert Anteilnehmenden, noch die des professionell Indoktrinierten ist, sondern
die des - übrigens zum Teil auch aus guten Gründen - ambivalenten Ex-Patienten, also des Mitglieds einer Gruppe, zu
deren kolleitvem Nutzen und auf deren kollektivem Rücken
sich immerhin die Entwicklung und Verbreitung der als Therapie verkündeten Disziplin vollzog.

Damit ist zugleich gesagt, daß hier eine primitive Stufe der
Auseinandersetzung, auf der man sich bemüßigt fühlte, die
elementare Berechtigung der psychoanalytischen Perspektive

gegen die Andersdenkenden zu verteidigen, als erledigt vorausgesetzt wird; sodaß im Folgenden sich die Auseinandersetzung
an einem gewissen Orthodoxismus orientiert und sich gegen
diesen wendet; da eben nach Erledigung der ersten Gefahr, der
ignoranten Ablehnung, die zweite, des Festhaltens der neuge-
wonnenen Einsicht auf der Stufe einer beschränkten Orthodoxie,
akut wurde, und es nun gilt, die zum Teil in starren Systemen
festgelegten Ansichten aus ihrer Verfestigung zu lösen. Diese
Aufgabe nötigt einen nicht nur zur Vermittlung, sondern zur
Auseinandersetzung mit einander entgegengesetzten Lagern.
Die Freudsche Psychoanalyse hat offenbar eine Reihe von Perspektiven, Einsichten, Hypothesen bezüglich sonst wenig be-
kannter Aspekte des psychischen Lebens (vornehmlich: der
Phantasietätigkeit) in einem, freilich nur notdürftig und vorläufig aus Begriffen und Metaphern zusammengeleimtem System, bzw. in mehreren solchen miteinander konkurrierenden
Systemen oder Halb-Systemen untergebracht. Da diese Einsichten, Perspektiven, Hypothesen dem zu erhoffenden, erweiterten und vertieften Menschenbild oder Menschenbildern
zugute kommen sollen, kann man mit einem, den psychoanalytischen Beitrag in Bausch und Bogen ablehnenden Konser-
vatismus keineswegs übereinstimmen. Aber ebensowenig kann
man zugeben, daß das Menschenbild oder die Menschenbilder
auf jene, von der Psychoanalyse hergestellten Systeme, bzw.
auf das, in den notdürftig zusammengeleimten, systematischen
Begriffsbretterbuden enthaltene Material als auf das Eigentliche zu reduzieren sei. Und doch ist eine solche Reduktion auf
den psychoanalytischen Kern, oder auf eine psychoanalytische
"Weltanschauung" bei den meisten orthodoxen Freudianern
anzutreffen. Freud selbst meinte zwar am Ende der NEUEN
VORLESUNGEN, die Psychoanalyse schaffe keine Weltanschauung, sondern habe sich als "ein Stück Wissenschaft"
der wissenschaftlichen Weltanschauung" anzuschließen, welche
sich "durch Betonung der realen Außenwelt", "Bescheidung
zur Wahrheit" und "Ablehnung der Illusionen" auszeichne.
Da mag man sich nun freilich fragen, was denn etwa an der
Vorliebe für die "Betonung der realen Außenwelt", die zur
Konzentration auf den eigentlichen Forschungsbereich der
Psychoanalytiker in einem interessanten, für die psychoanalytisch psychotherapeutische Arbeit vielleicht nötigen Kontrastverhältnis steht, wissenschaftlich sein mag. Und ferner: in

welchem Sinne jene, das Arbeitsethos mancher Wissenschaftler
bezeichnenden Einschätzungen der "Wahrheit" und der "Illusionen", die übrigens den landläufigen Auffassungen entsprechen, da kaum jemand die Wahrheit abzulehnen und sich zu
Illusionen zu bekennen meint, als wissenschaftlich zu bezeichnen seien. Aber selbst wenn es möglich wäre, eine solche
"wissenschaftliche Weltanschauung" nicht für eine contradictio
in adjecto zu halten, müßte man zugeben, daß die von Freud
und seinen Anhängern initiierte Entwicklung nicht auf dem von
Freud empfohlenen, sondern auf dem entgegengesetzten Weg
verlief. Denn von Anfang an bestand bei Freud und seinen Ge-
treuen die entschiedene Tendenz, aus der Psychoanalyse eine
reduktive Weltanschauung zu machen und zwar in engem Zusammenhang mit einem Personenkult, wie sich das auch heute
noch unter manchen, in ihrer Orthodoxie verknöcherten Freudia
nern darstellt, die nicht etwa weniger intolerant und exklusiv
in ihrer Haltung sind als die defensiven Gegner der Psychoanalyse, sondern noch intoleranter, exklusiver und repressiver, jeder freien Haltung und Forschung feindlicher, da sie
die Ansicht vom Menschentum, wie gesagt, auf die psychoanalytische Systematik und Metaphorik festlegen wollen. Dem
dogmatischen psychoanalytischen Orthodoxismus und seinem
nur gewissermaßen umgekehrten Eskapismus zu verfallen,
bedeutet, wie das Beispiel so mancher Literatur kommentie-
renden Psychoanalytiker lehrt, sogar eine noch empfindlichere
Einschränkung der Perspektive als die mit der Nichtachtung
des psychoanalytischen Beitrags verbundene je war. Annahme
des psychoanalytischen Orthodoxismus bedeutet das Anlegen
von Scheuklappen, die den Blick und den Radius der Interpre-
tationsmöglichkeiten noch empfindlicher verengen als eine
defensiv anti-psychoanalytische Germanistik. Und eben deshalb gilt es, den psychoanalytischen Beitrag nicht nur den im
Vorurteil ihrer Ablehnung Befangenen zugänglich zu machen,
sondern ebenso, ihn dem, in einem starren Kult und überheb-
lichen Dogma befangenen Orthodoxismus, der ihn isoliert und
zum Weltanschauungsersatz gemacht hat, zu entwenden. Das
aber ist immer noch leichter gesagt als getan.

1.

Ich will im Folgenden nur e i n e Struktur hervorheben, was
mir umso berechtigter erscheint als die vorbildliche Ausgabe
von Freuds DER WAHN UND DIE TRÄUME IN W. JENSENS
"GRADIVA" samt dem Text der als "pompejanisches Phantasiestück" bezeichneten Erzählung in der Ausgabe von 1903,
einem ausführlichen Kommentar und einer vorzüglichen Einleitung von Bernd Urban und Johannes Cremerius das Wesentliche bringt, was ich hier voraussetze. [1]

Dazu gehört auch die Handlung der Novelle, an die ich nur er-
innere: Der junge deutsche Archäolog, Hanold, fußfetischi-
stisch in das antike Steinbild des schön schreitenden jungen
Mädchens, das er Gradiva nennt, quasi verliebt, steigert,
in der Folge eines Traums, der ihm die Gradiva als Pompejanerin im Augenblick des Untergangs jener Stadt vor Augen
führt, diese abstruse Verrücktheit zu einem Wahn, der ihn
nach Italien, nach Rom, nach Pompej führt, um ebenda in der
Erscheinung der Gradiva zur Mittagsstunde sein Maximum
zu erreichen und alsbald seine stufenweise Auflösung und Heilung zu finden, da sich das liebe Mittagsgespenst als fleisch-
liches Mädchen, endlich als die, ihm einst in der Kinderzeit
als Gespiel eng befreundete, heimische Nachbarstochter von
gegenüber erweist; sodaß die gegenwärtig Lebendigen im
happy end zueinander finden können und somit gesunde Erotik
und bürgerliche Realität über pathologisch verstiegene, wenngleich ästhetisch reizvolle, phantastische Schwärmerei und
abstrus gelehrtenhafte, wenngleich poetisch überhöhte,
archäologische Romantik siegt.

Die Geschichte erzählt von einer Heilung vom Wahn, einer
Therapie. Freud selbst hatte die Neigung, Literatur nicht bloß
unter dem Aspekt der Therapie, sondern als verkleidete Darstellung und Dramatisierung - sei es geglückter oder verhin-
derter, abgebrochener oder zu Ende geführter - Therapie,
bzw. als mehr oder minder weit gediehene Bewußtmachung
des Unbewußten zu sehen: Urban und Cremerius zitieren, daß
Freud, der sich übrigens selbst mit Ödipus identifizierte, die
"kunstvoll verzögerte Enthüllung" des dem Helden unbewußten

244

Vatermords und Beischlafs mit der Mutter im ÖDIPUS REX des Sophokles "der Arbeit einer Psychoanalyse" vergleicht.[2] Auch HAMLET wird ja in ähnlicher Weise von Freud gesehen: als befinde der halb paralysierte, in der Aktion gehemmte zögernde Protagonist sich quasi im Widerstand, weil er die ihm zugemutete Einsicht und die Ahndung des - vom Onkel - verübten Vatermords und Beischlafs mit der Mutter aufgrund der - ihm vermutlich unbewußten - eigenen, analogen Urmotive nicht akzeptieren will, um sich am Ende doch zu der ihm auferlegten Einsicht und dem von ihm geforderten, mörderischen Racheakt durchzuringen, den er allerdings auch an sich selbst mitvollzieht. Aber offenbar gibt es ja, siehe Jensens GRADIVA auch eine explizite literarische Tradition, die dem Ansinnen, Literatur als Darstellung von Therapie aufzufassen, von sich aus und bewußt entgegenkommt; in der psychische Therapie, oder - etwas anders aufgefaßt -: die quasi therapeutische Ernüchterung aus Traum und Wahn zur Realität thematisiert wird. Urban und Cremerius weisen in diesem Zusammenhang auf den Weg von Kellers Reinhart im SINNGEDICHT hin, der Jensen direkt beeinflußte; ferner auf Goethes Singspiel LILA als Darstellung der "Heilung eines 'Wahnsinns' durch 'psychische Kur'"; endlich auf Hofmannsthals ÄGYPTISCHE HELENA.[3]

Verfolgen wir, gewissermaßen in freier Assoziation, d. h. ohne Anspruch auf Systematik, dieses Thema noch etwas weiter. Schon bei Lessing, dem founding father der modernen deutschen literarischen Tradition und insbesondere - kraft der Verbindung Nathan-Mendelssohn und der Verkündigung der Toleranz und des adogmatischen Ideals reiner Menschlichkeit durch einen aufklärerisch gesinnten, deistischen Juden - der Tradition der deutsch-jüdischen Assimilanten, der Freud selbst angehörte, - heilt Nathan seine Recha von ihrer, den Tempelherrn zum Engel erhöhenden, christlichen "Schwärmerei" ("Es ist Arznei, nicht Gift, was ich dir reiche"[4]) durch ernüchternde, desillusionierende Aufklärung über den rein menschlichen Statur ihres Liebesobjekts. Dieses wird dadurch zwar entzaubert, aber der real zwischenmenschlichen Beziehung fähig gemacht, die bei Lessung am Ende auch weitgehend entsexualiesiert wird, da der Tempelherr nicht nur an der allgemeinen Brüder- und Schwesterschaft des Menschengeschlechts teilhat, sondern wahrhaftig Rechas Bruder ist, was zum Verzicht auf die zunächst erhoffte erotische Verbindung führt.

Ferner ist Heilung, Reifung, Selbstwerdung durch Ernüchterung, wenn der Roman das beliebteste Genre der Moderne war, wohl überhaupt das eigentliche, große Thema des einzigen eigenständigen deutschen Beitrags zu diesem Genre, d.h. des Entwicklungs- oder Bildungsromans, von Goethes WILHELM MEISTER bis zu Kellers GRÜNEM HEINRICH. Jedoch nicht nur in diesem Genre geht es immer wieder um eine Dialektik von Wahn und Traum auf der einen Seite und der - vorgeblichen, oder als verbindlich anerkannten - bürgerlichen Realität auf der anderen. "Romantik" scheint sich oft bloß g e g e n solche Realität zu wenden. Was sie interessiert, ist Auflösung "nüchterner Wirklichkeit" in den - wahreren? - Wahn, mag dessen Wahrheit nur die einer bloßen Nachtseite, oder aber die der Subjektivität überhaupt sein, deren höheren, bloßen Realitäten überlegenen, transzendenten oder metaphysischen Wahrheitsanspruch zu betonen, ja vielfach Anliegen der Romantiker ist. Man denke in diesem Zusammenhang an die Rätsel, die Tiecks BLONDER ECKBERT aufgibt. Dabei bleibt - implizit, oder explizit, wie etwa im GESTIEFELTEN KATER - immer die Polarität zwischen Sphären der Realität und denen anderer Welten bestehen; und zwar auch dort, wo nicht die translatio ins Reich der Poesie empfohlen wird, wie in Hoffmanns Märchen, e.g. dem GOLDENEN TOPF, sondern die Wiederkehr des Verdrängten, statt zur translatio und Transfiguration zu führen, die Vernunft des Menschen und seine Existenz zerstört, wie etwa im SANDMANN und bei dem Gespenster-Hoffmann überhaupt.

Auch für die nachromantische Epoche gilt, daß immer wieder Polarität umspielt wird, immer beides da ist. Und zumeist geht es dabei nicht um vermeintliche "Wirklichkeit an sich", was immer ein Autor oder Leser auch unter diesem Unbegriff verstehen mag; aber auch nicht nur um "für uns" als verbindlich ("objektiv gegeben") erkannte Wirklichkeit; sondern auch der sogenannte poetische Realismus, wie vielfach der Realismus des 19. Jahrhunderts überhaupt, lebt in und von der Spannung zwischen "Romantik" und einer, von sozialen Konventionen bestimmten, spezifisch bürgerlich normierten

"Realität"; wenn er auch die Emphasis nun anders setzt als die
Romantiker und gewissermaßen die Philister rehabilitiert. So
wird etwa auch in Kellers KLEIDER MACHEN LEUTE zwar
der falsche polnische Graf im romantischen Cape entlarvt --
aber was sonst als der romantische Anschein des Schneiders
macht seine Geschichte interessant und erzählenswert? ! Und
auch Storm entwickelt seine Novellistik von lyrischer Reminiszenz an den Verzicht, an eine als romantisch empfundene
Liebessehnsucht, von deren Nostalgie die Stimmung von
IMMENSEE lebt, bis zur Gestaltung des aktiv realistischen
Leistungsfanatikers im SCHIMMELREITER, der aber durchaus dämonisch ist und als romantisches Gespenst erscheint.

Jedoch ist offenbar der Bereich der hier in Rede stehenden
Thematik damit noch zu eng gefaßt. Das große Thema der
europäischen Literatur des 19. Jahrhunderts ist wohl überhaupt die Ent-täuschung, die Desillusionierung. Es vermag
alle Register zu durchlaufen von der heilsam befreienden
bis zur bittersten Desillusionierung, die oft mit einem rebellischen, oder asketisch-heroischen Zug auftritt (wie etwa in
Jacobsens NIELS LYHNE), auch wo sie nicht, wie bei
Flaubert (in kleinerem Maßstab: bei Schnitzler) in den Nihilismus führt, der sich jede Illusion verbietet, oder auch
den nihilistischen Asketismus der Wahrhaftigkeit noch als
Glaubensersatz, noch als illusorisch durchschaut, wie bei
Nietzsche.

Oder sollten wir den Kreis noch weiter ziehen? Die Auseinandersetzung mit der Romantik und die Absage an die Romantik, anhebend bei den Romantikern, wie etwa in Byrons DON
JUAN, dominierend bei Dichtern wie Heine, allgegenwärtig
in Flaubert, gewiß dem ernüchterten Pierre des Endes von
Tolstois KRIEG UND FRIEDEN entsprechend - ist sie nur
das Haupt-Thema des "Realismus" des 19. Jahrhunderts?
Ist sie nicht das Thema des Romans der Neuzeit überhaupt
anhebend mit dem DON QUIXOTE des Cervantes, sodaß also
der moderne Roman jene quasi therapeutisch realistische,
ins Bürgerliche ernüchternde Tendenz schon von Anfang an
mitgebracht hätte, wie dies etwa im Titel von René Girards
MENSONGE ROMANTIQUE ET VERITÉ ROMANESQUOE
angedeutet wird, mithin die therapeutische Neutralität nicht
etwa im Gegensatz zu den tagträumenden "Dichtern" - unter

denen Freud ja mit Vorliebe Romanciers versteht- entwickelt
wird[5], sondern sich - mit ebenso viel Recht, mit ebenso viel
Unrecht - als eine, von den Romanschriftstellern hergeleite-
te auffassen ließe?

Bei Freud ist der bitter asketische Zug, die Note heilsam
bitteren Verzichts im Namen illusionsloser Anerkennung der
Realitäten, weiß Gott, ausgeprägt genug. Er tritt aber in der
Besprechung von Jensens Novelle zurück, die ja, außer einem
schalen Anflug von humoriger Ironie, bloß ein happy ending ins
Reale schildert, was übrigens mit-beiträgt zu dem treuherzig
verlogenen, schabloniert gemütlichen Charakter oder Mangel
an Charakter, durch den sich das Erzeugnis des talentierten,
auf den Geschmack selbstgefälligen Spießertums geeichten
Vielschreibers empfiehlt, von dem Freud selbst später meinte,
es zeichne sich nicht eben durch ungewöhnlichen Wert aus, indes in der Interpretation hervorgehoben wird, wie sehr das
Werk seinen Lesern, inklusive dem Interpreten, gefallen
habe.[6]

Man findet oft bei routinierten Erfolgsschriftstellern, daß sie
einem Publikumsgeschmack entsprechen, der im Ganzen gegenüber den jeweils modernen ("avantgardistischen") Tendenzen konservativ, auf längst gängig gemachte Klischees ein-
gestellt ist; dabei aber Einschübe von ebenjenen "modernen"
Elementen zuläßt und sogar gutheißt, wenn sie nur ins gewohnte Geleise zurückgebogen, entschärft, konsequenz- und
harmlos gemacht werden. Jensens Erzählung bietet im Ganzen
ein nicht unsympathisches, nicht gerade erhebliches Beispiel
einer, ein bürgerliches Realitätenethos auf Kosten der Phantastik (des Wahns und der Träume) behauptenden novellistischen Tradition. Aber um die Jahrhundertwende haben sich ja
längst Gegentendenzen zum bürgerlich poetischen, i. e. poeti-
sierten Realismus durchgesetzt, insbesondere im Naturalismus,
sowie - im gegenwärtigen Zusammenhang wichtiger - in
Symbolismus, Neuromantik, Jugendstil. Diesen gegenüber
verhält sich die Erzählung konservativ. Etwas schleppend im
Tempo, gemäßigt vernünftig, nüchtern, zugleich bewußt banal
in der Diktion, mit vorgeformten, quasi als Fertigware ver-
fügbaren, dem Leser im voraus bekannten Figuren - wie dem
à la Reinhart in Kellers SINNGEDICHT weltfremd verspon-
nenen, sympathischen jungen Gelehrten - und normierten Erlebnis-

sphären (e.g. einem gängigen Italienbild) arbeitend,
triumphiert sie im Großen und Ganzen, vor allem aber im
happy-end-Effekt[7], im Behaupten des bürgerlichen Klischees
und hält sich durchaus im Rahmen einer Gartenlaube-Norm.
Jedoch variiert sie diese vielfach erprobte Norm mit einigermaßen kecken Zusätzen in Richtung auf Andeutungen einer
befreiten Sexualität, wie man sie zumal im Naturalismus (vgl.
etwa das knarrende Bett des "Pärchens" von nebenan[8]), aber
auch im Jugendstil findet, sowie in Richtung auf Symbolismus-
Neuromantik, welche ja - man denke an Hofmannsthal, an die
Festivitäten des Georgekreises, die Schulerschen Bemühungen um die echt "irrationale", magische Wiederheraufbe-
schwörung blutvoll antiker Geister - antirealistisch und anti-
naturalistisch gesinnt, mithin im landläufigen Sinne "romantischer" Weise, das Phantastische wiederbeleben wollten. Etwas
im Sinne damaliger Avantgarde Versprechendes findet sich,
wie Pongs ebenfalls bemerkt hat, der allerdings von Makart-
scher Ausmalung spricht[9] , zumal im Pompej-Traum, wohl
auch in der Schilderung der Momente, in denen das scheinbare
Mittagsgespenst erscheint. Aber all das wird zurückgebogen,
entschärft, ent-dämonisiert im Sinne des Pfahlbürger-Ethos
der August und Grete, die es zugleich doch auch gerne haben,
wenn man sie mit Zügen, die sich über das schon ins Courts-
Mahlerische ermäßigte Modell hinauswagen, ein wenig kitzelt,
sei es in Richtung auf Sexualität, oder in Richtung auf gruselige
Totenunterwelt (hier: der Rediviva), wenn auch am Ende zur
Beruhigung gesund konventionelles Empfinden und gesund konventioneller Geschmack im Sinne der bürgerlichen Gartenlaube
die Oberhand behalten sollen.

Übrigens sollen diese Bemerkungen nicht die subjektive, echte,
quasi inspirierte Anteilnahme Jensens an seiner Erzählung
schmälern: Wie ein flüchtiger Blick auf andere Werke dieses
Autors vermuten läßt, war er gerade den Motiven der Rediviva,
dem Spiel mit dem Erblassen zum steinernen Tod und Erwachen der Scheintoten, also einer Art Erotik, die mit Toten um-
geht, verhaftet. Fassen wir den Eindruck noch einmal zusammen: Die Erzählung malt die positive Seite der Ernüchterung
aus, die zugleich doch zur Befreiung der Sexualität führt, und
gewinnt eben dadurch viel von ihrem behaglich spießigen, positiven Charakter; obschon sie, was ihr Interesse angeht, we-

niger vom August-und-Grete-mäßigen der Philisteroberwelt
zehrt als vom Andern, dem gespenstisch Phantastischen, dem
Wahn und den Träumen, der Unterwelt, den acheronta - wie
übrigens auch die Psychoanalyse, jedenfalls auf ihrer damaligen Stufe, als sie im Wesentlichen Psychologie der acheronta,
d. h. des Unbewußten und noch nicht so weitgehend wie später
Ego-Psychologie war. Aber auch der Essay von Freud, der
übrigens unter anderem der Werbung um den, das Positive
betonenden und für Freud quasi eine arische Lichtgestalt repräsentierenden C. G. Jung dient[10], gewinnt eine propagandistischen Anstrich von Positivität, ja sogar des Nur-Positiven,
als ginge es für Freud bei der Konfrontation mit den acheronta,
inklusive der Unterwelt der Vergangenheit und des Todes,
dem Akzeptieren des Realen, dem Verzicht auf infantile Phantastik, uf. , nicht auch um manche erschreckende Einsicht
und um Ernüchterung auch in einem andern, leidenderen,
härteren Sinn. -

Wir fanden, es dürfe uns nicht wundern, wenn dem Therapeuten die Geschichte einer erfolgreichen Therapie begegnet,
in der Verzicht auf Wahn und Träume aufgrund nüchterner
Anerkennung handfester Realitäten durch Befähigung zu deren Genuß entschädigt wird. So wenig man das zuweilen von
seiten der Wissenschaftler, wie seitens der Belletristen
wahrhaben wollte, beide gehören zumeist der gleichen Entwicklung an, stehen, wenngleich an anderer Stelle, in der
gleichen Tradition, und zwar nicht nur einer Jahrhunderte,
vielleicht Millennia umspannenden, wellenförmig, in Stoß
und Gegenstoß dennoch sich fortbewegenden Entwicklung zur
Ernüchterung, Versachlichung, Entzauberung (wie sie u. a.
Max Weber schildert), sondern, im vorliegenden Fall,
auch in einer spezifischeren, einen bestimmten Gegenstoß
und Vorstoß implizierenden.

Als das technisch Interessante an seinen Ausführungen zu
Jensens GRADIVA hebt Freud hervor, daß die von Jensen
erdichteten Träume eine gleichartige Interpretation gestatten
wie wirklich geträumte.[11] In Jensens Geschichte erscheint
überdies die Handlung als Erfüllung des Wunschtraums von
der Begegnung mit der Gradiva. Die Novelle spiegelt in ihrem
"realen" Verlauf den Traum wider, indem sie seine Botschaft

- in einem allerdings nur positiven Sinne, die katastrophalen
Elemente beiseitelassend - ausführt, was ein Spiegel- oder
Analogieverhältnis vom Teil zum Ganzen ergibt, das man
übrigens häufig in literarischen Werken findet. Man denke etwa
an die Ringparabel und die dramatische Handlung im NATHAN,
die übrigens auch im Analogieverhältnis zur therapeutischen
Episode der Heilung von religiösem Wahn steht; oder etwa, im
düsteren Sinne: an das Verhältnis der Parabel vom Tod ohne
Eingang ins Gesetz zum Gesamtroman in Kafkas PROZESS.
Jedoch indem Freud dieses Spiegelverhältnis in der GRADIVA,
oder vielmehr (da er es ja auf dieses Spiegelverhältnis nicht
abgesehen hat) die genaue Interpretierbarkeit der Träume in
Hinblick auf die Handlung hervorhebt, steigert er zugleich den
Eindruck, den man von der Novelle gewonnen hat. Sie erweist
sich als in unerwartetem Sinne genaue Komposition. Dabei
haben wir zugleich den Verdacht, daß ein, auf dem Wege
empathetischer Identifikation mit dem Helden erzielter Effekt
uns nicht allzusehr beeindrucken sollte. Freud zufolge, repräsentiert der Held ja zumeist das verkleidete Ich des
Autors, was insbesondere auf solche Produkte wie Jensens
gut passen mag. Wenn aber der Autor plausible Tagesgedan-
ken, Wünsche, Tagträume, etc. mit dem Helden assoziieren
kann, warum nicht auch die verkleideten der Träume? Immerhin: die Novelle gewinnt. Der Leser-Interpret verbessert
das Produkt, mag Pongs auch zu Recht meinen, Freuds Interpretation der Pompej-Träume sei eine einseitige. [12]

Ist es aber eine Novelle? Die Erzählung hat, der im 19. Jahrhundert geläufigen deutschen Theorie gemäß, den "Falken" -
die Gradiva - , den oder die Wendepunkte - vor allem von der
Verliebtheit in die steinerne Figur in die "identische" lebendige. Wird eine unerhörte, sich ereignete Begebenheit geschildert? Gewiß doch; wenn auch an der Grenze des immerhin vom Genre verlangten Realismus, der in der Forderung
nach dem "sich Ereigneten" steckt, d.h. nach einem Begeb-
nis, dem man, anders als etwa den Begebenheiten in einem
Märchen, auch zutraut, daß es sich wirklich zugetragen haben
könnte. Denn der in Erfüllung gegangene Wahn, die ganze, an
der Kippe von Wahn und Wahnerfüllung hinlaufende Handlung,
verläuft auch an der Grenze zwischen Phantasiestück und
Novelle. [13] Freud reduziert gerade das einigermaßen "irratio-

nale" Element, an dem die ganze Geschichte kompositorisch
hängt: Die Koinzidenz der lebendigen, gegenwärtigen mit der
steinernen, antiken Figur und das kleine Wunder, das der
wahrsagende, vorhersagende Traum, der Erfüllung in Form
der Begegnung in Pompej verspricht, tatsächlich in Erfüllung
geht, und zwar dank eines unwahrscheinlichen Zufalls. Denn
wenn man nicht eine, in keiner Weise vom Autor angedeutete,
telepathische Beeinflussung in Bezug auf die Reiseprojekte
Hanolds und der Gradiva samt Vater annehmen will, bleibt es
ein unwahrscheinlicher Zufall, daß die Nachbarstochter zur
gleichen Zeit wie Hanold mit ihrem Vater nach Pompej fährt
und dergestalt die Traumerfüllung ermöglicht: nämlich so,
daß der Wahn sich durch die Erfüllung des Traums auflöst,
der Wahn den Wahn besiegt.[14]

Wenn Freud die Konsistenz des Prosastücks durch fachgerech-
te Traumdeutung in imponierender Weise erhöht; die ans
Phantastische, Übernatürliche grenzenden Elemente (Koinzidenz der Gradiva mit der Bertgang; Erfüllung der Traumvision
durch Begegnung mit der Nachbarstochter in Pompej) als poetische Lizenz abtut; mithin den kompositorischen Einfall, das
zugleich den Novellencharakter ausmachende, wie infolge der
Phantastik in Frage stellende Wagnis - die unerhörte Begebenheit - links liegen läßt; so fälscht er die Erzählung nicht
gerade um; aber er liest sie konsequent in seinem Sinne als
eine, ohne halb-mirakulöse Koinzidenz, somit möglichst rational verlaufende Geschichte einer Therapie. Das heißt aber:
er liest sie als die Erfüllung s e i n e s Wunsches. Wie in der
Novelle selbst der Wunsch des träumenden Archäologen Hanold
bezüglich seiner Begegnung mit der Pompejanerin Gradiva im
Verlauf der Erzählung in Erfüllung geht, so erfüllt nun ihrerseits die Jensensche Erzählung den Wunsch des Psycho-Archäologen, den Tagtraum des Therapeuten Freud von der völligen
Heilung, t h e   l a y i n g   o f   g h o s t s , der glücklichen Erfüllung der kurierten Psyche in der bewältigten Realität.[15]

Wir finden also, daß die Interpretation in einem wunscherfül-
lenden Spiegelverhältnis zur Novelle steht, so wie diese als
Ganzes in einem wunscherfüllenden Spiegelverhältnis zu ihrem
"Nukleus" , dem verheißungsvollen pompejanischen Traum
steht. Aber eine solche Selbstbegegnung im Spiegel der
Wunscherfüllung, solch ein wunscherfüllendes Spiegelverhältnis

des Interpreten und seiner Situation zum Helden der Novelle und
dessen Lage findet in einem noch genaueren Sinne statt, da die
Auflösung des Hanoldschen Pompejkomplexes im Spiegelverhältnis zur erwünschten Auflösung des Freudschen Rom-Komplexes
steht. Dem Hanoldschen Pompej-Komplex entspricht der Rom-
Komplex Freuds. Der von Jensen erfundenen Auflösung des
wahnhaften Pompej-Komplexes seines in die verstorbene Pompejanerin verliebten Helden entspricht die von Freud erwünschte Auflösung seines eigenen Rom-Komplexes, von dessen Analyse vor allem die TRAUMDEUTUNG berichtet.

2.

Der von Freud selbst in der TRAUMDEUTUNG partiell analysierte, "tief neurotische" Rom-Komplex[16] mit seiner
"archäologischen Leidenschaft" bei gleichzeitiger, jahrelan-
ger Verhinderung, das Sehnsuchtsziel zu erreichen, ist, zumal seit der Veröffentlichung der Briefe an Fliess (1950),
als ich mich, unter dem Einfluß ihres Herausgebers Ernst
Kris, mit dem Thema befaßte, so oft und ausführlich behandelt
worden, daß ich mich auf einige, in den gegenwärtigen Kontext
gehörige Züge beschränken darf. Entscheidend scheint mir,
auch für die Unauflösbarkeit des Komplexes und seine innere
Kohärenz, daß in dem ambivalenten Rom-Symbol die einander entgegengesetzten Tendenzen koindizieren. Rom ist be-
gehrtes, "libidinöses" Sehnsuchtsziel, aber auch Objekt der
Aggression; ist Objekt der aktiven Eroberungslust und der
Lust an der passiven Hingabe; das Symbol der Mutter-Sphäre
ist auch das der Vater-Sphäre, ist Objekt der Liebe und Objekt des Hasses; wobei aber auch die jeweiligen Termini, in
denen die Polaritäten zum Ausdruck kommen, ihrerseits wiederum "ambivalent" sind, d.h. in weitere Polaritäten führen,
und so, anscheinend, weiter ad infinitum. Wenn Freud das
Schwanken zwischen der Rolle des großen - allerdings nicht
erfolgreichen - Erzfeindes von Rom, des semitischen Feldherrn Hannibal und der Rolle des sich Rom hingebenden Liebhabers und Gelehrten Winckelmann andeutet, so fragt sich
zugleich, ob nicht gerade die aktive Eroberungslust (die das
Hannibal-Symbol repräsentiert) auch die des erotisch passiven Verhältnisses zu der weiblichen Sphäre Roms impliziert;
ob die Identifikation mit der relativ passiven Rolle des Winckel-

mann nicht eine, aus der Angst vor der aktiv männlichen Rolle
und den acheronta der femininen Sphäre inspirierte Unterwerfung unter Rom als männliche Machtsphäre und das Akzeptieren der weiblichen Rolle bedeutet; wodurch also das Hannibal-
Symbol nun gerade für die Rolle des eigentlich "maskulinen"
erotischen Liebhabers stünde; hingegen das Winckelmann-
Symbol, welches für den steht, der sich dem väterlichen Rom
homoerotisch unterwirft, gerade auch infolge dieser, aus der
Ohnmacht entsprungenen Selbsthingabe in weitere Ambiguitäten führen dürfte.

Es führen jedenfalls bei Freud in einer gewissen Phase nicht
nur, um einen von ihm analysierten Kalauer mit einem von
ihm berichteten Traumthema zu kombinieren, alle Wege "gen
Italien", sondern spezifisch nach Rom.[17]   Einer um die Jahrhundertwende rezenten Schicht gehört die, wie Freud in den
Fliess-Briefen hervorhebt, mit dem neurotischen
Rom-Komplex eng verbundene Bemühung um
die Professur an: Erst nachdem er sich erlaubt hatte,
Rom zu besuchen, durfte er sich auch die, für die Ernennung
zum Professor nötigen Schritte gestatten. Wenn diese aber als
Sehnsuchtsziel mit Rom in eins zu setzen ist, so tritt auch
hier wiederum der ambivalente Charakter zutage. Denn den,
auf dem Umweg über persönliche Beziehungen zu einem Minister geschaffenen Kompromiß mit den, das akademische Rom
regierenden Mächten - der ihm allerdings auch nur die außerordentliche, nie zur ordentlichen erhöhte Professur verschafft -
empfindet Freud selbstverständlich auch als demütigend, als
ein Sich-verhalten und dem etablierten System Sich-fügen,
statt ihm kühn zu opponieren.[18] Und im Entscheidenden wird,
zusammen mit dem Bewußtsein, die oberen Gewalten nicht
beugen zu können, doch das anti-römische Motto der Rebellion
gegen die akademische Hierarchie und ihre Wissenschaft gelten, das Freud an die Spitze der TRAUMDEUTUNG, seiner
großen Unabhängigkeitserklärung, seiner Stiftung einer heter-
odoxen Bewegung setzt: Flectere si nequo superos /
acheronta movebo !

Die, wie gesagt: von Freud selbst, hervorgehobene Verbindung
Rom-Professur erscheint zunächst als eine unwahrscheinliche
oder künstliche. Aber nicht nur das Pamphlet, welches Freud
das, von dem Autor Lassalle als Motto seiner Bestrebungen

verwendete Vergil-Zitat in Erinnerung brachte, richtete sich
gegen Rom, i. e. die repressiv-konservative, österreichisch-
katholische Macht.[19] Auch Freuds Bestrebungen um Eroberung
der akademischen Hierarchie, bzw. um die völlige Aufnahme
in diese, mußten sich mit dem Antagonisten Rom auseinandersetzen, nämlich mit dem aufgrund konfessioneller Zugehörigkeit diskriminierenden, "römischen" Katholizismus der Re-
gierungskreise, der sich im Wien Luegers ja auch um erheb-
liche Grade über den immer präsenten, gewissermaßen normalen katholischen Antisemitismus erhob.

Aber auch in der nicht bloß indirekt politischen, akademischen
Sphäre, sondern in der primär politischen, in die Lassalles Schrift und sein gegen Rom gerichtetes römisches Zitat
verweisen, ergeben sich - im gegenwärtigen Kontext nicht in
Hinblick auf Lassalle, wohl aber auf Freud - Ambiguitäten[20],
die den Ambiguitäten im Falle des Kampfes um Aufnahme in
die akademische Hierarchie analog sind, sodaß man sich fragt,
wie eigentlich die Bedeutung des "Eroberns" anzusetzen sei
und zweifelt, ob Eroberung einfach Erledigung, Vernichtung,
völlige Unterwerfung eines Gegners bedeute, oder vielmehr
so etwas wie jenen Kampf mit den Frauen, von dem Kafka
sagt, er ende im Bett. Die sich hier einstellenden, in Frage
kommenden Erwägungen verweisen, anknüpfend an das Gegenwärtige und Jüngstvergangene (wie Garribaldi) in entlegene
historische Epochen, sowie in vergangene Perioden in Freuds
Leben - bis in seine Kindheit. Die Linie der Identifikationen
Freuds mit politischen und kriegerischen Gegnern "Roms",
den Liberalen, Napoleon, dem napoleonischen General Massena,
dem Puritaner und Revolutionär Cromwell, vor allem aber
dem Semiten Hannibal ist zwar imposant; aber bei den frü-
hesten dieser in einen, wie immer gearteten Kampf um Rom
verflochtenen Identifikationsfiguren Freuds, im Caesar-Brutus-
Spiel mit dem ihm verwandten Knaben, der als Freuds Kind-
heitsfreund und -rivale erscheint, stellt sich auch wieder
eine Ambiguität, eben zwischen dem Kampf gegen und dem
Kampf um Rom ein.[21]

Man erinnert sich in diesem Zusammenhang an jene Szene,
in der sich Freuds Vater Jakob seinem Sohn als ein, von
einem Christen schändlich gedemütigter Jude darstellt, der
zu machtlos, zu schwach, zu feige oder zu klug ist, eine

ihm zugefügte Beleidigung zu vergelten, sich vielmehr un-
heroisch fügt und so im Sohn den phantasierten Entschluß erregt, sich als Rächer und damit als größer als der Vater zu
erweisen, indem er es halten würde wie jener Hannibal, der
seinem Vater Hamilkar schwur, Rache an Rom zu üben.[22]
Anderseits aber erinnert man sich auch, daß Freud der, ihm
in der Jugend und noch im jugendlichen Mannesalter werten
Ambition auf radikal politisches Tätertum, auf welches auch
das antagonistische, vielleicht von Rivalitätsgefühlen mitbe-
stimmte Verhältnis zu dem Sozialisten Viktor Adler hinweisen
mag, entsagte; daß er, wenn man sein Verhältnis im Sinne von
Carl Schorske charakterisieren will, vor der Politik in die
Naturwissenschaft, die Medizin, die Individualpsychologie aus-
wich oder gar entfloh.[23]

Die Linie, die Schorske verfolgt oder konstruiert, ist interessant. Er revidiert Freuds Interpretation seines manifest von
dem - römisch konservativ gesinnten - Minister Graf Thun
handelnden und gegen diesen gerichteten Traum, der Schorske
zufolge, Freuds "flight from politics" enthält. Freud, meint
Schorske, verschiebt in seiner Interpretation den Akzent von
den, gegen Graf Thun gerichteten Szenen des Traums auf eine
Szene, in der er dem geschwächten Vater beim Urinieren be-
hilflich ist, was gewissermaßen die Umkehrung einer, aus der
Kindheit erinnerten Szene bedeutet, in der der Vater seinem
kleinen Sohn, der sich nicht enthielt vor den Eltern sein Bedürfnis zu verrichten, vorhersagte, daß aus ihm nichts werden
würde. "Instead of the strong father reprimanding the weak
son for urinating, the strong son helped the weak father
in urinating. "As though I wanted to say", Freud comments,
"You see I h a v e come to something."

> "Vengeance, of an intellectual kind, is being taken
> here not on Rome and not on Count Thun, but on
> the father. As the father replaces the prime mi-
> nister on the station platform, patricide replaces
> politics. - Is not this something more as well:
> revenge on politics itself? Freud suggested this
> explicitly in a footnote where he connected his
> victoriy over his father with his victory over po-
> litics:" ".. der ganze rebellische, majestätsbe-
> leidigende und die hohe Obrigkeit verhöhnende Inhalt

256

des Traums (geht) auf Auflehnung gegen den
(i.e. meinen) Vater (zurück). Der Fürst heißt
Landesvater, und der Vater ist die älteste, erste,
für das Kind einzige Autorität, aus deren Macht-
vollkommenheit im Laufe der menschlichen Kul-
turgeschichte die anderen sozialen Obrigkeiten
hervorgegangen sind.." "In this passage Freud
adumbrated his mature political theory (set
forth in TOTEM AND TABOO (1913), the central
principle of which is that all politics is reducible
to the primal conflict between father and son. The
Revolutionary Dream, miraculously, contained
this conclusion in its very scenario from political
encounter, through flight into academia, to the
conquest of the father who has replaces Count
Thun. Patricide replaces regicide; psychoanalysis overcomes history. Politics is neutralized
by a counterpolitical psychology ... Freud hat
not paid his debt to his father as a revolutionary
doctor like Adolf Fischhof in 1848 or Victor Adler
in 1898. Instead Freud would pay it as a scientific
subversive. He dissolved the oath of Hannibal by
his counterpolitical discovery: the primacy of
infantile experience in the determination of human
behavior."[24]

So meint Schorske, indem er den, zumal von marxistischer
Seite immer wieder gegen die Psychoanalyse erhobenen Vorwurf der Flucht aus dem sozialen Bereich in den der Individualpsychologie variiert, überhaupt sagen zu dürfen: "The
brilliant, lonely, painful discovery of psychoanalysis which
made it possivle for Freud to overcome his Rome neurosis,
to kneel at Minerva's temple, was a counterpolitical triumph
of the first magnitude. By reducing his own political past and
present to an epiphenomenal status in relation to the primal
conflict between father and son, Freud gave his fellow liberals
an ahistorical theory of man that could make bearable a political world spun out of orbit and beyond control."[25] - Dennoch meint er zugleich - da er den Wahrheitswert der Freudschen Entdeckung, i.e. der Psychoanalyse, zumindest explizite nicht in Frage stellt, sich ja vielmehr selbst der Methode

in gewissem Sinne bedient - : "With that disoovery, a new
road to Rome lay open".[26]

All das wird uns noch in anderem Zusammenhang beschäftigen.
Wir erinnern hier nur daran, daß jedenfalls in der politischen
Sphäre die Gegnerschaft gegen Rom nicht durchgehalten, daß
sie vielmehr vielfach durchbrochen, endlich nahezu aufgegeben
wird; daß ferner - und damit sind wir nun wieder bei der manifesten Ambiguität und Ambivalenz des Verhältnisses - Freuds
Beziehung zu Rom, wie sie in dem von ihm geschilderten
Komplex erscheint, ja vornehmlich und vordringlich nicht die
eines Gegners ist, sondern vielmehr eine leidenschaftliche,
wenngleich sich selber an der Erfüllung, der Erreichung des
begehrten Ziels, der Ankunft in Rom, jahrelang hindernde
Verliebtheit ist. Wie sagt er doch? "Es ist fraglich, wer
eifriger in seiner Stube auf und ab lief, nachdem er den Plan
gefaßt, nach Rom zu gehen, der Konrektor W i n c k e l m a n n
oder der Feldherr H a n n i b a l".[27] Wenn aber Schorske zu
verstehen gibt, daß nicht Hannibal sondern Winckelmann "the
scientist" in Freuds Verhältnis zu Rom den Sieg davon trug
- "the Rome of pleasure, maternity, assimilation, fulfill-
ment"[28] -, so befriedigt auch das nicht völlig, und zwar nicht
nur deshalb nicht, weil man zögert, den enthusiastischen,
homoerotischen Verkünder klassischer Schönheit als "scientist"
zu bezeichnen, sondern auch weil die psychologische Wissenschaft, die Freud, anstatt politisch aktiv oder produktiv zu
werden, begründete, in ihrem Verhältnis zu ihrem "Rom",
nämlich der Psyche, sich auf einen eindeutig positiv erotischen
Nenner wohl kaum bringen läßt.

Freudscher Meinung zufolge ist d i e p r i m ä r e S c h i c h t
d e s R o m - S y m b o l s weder die beruflich-akademische
noch die politisch-historische, sondern d i e i n f a n t i l e. So
wird etwa das l è s e m a j e s t é und die Rebellion gegen die
höheren Autoritäten auf die Rebellion gegen den eigenen Vater
zurückgeführt[29], bzw. auch auf, den Vater nur ersetzende
Rivalen der Kindheit. Und es könnte wohl auch oder gerade auf
dieser Stufe geschehen, daß der Kampf mit dem, der Rom repräsentiert, oder Rom "ist", weil er Rom besitzt, auch als
ein Kampf um Rom sich darstellt, etwa in der Form eines
Kampfes mit dem "Vater" oder dessen Substituten um die
"Mutter" oder deren Vertreterinnen. Schon das in der Freud-

schen Auffassung der Vor- und Unterwelten infantiler Phantasie
vorgesehene Muster des Ödipus Complex simplex - positiv
libidinöses Verhältnis zur Mutterfigur, negativ aggressives
zur Vaterfigur - setzt sich typischerweise nicht eindeutig,
nicht ohne Ambivalenz durch, da es durch Tendenzen aus anderen, e.g. "höheren" Schichten selbst der kindlichen Vorstellungswelt, etwa mit der Verehrung der Vaterfigur und
der Auflehnung gegen mütterliche Autorität kompliziert wird.
Noch weit komplizierter gestalten sich die Verhältnisse in dem,
unter dem Druck phantasierter Bedrohung durch den kastrieren-
den Vater, modifizierten Ödipus Complex complex, e.g. durch
homoerotische oder quasi homoerotische Unterwerfung unter
die väterliche Figur und Autorität nebst Aggression gegen die
"kastrierte", daher "kastrierende" Mutter, unter Belebung
prä-ödipaler (anal-urethraler, oraler) Phantasien, Begierden,
Ängste; zumal überdies die komplexe Form des Ödipuskomplexes ja die simple, aus der sie sich herleitet, nicht einfach ausschließt oder aufhebt, sodaß also die positiven und
negativen Beziehungen - nebst prä-ödipalen Phantasien - zugleich bestehen, was der gewissermaßen vielschichtigen Psyche
gemäß, hingegen auf Integration und Vereinheitlichung bedachten Bewußtseinsinstanzen peinlich sein mag -- ein Konflikt,
der aber auch seinerseits wiederum nicht nur möglich, sondern
natürlich ist, wie jedermann weiß, der zugibt, daß man mitunter einen Menschen sogar bewußt lieben u n d hassen, hoch-
u n d geringschätzen, begehren und verabscheuen kann. [30]

Unter dem Titel des Rom-Komplexes hat Freud bekanntlich den
ihm wesentlichsten Teil seiner Selbstanalyse: die Begegnung
mit seinem eigenen Ödipuskomplex und dessen Deutung -
fragmentarisch - dargestellt. Relevant ist in diesem Zusammenhang seine Bemerkung anläßlich der eigenen Kampfspiele
um das Behaupten des Feldes in seiner frühen Kindheit. Er
meint, daß ihm "ein intimer Freund und ein gehaßter Feind"
"immer notwendige Erfordernisse seines Gefühlslebens waren"
und er sich beide "immer von neuem zu verschaffen wußte",
wobei sich "das Kindheitsideal" (!) nicht selten so weit her-
stellte, "daß Freund und Feind in dieselbe Person zusammen-
fielen".[31] Ausgehend von der, in der Periode der Arbeit an der
TRAUMDEUTUNG positiven, jedoch der Kippe zum Umschlag
ins Negative sich nähernden Beziehung zu Fliess, ergibt sich

ein Rückblick auf eine Reihe von abgetanen oder erledigten
Freund- und Freund-Feindschaften (e. g. mit Breuer, Fleischl,
Paneth), wobei nicht nur die Verstorbenen (wie Paneth und
Fleischl) als "Revenants" erscheinen. Als erstes (frühestes)
Glied der Reihe erscheint aber der um ein Jahr ältere Neffe
Freuds John, der nach Freuds Ansicht den Prototyp für alle
späteren Freund- und Freund-Feindschaften darstellte, sodaß
alle seine Freunde in gewissem Sinne Reinkarnationen dieser
ersten Figur, mithin Revenants waren. Es erschien aber, wie
man etwa ausführlicher der Darstellung von Max Schur entnehmen mag, dieser bis ins dritte Lebensjahr Freuds von ihm
unzertrennliche Freund und Rivale selbst, nachdem er lange,
da seine Familie nach England gezogen war, verschwunden
gewesen war, auch seinerseits als ein "Revenant" in Freuds
vierzehntem Lebensjahr, bei welcher Gelegenheit die beiden,
in eminentem Sinne auf einen Kampf um Rom bezogene Rollen
übernahmen, nämlich Julius Cäsar (zu dem sich überdies
eine Assoziation mit Bezug auf einen jungverstorbenen Bruder
Freuds ergibt) und Brutus spielten, und zwar eine Szene, in
der dem Cäsarmörder Brutus (Freud) der Tote als Revenant
erscheint und sich als sein Vater darstellt. Damit aber erweist
sich, jedenfalls einer geläufigen psychoanalytischen Ansicht
nach, auch die relativ primäre Figur des Freund-Feind-Rivalen
in Gestalt des Neffen John als Repräsentant der wahrhaft pri-
mären des Vaters, der ja auch in der Epoche der TRAUM-
DEUTUNG, die Freud zufolge das Ergebnis seiner Reaktion
auf den jüngst erfolgten Tod des Vaters enthält, als der
archetypische, der Ur-Revenant zu gelten hat. [32]

Wiederum ist auf die Ambiguität der Rom-Symbolik und die
komplexe Ambivalenz im Verhältnis zu den Vaterfiguren hinzuweisen. Die Identifikation mit Hannibal diente offenbar dem
Wunsch, sich im Dienste der - semetischen - Sache des Vaters als Gegner Roms zu erweisen und ebendadurch größer zu
werden als der von Christen gedemütigte Vater und also den
Vater zu überwinden. Diesem Kampf gegen Rom für den Vater
steht auf der anderen Seite die positive Romsehnsucht des
kulturtouristischen Reiseenthusiasten und Amateur-Archäolo-
gen mit seiner mehr an Winckelmann als an Hannibal gemahnenden Schwärmerei für Rom gegenüber. Hingegen geht es bei dem
Kampf mit Vatersubstituten um den Besitz von Rom - e.g.

Brutus contra Cäsar - zwar auch p r o -römisch zu, aber mit
starkem Affekt gegen die väterliche Autorität ... Das Rom-
Symbol ist zu reich an positiven und negativen Bedeutungen
um nicht quasi alogisch zu werden; aber die Vieldeutigkeit
ist zugleich auch repräsentativ für die Vielwertigkeit der Beziehung zum Vater - und zur Mutter; obschon Auskünfte
wie, daß wir uns in einer irrationalen Unterwelt des Denkens
und Empfindens befinden, in der Rom sowohl Symbol anti-
väterlicher wie väterlicher Macht, wie auch Symbol der Mutter
um deren Besitz oder Eroberung es gehe, bzw. auch Symbol
der den Mann bedrohenden mütterlichen Unterwelt sei, etcetera
am Ende mehr verunklären als sie erklären.

Die obigen Ausführungen sind einseitig. Schon vor Jahren, als
ich mich mit dem Motto der TRAUMDEUTUNG ("Flectere si
nequeo superos / acheronta movebo") befaßte, - jenen gegen
Aeneas und sein Projekt der Gründung Roms gerichteten Worte
der Vergilschen Juno, der Beschützerin Didos - und als
Karthagos, mithin (für Freud): der semitischen Sphäre -
(Juno ruft die Furie Allecto, sie ruft die Unterwelt gegen den
römischen Aeneas auf) - schien mir: es sei wichtig, die gewissermaßen passive Seite des Rom-Komplexes hervorzuheben. Ausgehend davon, daß Freud zwar weder ein homo-
erotischer Ästhet noch ein fanatischer Täter war, als Samm-
ler, Goethe- und Italienverehrer und Mann deutsch-humani-
stischer Bildung gewiß soviel mit dem Kunsthistoriker gemein
hatte wie mit dem semitischen Feldherrn (Erobert man denn
Rom, indem man sich als begeisterter Besucher den Schön-
heiten der Stadt hingibt?), meinte ich: Die acheronta stehen
für das Untere, das Verdrängte, das Schmutzige, Unterdrückte, Dunkle, Dämonische. Sollte es Zufall sein, daß eine
Göttin die Worte spricht? - In der Problematik der Beziehung
zu den Männern - und das ist das Thema - das mit dem Rom-
Motiv aufgerollt wird - geht es ja nicht nur um Rebellion. In
den Fliess-Briefen steht unter dem Titel "Verdrängung":
"Die Vermutung geht dahin, daß das eigentlich verdrängte
Element stets das Weibliche ist, und wird dadurch bestätigt,
daß die Frauen sowohl wie die Männer leichter die Erlebnisse
mit Frauen hergeben als die mit Männern. Was die Männer
eigentlich verdrängen ist das päderastische Element." Kris
bemerkt dazu, dieser Gedanke habe Freud zeitlebens beschäf-

tigt. [33] - Nun ist aber in seiner legitimen offiziellen Bedeutung
das Vergilsche Motto bei Freud nichts als "Hinweis auf die
Verdrängung"[34] und somit ist, von dem Motto selbst aus, die
Brücke zum Thema Homosexualität gegeben. Ob "das Beste",
was man "den Buben" nicht sagen darf,[35] sich vielleicht gerade auf dieses Thema bezieht? Die sexuelle Rivalität mit
dem Vater, die Feindschaft gegen ihn, die inzestuöse Neigung
zur Mutter, zumal auch "der Dreck"[36] in seinen verschiedenen Formen -- das sind acheronta, von denen der Autor seinen
Lesern (den Buben) ausführlich berichtet, auch dort, wo er
eigenes Traummaterial behandelt. Hannibal kommt zu seinem
Recht; nur der Winckelmann muß verschwiegen werden. Dennoch
hat Freud das Element sublimierter Homosexualität im Verhältnis zu Fliess selbst in den - allerdings nicht für ein Publikum bestimmten - Briefen besprochen, so z.B., wenn er
von dem Verkehr mit dem Freund spricht, "den eine besondere - etwa feminine - Seite fordert".[37] Kris meint mit Bezug
auf diese Stelle, "daß Freud zur Einsicht gelangt war, daß
die Beziehung zu Fliess mit dem Hauptproblem der ersten
Phase seiner Selbstanalyse, der Beziehung zum Vater verbunden war."[38] Von hier aus ist leicht ersichtlich, daß die für
das Verhältnis Freud-Fliess so wichtige Debatte um die Bi-
sexualität auch deshalb den Höhepunkt und den Niedergang der
Freundschaft markierte, weil es in ihr um die Homosexualität
ging. Nach Fliess ist das Verdrängte das in einem Menschen
vorhandene Gegengeschlechtliche.[39] In seiner untersten Be-
deutungsschicht wird also auch das Motto zum Ausdruck der
Ambivalenz. Neben der rebellisch-aggressiven Bedeutung
weist es eine andere, erotische auf und spiegelt so auf seine
Art wieder, was auch Freuds Bemerkung über sein Bedürfnis
nach einem Freund-Feind besagt. Man findet es richtig, daß
das Zitat in dem gleichen Brief vorkommt wie die Erwähnung
eines Janus aus Stein, "der mit seinen zwei Gesichtern mich
sehr überlegen anschaut".[40]

Genug! - Weder bietet der gegenwärtige Rahmen eine legitime
Gelegenheit, noch bin ich dazu imstande,Freuds Ödipuskomplex
erschöpfend zu behandeln. War aber bisher die Rede von
Sphären - der akademischen Karriere, des politischen Täter-
ums, des infantilen Ödipuskomplexes -,in denen die Eroberung
"Roms" nicht gelang, so bleibt noch auf die Sphäre hinzuwei-

262

sen, in der diese Eroberung, sowohl als Bewältigung Roms wie als Hingabe an Rom, Freud am Ende doch annähernd gelingt, obschon zunächst gerade hier - an dem entscheidenden Eingang- das Motto der verzweifelt rebellierenden Ohnmacht, ebenjener Entschluß steht, da es nicht gelingt, die oberen Mächte zu beugen, die Unterwelt in Aufruhr zu versetzen.

Schorske meint ja auch, erst der Verzicht auf politisches Tätertum legte den Weg zu einem neuen "Rom" frei, den der an die Stelle "Hannibals" tretende "soft scientist" - das Analogon Winckelmanns - geht: nämlich den Weg einer, allerdings gegen die akademische Dis- ziplin und Hierarchie das Feld behauptenden und neu definie- renden Psychologie. Und der Historiker, der das Phä- nomen pauschal charakterisiert, mag am Ende mit seinem In-eins-setzen von Freud und "Winckelmann" nicht ganz un- recht haben. Verglichen mit der krassen Aktivität eines antiken Städte-Eroberers, wie der "heroic butchery" der Generäle überhaupt, ist die weitgehend auf Aktion verzichtende Tätig- keit der Therapeuten und Gelehrten, zumal die des weitgehend auf eine, von Freud selbst immer wieder betonte ("feminine") Passivität des Beobachtens, vor allem des geduldigen Zuhö- rens angewiesene Tätigkeit des Psychoanalytikers ja eine relativ harmlose, jedenfalls in jeder Hinsicht - der eroti- schen, wie der aggressiven - gewissermaßen zielgehemmte. Dennoch wird man bei weniger pauschaler Sicht auch anerken- nen, wie viel Aggression und aggressive Erotik des Kampf- spiels sich gerade im Behaupten eines "Feldes" durchsetzt, nämlich ebenjener "Tiefen"-Psychologie, die ja zunächst durchaus im Sinne des rebellisch gegen "Rom" gerichteten Mottos ("Flectere si nequeo..") stilisiert ist.

Die Stilisierung der primitiven, archaischen seelischen Sphäre des Traumreichs, des Unbewußten als Unterwelt entspricht einer Jahrtausende alten, von der Romantik mit ihrem Kult der Nachtseiten der Psyche nicht begründeten, aber wiederbe- lebten und intensivierten Tradition. In vieler Hinsicht bedeutete die, mit der TRAUMDEUTUNG besiegelte Abwendung Freuds von der Physiologie und seine Hinwendung zur Tiefenpsychologie für ihn einen Gang ins Untere. Das "ägyptische Traumbuch", dessentwegen er "eingesperrt, gelyncht, oder boykottiert" zu werden[41], nicht bloß im Scherz fürchtete, entsprach keines-

wegs dem, auf physikalischen Vorstellungen und dem Ideal der
Meßbarkeit aller Vorgänge begründeten Wahrheitsbegriff[42],
den Freud, durchaus nicht bloß weil dieser Begriff das aka-
demisch Respektable und Akzeptable bestimmte, mit dem von
ihm verehrten Professor Brücke und seinen anderen akademischen Lehrern teilte. Meinte Freud, der vergebens versucht
hatte, seine Psychologie auf Physiologie zu gründen[43], doch
auch später, daß die Sprache der Psychoanalyse - in deren
Metaphernsystem von Meßbarkeit keine Rede war- ein Pro-
visorium sei, bestimmt, durch die Physiologie ersetzt zu
werden. [44] Im Gefühl des Unvermögens, den Autoritäten und
ihrem, bzw. dem eigenen Postulat der Klarheit und Exaktheit
Genüge zu tun, wurde Freud zum Rebellen, der nicht bloß
durch zu Tage geförderte Inhalte, sondern auch infolge seiner
- gelinde gesagt - wissenschaftlich "unorthodoxen" Methodik,
die Unterwelt aufrührte. Die psychischen Sphären, die er nun
durchforschte, waren suspekt, auch weil sie, fast als Chaos
anmutend, keine saubere, verläßliche, wissenschaftliche Dar-
stellungsweise zuzulassen schienen. Und so kommt es, obschon Freud zugleich auch die unbeschreibliche "intellektuelle
Schönheit" der eigenen Arbeit rühmte[45], daß er den Biologen
Fliess beneidet, weil dieser es "mit der Helle, nicht dem
Dunkel, der Sonne, nicht dem Unbewußten" zu tun hat, [46] was
übrigens uns daran gemahnt, daß hierher auch der für die
GRADIVA relevante Vergleich mit archäologischen Ausgra-
bungen[47] gehört. Zu dem Alogischen, das gewissermaßen vom
Objekt der Betrachtung ausgehend auch die Methodik seiner
Deskription affiziert, kommt die Konfrontierung mit dem
Schmutz, mit totalem (radikalem) Egoismus, mörderischer
Aggression, perverser Sexualität, allerdings auch in eins
damit: mit "Lucifer-Amor"[48], und all das nicht am fremden
Objekt, sondern in der eigenen Seele, da ja die Begründung der
Disziplin weitgehend mit der Selbstanalyse zusammenfällt.

Allerdings sollte man in der Geste verzweifelten Aufbegehrens
und desparater Rebellion, in jener Hinwendung zum Unteren
aus Ohnmacht, den oberen Mächten zu genügen, auch das
Element von Selbststilisierung und mythischem Rollenbewußt-
sein anerkennen, und zwar in jenem Sinne, in dem Thomas
Mann es etwa in den JOSEPH ROMANEN in Hinblick auf das
immer sich wiederholende Verhältnis von Zeus und Kronos

264

schildert; da der Sohn, der Protagonist in der Phase aufbegeh-
render Ohnmacht und des Aufrührertums wohl weiß, oder doch
hofft, daß die "rollende Sphäre" dem unterweltlichen Rebellen
bei der nächsten Wendung - dem künftigen Sphärenumschlag -
die Rolle des Vaters, des oberweltlichen Herrschers zuteilen
mag, sodaß die Geste der desparaten Rebellion als Vorstufe
der Eroberung, ja die Niederlage gewissermaßen als Weg zum
Sieg erscheint. Auch wird man einwenden können, daß Freuds
Weg ins Untere der des Therapeuten und zwar zum Zweck der
Therapie war und das sein - zwar späteres, aber immerhin
seine dominante Tendenz bezeichnendes - Motto eben nicht
das der Vergilschen Juno war, die die Furie der Unterwelt
aufruft, sondern vielmehr die Parteinahme für die Oberwelt:
"Wo Es war, soll Ich werden."[49] Es entsprach manchen
frühen, noch auf das Rebellentum seiner revolutionären, anti-
autoritären "Bewegung" eingestellten, sowie manchen späteren radikalen Anhängern, Freud im Sinne des dämonisch lu-
ziferischen Aufrührertums zu stilisieren.[50] Hingegen wurde
es, nachdem der Aufrührer selbst nicht nur ein disziplinär
gesinnter Führer der Bewegung, Ringspender, Hordenvater,
sondern der oberweltliche Herrscher über eine eminent erfolg-
reiche Sekte geworden war, ganz und gar strenge Mode die
Sonnenseite der idealisierten Gestalt zu betonen. Schon Lou
Salomé arbeitete in dieser Richtung, wenn sie, in einem Ge-
burtstagsbrief an den 75igjährigen Freud, diesen mit dem vergleichsweise romantischen Thomas Mann kontrastierend, meint
Mann sei "der Eiferer fürs Rationelle, Rationale nur dadurch,
daß er auch noch als Dichter sich mit aller möglichen Selbst-
beherrschung von dem Einbruch romantischer Gelüste abhält
... (Und) heimlich liebe ich an ihm die dichterischen Durch-
brüche mehr als seine Standhaftigkeiten... Ihnen aber kreidet
er ganz unverdient eine erste Zensur an für solche Standhaf-
tigkeit gegenüber dem von ihm diagnostizierten Zeitgeist wie-
derbeginnender Romantik - während Ihnen doch nur das Eine
schwer fiele, ihr nachzugeben". Und indem Lou Salomé
Freuds eigene Kritik an Manns Freud-Essay anführt - Mann
"scheine eine Romantiker-Studie fertig gehabt und sie dann ..
mit Psychoanalyse furniert zu haben" -, um ihre eigene These
zu stützen,fährt sie fort: "Wir alle um Sie wissen es doch
besser" (i.e. als Mann), "wissen, welch ein Opfer es für Sie
bedeutet hat, sich mit dem Irrationalen so tief eingelassen zu

haben, wie Ihre großen Funde erforderten." "Uns allen ist ja
eben dies Ihre Lebens- und Geistestat, daß Ihre Rationalität
sich zwang zur Aufgrabung von Funden, die Sie ganz und gar
nicht anzogen".[51] Und endlich:

> "Für uns nun verhält es sich so: weil es sich un-
> gefähr umgekehrt verhält wie Thomas Mann es
> sehen will, darum gerade ist unser Vertrauen in
> Freudsche Funde so unerschütterlich tief geworden,
> wie der Urgrund dieser Funde selber liegt .. weil
> Ihre Forschungsergebnisse so gar nicht die Ihrer
> eigenen Wunschrichtungen waren, sicherte das nicht
> nur unser Vertrauen in unvergleichlicher Weise, es
> sicherte auch ein menschliches Mittun über das rein
> forscherliche Verhalten hinaus."

In ihrer defekten Logik und defekten Psychologie sind diese
Bemerkungen einer sonst hochgescheiten Person überaus
charakteristisch für eine Generation von Analytikern, die
alles eher analysierte als ihr eigenes Verhältnis zur Psychoanalyse und zu deren, schon bei Lebzeiten zum Mythos
gewordenen Begründer. Die - unberechtigte - Vorstellung,
daß die Vertrauenswürdigkeit von wissenschaftlichen For-
schungsergebnissen den Wunschrichtungen des Forschers
verkehrt proportional sei, impliziert ein gewisses asketisches
Ethos, eine, von Freud selbst, wie überhaupt in der Literatur
der Moderne vielfach geförderte Vorliebe für die u n a n g e -
n e h m e Wahrheit (ist mithin Ausdruck einer "unsachlichen"
Wunschrichtung oder Attitüde). Diese Vorstellung amalgamiert
sich überdies bei vielen dieser Analytiker mit dem einigermaßen absurden, jedenfalls unphilosophischen oder gedanken-
losen Gedanken, es gebe ein interesseloses Forschen oder eine
interesselose Forschung, der sich quasi "Realität an sich"
"objektiv" mitteilt. Endlich tritt dazu - freilich vollzieht sich
dies nicht unter der Ägis der Logik - die Halbwahrheit einer
Perspektive, die an Freud nur die, einem rationalistischen
Ego gemäßen Züge wahrhaben will, und darum die andere Hälfte verschweigt, eine Stilisierung ins monumentalisch Nüchterne
(wie sie sich überdies in der Periode des Faschismus auch aus
politischen Gründen empfahl), welcher der spätere Freud selbst
kräftig Vorschub leistete.

Wer oder was, wenn nicht eigene "Wunschrichtungen" hätten
den, sich selbst als Konquistador, als Abenteurer bezeichnenden Gelehrten zu jener Fahrt ins Untere gezwungen? Freud hät
te sich nur aus Antipathie gegen "Luzifer-Amor"[52], den er da
unten am Werke aufzuspüren meint, auf die beschwerliche, nic
ungefährliche Fahrt begeben? Statt einer derart unpsychologisch frommen Hypothese Raum zu geben, stellen wir uns lieber eine, die Widersprüche - u. z. nicht bloß von rational/ir-
rational, aggressiv/zärtlich, Liebe/Haß, Hannibal/Winckel-
mann, aktiv/passiv - zwar nicht aufhebende, aber umfassende,
in sich begreifende Tendenz zur Inkorporierung vor. Sagen
wir - in Anlehnung an Kris von der Psychoanalyse selbst be-
lehrt -: die orale - u. z. im Sinne einer Reihe, die vom Begehren nach Inkorporation (Besitz) der Mutterbrust sich zum
Teil verschiebt auf den Phallus des Vaters, auf die Besitzergreifung von Vaterfiguren durch Identifikation mit diesen, bis
zum Begehren nach essentiellem Genuß, nach Eroberung,
Besitzergreifung, Behaupten eines "Feldes" ("so wird's
auch an der Weisheit Brüsten mit jedem Tage mehr gelüsten")[E]
wobei als Relikte partiellen Versagens in dem Versuch die
Tendenz in ihrer gesteigerten, vergeistigten Form durchzusetzen manche gewissermaßen archaischere Stufen stehenblei-
ben, e. g. ein Stück des Gefühls der Ohnmacht und verzweifelten Versagens in dem Bewältigungswunsch, das sich eben
darin manifestierte, daß Ruhm und Erfolg, wie sie reichlicher
wenigen Gelehrten je beschieden waren, Freuds Gefühl des
vergeblichen Ringens um Anerkennung nie einzuholen ver-
mochten; oder - auf primitiver - Stufe: das Freud verbleiben
de, zwanghafte Rauch-Saug-Bedürfnis, jene n i c o t i n e -
a d d i c t i o n , die auch freundlichen Beurteilern zufolge, die
langwierige, schmerzhafte, tödliche Krankheit verursacht ode
mit-verursacht haben mag.[54] Sicherlich vereinfacht, vergrö-
bert und entstellt auch eine solche Darstellung; aber sie hat
den Vorteil, nicht die Entscheidung zwischen schlechthin un-
möglichen Alternativen erzwingen zu wollen, wo es um ein
Sowohl-als-auch, um - variable - Mischungsverhältnisse
geht.

Die Entwicklung führt also, längst nach der Wendung von
(politischem) Tätertum zum "dissecare naturam", zur
Psychologie, die, wir erinnern nochmals daran, von Schorske

im Sinne des "Winckelmann" charakterisiert, eine Milderung
manifest aggressiver Bestrebungen zu bedeuten scheint. Sie
führt von der verzweifelt ohnmächtigen Rebellion gegen Rom[55]
zur Eroberung und Besitznahme des neuen Roms: - der
Psyche. Denn zu deren Symbol wird - in eindrucksvoll absurder, wenngleich "realistischer", ja langwierig gelehrter -
Phantastik das von dem späteren Freud ausgeführte Bild der
Stadt, in der all die Bauepochen und Schichten, die ihre Geschichte und also ihr Wesen ausmachen, noch zugleich, einander superponiert - der Zeit und des Raumes spottend - wei-
terbestehen. [56]

Ironie liegt darin, daß der Ausdruck ohnmächtiger antirö-
mischer Empörung ("Flectere si nequeo..") die entscheidende
Leistung, DIE TRAUMDEUTUNG, als Motto einleitet und
zusammenfaßt, also im Nachhinein als Ankündigung der Eroberung, ja als Liebeserklärung erscheinen kann. Ziehen wir
aber die einzige, von Freud anerkannte Anwendung des Mottos
in Betracht, so bezeichnet es, gewissermaßen ihre Partei
und damit die Partei des "Es" ergreifend, die, gegen die
oberen Instanzen der Psyche rebellierenden, unterdrückten,
in der "Verdrängung" befindlichen, quasi titanisch-acheron-
tischen Strebungen, die, da sie die oberen Mächte nicht beugen können, eben nächtlich, im Traum, in dem sie immerhin
auch nur in, von der Zensur verhüllter Gestalt erscheinen,
die Unterwelt der Psyche in Bewegung zu setzen gesonnen
sind. [57] Herrscht hier noch Empörung gegen das Rom der
oberen Mächte, so ist hingegen das spätere Rom Symbol der,
von der psychoanalytischen "Bewegung" nunmehr in allen
ihren Aspekten annähernd eroberten und in Besitz genommenen
Psyche; wobei von impliziter Parteinahme oder einem Vor-
wiegen des Interesses an den Es-Aspekten nicht mehr die
Rede sein kann (was wiederum auch der Entwicklung zur Einbeziehung der Ego-Psychologie entspricht). Allerdings: gerade die Erweiterung, dank derer alle Wege in die Psyche
Rom führen und die Domäne der Psychoanalyse zum Imperium
Romanum wird, legt den Gedanken nahe, daß hier - im Sinne
des "if you can't lick them, join them " - ein "Komplex"
(nämlich der Rom-Komplex Freuds) nicht etwa dadurch -
weitgehend - gelöst oder erledigt wurde, daß er abgetan,
sondern dadurch daß er erweitert, daß er im weitesten Sinne

ausgebaut und in seinem Energie-Potential verwendet und ver-
wertet, fruchtbar gemacht, gewissermaßen konsumiert oder
zum Instrument des vital-geistigen Konsums gemacht wurde.
Es findet also im Zeichen des - freilich modifizierten, um-
interpretierten, wenn man will: auch "sublimierten" - Rom-
Komplexes eine umfassende Integration der vorher gegen-
einander sich abmühenden Tendenzen statt, und mithin auch
jener Gegensätze von aktiv/passiv, Hannibal/Winckelmann,
"irrationalem" und "rationalem" Interesse, die alle nun,
freilich in einer Art von Hierarchie und einander zugeordnet,
ihren Platz finden können, insoweit eben wirklich eine therapeutische Lösung statthat, was ja offenbar auch bei Freud
nur teilweise der Fall war.

In der Rom-Psyche, die mit Zeit und Raum auch das Prinzip
der Kontradiktion aufzuheben scheint, finden alle Roms Platz;
das verhaßte katholische; das geliebte antike; aber auch das
dem Semiten Freud-Hannibal verhaßte antike; auch das, von
dem Assimilanten, dem akademischen Kandidaten begehrte
katholische, zu dem sich in einem erträglichen Verhältnis
zu verhalten auch der späte Freud sich bemüßigt fühlt und
das als mächtigste, ihm bekannte Organisation in mancher
Hinsicht für ihn ein beneidetes Vorbild für die eigene "Bewegung" bedeutet; u.s.f., u.s.w. - Gewiß: man muß hier
einwenden, ein, in vielfachen Widersprüchen interpretierbares
Bild, eine bloße Metapher, die überdies mit sich selbst wi-
derlegender Dialektik entwickelt wird (da Freud ja das Vergegenwärtigen der Psyche im Bilde des multiplen Rom für
unmöglich erklärt) beweist wenig. Dennoch ist hier eben angedeutet, daß das Unmögliche annähernd geleistet wurde, daß
im annähernd erreichten Ganzen der Psyche als Objekt des,
alle subalternen Interessen konzentrierenden und beschäfti-
genden Interesses alle die widersprüchlichen Tendenzen Verwendung finden, d.h. eben "integriert" werden: der sich
hingebende, quasi passive, enthusiastisch schauende und
zuhörende, wenngleich beobachtende und analysierende Mann
im Winkel oder Therapeut; die "feminine" Einstellung zum
Vater; aber auch die männliche zur Mutter, auch der aktive
Eroberer "Hannibal" - gilt das Bewegen der acheronta -
bzw. die Bewegung in den acheronta -- die "Fahrt" durch
die Psyche, insbesondere durch die Unterwelt -- doch zugleich

als Symbol des Koitus (dazu auch: dunkle Stelle = Vagina)
und als Symbol der psychoanalytischen Behandlung[58]; und
auch die Symbolik der analen Sphäre ("moving the bowels"),
wie endlich auch die Beziehung zu dem Führer und Hordenvater der psychoanalytischen "Bewegung" sind relevant.
Nicht umsonst identifiziert sich am Ende "der Professor"
mit Ödipus - gewiß: dem griechischen Heros, Wahrheits-
sucher, Löser des Rätsels der Sphinx "Natur", Besieger der
Sphinx; zugleich aber und in eins damit: dem Vatermörder
und "motherfucker". - All das weist aber im Guten und
Bösen, allerdings auch im Guten und Schlechten über "Winckelmann" hinaus, selbst wenn man den Namen in einem, zwar
seinem Träger noch längst nicht angemessenen, aber doch etwas weniger oberflächlichen Sinn auffaßt, nämlich als Hinweis
auf die, für die deutsche Klassik und ihr großbürgerliches Bildungsideal entscheidende Wiederbelebung einer, christlicher
Ethik angepaßten, apollinisch gereinigten Antike edler Einfalt und stiller Größe. Über Winckelmann hinaus: - nämlich
wenn es gelingt, Freuds Betrag eben n i c h t im Sinne eines
schalen Reduktionismus aufzufassen - in Richtung auf ein umfassenderes, mächtigeres und wahreres Bild vom Menschen -
wie denn auch Verzicht auf Aktion das endlich annähernd Erreichte nicht zureichend umschreibt, da schließlich nicht nur
subjektiv das Motto verzweifelter Rebellion und Niederlage
den Weg zu einem Sieg eröffnet, sondern die "Bewegung"
nachgerade in gutem und schlechtem Sinne die Menschheit
stärker beeinflußt und bewegt hat, als es Freud möglich gewesen wäre, selbst wenn er ein so großer Täter wie Viktor Adler,
ein General wie Masséna, ja selbst ein Politiker wie Garribaldi
und - wer weiß? - ein Held wie Hannibal geworden wäre, mögen auch die Ausmaße solcher Wirkung nicht kalkulabel sein.[59]

3.

Wir haben uns von der GRADIVA und der Analogiebeziehung
von Freud Rom-Komplex zu dem Pompej-Komplex des Hanold
scheinbar weit entfernt. Dennoch blieben wir bei dieser Beziehung, die allerdings verschiedene Größenordnungen umfaßt
- als vergliche man Spielzeug, etwa Zinnsoldaten oder bemalte
Holzstücke und Pappe, die eine Stadt darstellen, mit einem
wirklichen Heer und einer Weltstadt.

In beiden Fällen ging es, sagten wir, insbesondere wenn man
die GRADIVA in Freuds Auslegung liest, um die Psyche,
ja um Psychotherapie, deren umfassendster Aspekt vielleicht
der der Integration bisher unvereinbarer, disparater, einander
gegenseitig beeinträchtigender Elemente sei. So opponieren
einander etwa im Pompej-Komplex Hanolds die sinnentleerte
Gegenwart (welche die so lebendige Zoë quasi in totem Zustand enthält) und der intensive aber irreale Wahn (in dem
sie als Gradiva, als Gespenst einer Toten, lebt), welche sich
beide um das begehrte aber verbotene Objekt der Gradiva-
Bertgang gruppieren. Im Verlauf der Handlung modifizieren
sich aber diese disparaten Elemente und lassen sich in ein
Ganzes bringen, in dem sie sich gegenseitig steigern. Und ähnlich scheint es den vielfachen, auf "Rom" bezogenen, konträren Freudschen Tendenzen zu ergehen; wobei der Integra-
tionsprozeß selbst sich auch wieder in verschiedenen psychischen Symbolisierungen darstellen mag: e.g. o r a l als
Inkorporation; a n a l als Bewegung und Bezwingung einer
düsteren Unterwelt, oder als Gang in die Unterwelt, der im
Fall Hanolds etwa das im Aschenregen verschüttete Pompej[60],
im Fall Freuds die "Dreckologie" der psychischen acheronta,
etc. entspricht; sowie als Schaffung einer umfassenden Ordnung; g e n i t a l oder auch p h a l l i s c h als Überwindung
der Kastrationsangst vor der Disintegration als Zerstückelung.[61]

Der Weg aber, auf dem dies erreicht wird oder erreicht werden soll, mithin auch der Weg der psychoanalytischen Therapie, ist wohl der von Kris als der schöpferische Weg der
"controlled regression" bezeichnete.[62] Denn wenn man in
den deskriptiven Kategorien der Psychoanalyse denken will,
gilt ja wohl allgemein, daß "schöpferische" Leistung - sei
sie nun wissenschaftlicher oder künstlerischer Art - Primär-
prozesse auf eine wirksame und überraschende Weise in den
Dienst der Sekundärprozesse, Leistungen des Es in den Dienst
des Ich zu bringen weiß. Allemal geht es, sei es mit Hilfe
der Psychoarchäologie oder kraft jener besonderen Befähigung, die den Schöpferischen einen regeren Verkehr mit
"archaischen" Mächten jenseits der, gewiß nicht einfach
"biologisch" sondern weitgehend von Konventionen - inklusive
den unbewußt gewordenen interpretierender Sinnestätigkeit und

des common sense - eingegrenzten Sphäre des Ich gestatten,
in ein unteres Reich, verschüttete Tiefen - eigener Vorwelt,
wie es die Kindheit ist, aber auch Sphären des Empfindens,
Wahrnehmens, ja des Denkens, in die ansonsten vergegen-
wärtigendes Bewußtsein nur selten dringt - und zwar: um dort
etwas zu finden oder wiederzufinden, etwas in Bewegung zu
bringen, etwas aufzurühren und endlich etwas für die Oberwelt
zu gewinnen, was dieser zugutekommen soll. Und die Gefahr
bei diesen Unternehmen ist wohl immer, daß man sich auf dem
Weg, oder da unten, verlieren kann; daß nicht nur die anderen,
wie Mephistopheles anläßlich Fausts höchst "schöpferischer"
Unternehmung des Ganges zu den Müttern, Anlaß haben sich
zu fragen, "ob er wiederkommt"[63]; anders gewendet: ob
es bei einem ohnmächtigen Aufrühren der acheronta bleibt,
ja bei bloßem Traum und Wahn. Mit Recht hat Norman Holland
auch die, zwar ins Harmlose stilisierte Geschichte Hannolds
als die einer "controlled regression" aufgefaßt.[64] Es ist ein
Bericht vom Gang ins Archaische, wenn nicht in verschüttete
Tiefenschichten Roms, so in die Stadt der Verschüttung Pompej
und zugleich in verschüttete Schichten der Psyche, - um dort
Verkehr zu pflegen, zu essen und zu trinken, mit den Schatten,
als die Freud, die aus der Tagwelt verdrängten Strebungen und
Gestalten zumal der eigenen - frühkindlichen, vielleicht auch
kollektiven - Prähistorie bezeichnet, die jederzeit Blut zu
trinken und wiederzuerstehen bereit sind, als Revenants, als
Rediviva - wie jenes scheinbare Mittagsgespenst Jensen-
Hanolds. Und gerade dieser Gang ins Untere mit seiner Hingabe an die Mächte, die sich in Traum und Wahn bekunden,
mit seinen Akzenten der Selbstaufgabe oder verzweifelten Empörung - denn in dieser Wendung hinab ist auch Flucht vor der
nicht zu meisternden Oberwelt und ihren unbeugsamen Instanzen - sollte, meinten wir, dazu dienen, "dort unten" den -
sei's im analen Sinne, quasi im Dreck vergrabenen, oder den
erotisch-genitalen - Schatz, kurz: das über alles Begehrte
zu gewinnen und so von dem "Schreckensgang" in die Tiefe
mit "seligstem Gewinn"[65], als Sieger, belohnt - wie in etwas
banalem, aber dafür auch ungetrübt positivem Sinn der Hanold
mit seinem "Schätzchen" - in die Oberwelt zurückzukehren.

Aber lohnt es sich denn über ein so sattsam bekanntes Thema
dermaßen viel Worte zu machen? Vielleicht doch; da viel-

272

fach die enge Beziehung zwischen den Grundmustern der Psychoanalyse und der deutschen romantischen und nachromantischen
literarischen, geistesgeschichtlichen und wissenschaftsge-
schichtlichen Tradition, der sie entsprungen ist, die sie variiert und repräsentiert, noch ungenügend erkannt ist. "Controlled regression", "Regression im Dienst des Ego" -- was ist
das anderes als therapeutisch programmatische Umschreibung - nicht nur e i n e s Themas, sondern wohl des Grundthemas der Romantik, das E. T. A. Hofmann in einem fort
umkreist, sei es daß er, wie im SANDMANN, den katastrophalen Mißerfolg eines solchen Versuches, die (freilich kaum
je bloß "freiwillig" gewählte) Regression schöpferisch zu
gestalten, darstellt, wie im Fall des poète manqué Nathanael[66],
der den Mächten der Nachtseite verfällt; oder aber die geglückte Integration, wie in der BRAMBILLA, oder auch -
halbwegs - im GOLDENEN TOPF und anderen großen
Märchen, wobei freilich bei dem Romantiker diese Integration
phantastischer, weniger im Sinne einer nüchternen Oberwelt
ausfällt als es Realisten und Positivisten gebührlich erscheint. Wie denn überhaupt die Romantiker - die freilich auch
nur die ihnen erwünschte Integration oder Synthese, d. h.: eine
Stilisierung im Sinne der Nachtseite zulassen - eher die Tagwelt der Nachtseite assimilieren als die Nachtseiten der Tagwelt. Aber die essentielle Thematik der fruchtbaren Begegnung mit der Unterwelt ist - vor und nach der Romantik -
gegeben und auch der Realismus modifiziert dieses Thema nur,
indem er ihm eine programmatische Wendung gibt, ja oft
auch nur ein Fournier von Nüchternheit aufsetzt, wie man
denn in gewissem Sinne den Vorwurf, den Lou Salomé Mann
machte umkehrend, sagen könnte, Freud hätte am Ende auch
nur eine hochromantische Thematik mit Realismus-Positivis-
mus fourniert; womit aber auch nichts gewonnen wäre, da es
in jedem Fall nur darauf ankommt - wie übrigens auch in
kleinem Maßstab und im Rahmen des belletristisch Banalen bei
Jensen - beides zu sehen: den romantischen Mythus und das
realistische Programm.

Aber ist es nur ein "romantischer" Mythus, ist es nicht,wie
das Mann in den JOSEPH ROMANEN im Sinne seines Neo-
Humanismus zu demonstrieren und darzustellen versucht hat,
der Mythus schlechthin und zugleich die Urkunde vom Menschen

als animal rationale, die von dem fruchtbaren Agon mit den
unteren Regionen berichtet, in denen die Götter, die Heroen,
die aus der Tagwelt hinabsteigen, geprüft, geopfert, zer-
stückelt werden, um aus dem Unteren, der Nachtwelt, der
Grube, dem Grab wieder verjüngt und bereichert, vitaler und
glänzender emporzusteigen? Was verherrlicht Mann in der
Phase der JOSEPH ROMANE, wenn nicht die Meisterschaft
im büßenden Gewinnen[67], die, in außerordentlichen Individuen
sich darstellende, für die ganze Menschheit erhoffte, zunehmende Befähigung, die Untergänge in die Sphären des Eros-
Thanatos zur Steigerung (Erweiterung, Vertiefung, Erhöhung)
des Menschen zu verwerten, bis zur Annäherung an jene Synthese, in der das umfassendste, vitalste und geistigste Menschentum sich spielerisch bewährt; den Trieb vergeistigt;
der Geist, Instinkt geworden, die unbewußte Harmonie eines
natürlichen Paradieses auf erhöhter Stufe in Bewußtheit wie-
dergewinnt? Hier erweitert sich die Perspektive fast ins
Ungeheuerliche, verbindet sich mit der, in der philosophischen Tradition gegebenen Antithetik von "Natur" und "Geist",
die sich wiederum als Säkularisationsprodukt eines theologischen Schemas darstellt, demzufolge der Sündenfall und
die Sendung des Menschen, also sein Heil, darin liegt, Natur
mit Erkenntnis zu durchdringen, den Geist zu inkarnieren, das
heißt aber doch mit den Lüsten, Regungen, Trieben des Flei-
sches "nieder" zuziehen - und in eins damit: das Fleisch
zu vergeistigen.- Jedoch führte das Verfolgen dieser Erweiterung zu weit. ----

x x x x

Wir erinnern daran, daß wir eine Reihe von Analogien oder
Entsprechungen, mit einiger Übertreibung könnte man sagen:
eine Reihe von Spiegelungen postulierten. Wie die im Pompej-
Traum antizipierte Begegnung Hanolds mit seiner verschütteten Gradiva-Bertgang im Verlauf der Geschichte zur Wirklichkeit wird, sodaß sich in beiden der gleiche Wunsch und die
gleiche Erfüllung spiegeln, die Geschichte den Traum erwei-
ternd wiederholt und das Ganze sich als Wunscherfüllung und
Therapie Hanolds, vielleicht auch Jensens, darstellt; so erscheint ihrerseits Freuds Interpretation der Novelle als
Wunscherfüllung des Therapeuten - eben weil sich hier mit
poetischer Lizenz eine völlig geglückte, "realistische" Auflösung des Wahns gewissermaßen durch seine antizipierte Erfüllung darstellt, aber auch dadurch, daß die völlige Auflösung
des psycho-archäologischen Pompej-Komplexes den, von
Freud nur zum Teil erfüllten, nicht völlig befriedigten Wunsch
nach der Lösung seines eigenen Rom-Komplexes spiegelt und
im Scheingebilde erfüllt. Konsequenterweise aber müßte nun
zu dieser Interpretation eine Interpretation noch die Interpretation der Interpretation der Interpretation kommen. Wir sollten uns fragen, ob der Interpret nicht beim Konstruieren dieser Reihe von Analogiebeziehungen oder Spiegelungen Wunschrichtungen und Tendenzen folge und sich Erfüllungen verschaf-
fe, die nun wieder für ihn ebenso charakteristisch sind, wie
die Freudsche Exegese ihm für Freuds Wunschrichtungen und
Tendenzen charakteristisch schien, oder wie Hanolds Wunscherfüllung vermutlich für den sich mit ihm identifizierenden,
uns allerdings weitgehender unbekannten Autor charakteristisch sein dürfte.

Bekanntlich hat Norman Holland die psychoanalytische Betrachtung der Exegese (Interpretation) von Texten als
(psychischem) Ausdruck des Lesers systematisch betrieben.
Auch die vorliegende Interpretation einer Interpretation läßt
sich als Ausdruck - mir wohlbekannter - Tendenzen und
Wunschrichtungen psychoanalytisch charakterisieren, was ich,
der Sache zuliebe, wenn auch, um mir und dem Leser Langeweile und Peinlichkeit zu ersparen, nur kurz andeuten will:

A. In dem bisher Geschriebenen findet sich durchgehend
Ausdruck der AMBIVALENZ: 1) in der Haltung
des Interpreten (e.g. zwischen psychoanalytischem
Orthodoxismus und traditioneller Germanistik, die er beide
zugleich ablehnt, bejaht, miteinander wohl auch in ihm selbst
kämpfen und zur Versöhnung kommen läßt, ungefähr wie es
Kinder geschiedener Eltern zu tun pflegen, die an beiden El-
ternteilen hängen, gegen beide Ressentiments, vor beiden
Angst haben, sich beide unterjochen, sich beiden unterwerfen,
von beiden geliebt werden, beide versöhnen wollen, und so
fort ad infinitum, 2) im Befund (e.g. der Auseinandersetzung von Romantik und Realismus; Stilisierung von Freuds
Rom-Komplex im Sinne von Freuds vielfachen Ambivalenzen
(Hannibal/Winckelmann; Hervorhebung des "Janus"-Aspekts:
Betonung der, mit der Problematik der Homo- und Bisexuali-
tät verbundenen Motive sowohl in dem Bedürfnis nach dem
Freund-Feind wie angesichts der aktiven ("männlichen") und
passiven ("femininen") Komponenten; etc.).

B. In genauem Zusammenhang mit der Ambivalenz steht
das Programm der INTEGRATION, welche die
Ambivalenz offenbar transzendieren soll: 1) in der Thematik, e.g.: a) Versöhnung von Psychoanalyse und Germanistik; Romantik und Realismus; b) Auffassung von Freuds
Besitzergreifung des modifizierten Roms (=Psyche) als
weitgehend gelungene Integration seiner zunächst einander
entgegenwirkenden Tendenzen; 2) als Darstellungs-
prinzip: e.g. in dem Versuch verschiedene - hohe und
niedere, realistische und phantastische - Aspekte (z.B. die
wissenschaftliche Verdrängungshypothese und Freuds eigene
infantile Tendenzen; die Ambition auf Professur und die
"mythischen" Selbstidentifikationen mit politischen Tätern;
usf.) möglichst vollständig und umfassend auf einen gemeinsamen Nenner zu bringen.

C. Dies aber steht wieder in Zusammenhang mit der
Struktur der Entsprechungs- oder SPIEGEL-
REIHE, die von der Jensenschen Erzählung, welche als
Wunscherfüllung von Hanolds Pompej-Traum erscheint, zu
Freuds Exegese als Wunscherfüllung des die Geschichte lesen-
den Therapeuten führt, wozu nun noch eine weitere (Selbst)be-

spiegelungsdimension tritt. Ein weiteres Beispiel für Bildung
von Spiegelreihen bietet die hier illustrierte Weise, das Rom-
Symbol als Projektion auf verschiedenen Bedeutungsebenen zu
lesen: e.g. auf der wissenschaftlichen (im Zusammenhang
mit der Hypothese der Verdrängung (vgl. das Vergil-Motto)
und als Metapher der Psyche); auf der Ebene der politischen
Aktion; auf der Ebene des akademischen Betriebs und seiner
Hierarchien (Professur); endlich auf infantil-ödipaler Ebene.

Sowohl die ambivalente, wie die integrative Tendenz steigern
sich in dem letzten Teil dieses Essays, der in Bezug auf das
Rom-Symbol die Entwicklung von verzweifelter Rebellion zu
siegreicher Eroberung feiert: - den Gang in die Tiefe, welcher der Tagwelt zugutekommt, den Untergang zwecks Auf-
gang, die Regression ins Archaische als Mittel zu Selbstgewinn, Eroberung und erotische Erfüllung. Hier wird - in
Hinblick auf Freud und auf Jensens GRADIVA - versucht, alle
Ambivalenzen nochmals zu rekapitulieren, ja zu erhalten, sie
zugleich aber mittels der postulierten Integrationstendenz in
eine Einheit zurückzubinden. Das hier intendierte happy end
macht weder die Hanoldsche Lösung, die im Gartenlauben-
Verzicht auf die Unterwelt liegt, noch die Freudsche Wendung von Es zu Ich, die sich in der Geschichte der Psychoanalyse anbahnt, einfach mit. Dennoch soll Inkorporation,
Integration, Vereinheitlichung stattfinden, was den Verdacht
nahelegt, der Interpret "wants to have his cake and eat it."
Das offenbar sehr viele Wünsche des Interpreten erfüllende
Finale (in dem übrigens auch deutsch literarische Tradition
und psychoanalytische Thematik "integriert" werden), mithin: die Wunscherfüllung, die er sich nun im Lesen von
Jensens und Freuds wunscherfüllender Interpretation bereitet,
wird erst wieder in Zweifel gezogen und desintegriert durch
die gegenwärtige Selbstkritik, die nun wieder in Bezug auf die
eigene Interpretation und das eigene Interpretationsmodell die
zweifelsüchtige Ambivalenz auf die Bühne zurückbringt.

Als umfassendster Ausdruck der hier in Rede stehenden Lage
erscheint aber die Grundstruktur der Analogie- oder Spiegelreihe. Und in diesem Hang zur Herstellung von "Monadologien
in denen das Mannigfaltige, Viele, ja Alles als auf verschiedenen Stufen variierter Ausdruck (als Spiegelung) des Einen -

bzw. einer tendance dominante - erscheint, ohne daß aber ein
A und O, ein letzter Ursprung oder ein Ziel, ein terminus ad
quem, behauptet wird, scheint mir nun auch alles hier in Rede
stehende zu enthalten.Das ambivalente Schwanken, den suchenden Zweifel, das zweifelnde Suchen nach der eigenen Identität
und Rolle[68] bei entschiedenem Versuch zur Integration der
multiplen Iche, zur Synthese, zumindest zum Kompromiß zu
gelangen, der überall im endlos Vielfachen und Fremden doch
das einigende Band zu finden weiß.

Hier ist Gelegenheit zu umfassendstem Z w e i f e l u n d
G l a u b e n : Ist alles, was einigt, vereint, nur Wiederholung
der eigenen Motive, P r o j e k t i o n des solus ipse im vexie-
renden Spiegelkabinett? Oder findet wahrhaftig Entsprechung,
Antwort - und nicht nur Echo -, Umarmung, Genuß des Einen
im Vielen, Versöhnung des Alls im Einen statt? Ich betone,
der angenommenen Rolle des verdächtigenden Psychologen
entsprechend, hier lieber den unlösbaren, endlosen - gleichwohl
in diesem Endlosen auch Lust und Befriedigung findenden -
Kontinuo-Charakter einer Welterfahrung, eines quasi faustischen, o r a l e n D u r s t e s , der immer wieder Stillung verlangt und findet und dieser quasi entrinnt ohne je Stillung zu
finden; eine S u c h e , die , zwar nicht ohne Erfolg, aber im
Ganzen doch vergeblich, man könnte freilich auch sagen:
spielerisch bleibt: einer Suche nach dem Eigentlichen, dem
Sinn, dem A und O, das zu tolerieren, dem sich zu unterwerfen, das zu gewinnen, sie vielleicht dennoch nicht bereit ist,
weil sie nach sich selbst als Suche noch immer verlangt,
verlangen muß und will ...

Ich finde zugleich selbst, daß das hier angestellte Kalkül nicht
ganz aufgeht, etwas mir Unerklärliches, ja Mysteriöses, vielleicht auch Kindisches und Irres, durch die obigen Erklärungen nicht Gedecktes, Ungelöstes, Blindes in dem Befund der
Spiegelreihe oder in dieser selbst steckt. Überdies gilt selbstverständlich, daß dieser Befund - nämlich die These, daß eine
intim persönliche, eigene tendance dominante, eine perännierende Problematik und ein von mir, immer wieder angewen-
detes Verfahren im Verfolgen einer tendance dominante Ausdruck findet - durchaus nichts über Wert oder Unwert dieses
Verfahrens, über Originalität oder Mangel an Originalität,

Wahrheit oder Illusion entscheidet (eine Bemerkung, die übrigens wiederum als Abwehr des in das paranoide System gehörigen Selbstvorwurfs der Projektion gewertet werden mag). Un ebenso gilt, daß was als eigenste, intime Projektion oder als Ausdruck einer "Persönlichkeit" erscheint, zugleich einer weit verbreiteten - sei es banalen oder profunden - Thematik einer Epoche entsprechen mag: - Im vorliegenden Fall etwa der Auseinandersetzung mit desintegrativer Ambivalenz ("Relativismus", "Anomie") und dem Versuch, den Nihilismus (insbesondere in der Form des Pan-Perspektivismus) "aufzuheben"...

Damit aber glaube ich dem Hang zum kritischen Exhibitionismus und zu masochistischer Selbstbespiegelung, bzw. zu einer ebenso selbstquälerisch moralistischen wie selbstverherrlichenden Selbstausstellung - die zugleich auch wieder dem "Integrations"-Bestreben dient - genug getan zu haben, zumal ich auf die Erhärtung meiner selbstinterpretatorischen Thesen durch ihre Anwendung auf andere, über Jahrzehnte verteilte, exegetische Versuche, die allesamt - ohne daß ich es so gewollt hätte - die angeführten Tendenzen (Ambivalenz - Integrationsstreben - Methode der Analogie: i.e. Herstellung einer "Spiegelreihe" und eines kleinen hen kai pan durch Nachweis einer variierten tendance dominante; vielfach auch: Problematik des Zweifels und der "Projektion") aufweisen, aus Rücksicht auf den Leser verzichten möchte.[69]

4.

Nehmen wir aber an, es sei nun der Nachweis erbracht, daß sich sowohl Jensen, wie der Jansen interpretierende Freud, wie auch P. Heller in seiner Exegese "Wunscherfüllungen", bzw. den Ausdruck von Wunschrichtungen verschafft haben; und daß derlei überhaupt von Autoren, Exegeten, Auslegern, ja Lesern gilt. Folgt daraus, wie man heute im akademischen Literaturbetrieb der U.S.A. von manchen "sophisticated critics" zu hören bekommt, daß alles "nur"Projektion, jede Interpretation "nur"Mißinterpretation, alle menschliche Einsicht überhaupt nur Illusion, alle Wahrheit, wie man seit Nietzsche wisse, nur eine Form von Lüge sei?'

Die Behaupter von derlei, als rhetorische Hyperbeln und
Abbreviaturen mitunter beherzigenswerten, als Befunde von
Philologen jedoch unbesonnenen Behauptungen scheinen zumeist
zu übersehen, daß ihre Thesen sich konsequenterweise selbst
miteinschließen und daher aufheben müßten. Oder sind sich
unsere akademischen (und durchaus nur akademischen) Ter-
roristen, da sie die Wahrheit ja abgeschafft haben,auch darüber
im Klaren, daß ihre terminologischen arcana dominationis eben
auch nur ihren eigenen Willen zur Macht beweisen und diesem
dienen? Auch die Harmlosen unter ihnen verlangen mit Hilfe
von Subtilität und Raffinement annoncierender Gestik und Mi-
mik, einem unwiderleglichen Achselzucken, das den banalen
Einwand zu erledigen, einer unnachahmlichen Wendung der
Hand, die das hoffnungslos hinter Pariser Mode Zurückgeblie-
bene abzutun hervorragend geeignet sind, - was aller Welt,
inklusive den "sophisticated critics" dennoch evident bleibt,
nämlich daß es stimmigere und weniger stimmige, richtige
und falsche Aussagen auch über Texte gibt; wie denn, um
ein idiotisches Beispiel zu geben, die Behauptung, daß Freuds
TRAUMDEUTUNG eine Novelle von Jensen, die GRADIVA
hingegen das Hauptwerk Freuds sei, gewiß nicht ebenso richtig
ist, wie die Korrektur, daß im Gegenteil Jensen der Autor der
GRADIVA sei, Freud hingegen .. etcetera. Auch ist die Vorstellung, daß es zwar Stimmiges in einer Banalsphäre gebe,
nicht aber in der höheren, allgemeineren und für die "sophisti-
cation" allein relevanten und angemessenen, eine Torheit, da
kein Mensch die Grenze angeben kann, an der die verläßliche
Banalsphäre aufhört und die andere, dem höheren Nihilismus
als Spielfeld dienende anhebt.

Im gegenwärtigen Kontext führen diese Erwägungen, wie schon
angedeutet, zu einer Auseinandersetzung mit der "genetic
fallacy", die, wenn sie nur konsequent angewendet wird, sich
selbst ad absurdum führt, da, wenn jede Interpretation "nur"
Ausdruck der Tendenzen (Wunschrichtungen), "nur" (im
weiteren, ungenauen Sinne) "Wunscherfüllung" des Interpretierenden ist, auch die ebendies feststellende Auslegung der
Auslegung "nur" Wunscherfüllung des Auslegers der Auslegung ist, mithin ebenfalls keine Validität beanspruchen kann.
Andererseits aber ist die Vorstellung, daß an einem bestimmten Punkt die "Wunscherfüllungen" quasi aussetzen und nur

noch "die Wahrheit" gefunden wird, der kein Hang, kein Affekt, keine (negative oder positive) Wunschrichtung im Finder entspricht - analog der Formulierung Lou Salomés, welche das Bedürfnis verriet, das Vertrauen in Freuds Funde in direkte Proportion zur Indifferenz dieser Funde zu Freuds Wunschrichtungen zu setzen,- so unpsychologisch und unwahrscheinlich, daß man keinen guten Grund findet, ihr Vertrauen zu schenken. [70] Vielmehr empfiehlt sich, prinzipiell und radikal den Befund über Angemessenheit oder Richtigkeit einer Aussage von den Erwägungen darüber, ob sie einem Wunsch dessen der die Aussage macht, entspricht oder nicht, zu trennen. - Man wird einwenden, das sei jedermann bekannt; daher eben der Ausdruck "genetic fallacy". Ich aber meine, daß, selbst wenn das jedermann wüßte, sich doch nicht jedermann an dieses Wissen hält, vielmehr das Festhalten an der genetic fallacy seitens der psychoanalytisch Orientierten und der daraus resultierende Jargon der Eigentlichkeit - wie übrigens auch das analoge Verhalten der auf die "Eigentlichkeit" höherer Sphären geeichten Germanisten, welche daher jede pudenda origo für das von ihnen Hochgeschätzte ablehnen und auch die ästhetische Wirksamkeit allein aus der Affizierung höherer Sphären ableiten wollen - das größte Hindernis für die Integration, das Einbauen jener psychoanalytischen Einsichten in die Interpretation literarischer Texte und vielleicht sogar in das zu errichtende Gebäude der von Mann antizipierten neuen Anthropologie darstellt.

Ehe ich aber dieses Thema ausführe, mag eine Zusammenfassung der Grundstruktur der vorliegenden Studie für den Leser von Nutzen sein, zumal die Arbeit in ihrem Verlauf manche Erweiterung erfuhr, da sie für mich mit einer Wiederbegegnung mit der Psychoanalyse zusammenfiel, die mich u.a. auch wieder davon überzeugte, wie wesentlich,bei notwendiger Kritik an der Einseitigkeit der Psychoanalytiker, ihr Beitrag für ein neues Menschenbild ist und bleiben wird. - Ich wollte zunächst in einer Vorbemerkung die gegenwärtige Aufgabe - im Gegensatz zur früheren, die darin bestand, die Psychoanalyse den in prinzipieller Ablehnung befangenen Germanisten zur Kenntnis zu bringen - darin erkennen, daß die Psychoanalyse aus ihrer Isoliertheit, ihrem Anspruch auf Autonomie und dem Gehäuse

eines psychoanalytischen Orthodoxismus zu befreien und mit
anderen Betrachtungsarten zu integrieren sei. - Im 1.Ab-
schnitt wurde, auch schon in diesem Sinn, die literarische Tradition quasi therapeutischer Ernüchterung aus Traum und Wahn zur Realität besprochen: es ist die des poetischen Realismus, im weiteren
Sinn: des realistischen Roman des 19. Jahrhunderts,bzw.
des Entwicklungsromans, vielleicht des Romans überhaupt,
wenn man das Genre im Sinne des DON QUIXOTE bestimmt;
in der die konservativ eine klischierte Gartenlaube-Attitüde
kräftigende Kitsch-Novelle von Jensen sich als
schwacher Ausläufer bewegt. - Daher sollte uns (2.Ab-
schnitt) nicht wundern, wenn der Therapeut Freud in der
Novelle, die er durch den Nachweis psychoanalytischer Stimmigkeit der in ihr berichteten Träume im Nachhinein auf ein
respektableres Niveau erhebt als wir dem Text ohne Mitar-
beit eines solchen Lesers zuzugestehen bereit gewesen wären,
die poetische Erfüllung seines eigenen Interesses, die mit
totalem happy end versehene Geschichte einer völlig geglückten Therapie findet. Wie in der Novelle der Wunsch des träumenden Archäologen von seiner Begegnung mit der Pompejanerin in Erfüllung geht, da er das Mädchen in Pompej findet,
so erfüllt nun ihrerseits die Erzählung den Tagtraum des
Psycho-Archäologen - des rationalen Traumdeuters, des mit
Mitteln moderner Magie arbeitenden Geisterbeschwörers -
von der völligen Heilung, dem Bann der Gespenster, der
glücklichen Erfüllung der kurierten Psyche in der bewältigten
bürgerlichen Realität. In seinem Sinne lesend, läßt Freud dabei
als poetische Lizenz beiseite was erzähltechnisch die Fiktion
zum novellistischen Phantasiestück, zur unerhörten Begebenheit im Sinne der damaligen (Heyeschen) Novellentheorie
macht (den Zufall der Entsprechung zwischen einem antiken
Relief eines schreitenden Mädchens und einer lebendigen
Weibsperson aus der Nachbarschaft des wahnbefangenen deutschen Archäologen; vor allem den Zufall, daß ebendies Mädchen dem, auf einer Italienreise befindlichen Hanold als scheinbare Rediviva in Pompej begegnet und zwar in genauer Entsprechung zu seinem früheren, mithin prophetischen Traum).
Aber die subjektive Verankerung des Interesses des Interpreten geht noch weiter: Der von Jensen erfundenen
Auflösung des wahnhaften Pompej-Komplexes

seines in die verstorbene Pompejanerin verliebten Helden entspricht die, von Freud erwünschte Auflösung seines eigenen, analogen
Roman-Komplexes, von dessen Analyse die TRAUM-
DEUTUNG berichtet. Es folgt nun die zusammenfassende
Darstellung des Rom-Komplexes, die sich auf Freuds "Fami-
lienroman" , seine Einstellung zu politisch-sozialen Verhältnissen (im römisch katholischen, antisemitischen Öster-
reich), auf seine professionellen Ambitionen (Professur),
seine psychoanalytischen Theorien und Funde (e. g. Verdrängung), sowie auf Eroberung der - im Bild des archäologisch-
historisch geschichteten Roms konzipieren - Psyche bezieht,
u. z. in Anlehnung an Erörterungen über das "antirömische"
Motto zur TRAUMDEUTUNG . - Aus all dem sollte sich
Einsicht in die Bedingtheit der Freudschen Interpretation, ja des Interpretierens überhaupt
ergeben. Im 3. Abschnitt wird die von mir postulierte
Spiegelreihe vergegenwärtigt: dem Traum Hanolds entspricht die Traumerfüllung im Verlauf der Handlung; das
Ganze der Erzählung, in deren Held sich, nach Freud, auch
das Ich des Autors darstellt und Befriedigung verschafft,
entspricht als Erfüllung einem Wunschkomplex des Interpreten Freud. Eine Selbstbesinnung des Interpreten
der Freudschen Interpretation erhellt, daß auch
P. Hellers - immer wieder wiederholtes und variiertes -
Interpretationsschema der Spiegelreihe (bzw. der
Reihen von Analogiebeziehungen, der leitmotivisch variierten
Wiederholungen, perspektivistischen Entsprechungen, samt
Ambivalenz, Integrationsbedürfnis, Problematik der "Projektion", usf.) der Erfüllung wunschbedingter, u. a. auch
"infantiler" Tendenzen und vermutlich dem Ausdruck eines
vielfach gegliederten Komplexes dienen, von dessen genauerer
Analyse hier abgesehen wird.

Damit sind wir nun wieder bei dem gegenwärtigen, vierten
Abschnitt, in dem ich gedachte, zusammen mit der Einsicht,
in die Bedingtheit des Interpretierens - aus der jedoch nicht
folgt, daß alle Interpretationen falsch oder gleich richtig sind -
die Meinung zu vertreten, daß die Ökonomie der
Wunscherfüllung - bzw. die Frage: welche Tendenz,
(Phantasie, Begierde, Angst) in einem gegebenen Gebilde

Befriedigung (Ausdruck) findet - prinzipiell von der
Frage nach Grad der Adäquatheit (Realitätsge-
rechtigkeit, Stimmigkeit, Richtigkeit, Wahrheit; aber auch
dem Grad der ethischen oder ästhetischen Werthaltigkeit)
einer Aussage radikal zu trennen sei. Und damit
sind wir nun auch wieder bei dem Ausgangspunkt angelangt:
Sobald der Analytiker sich selber analysiert, bzw. auch sich
selbst zu analysieren jederzeit bereit ist, statt die, einem
gewissen Freudianischen Orthodoxismus entsprechende Attitüde der absoluten Therapeutenüberlegenheit für sich zu beanspruchen, die so tut, als sei ihre Perspektive die der Wahrheit an sich, oder der Realität schlechthin, ergibt sich die
Möglichkeit der Begegnung (mit gleichgeordneten, gleichbe-
rechtigten Perspektiven) und damit ein günstigeres Verhältnis für den Umgang mit literarischen Texten und das Geschäft
der Interpretation, bei dem es ja nicht darum geht, den Autor
zu heilen, sondern eher darum, seinem Werk eine, für das
Selbst-, Welt- oder Kunstverständnis des Lesers fruchtbare
(e.g. aufschlußreiche, unter Umständen: lustvolle) Perspektive abzugewinnen. Die Absage an den psychoanalytischen Jargon der Eigentlichkeit bedeutet jedenfalls Absage an eine Reihe von besserwisserischen und
kindischen Vorurteilen: e.g. die Literatur sei eigentlich
wunscherfüllende Tagträumerei; das Interesse am Ödipus-
drama des Sophokles eigentlich das infantile Interesse am Besitz der Mutter und der Beseitigung des Vaters; das Rätsel
der thebanischen Spinx sei eigentlich die Frage: woher kommen die Kinder? (und dies von einem Autor, der sich selbst
mit Ödipus identifizierte und es also auch anders und wirklich
besser wußte); überhaupt: Kunst sei eigentlich eine milde
Narkose[71] - dieweil doch Kunst, bzw. Künstler und Kunst-
genießende vielleicht leichter auf Illusion, e.g. die Fiktion
von verläßlichen "Gesetzen", die defensive Illusion der Er-
klärbarkeit aller Dinge, verzichten könnten als die Anhänger
der Wissenschaften, etc. Kurz: ich plante in diesem letzten
Abschnitt aus der Bedingtheit der Perspektiven und einer qualifizierten Anerkennung des Perspektivismus einige Konsequenzen zu ziehen, die sich mit Thesen berühren, die man
heute bei manchen psychoanalytisch orientierten Interpreten
deutscher Literatur findet (e.g. mit Pietzker, der von dem
konfliktvollen Ganzen einer Reaktion auf Realität spricht,

oder mit Matt, der das von ihm postulierte psychodramatische
Substrat der Eisenarmierung einer Brücke vergleicht, womit
ja schon gesagt ist, daß es nicht eigentlich bloß auf diese ankommt).[72] Allerdings sollte auch hier der Polemik gegen
apodiktisch dogmatischen Reduktionismus und gegen die - der
marxistisch-hegelianischen vergleichbaren - psychoanalytischen Besserwisserei, aus der sich freilich auch gerade
der "therapeutische Effekt" oft ergab und ergibt, eine analoge
Absage an den germanistischen Jargon der Eigentlichkeit entsprechen. - Jedoch gewann während der Arbeit an dem Projekt nicht nur, wie schon gesagt, die positive Seite meiner
ambivalenten Leidenschaft für und wider die Psychoanalyse
immer mehr die Oberhand, sondern es schien mir auch, daß
man es sich mit den Vereinfachungen, auf denen das Projekt
beruht, doch etwas zu leicht macht; und das Motiv der von
Kris, für alle schöpferischen Prozesse und Produkte schöpferischer Tätigkeit hervorgehobene Motive der "controlled
regression" oder "regression in the service of the ego"
gewann zunehmend an Bedeutung. Das Resultat meiner Bemühungen bleibt daher ein, nach verschiedenen Seiten offener
Versuch; Stückwerk, wenn auch nicht ohne einigendes Band;
aus dem ich mir ein abschließendes Fazit zu ziehen, nicht
zutraue. Ich begnüge mich mit einigen abschließenden Bemerkungen.

Man wird vielleicht meinen - jedenfalls meinen dies manche
Analytiker -, die Psychoanalytiker von heute seien über den
ideologischen Reduktionismus längst hinaus, zumal selbst
in der offiziellen Freud-Beographie von Jones schon Ansätze
zu einer Psychoanalyse des Ur-Psychoanalytikers - zu dem
Versuch einer Herleitung von Freuds Entdeckungen aus einer
infantilen Konstellation, selbstverständlich ohne Schmälerung
des Wahrheitsgehalts - zu finden sind. Dennoch wäre eine solche Ansicht verfrüht. Charakteristisch ist vielmehr, daß die
Psychoanalytiker einen Gestus beibehalten, welcher insofern
der Therapie entspricht als in dieser zumeist von vornherein
eine gewisse Übereinstimmung über den Charakter des Haupt-
objekts der Untersuchung gegeben ist, der eben als Negativum
- pathologisch, störend, schädlich - gilt. Und ferner: daß sie,
ebenfalls in Anlehnung an die Therapeuten-Rolle, noch immer
mit Vorliebe eine verdächtigende Psychologie betreiben, also

nicht etwa das ihnen als gesund imponierende Verhalten, oder
die Entdeckung einer ihnen als Wahrheit imponierenden Einsicht genetisch betrachten, sondern vielmehr Negativa, selbst
wo sie sich etwa der Psychoanalyse von Freuds Auffassungen
zuwenden. So spricht Max Schur etwa von "emotional determinants", die Freuds Logik,-nämlich: bei dem Schur nicht
genehmen Aufstellen des Thanatos-Prinzips - beeinträchtigten. [73] Ebenso Edwin R. Wallace,bei dem es anderwärts -
mit Bezug auf TOTEM UND TABU - heißt: "Despite non=
cognitive determinants (i. e. by an "unconscious father-
conflict reactivated by the recalcitrant Jung), this is a sig-
nificant attempt to relate group to individual psychology" [74]. -
Wie sonderbar, daß ein Psychoanalytiker, ein Psychologe, so
formulieren kann, da bekannt ist, wie stark, gerade im Fall
der als entscheidend geltenden Entdeckung Freuds die "non-
cognitive determinants" waren! Gibt doch Freud selbst, nicht
etwa bezüglich der Hypothese der Verführung durch den Vater
als allgemeine Ursache der Neurose, die er in mühsamem
Kampf mit sich selbst als Irrtum abtat, sondern in Bezug auf
die, ihm als Shibboleth der Psychoanalyse geltende Ödipus-
konfiguration zu verstehen, daß die TRAUMDEUTUNG die Entdeckung desselben, die Begegnung mit dem Ödipuskomplex
als Reaktion auf den Tod des Vaters enthält!

Selbstverständlich soll hier das Phänomen des "wishful
thinking" nicht verleugnet werden; soll nicht geleugnet werden, daß starke Affekte den Gebrauch der Logik beeinträchtigen, das Denken stören oder verzerren können -- wie sie
auch Denken und Übung der Logik ankurbeln, aktivieren, inspirieren mögen. Prinzipiell aber ist die strenge Scheidung
von "cognitive" und "non-cognitive determinants" in diesem
Zusammenhang wohl nicht ratsam. Als ein quasi philosophi-
sches Argument gegen eine solche radikale Trennung wäre
anzuführen, daß es ein von "non-cognitive determinants"
freies, reines Denken unter Menschen nicht geben kann. In
diesem Zusammenhang ist der heute beliebte Vergleich unserer Vorstellungs- (Gedanken-, Gefühls-)-Welt mit einem
Palimpsest brauchbar, das gewissermaßen aus Interpretations-
schichten besteht. Auch die uns als best-gesichert und ver-
läßlichst geltenden Schichten sind - wie unsere gesamte Sinnenwelt, Vorstellung und Begriffe von 'Dingen', etc. - Inter-

pretationen, die als solche Bedürfnisse, Wunschrichtungen,
Affekten entsprechen. Ein interesseloses Denken ist ebenso
undenkbar wie eine - in radikalem, wörtlichem Sinne - interesselose Anschauung. Wendet man aber nun dagegen ein,
daß es für Nichtphilosophen ja genüge unter dem als "cognitively determined" Bezeichneten ungefähr ebendas zu begreifen, was uns als der bestgesicherten Interpretations-
schicht zugehörig und gemäß gelte, so erhebt sich nun auch
ein psychologischer Einwand, der gerade für die schöpferischen Leistungen, und zwar insbesondere in den Wissenschaften, relevant ist, wenn es nämlich richtig ist, daß derartige
Leistungen in Kollaboration mit Primärprozessen, auf dem
Weg einer "controlled regression", d.h. unter Zuhilfe- und
In-Dienst-nahme starker, primitiver, ja archaischer psychischer Strebungen und Phantasiebereiche zustandekommen --
und zudem auch im Endeffekt die Vorstellungen von dem, was
uns als verläßlich real zu gelten habe, verändern mögen. Nicht
nur Freuds Irrtümer, sondern auch seine Entdeckungen waren
"not just cognitively determined"; und analoge Einwände gelten
für jede schöpferische Leistung; was eben den Gedanken nahelegt, daß die Genese eines Produkts und die diversen Kriterien,
denen es zu genügen hat (e.g. im Fall einer bestimmten Sorte
von Aussagen: den Kriterien der Logik) zweierlei sind und
gesondert behandelt werden sollten.

Nehmen wir an, jene Analytiker hätten recht, die Freuds
"Laster": seine Nikotin- und Zigarrensüchtigkeit, durch
die er sich vielleicht vorzeitig krank machte und umbrachte,
- als Repräsentanten unbewältiger infantiler Oralität auffassen
und zugleich die produktive Verwertung oraler Inkorporations-
Sucht und -Lust als ein Movens seiner Entdeckertätigkeit
postulieren. Was folgte daraus? Daß ein Mensch, der seine
"Oralität" so wenig "überwunden" hat, daß sie ihm als Zwang
verbleibt, zugleich doch diese Oralität als Movens, d.h.
einen "non-cognitive determinant" als "cognitive determinant"
gebrauchen kann? Das ergibt kein so sauberes Bild wie das,
in dem die "kognitiven" Motivationen wie die guten Erbsen ins
Töpfchen, und nur die non-kognitiven, die schlechten, ins
Kröpfchen kommen; aber es ist wahrer, entspricht schon
eher der Wirklichkeit.

Damit sind wir wieder bei unserem perännierenden Thema -

dem Gang ins "Untere", um den Schatz heraufzuholen. Es
geht bei den schöpferischen Leistungen, welcher Art sie auch
seien, ohne "Teufelsdienst", "Teufelspakt", Mithilfe der
"Dämonen", der "unteren Mächte" nicht ab; so wenig wir
dabei auf die oberen Instanzen verzichten können. Auch bildet
sich das Neue, Originelle, Bedeutende im Sinne hoher und
höchster Instanzen oft gerade durch Umformung eines Uralten,
Primitiven. Endlich ist evident, daß im Fall von Kunstwerken
(im engeren Sinn; im weiteren Sinn fallen auch Werke der
Wissenschaft unter den Begriff der Kunst) durch Herleitung
eines Phänomens aus einem negativ gewerteten, quasi pathologischen oder infantilen Element nichts über den (ästhetischen) Wert ausgemacht ist. Anderseits ist aber auch die Vorstellung, daß unbeherrschte emotionale Determinanten primitiver Art in der Psyche des Künstlers für die Produktion von
Kunstwerken besonders günstig seien, ein Vorurteil, das zumal für Epochen, in denen virtuose Erfüllung komplexer formaler Regeln und rational ausdeutbare Behandlung feststehen-
der (vorgegebener) Inhalte als Haupterfordernisse gelten,
offensichtlich nicht zutrifft.

Ein weiteres Beispiel für den psychoanalytischen Reduktionismus - die Beispiele sind ohne Vorbedacht, fast zufällig gewählt, was ihren repräsentativen Charakter eher erhöht als
mindert - findet sich in einem Essay von Margaret Schaefer
über Kleists Marionettentheater-Aufsatz, das Erich Heller
in einem, mir in Manuskript-Form zugänglichen, mittlerweile im MERKUR (November '77) auf deutsch erschienen
Vortrag - unter dem Titel "The Dismantling of a Marionette
Theater or Psychology and the Misinterpretation of Literature"
mit Recht angegriffen hat. In Anlehnung an eine einzige Stimme und im Gegensatz zu einem vielstimmigen Sammelband,
der vorwiegend der weltanschaulichen Relevanz des wenige
Seiten langen Kleistschen Feuilletons gewidmet ist, findet
M.Schaefer das Werk "disappointing as a piece of philosophy"[75],
um nun, nach bekanntem Muster, die Bedeutung des - von allen bisherigen Lesern, sowie dem Autor selbst wohl falsch
verstandenen Dialogs - "ostensibly (!) about the nature of
grace and its relationship to consciousness" - auf das Eigentliche, nämlich Kleists individuelle Angst vor "self-frag-
mentation", bzw. " a defense against fragmentation", nament-

lich vor der Kastrationsangst, dreist zu reduzieren.[76] Aller-
dings: am Schluß kommt es dennoch zu der Wendung, daß sich
Kleists Symbole der Impotenz als Präfiguration eines in der
Moderne - bei Kafka et al. - dominanten Typus erweisen; ob-
schon, wenn das stimmt, daraus folgen sollte, daß die für die
Leser wesentlichste Bedeutung von Kleists Symbolen für seine
Ängste wohl doch nicht in ihrer Rückbeziehung auf Kleists
Pathologie, d. h. ihrem individuellen Symptomcharakter liegen
kann, sondern zumindest darin, analogen Ängsten und analogen
Abwehrversuchen - so mißglückt, Schäfer zufolge, Kleists
Tentativen zu ihrer Bewältigung sein mögen - bei manchen,
wohl auch anders als Kleist gearteten Menschen zu entsprechen
und diese sympathetisch zu berühren, bzw. ebendadurch auch
als sinnvoll zu erscheinen.

Wollte man M. Schäfers Arbeit in ähnlicher Weise "reduzieren", wie sie den Kleistschen Aufsatz, so könnte man vielleicht sagen, er sei als Aussage über sein manifestes Thema,
nämlich Kleists These, zwar enttäuschend, aber ein charakteristischer Ausdruck einer Haltung, die man bei den jetzigen
"emanzipierten" Frauen häufig beobachten kann: nämlich einer
Mischung von Enttäuschung, Wut, Triumph über und Rache an
dem 'schwachen', impotenten, seiner selbst unsicheren, modernen Mann, d. h. quasi an seiner Unmännlichkeit, die doch
zugleich, wenn nicht die Bedingung der Möglichkeit der eigenen, weiblichen Unabhängigkeitserklärung, so doch eine wesentliche Erleichterung derselben darstellt. Freilich wäre auch
eine solche Deutung von Margaret Schaefers Essay wieder der
psychoanalytischen Rückbeziehung auf den Deuter, etwa auf
dessen eigene unerledigte Angst vor dem männervernichtenden
Weib fähig; wie man übrigens auch aus der oder in die -
anders geartete - Erich Hellersche Kritik an M. Schaefers
Aufsatz so etwa wie einen männlichen Protest heraus- oder
hinein-lesen könnte. Und so ad infinitum, in nie zu Ende füh-
renden Spiegelschriften, als welche Kafka die Psychologie
verdammen zu dürfen meinte.

Besinnen wir uns also lieber auf den manifesten Gehalt von
Schäfers Aussage. Entscheidend bleibt Erich Hellers Einwand, der, wenn ich ihn recht verstehe, meint, die psychoanalytische Behandlung reduziere den Text. Man wird dem
Niveau des Kleistschen Essays nicht gerecht, wenn man es auf

infantile Angst vor Verlust der eigenen Identität, wesentlich vor
Fragmentierung, insbesondere: vor Kastration (als dem späteren Repräsentanten umfassenderer prä-ödipaler Bedrohung)
als das Eigentliche zurückführt. - Das Beispiel erinnert, wenn es auch weniger kraß ist, an eine psychoanalytische
Deutung von Goethes "Zauberlehrling", eines Gedichts, das
u. a. immerhin die Kalamität unserer Epoche, die Bedrohung
der Menschheit durch die von ihr geschaffenen, aber nicht mehr
kontrollierbaren Mittel zu symbolisieren geeignet ist. Der bisher freilich nicht verstandene, wohl auch dem Autor unbewußte, aber "eigentliche" Gehalt des Phantasiegebildes, - so
lernte man da, - sei darin zu suchen, daß Goethe ein Bettnäs-
ser war. - Freilich gilt solchem Reduktionismus nicht nur
ein intellektueller Einwand, sondern es liegt auf der Hand, daß
er auch als Ausdruck einer Ideologie zu werten ist, die die
Tendenz hat, das schwerer zu Fassende, Komplexe aufs faß-
lich Banale, das Außerordentliche, Rare aufs Gemeine zu
reduzieren, das Hohe zu erniedrigen, es in den Staub zu ziehen, nicht zuletzt: das Geniale, Originelle als pathologisch zu
entwerten, kurz: bei allem Anschein von Radikalität die Welt
auf einen spießbürgerlichen Realitätsbegriff herabzusetzen.

Im Fall der Schaeferschen Interpretation tritt noch eine besondere, auch von E. Heller berührte Ironie hinzu, die weiter erhellt zu werden verdient, nämlich die Tatsache, daß die
grundlegende Thematik: e. g. die aus der Spannung zwischen
Bw und Ubw resultierende Disharmonie und die Hoffnung auf
deren Behebung durch Steigerung von Bw, Kleists Essay und
der Freudschen Psychoanalyse gemeinsam ist. Es dürfte die
psychoanalytisch gebildete Autorin ja nicht überraschen, daß
der junge Freud die "Symptombildung", "die Verdrängung"
als "Kern des Rätsels" bezeichnete[77], zumal der Mechanismus der Verdrängung das perännierende Leitmotiv bildet,
mit dessen Hilfe Freud Neurose, Traum, Witz, Kunst, Religion, Entstehung und Schicksal der menschlichen Kultur
und Zivilisation erklärt. Wer oder was verdrängt? Doch
wohl ein Zivilisations- oder Kultur-Ich und -Über-Ich.[78]
Und was wird verdrängt? Impulse und Vorstellungen, die den,
weitgehend das Bewußtsein des Zivilisierten bestimmenden Instanzen als inakzeptabel (amoralisch, primitiv, etc.) gelten.
Woraus leitet also Freud die eklatanteste Störung der Harmonie,

die Verhinderung psychischer Perfektion ab? Einfach gesagt:
aus einem Konflikt zwischen Bewußtsein und unbewußtem Impuls, Bewußtem und Unbewußtem, Geist im weitesten Sinn
und einer, allerdings schon vielfach umgeformten, verboge-
nen, eingeschränkten, lädierten Natur. Und worauf zielt die
Hoffnung des Therapeuten? Nicht auf Regression zu einem
weder erreichbaren noch unerwünschten Zustand eines "natürlichen", unreflektierten Automatismus, sondern auf Harmonisierung (idealiter: auf Synthese) zwischen Natur und
Geist, Impuls und Reflexion durch "Bewußtmachung", d.h.
Steigerung, nicht Minderung des Bewußtseins, dem man
freilich - wenn es nur nicht zugleich auch sine qua non der
Psyche überhaupt wäre - in gewissem Sinne an der ursprünglichen Störung die Schuld geben müßte, da eben erst durch
Reflexion (Bewußtsein) die Möglichkeit der Wahl, des Irr-
tums, der Fehlreaktion, des eigentlichen Konflikts gegeben
ist. Damit aber sind wir beim Schema des Kleistschen Essays.
Und auch hier ist der Verlust jener- in der Erscheinung der
Anmut so reizvollen - Einheit oder völligen Entsprechung zwischen Intention und Bewegung - die nun einmal, da Bewußtsein als Ausdruck eines Hiatus erscheint, so schwer erreich-
bar ist - nicht, wie Schaefer meint,auf den Spezialfall der
"self-consciousness" im engeren Sinne dieses Wortes zurückzuführen, sondern vielmehr auf die Grundtatsache, die für
menschliche Existenz konstitutiv ist, nämlich darauf, daß der
Mensch Bewußtsein seiner selbst hat, als seiner Separatheit ,
dem Vis-a-vis zur Welt, wie zu eigenen, inneren Regungen,
wodurch eben Fehlgänge, Abirrungen, Zögern, Ungeschick,
u.s.f.möglich werden, wie sie bei einem, mit sich völlig einigen, bewußtlosen Wesen nicht möglich scheinen. "Self-
consciousness", wie auch Scham, Ziererei, Affektation, usf.,
sind aber, wie gesagt, nur illustrative Sonderfälle, die allerdings ihrerseits nicht möglich wären, wenn nicht die Grundtatsache des Bewußtseins gegeben wäre; ja die ihrerseits diese
Grundtatsache nur in besonderer Weise dramatisieren und zur
Anschauung zu bringen geeignet sind.

Das Schema, das eine ihrer selbst annähernd bewußtlose Harmonie, eine Störung durch Gegenübertreten von Bewußtsein
und Natur, Geist und Impuls, und die Möglichkeit einer Harmonisierung, jedoch auf dem Wege gesteigerten Bewußtseins -
in Analogie zur Geschichte vom Sündenfall durch Erkenntnis;-

der problematischen, mühseligen menschlichen Existenz in der
"gefallenen" geschichtlichen Welt und dem Ausblick auf Erlösung durch Erleuchtung des menschlichen Geistes postuliert,
mag für Denker wie M. Schaefer - und Silz - "disappointing"
sein. Immerhin faßt Kleist in einem Aufsatz von sieben Seiten
eine Gedankentradition zusammen, in der ein paar Jahrtausende lang über das Wesen der Menschheit nachgedacht wurde;
die der deutsche Idealismus zu seinem Kernstück machte; [79]
in dessen Rahmen auch die Psychoanalyse und damit denn doch
auch M.Schaefer steht. Die Reduktion des Kleistschen Aufsatzes auf die mutmaßlichen Verstümmelungs- und Kastrationsphantasien nimmt ihm jene Thematik und Bedeutung, die, wie
immer sie Kleist auch variieren mag, den Reiz seines Essays
entscheidend mitbestimmt, und erniedrigt ihn auf ein Niveau,
auf dem ihm bloß Symptomcharakter zuzukommen scheint. Und
ebendiese Prozedur gemahnt nun ihrerseits an eine Art von
Rache und Kastration. - Nochmals: "Eigentlich" geht es bei
Kleist um Kastrationsphantasien und Zerstückelungangst;
eigentlich geht es in Goethes'Zauberlehrling'um eine Bett-
nässerphantasie; eigentlich geht es bei der Frage der Sphinx
an Ödipus darum, woher die Kinder kommen; eigentlich ist
alle Welt in infantilen neurotischen Phantasien befangen, außer
den Analytikern, die als die einzige mirakulöse Ausnahme, von
infantil psychischen Determinanten dispensiert, ihre von Ressentiments größenwahnsinniger Mediokrität und anmaßlicher
Besserwisserei geladenen Exegesen von dem, von keiner philosophischen Besinnung angekränkelten Unbegriff der Realität an
sich diktiert bekommen zu haben meinen. Nur daß es alle diese
Eigentlichkeiten nicht gibt, nicht geben kann, es sei denn in der
reduzierten, defensiv infantilen Vorstellungswelt eines über-
heblichen intellektuellen Kleinbürgertums, das nun einmal
nicht umhin kann, seine Welt als die eigentliche zu statuieren!

Und doch wissen die Analytiker, wenn sie es nicht vergessen
wollen - man lese etwa bei M.Schur darüber nach -, daß nicht
nur Motive aus den "unteren" - quasi prähistorisch infantilen,
archaischen -Bereichen sich in gegenwärtig-realen Kontexten
und oberen Regionen der Patientenpsyche durch Symptome manifestieren; sondern umgekehrt auch Oberes, Rezentes, Akutes
die Unterwelt reaktivieren kann und infantil Archaisches zur
Abwehr von Rezentem, von Realkonflikten verwendet werden mag.

Derlei Einsichten führen im Fall der Psychoanalyse offenbar
zu analogen Verfeinerungen und Abschwächungen der massiven
Wucht und Grobheit, die den ursprünglicheren Vereinfachungen anhaftet, wie die Relativierungen im Verhältnis von Basis
und Überbau im Marxismus. Im Prinzip wird ein Doppelverkehr von "unten" nach "oben" und "oben" nach "unten"
zugegeben, der gestattet Infantiles in Realproblemen anzuerkennen, der Realprobleme Infantilproblematik und -phantastik
reaktivieren läßt. So mag etwa Verlust einer festen Glaubens-
ordnung oder soziale "Anomie" im "oberen" Bereich infantile Ur-Angst vor Kastration oder Zerstückelung, Identitäts-
verlust, etc. mobilisieren - was übrigens manche Sensible,
reichlicher mit Spürsinn Begabte oder auch Bedrohte und/oder
psychisch fragil Konstituierte zu intensiver Reaktion auf
"oberweltliche" Disequilibrien befähigen könnte. Ferner aber
könnte solche infantile Kastrations- oder Zerstückelungsangst sich auch hervortun, oder hervorgekehrt werden, um
eine andere, wohl real begründete Furcht oder Sorge zu
"dramatisieren", zu symbolisieren, oder auch : um solche
Furcht oder Sorge zu verdecken, ein Mechanismus, der Schur
zufolge, insbesondere für die Gegenwart von Bedeutung ist. [80]
Durch den Doppelverkehr mögen sich aber auch gegenseitige
Steigerungen von Motiven in beiden, vielmehr: in mehreren
Bereichen ergeben, bei denen von einem "Eigentlichen" zu
sprechen auch dann wenig Sinn hätte, wenn es sich nicht um
Texte handelte. Um dies nochmals zu wiederholen: Nur wo -
wie zumeist in der therapeutischen Situation - von vornherein
Übereinstimmung bezüglich des psychopathologischen Charakters eines Symptoms besteht, das in dem, von den Kontrahen-
ten anerkannten Bezugssystem eben als Negativum gilt und
daher "eigentlich" als Ausdruck eines, diesem Bezugssystem
ungemäßen - e. g. archaisch-infantilen, primitiv-perversen -
Denkens, Empfindens, Phantasierens; nur wo, von vornherein
feststeht, daß die relevante Bedeutung eines Phänomens allein
in seinem Charakter als pathologisches Symptom der Psyche
zu suchen sei - was gemeinhin bei den als Literatur gewerteten Texten eben nicht der Fall ist - mag Reduktion auf die
infantile Schicht als die "eigentliche", allein relevante einigermaßen zulässig sein.

Aus all dem erhellt, warum etwa ein Lösungsvorschlag oder

eine Hypothese, die Aussicht auf Behebung eines Zustandes
annähernder Verlorenheit, des Konflikts und Verlusts der
Grazie eröffnet, nicht auf die infantile Sphäre als eigentliche
reduziert werden kann. Und so scheint mir denn überhaupt -
wobei ich nicht verkenne, daß und warum gerade mir diese
Weise die Dinge zu betrachten liegen muß - als eröffne die
psychoanalytische Perspektive gemeinhin für die Interpretation
von Texten bestenfalls zusätzliche Einblicke in ein System von
Entsprechungen und Beziehungen, aber kein Schema, nach dem
sich eine Hierarchie der Aspekte im Sinn eines Primärphänomens (e.g. des infantilen Kompexes) und sekundärer Phänomene ('Rationalisierungen'; verschiedener 'uneigentlicher'
Äquivalente (Symptome) des Primärphänomens) von vornherein
postulieren ließen; eine Annahme, die übrigens selbst dann
unberechtigt wäre, wenn sich ein Phänomen genetisch aus
"unteren" Schichten in einsinniger Richtung ableiten ließen,
was - wie wir vorhin erfuhren - in Anbetracht der Möglichkeit des Doppelverkehrs ebenfalls nicht zu postulieren ist.
Denn selbst wenn ein Phänomen sich schlüssig als relativ
wenig modifizierte Projektion einer infantilen Tendenz deuten
ließe, wäre auch damit noch über seinen Wert und seine Relevanz selbst für die "Real"-Sphären nichts entschieden; da
es möglich wäre, daß jemand unter dem Stachel eines ansonsten als völlig "pathologisch" bewerteten Wahns etwas
leistet, findet, tut - eine Heldentat begeht, einen "Drachen"
tötet, seine Geliebte findet, ein Problem löst, einen Konti-
nent entdeckt,- was für die anderen Menschen und schließlich
vielleicht auch für ihn selbst nicht als Ausdruck des Wahnes
sondern aus andern Gründen relevant wird, sodaß die Herleitung aus dem Wahn, selbst wenn sie berechtigt wäre, nur
von sekundärem Interesse wäre.

Damit wird nun aber auch die Gegenrechnung zugunsten
der psychoanalytischen Betrachtungsweise fällig. Es ist an
sich nämlich durchaus nicht anstößig in Hinblick auf einen
Essay wie dem von Kleist über das Marionettentheater von
Kastrations- oder Zerstückelungsangst, oder infantiler Sorge
um die eigene Identität zu sprechen, sondern nur die Reduktion auf die infantilen Aspekte ist das An-
stößige, weil sie das, was den Essay u.a. auch von anderen
Manifestationen, in denen analoge Ängste sich Ausdruck ver-

schaffen mögen, unterscheidet, vernachlässigt. Und wenn andererseits die, in der älteren Germanistik übliche Attitüde, die sich ans "Hohe" hält, nicht so anstößig ist wie der psychoanalytische Jargon der Eigentlichkeit, so eben insofern als sie das, worin die manifeste Eigenart eines Essays wie des Kleistischen liegt, nicht so weitgehend einebnet. Dennoch sollte auch sie Anstoß erregen, insofern sie von allem Unteren absehen will, als gäbe es ein Geistiges, ja: Phantasiegebilde, in denen n u r Geist, quasi ohne Repräsentanz der Triebe, des Leibes, zumal des Unterleibs, vertreten wäre. Dieses Absehen vom Niedrigen, Animalischen, ja Bestialischen usf., dessen manche Virtuosen akademischer Geistigkeit sich rühmen zu dürfen meinen, hat aber einzig zur Folge, daß das Animalische, Bestialische, Niedrige seiner Wege geht, ohne vom würdig hohen Gewäsch der rein Geistigen tangiert zu werden; läuft also in Wahrheit zumeist auf einen quietistischen, defensiven Kompromiß mit einem prekären, problematischen, ja heillosen Zustand der Welt hinaus, mögen die Wehklagen auch noch so schön über diesen jammern, und widerspricht so der Gesinnung solcher Versuche eine Synthese anzuvisieren, wie etwa dem Essay von Kleist, das ja von der Harmonie zwischen Leib und Geist, Ideal und Wirklichkeit handelt, als deren Ausdruck eben die h ö c h s t e Anmut erscheint.

Es sind bekannte, banale Dinge, von denen hier die Rede ist. Bei jeder geistigen und/oder ökonomisch-sozialen Krise kann man beobachten, wie bei den Verunsicherten und Bedrohten etwa infantil bedingte Ängste, Süchte, neurotische Tendenzen stärker zutage treten. Nur so erschiene es ja auch als erklärlich, daß die Phantasien, die M.Schaefer bei Kleist aus infantil primitiven Erlebnissphären der Kastrations- und Zerstückelungsangst herleitet, wie sie selbst meint, repräsentativ werden können für einen Typus des modernen Menschen, der seine Identität bedroht oder fragmentiert glaubt und eben daher auf Wege zur Integration sinnt. Denn selbst Schaefer behauptet nicht, daß Kleists Marionettenphantasien nur Relevanz in Hinblick auf Kleists eigene Ängste haben, sondern meint, daß sie einer weit verbreiteten psychischen Lage entsprechen, ja diese quasi antizipieren. Ferner liegt es auf der Hand, daß es sinnlos ist, die negativen und positiven Aspekte der Kleistischen "Phantasien" scharf zu trennen; denn wenn der Mensch nicht glaubte

er sei bar der Gnade - der Harmonie, der Grazie, die M.
Schaefer mit gratia,grace, Gnade in enge Verbindung bringt -,
wenn er sich nicht in Konflikt, in der Entfremdung fühlte,
bedürfte er ja auch nicht des Projekts oder der Utopie oder der
Therapie, die ihn heil und ganz zu machen verspricht, der
Vorstellung eines Rückwegs und Fortschritts ins Paradies.
Und damit ist auch angedeutet, daß, anders als Erich Heller
meint, die "hohe" Problematik und die "niedere" einander
gar nicht so fremd sind.

Die vom "Vater" aus dem Paradies verstoßenen, sich abmühenden, in Bruderzwist entzweiten, halb im Dunkel verlorenen
"Kinder" -- was sonst suchen sie, jener "hohen" Tradition
zufolge, als den Rückweg in der Zeit, das heißt: in die Zukunft,
nach dem Zustand, der die Zerstückelung wieder gut macht?
Und ob nun die Symbolik und Phantastik eine primitiv infantile
der wörtlich genommenen Impotenz, Kastration, Zerstückelung
ist, oder die Rede geht von Ohnmacht, Impotenz des Herzens,
geistiger Sterilität in dürftiger Zeit, Verfremdung, dem enterbten Geist, ja: der Gottferne -- so muß man - bei aller
Anerkennung der Verschiedenheit in Art und Niveau der Deutungen - doch nicht so tun, als wüßte man nicht, daß der
Mensch immer zugleich in allen seinen "hohen" und "niedrigen"
Aspekten existentiell betroffen ist und reagiert, wie ja auch in
Affektzuständen, sei's auch höchst sublimer Erregung, nicht
bloß "Geist" in Schwingung versetzt wird, sondern einem
etwa heiß wird, die Tränendrüsen sekretieren, usf.

Manche Humanisten meinen, daß man von hohen Dingen in
hohem Ton sprechen muß. Bert Brecht war der Meinung, der
Ton der Wahrheit sei "niedrig". Jedem das Seine! Nur haben
die "hohen" Phänomene auch ihre "niedrigen" Aspekte, denen man um der Wahrheit willen die Ehre geben soll, ohne daß
man die einen auf die anderen, etwa Rousseau auf seinen Exhibitionismus, Dostojewski auf seine angeblichen epileptischen
Anfälle "reduzieren" könnte. Es ist ja bekanntlich nicht so,
wie schon Nietzsche bemerkt, daß die "hohen" Dinge einfach
einen "hohen" Wunderursprung, die niedrigen aber einen
niedrig-gemeinen haben, sondern Niedriges wird auch erhöht,
Hohes erniedrigt. Aus gemeinem Stoff wird Wertvollstes gewonnen, durch Verderbnis wird das Beste zum Schlechtesten,
usf. Die Beziehungen zwischen "hoch" und "niedrig" sind,

da ja auch das hier Angeführte nur eine Naivität ist, komplexer
Art und nicht etwa einsinnig weihevoller oder würdig pädago-
gischer Art, woraus folgt, daß man mit schönen Gesten ihre
Problematik bloß verleugnet, aber nicht aus der Welt schafft.
Die Tatsache, daß der Kleist-Essay in einer umfassenden geistigen Tradition steht und in dieser relevant ist, widerspricht
durchaus nicht der Möglichkeit, daß die Arbeit daran und die
in ihm zum Ausdruck gebrachte Symbolik, kurz: sein Gehalt
auch Kleists Kastrationsangst oder Angst vor der Fragmentierung entsprechen könnte, wie übrigens auch die Beziehung
ebenjener hohen geistigen Tradition auf primitivere Motive
und Symbole noch lange kein Sakrileg zu bedeuten brauchte.
Ebenso widerspricht der Validität von Freuds TRAUM-
DEUTUNG, e. g. der in ihr postulierten Dynamik des Traums,
der in ihr behaupteten Bedeutsamkeit des Ödipuskomplexes,
durchaus nicht die Tatsache, daß die TRAUMDEUTUNG auch
Ausdruck von Freuds eigenen, "niedrigen" Tendenzen, e. g.
ebenjenes Ödipuskomplexes, der eigenen Auseinandersetzung
mit dem Verdrängten sein mag, usf. Die Vorstellung, daß
man bei würdigen Gegenständen nur Würdiges erwähnen dürfe,
entspricht einer inadequaten, allzu defensiven Auffassung der
Humanität, einer Verleugnung der Basis, die auch dem "Hohen"
nicht fehlt. Worauf säße der Hohe, wenn er keinen Hintern
hätte! Und auch damit ist nicht genug gesagt: denn es ist
nicht nur so, daß nur hohe Aspekte und Ansprüche sich im
Hohen erfüllen, sondern mit zu dem Besten am wahrhaft
Großen und Hohen gehört es, daß es alle Register des menschlichen Instruments, auch die niederen in eine höhere Einheit,
eine intensivere, umfassende Schwingung versetzt. Warum soll
te Kastrations- und Zerstückelungsangst im Fall des Marionet
tenessays keine Rolle spielen, wenn doch etwa in einem (in
ähnlichem Zusammenhang auch von Erich Heller erwähnten)
Werk wie der PENTHESILEA, das vom Autor selbst als dra-
matisierte Darstellung seines eigenen, tragisch vergeblichen,
verzweifelten Schaffensprozesses im Kampf um das Guiskard-
Drama aufgefaßt wurde, offensichtlich sado-masochistische
Leidenschaft, Raserei des erotischen Liebeshasses, orale
Frenesie dargestellt wird bis zum blutbeschmierten Maul der
Amazonenkönigin, was dennoch der lyrischen Schönheit und
insbesondere der Höhe des Tragischen keinen Eintrag tut, es
sei denn für den peniblen Geschmack des zeitweilig so gesetzte

Weimaraners, der gleichwohl in seinen berühmtesten Selbst-
darstellungen: Werther, Tasso, Faust die pathologischen Züge
durchaus nicht scheute. Und wenn man, um an das andere, angeblich so weitgehend "neutralisierte" Ende des Spektrum zu
gehen, etwa in produktiven Bemühungen um eine Naturwissenschaft, die als kollektives Gesamtphänomen ja unter anderem
auch Maxima sowohl an defensiver "Rationalisierung" wie
an aggressivem "dissecare naturam" darstellt, von einem
Entdecker hört, dem, wie manchen Berichten zu entnehmen
ist, etwa die gesuchte Formel im Traum erschien, so erhellt
ja doch wohl daraus, daß auch in diesem Bereich "niedrigere"
Wunschrichtungen sich Befriedigungen zu verschaffen wissen,
die allerdings bei weitem nicht so gefährlich sind wie ihre de-
personalisierten Abkömmlinge, die beispielsweise als - un-
beabsichtigte - Konsequenzen des so sublim sublimierten und
neutralisierten Strebens nach Macht und Übermacht die
Menschheit bedrohen, eben weil die im Ursprung unsublimier-
en "noncognitive determinants" sich auf bedrohlichste Weise
denn doch auch im Endprodukt Ausdruck zu verschaffen wissen.

Abschließende Bemerkung

Wir kehren zuletzt zum Anfang unserer Gedankenreihe zurück,
die im Grund den Zweck hatte, die Vereinbarkeit psychoanaly-
ischer Betrachtungen und den, in der Germanistik geläufigeren
Weisen der Exegese nahezulegen, ohne dabei die eigenen Ambivalenzen des Autors, sowie das ihnen korrelative Integrationsbedürfnis (samt Sorge um Identität, Angst vor Verfremdung,
Zerstückelung, Kastration,und so fort) verleugnen zu wollen.
Bedingung der Möglichkeit der Vereinbarkeit ist die prinzipiel-
e Trennung der genetischen Frage von der Frage nach Validi-
ät, der prinzipielle Verzicht auf Prioritätsansprüche, d.h.
auf das a priori postulierte Primat einer Perspektive als
der "eigentlichen", bzw. die prinzipielle Anerkennung einer
Pluralität möglicher Perspektiven, inklusive so mancher so
manchem Humanisten niedrig dünkenden. Wenn Wyatt etwa
sagt, Aufgabe der Literatur sei die Darstellung unbewußter

Phantasien[81]; wobei man wohl unter dem, an sich absurden,
jedoch fruchtbaren Konzept Phantasiegebilde zu verstehen hat,
die dem Tagleben, der oberen Bewußtseinsschicht des "normalen Erwachsenen"[82] zumeist nicht präsent, sich dennoch
in Träumen, pathologischen Zuständen, aber auch in den individuell archaischen Stadien der Kindheit, sowie den kollektiv
archaischen der Früh- und Vorgeschichte auffinden, zumindest
aber aus späteren Vorstellungsgebilden (sowie Verhaltenswei-
sen) erschließen, i. e. postulieren lassen, - so klingt das zunächst befremdlich. Man denkt da etwa an Manches, was
über einige Jahrtausende hin in eminentem Sinn für große Literatur gehalten wurde und Einfluß hatte: an Platos Dialoge,
Psalmen, griechische Rhetoren wie Demosthenes, an Tacitus,
Cicero, Plutarch, das neue Testament, Augustin, Bibelüber-
setzungen in verschiedenen Sprachen (Luthers, die King-Jame
version), Montaigne und französische Moralisten, etwa auch
kürzlich, im deutschen Raum: Prosa von Lessing, Schopenhauer, Nietzsche, in jüngster Zeit übrigens auch Freud. Die
Definition ist zu eng. Und wäre es auch, wenn man nun Literatur in Betracht zieht, - die übrigens die längste Zeit hin-
durch vorwiegend nicht etwa individuelle, sondern von Mythus
und Tradition vorgegebene und vorgeformte Themen behandelte -[83], welche wir allerdings für Phantasiegebilde zu halten
geneigt sein mögen: E. g. Homer, die Bücher Mosis, das
Buch Hiob, Dante, französische und deutsche Minnesänger,
Shakespeare, französische Dramatiker des 17. Jahrhunderts,
Lessings Nathan, Schillers Wallenstein, Goethes Faust; wobei
wiederum eine, vor allem seit dem späten 18. und 19. Jahrhundert florierende Roman- und Novellenliteratur (die vordem nur untergeordnete Bedeutung hatte), sowie eine, individuellen Ausdruck gestattende, ja fordernde Lyrik, einer
sehr speziellen, uns freilich noch naheliegenden Schicht an-
gehört. Nicht nur finden die sogenannten unbewußten Phantasie
vielfach auch außerhalb der Literatur reichlichen Ausdruck;
sondern Literatur gibt vielfach - und zwar in ihrer Haupt-
funktion und charakteristischer Weise - bewußten Phantasien
und Einsichten wirksamen Ausdruck, sodaß mancher unver-
ächtliche Meister in diesem Fach die Fähigkeit das treffende
Wort zu finden für die auszeichnende Fähigkeit des Literaten
hielt. Versteht man Wyatts Definition in einem exklusiven
Sinn, oder als Anspruch darauf, die eigentliche, wesent-

liche Funktion der Literatur zu bezeichnen, so verengt, reduziert, verzerrt sie ihr Objekt; fügt man hingegen ein "auch"
oder "unter anderem" hinzu, so ist gegen sie nichts einzuwenden; denn es ist wirklich so, daß Literatur vielfach Ver-
balkonfigurationen darbietet, die den, von den Psychoanaly-
tikern so benannten "unbewußten Phantasien" entsprechen.
- Analoge Einschränkungen gelten aber auch für die eine hohe
Kultsphäre hütenden Germanisten, die die Nase rümpfen und
es unangemessen finden, wenn man diese in Beziehung zu
niedrig Psychischem setzt, das immerhin mit den perännierenden Bedürfnissen, Trieben, Funktionen des menschlichen
Körpers in direkter Verbindung steht. Der von uns Germanisten bis vor kurzem noch gerne zitierte Goethe sagte, Natur
sei weder Kern noch Schale, "alles ist sie mit einem
Male. / Dich prüfe du nur allermeist, / Ob du Kern oder
Schale seist!" - Schale, sterilisierte Schale aber ist jener
Literaturbegriff, der das Niedrige in wesenlosem Scheine
hinter sich gelassen zu haben vermeint, indes diejenigen, die
in seinem Namen auf unsäglich widrige, nach Moralin duftende,
verblasen feierliche Weise vornehm tun, jenem von ihnen mit
idealistischen Gesten abgetanen Gemeinen, das sich inmitten
allem Vornehmen doch oft genug als krasser Opportunismus
der Gesinnung, narzißtischer Dünkel, ängstlich defensives
Verleugnen des Erschreckenden bekundet, nicht weniger fest
verhaftet sind als andere auch.

Wird man einwenden, daß es allzu hart wäre, wenn die beiden
Parteien jene illegitimen Avantagen entbehren müßten, die
ihnen ihr Geschäft erst so recht reizvoll machten? Wo käme
man hin, wenn sich Psychoanalytiker nicht an hoher Literatur
oder an den ihren Ideologen nicht genehmen Gedanken oder
Affektausdrücken rächen könnten,indem sie diese auf einen
"niedrigen" Ursprung reduzierten? Wenn hochgemute Protagonisten des germanistischen oder humanistischen Würden-
stils nicht mehr in Höhen des Dünkels entschwebend, sich einem
Kult sterilisierter Idole weihten? Wer weiß, wo man da hin-
käme! Da vermutlich die Menschen und die Literatur weder
aufs Hohe noch aufs Niedere verzichten können, meine ich, könnten bei dem hier befürworteten Kompromiß und Integrations-
prozeß am Ende die Literatur, wie die Humaniora und vielleicht
sogar die Psychologen nur gewinnen.

Anmerkungen

1   Sigmund Freud: DER WAHN UND DIE TRÄUME IN
      W. JENSENS "GRADIVA" mit dem Text der Erzählung
      von Wilhelm Jensen; herausgegeben und eingeleitet von
      Bernd Urban und Johannes Cremerius (Fischer Taschen-
      buch Verlag, Frankfurt am Main, 1973) = Urban-Creme-
      rius.

2   Urban-Cremerius, 7 f.; TD (= Freud: DIE TRAUMDEU-
      TUNG (Gesammelte Werke II/III), 268 ff.; ebenda
      anschließend auch die im Folgenden besprochene Deutung
      des HAMLET.

3   Urban-Cremerius, 18 f.

4   Vers 355.

5   "Der Dichter und das Phantasieren", Ges. Werke VII.

6   Urban-Cremerius, 17, 159.

7   Ähnlich urteilt Pongs in:Wolfgang Beutin (hg.): LITE-
      RATUR UND PSYCHOANALYSE (Nymphenburger
      Verlagsbuchhandlung: München, 1972), 105.

8   Urban-Cremerius, 36.

9   Pongs, in: Beutin, loc. cit.

10   Vgl. etwa Urban-Cremerius, 11 und den Briefwechsel
      zwischen Freud und Jung.

11   Urban-Cremerius, 17.

12   Pongs, in:Beutin, op. cit. , 105 f.

13   Jensen spricht in einem seiner Briefe an Freud von
      der Erzählung als einem "immer auf einem messer-
      rückenschmalen Grat nachtwandlerischer Möglichkeit"
      dahingleitenden Phantasiestück. Urban-Cremerius, 14.

14   Unwahrscheinlich scheint mir auch, daß ein zu rascher
      Handlung befähigter Mann wie Hanold die Fiktion des
      Mittagsgespensts, der Rediviva, im Verlauf wiederhol-
      ter banaler Konservation mit dieser, vor sich selber
      aufrechtzuerhalten vermag.

15   Und enthält, da die Interpretation dem Lieblingsjünger
      zugedacht ist, das Werk nicht auch eine Art von Liebes-
      erklärung?

16   Zum Rom-Komplex: vgl. FB 251, 354; TD 201 ff. (
      FB = AUS DEN ANFÄNGEN DER PSYCHOANALYSE,
      BRIEFE AN W.FLIESS, ABHANDLUNGEN UND NOTI-

ZEN AUS DEN JAHREN 1897-1902 (Imago Publ. Co:
London, 1950. - Ferner KFB = die von Ernst Kris verfaßte Einleitung und seine Anmerkungen zu diesem Band).-
Zu dem auf die Psychoanalyse angewandten archäologischen Vergleich (mit Ausgrabungen, Aufdecken der
verschütteten Schichten, etc.) vgl. Urban-Cremerius,
8-11; ferner etwa - mit Anwendung auf Freuds Selbstanalyse - FB 326 f. -- Das Folgende variiert ältere
Arbeiten von mir, u. z.: 1.) "Creative Process and
Creative Product: Two Examples of an Analogy", in:
JOURNAL OF AESTHETICS,March 1953, insb.S.334-
341; ein Aufsatz, der sich sowohl mit der ersten Freud-
Biographie auseinandersetzte, die ihn noch als Rebellen
und Beweger der "acheronta" stilisierte, nämlich mit
Fritz Wittels: SIGMUND FREUD(Allen and Unwin:
London 1938; erste deutsche Auflage: 1924); wie auch -
implicite -mit der verrückten, obschon in Manchem nicht
unrichtigen Polemik von Charles E. Maylan: FREUDS
TRAGISCHER KOMPLEX. EINE ANALYSE DER PSYCHO-
ANALYSE (E. Reinhardt: München, 1929 (2e Auflage),
einem Buch, zu dem ich, auch in Hinblick auf das Be-
denkliche des eigenen Unternehmens, Freuds Bemerkung
über Leute - er nennt sie Paranoide -, die ihre Rache
an der Psychoanalyse nehmen, indem sie selber psychoanalytische Bücher schreiben (vgl. NEUE VORLESUN-
GEN, Ges.Werke XV, 168) anzuführen, nicht unterlas-
sen will; 2.) mit ausdrücklichem Bezug auf die zwei
ersten Bände der Freud ins normativ Normale und bürgerlich Positive stilisierenden Biographie von Ernest
Jones (SIGMUND FREUD: Basic Books, New York,
1953, 1955): "Zur Biographie Freuds", in: MERKUR
(Stuttgart, Dezember 1956), S.1233-1239). - Der,von
Walter Schönau in seiner eingehenden Besprechung geübten
Kritik (vgl. SIGMUND FREUDS PROSA. LITERARI-
SCHE ELEMENTE SEINES STILS (Metzlersche Ver-
lagsbuchhandlung: Stuttgart, 1968) S. 66-68, 72), der,
m. E., die psychoanalytische Dimension des Romkom-
plexes, die man gerade bei dem Begründer der Psychoanalyse und dem Werk, das seine Selbstanalyse enthält,
nicht außer Acht lassen kann, außer Acht läßt; ferner
der abwehrenden Bemerkung Freuds an W. Achelis vom

30.1.1927, er habe das Vergilsche Motto zur Traumdeutung einfach einem Werk von Lassalle entnommen, um
ein Hauptstück der Dynamik des Traumes hervorzuheben (Schönau,64), trotz manchen Vorbehaltes zuviel
Glauben schenkt und zugleich, so scheint mir, die Vergil-
Kenntnis des ehemaligen Primus Freud unterschätzt;
glaube ich im Verlauf der folgenden Ausführungen, welche
ja auch die Verwendung des Mottos bei Lassalle auf den
Romkomplex beziehen, ferner diesen nunmehr ohne Einschränkung auf das Vergil-Zitat behandeln, einigermaßen Rechnung getragen zu haben.

17 TD 201, 237.

18 Sowohl Ehrgeiz wie Sehnsucht nach Größe sind häufiges
Traummaterial der TD; zu dem insbesondere der oft
wiederholte Wunsch, Professor zu werden, gehört, und
zwar inklusive des Dementis von Freud, sein Ehrgeiz,
wenn überhaupt noch vorhanden, habe sich "längst auf
andere Objekte als auf Titel und Rang eines Professors
extraordinarius geworfen" (TD 198), zumal das Thema
der Professur auch in FB immer wieder aufgegriffen
wird. Auf den Zusammenhang zwischen Professur und
Romkomplex weist Freud selbst hin, indem er den, mit
bitterem Spott und Selbstspott, "im gewohnten schäd-
lichen Aufrichtigkeitsdrang" (FB 261) an den schon entfremdeten Freund gerichteten Bericht über die indirekte
Bestechung des, ihm zur Ernennung zum extraordinarius
nötigen Ministers und somit über seine eigene "erste
Verbeugung vor der Autorität", mit den Worten einleitet:
"Als ich von Rom zurückkam, war die Lust an Leben und
Wirken etwas gesteigert, die am Martyrium verringert
bei mir" und abschließend bemerkt "Andere sind ebenso
klug, ohne erst nach Rom kommen zu müssen" (FB 366,
369). -- Die Herausgeber der Korrespondenz ließen diesem letzten Brief noch ein allerletztes Stück, eine nichts-
sagende Ansichtskarte aus Italien "vom Höhepunkt der
Reise" (FB 369) folgen; womit ebenfalls die Entsprechung der zwei Themen "Italien" und "Professor" als
vorläufiges happy end angedeutet wird. --- Erwähnenswert ist, daß Freud von ihm Nahestehenden selbst in
späteren Jahren (und auch heute noch von manchen Ge-
treuen)auf deutsch, wie auf englisch einfach "der Pro-

fessor" (the professor) genannt wurde,was unüblich
und angesichts der peripheren oder längst aufgehobenen
Verbindung zum Universitätsleben sonderbar war. Auch
die von dem längst sensationell erfolgreichen Freud zäh
aufrechterhaltene Übertreibung seiner Verkanntheit wird
übrigens - in ihrem relativ rationalen Aspekt - ver-
ständlicher, wenn man die Verweigerung der vollen Anerkennung seitens der akademischen Hierarchie und me-
dizinischen Gilde in Betracht zieht und bedenkt, daß
Freud gerade Zugehörigkeit, Respektabilität und Ruhm
in diesen, den Naturwissenschaften zugehörigen, auf
gesellschaftliches Prestige aspirierenden Kreisen begehrte.

19   Vgl. oben, Fußnote 16. - Das dem 7. Buch der AENEIS
      entnommene Zitat (vgl. FB 184; TD, Titelblatt, 613)
      steht auf dem Titelblatt von Ferdinand Lassalles Polemik
      DER ITALIENISCHE KRIEG UND DIE AUFGABE PREUS-
      SENS (1. Abdruck: Berlin, 1859). Über den "übertrie-
      benen" Haß auf Österreich, des "bei all seinem theo-
      retischen Radikalismus noch ziemlich stark im Preus-
      sentum" steckengebliebenen, de facto eine kleindeutsche,
      der Bismarckschen Politik analoge Lösung befürworten-
      den Lassalle (er möchte "den Neger kennen lernen, der,
      neben Österreich gestellt, nicht ins Weißliche schim-
      mert"; meint, jede politische Schandtat, die man Na-
      poleon III. vorwerfen könnte, habe Österreich auch auf
      dem Gewissen, nur "wenn die Rechnung sonst ziemlich
      gleichstehen möchte - das römische Konkordat hat Louis
      Napoleon trotz seiner Begünstigung des Klerus nicht
      geschlossen"), vgl. Eduard Bernstein: "Lassalle une
      seine Bedeutung für die Sozialdemokratie" in F. Lassalle:
      REDEN UND SCHRIFTEN (Berlin: 1892), 1. Bd. , 44 f. ,
      43-60 passim.

20   Obschon sich, wie man weiß, auch und gerade in Hin-
      blick auf Lassalle analoge Ambiguitäten hinsichtlich
      des, mit den konservativen Mächten kämpfenden und
      paktierenden Rebellen und Assimilanten ergaben. Aller-
      dings "übersetzt" E. Bernstein, wie Schönau (op. cit. ,
      64) mit Recht hervorhebt, das Vergilsche Motto als
      verhüllte Drohung des Verfassers: "Wenn ich die Götter,
      die Regierung, nicht beeinflussen kann, so werde

ich den 'Acheron', das V o l k in Bewegung setzen"
(Bernstein in: Lassalle: REDEN UND SCHRIFTEN, op.
cit. , 60); jedoch liegt Bernstein an dieser Übersetzung
ebendarum, weil man, wie er anderwärts hervorhebt,
"Lassalle später auf Grund dieser Broschüre zu einem
Advokaten der "deutschen" Politik Bismarcks zu stempeln gesucht hat" (op. cit. 44), und weil er selbst das
Bedürfnis spürt, Lassalle, der "statt g e g e n die
Hauspolitik der Hohenzollern" als Demagoge "f ü r
dieselbe" "Propaganda macht" (ibid. , 59), der, infolge
seiner starken "Geneigtheit, dem jeweils verfolgten
Zweck alle außerhalb desselben liegenden Rücksichten
zu opfern" und "auf eine Diplomatie" - des Paktierens
mit konservativen Mächten - zurückgriff, "die er noch
soeben im "Franz von Sickingen" aufs Schärfste verur-
theilt hatte", dennoch von dem Vorwurf exonerieren will,
er sei "ins monarchistisch-kleindeutsche Lager abge-
schwenkt" (ibid. ,60). Gewiß lassen sich die verschiedenen Gesichtspunkte vereinen: Lassalle "chose the
Vergil motto (because) he had to .. persuade the
"higher powers" of Prussia to lead the German people,
in alliance with the Italians, in a war of unification
against the Habsburg state. But behind this persuasion
lay a threat: Should Prussia fail to act, her rulers would
learn to their sorrow "in what strata of opinion power
(actually) resides." Lassalle thus threatened "those
above" with the latent forces of national revolution,
with stirring up a political Acheron" (Carl Schorske:
"Politics and Patricide in Freud's Interpretation
of Dreams", in: AMERICAN HISTORICAL REVIEW,
June 1973; 328-347; S. 345 f. ; ebenda auch die Belege).
-- Aber damit sind wir auch schon bei dem Problem
des Lavierens zwischen Bedrohung der oberen Mächte
und Kompromiß mit ihnen, und bei dem Kern der viel-
berufenen "Sickingen-Debatte" (vgl. etwa G. Lukács:
KARL MARX UND FRIEDRICH ENGELS ALS LITERA-
TURHISTORIKER, Berlin 1952). Denn wenn Marx und
Engels es aus guten Gründen lieber gesehen hätten,wenn
Lassalle sich einen Münzer, einen Helden, der an der
Unreife, dem Noch-nicht-Bereitsein der revolutionären
Klasse zugrunde ginge, gewählt hätte, so fand Lassalle

Tragik in der, seiner Meinung nach, bei jeder revolutionären Bewegung sich ergebenden, die Revolution ab-
biegenden, pervertierenden Nötigung zur "Diplomatie",
zu "Realpolitik", zum Paktieren mit dem "Alten",
mithin in der Zwischenstellung des Mannes, der zwar
Aufrührer der Acheronta, dennoch die oberen Mächte
zu beugen nicht imstande, mit diesen gewissermaßen
einen Vergleich eingeht; wodurch sich dann freilich
auch der, von radikaler Seite den Sozialdemokraten immer wieder vorgeworfene 'Verrat' an der Revolution
als starke Möglichkeit ergibt. -

Ich lege hier auf den "rein philologischen" Aspekt der
Ausdeutung des Mottos geringen Wert; ja ich würde
vielleicht, wenn es wirklich nur um eine Frage philolo-
gischer Exegese ginge, Schönaus Skepsis gegen meine
eigene Bereitschaft dazu, in das Motto den Ausdruck der
Ambivalenz hineinzulesen, teilen. Jedoch geht es hier
um ein, für die Gesamtlage der - zugleich zugehörigen
und nicht-zugehörigen, rebellierenden und um Teilnahme
an der Sphäre der oberen Mächte sich bemühenden, ja
werbenden - deutsch-jüdischen Assimilanten, insbesondere
aber der Intellektuellen unter ihnen, charakteristisches
Syndrom, das im Fall Lassalles und seines SICKINGEN
eine explizit politisch-soziale Dramatisierung, im Fall
Freuds eine explizit psychologische Ausdeutung erfährt,
sich in seiner gewissermaßen klassischen Form schon in
der Heineschen Ambivalenz manifestiert; wie denn überhaupt die in mancher Hinsicht desparate Sonderstellung
der deutsch-jüdischen Assimilanten als Faktor in Betracht gezogen werden sollte, der Ambivalenz und Ambiguität, bzw. die Einsicht in Ambivalenz und Ambiguität
wesentlich verstärkt, und den Konflikt zwischen Empö-
rertum und Hang zur Unterwerfung, Radikalismus und
Konformismus, etc., der allerdings zum Schicksal jeder,
in rascher Umwälzung begriffenen Epoche gehört, auf
die Spitze zu treiben geeignet ist. - (Ich gebe hier mithin eine generelle, "soziale" Komponente an, die in
Hinblick auf Freud und die von ihm begründete Psychologie
weiter zu verfolgen wäre).

21   Zu den hier erwähnten "Identifikationen" vgl. etwa TD
      202-204, 430 f.; 450, 487; Wittels, op. cit. ,248, und
      unten . . .

22   TD 203.

23   Zu Obigem und Folgendem: Carl Schorske, "Politics
      and Patricide..", op. cit. , 328-347; TD 214-224, 433-436,
      473.

24   Schorske , op. cit., 342 f.

25   Ibid. , 347.

26   Ibid. , 343.

27   TD 202.

28   Schorske, op. cit. , 342, 339.

29   Siehe oben, S. 256.

30   Eine "Aufhebung" der Gegensätze findet hierbei durch-
      auch nicht statt, da vielmehr die Aufrechterhaltung des
      Charakters der Gegensätze Bedingung für die Möglich-
      keit ihrer Verflechtung ist.

31   TD 487, 486-491, 204, 427 f.; FB 233 f. Für das Folgen-
      de siehe insbes. Max Schur: FREUD: LIVING AND
      DYING (International Universities Press: N.Y., 1972),
      162-166.

32   TD X.

33   FB 216.

34   FB 305.

35   FB 251, TD 456.

36   FB 315.

37   FB 340.

38   KFB 51.

39   Vgl. die in KFB 46 zitierte Formulierung Freuds. -
      Der Hinweis auf die Verbindung der Bisexualität-Debatte
      mit dem Thema Homosexualität ist in den Ausführungen
      von Kris implizit; vgl. KFB 46 ,51.

40   FB 305.

41   FB 314.

42   Vgl. KFB 29.

43   Vgl. den sogenannten "Entwurf einer Psychologie"
      (1895), FB 370-466.

44   Vgl. KFB 53.

45   FB 234.

46   FB 315.

47   FB 327. Hier an Schliemanns Ausgrabungen Trojas

anknüpfend mit entscheidender Anwendung auf die Selbstanalyse.

48   "Alles wogt und dämmert, eine intellektuelle Hölle, eine
Schicht hinter der anderen; im dunkelsten Kern die Um-
risse von Lucifer-Amor sichtbar." (FB 346).

49   Ges. Werke, XV, 86.

50   Vgl. etwa Wittels, op. cit. , 15 f. , 35, 100, 130, 257.

51   Charakteristisch für dieses Geburtstagsgeschenk ist
auch die Berufung auf einen Ausspruch Freuds über
Telepathie - "Sollte man forschungshalber auch noch
wirklich in diesen Sumpf hinabsteigen, so möge dies
möglichst erst nach meinem Ableben zu geschehen haben", - obschon sich Freud ja doch selbst und aus
freiem Willen auf recht kühne Spekulationen über diesen
"Sumpf" einließ. - Die oben und im Folgenden angeführten Äußerungen finden sich in Lou Andreas-Salomé:
MEIN DANK AN FREUD. Offener Brief an Professor S. Freud zu seinem 75. Geburtstag
(Internationaler Psychoanalytischer Verlag: Wien, 1931),
S. 5 ff.

52   Siehe oben, Fußnote 48. In TD heißt es:"Die Achtung
.., mit der dem Traum bei den alten Völkern begegnet
wurde, ist eine auf richtige psychologische Ahnung begründete Huldigung vor dem Ungebändigten und dem Un-
zerstörbaren in der Menschenseele, dem Dämoni-
schen, welches den Traumwunsch hergibt.." (TD 619).
Derlei Äußerungen klingen so wenig danach, als hätte
sie sich ein konsequenter Rationalist bloß wider Willen
abgerungen, wie der Vergleich der quasi "unsterblichen
Wünsche unseres Unbewußten" mit den "Titanen der
Sage, auf denen seit Urzeiten die schweren Gebirgs-
massen lasten, die einst von den siegreichen Göttern
auf sie gewälzt wurden" (TD 559), oder, in anderem Zusammenhang, der Hinweis auf Mitteilungen "einiger
höchst produktiver Menschen, wie Goethe und Helmholtz
... daß das Wesentliche und Neue ihrer Schöpfungen ihnen
einfallsartig gegeben wurde und fast fertig zu ihrer Wahrnehmung kam. Die Mithilfe der bewußten Tätigkeit in
anderen Fällen hat nichts Befremdendes, wo eine Anstrengung aller Geisteskräfte vorlag. Aber es ist das viel
mißbrauchte Vorrecht der bewußten Tätigkeit, daß sie uns

alle anderen verdecken darf, wo immer sie mittut"
(TD 618). Zur Anerkennung der intuitiven Seite des eigenen Schaffensprozesses vgl. - übrigens in einem gewissen Gegensatz zu manchen Stellen in den NEUEN VOR-
LESUNGEN und in JENSEITS DES LUSTPRINZIPS -
auch FB 140, 152, 319, 321, 329, 373; ferner KFB 20
über die von Freud empfundene Gefahr quasi als Dichter oder Romancier zu verfahren und "alle Einsichten
auf Intuition zu stützen" (dazu auch Wittels, op. cit.,
19 f).

53   TD 212.

54   Vgl. dazu M. Schur (op. cit., Index: n i c o t i n e a d -
d i c t i o n - a n d a b s t i n e n c e), sowie - ebenfalls
"oral" - die von Freud diagnostizierte "Verarmungs-
phobie .. besser .. Hungerphobie, von meiner infantilen
Gefräßigkeit abhängig" (FB 327).

55   Verzweifelt und ohnmächtig: denn es wird der von der
Juno aufgerufenen, Aufruhr der Unterwelt symbolisie-
renden Furie nicht gelingen, den treulosen Liebhaber der
semitisch-karthagischen Dido, der zur Gründung Roms
bestimmt ist, an seiner göttlichen Bestimmung zu ver-
hindern.

56   Ges. Werke, XIV, 426-429.

57   Freud bezieht das Motto auf die Symptombildung (FB 184
die Verdrängung (FB 305), später - Brief an Achelis
vom 30. 1. 1927 - auf "ein Hauptstück aus der Dynamik
des Traumes": "Die Wunschregung, die von den oberen
seelischen Instanzen zurückgewiesen wird (der verdrän-
te Traumwunsch) setzt die seelische Unterwelt (das
Unbewußte) in Bewegung, um sich zur Geltung zu bringen
Was können Sie daran "prometheisch" finden?" - Die
entscheidende Stelle, welche das Motto als Zusammenfassung der in dem Werk enthaltenen, unerschütterlichen
Entdeckung auffaßt, lautet: "Wenn wir uns mit einem Mi-
nimum von völlig gesichertem Erkenntniszuwachs begnügen wollen, so werden wir sagen, der Traum beweist
uns, d a ß d a s U n t e r d r ü c k t e a u c h b e i m n o r -
m a l e n M e n s c h e n f o r t b e s t e h t u n d p s y c h i -
s c h e r L e i s t u n g e n f ä h i g b l e i b t. Der Traum ist
selbst eine Äußerung dieses Unterdrückten... Das seelisch Unterdrückte, welches im Wachleben durch die

gegensätzliche Erledigung der Widersprüche am Ausdruck gehindert und von der inneren Wahrnehmung abgeschnitten wurde, findet im Nachtleben und
unter der Herrschaft der Kompromißbildungen Mittel
und Wege, sich dem Bewußten aufzudrängen.

Flectere si nequeo Superos, Acheronta
movebo.

Die Traumdeutung aber ist die via regia
zur Kenntnis des Unbewußten im Seelen-
leben" (TD 613).

58   TD 339, 414 (unten = Genitalien); vgl. ferner die Sym-
bolisierung des weiblichen Genitale durch eine Landschaft (TD 370) (da die 'Unterwelt' als solche dargestellt zu werden pflegt) und Bewegung in dieser, etc.

59   Schorskes Fazit bleibt dennoch in gewissem Sinn berechtigt: Eine politische Lösung fehlt; wobei allerdings
vorausgesetzt wird, daß Freud befähigt gewesen wäre,
eine politische Orientierung zu schaffen, eine Voraus setzung, zu der ihrerseits nichts berechtigt. Jedoch findet
tatsächlich in der Psychoanalyse häufig eine so entschiedene "Verinnerlichung" des menschlichen Agons
statt, daß eine interne Problematik an Stelle aller externen zu treten die Tendenz hat; abgesehen davon, daß
Bewußtmachung der ubw. eigenen Motive reflektierende
Selbstüberwachung und Selbstverdächtigung verstärken
mag, die der Aktion nicht günstig sind. Der in seinem,
nach Maßgabe gewöhnlicher Einschätzung, harmlosen,
alltäglich bürgerlichen Lebenslauf friedlich Befaßte findet in sich eine Stätte absorbierender Dramatik, hanni-
balischer Schlachten, mythisch ödipaler Verbrechen,
mörderischer Lüste, etc. vor, was der Orientierung
auf die große Tatenwelt politischer Unternehmungen, ja
auch dem Verbrauch der, im internen Agon sich verzehrenden Energie "nach außen hin" abträglich werden
mag. Es ergibt sich zumindest die Möglichkeit, daß der
Bürger an sich selbst, wenn nicht in seinen vier Wänden
oder in seinem bloßen Privatleben, so doch in seiner
Existenz als Individuum, zeitweilig "genug" hat oder
genug findet, was zumindest denen, die ein starkes politisches Interesse und Engagement fördern wollen, zu-

wider sein muß. Und hierher gehört eben auch die, von
Schorske hervorgehobene Tendenz der Analytiker, politische Interessen in individuell-infantile r e d u k t i v
zurückzuübersetzen. Daß aber ein solcher Mißbrauch
der Psychoanalyse permanent zu ihrem Wesen gehören
muß, glaube ich nicht.

60   Ich verdanke diese Interpretation Norman N.Hollands
unveröffentlichtem Essay "Gradiva Rediviva", wo sie
weiter ausgeführt wird. (N.Holland ist Direktor des
Center for the Psychological Study of Arts, Clemens
Hall, SUNY/Buffalo, N.Y.14260, U.S.A.).

61   Vgl. dazu den unveröffentlichen Essay "Freud and
the Inter-Penetration of Dreams" von David Willbern
(Center for the Psychological Study of the Arts), insbes.
S.23 f.

62   Vgl. etwa Ernst Kris: PSYCHOLOGICAL EXPLO-
RATIONS IN ART (N.Y.: International U.P., 1952;
Schocken: N.Y.,1964).

63   FAUST II (Vers 6305).

64   Vgl. "Gradiva Rediviva", op.cit.

65   FAUST II (Vers 6489).

66   Vgl. dazu etwa Ursula Mahlendorf: "E.T.A.Hoffmann's
T h e S a n d m a n: The Fictional Psycho-Biography of
a Romantic Poet", in: AMERICAN IMAGO, 1975, vol.32
Nr.3, pp. 217-239.

67   Die T.Manns Goethe (LOTTE IN WEIMAR) mit Joseph
und Jaakob teilt, die aber auch den, zuletzt tragisch
verunglückenden Schöpferischen bei Mann (e.g. Aschenbach, Adrian Leverkühn) zuteil wird.

68   Inklusive der Problematik: aktiv (männlich) / passiv
(weiblich); Erweiterung des Ich durch All-Annexion/
Selbstaufgabe; Zerstückelung /Einheit; Identitätsver-
lust durch Wiederholungszwang / Selbstgewinn durch
variierte Behauptung und Verwirklichung des, die eigene
Identität konstituierenden Motivs; ferner affektives
Schwanken: zwischen "Hohem" und "Niedrigem";
anonymer/personaler Erotik; Liebeshaß/Haßliebe;
manischer Exaltation / melancholischer Depression,etc.

69   Das "Syndrom" stellt sich schon in der ersten Arbeit
über Manns JOSEPH ROMANE (Germanic Review,

April 1947, 126-141) völlig dar; am umfassendsten wohl
in DIALECTICS AND NIHILISM (Amherst, 1966).
70 Siehe oben S.264 f. Aber vielleicht meinte L. Salomé
wirklich: Weil Freuds Funde ihm selbst so sehr zuwider
waren (d.h. eine intensiv negative affektive Wertigkeit
für ihn hatten), verdienen sie unser Vertrauen. Auch
diese Vorstellung ist, wie gesagt, falsch. Denn es liegt
ebenso wenig Vertrauenerweckendes darin, daß ein Forscher bei der ihm wesentlichen Arbeit ständig auf das
stößt, was ihm widerwärtig, hassenswert, ekelhaft etc.,
vorkommt, wie darin, daß er ständig etwas findet, was
ihm als angenehm, gut, schön, wünschenswert, etc.
imponiert.
71 Vgl. etwa Ges.Werke, XIV, 429.
72 Vgl. Carl Pietzker: "Zum Verhältnis von Traum und
literarischem Kunstwerk"; Peter von Matt: "Anwendung
psychoanalytischer Erkenntnis in der Interpretation:
das psychodramatische Substrat" in: Johannes Cremerius
(hsg.): PSYCHOANALYTISCHE TEXTINTERPRETATIO-
NEN (Hoffmann und Campe: Hamburg, 1974), S,35,66.
73 M.Schur, op.cit., 342.
74 Edwin R.Wallace IV: "Thanatos - A Reevaluation" in:
PSYCHIATRY, November 1976,S. 392 f.; "The Develop-
ment of Freud's Ideas on Social Progress" in:
PSYCHIATRY, August 1977, S.233. - Anderwärts:
"Certainly Freud's ambivalence about repression-
expression was not just cognitively determined, but was
related to his own Oedipal conflicts (amply expressed in
some of his writings and in various episodes of his
personal life)" (Ibid., 241).
75 Vgl.Margaret Schaefer:"Kleist's "About the Puppet
Theater" and the Narcissism of the Artist", in:
AMERICAN IMAGO, vol.32, no.4, Winter 1975, S.366-
388; 367. M.Schaefer zitiert Walter Silz (H.v.Kleist,
Philadelphia, 1961,S.72). - Der oben erwähnte Band:
Helmut Sembdner (hsg.) KLEISTS AUFSATZ ÜBER
DAS MARIONETTEN-THEATER. STUDIEN UND
INTERPRETATIONEN (E.Schmidt, Verlag: Berlin.
1967).
76 M.Schaefer, op.cit., 375, 377.
77 FB, 184, 305, 373.

78 Freud lehnt die Zweiteilung Kultur/Zivilisation ab,
betrachtet daher unter dem Titel DAS UNBEHAGEN
IN DER KULTUR ein Ensemble von Bedingungen, welche menschliche Existenz von tierischer zu unterscheiden scheinen.

79 Zum Grundmuster des Kleistschen Essays und seinen
vielfältigen Beziehungen, vgl. den grundlegenden Aufsatz von Hanna Hellmann (1911), die konzis zusammenfassende, überzeugende Arbeit von Benno von Wiese
über "Das verlorene und wieder zu findende Paradies.
Eine Studie über den Begriff der Anmut bei Goethe,
Kleist und Schiller". Daß Erfüllung einer Tradition mit
lebendigem Gehalt neue Problematik nicht ausschließt,
sondern erfordert, versteht sich. Mit solcher, dem
Kleistschen Essay eigenen Problematik befaßt sich der
scharfsinnige Aufsatz von Lawrence Ryan "Die Marionette und das 'unendliche Bewußtsein' bei Heinrich von
Kleist", welcher, so wie die andern, in dem oben angeführten Sammelband (siehe Fußnote 75) zu finden
sind. - Ich bestreite nicht, daß sich Kleists Aufsatz
auch in einem Gegensinn zum Grundmuster, e.g. pessimistischer, ahistorisch, auch nihilistisch deuten ließe.
Jedoch entspricht das hier besprochene Schema den ,
in den Deutungen dominanten, und selbst ihm entgegen-
arbeitende Deutungen müßten sich mit ihm auseinandersetzen, sich mit ihm messen.

80 M. Schur, op. cit. 167, et passim.

81 "Literatur zielt darauf ab, unbewußte Phantasien aus-
zuführen und ihnen Gestalt zu geben", Frederick Wyatt:
"Das Psychologische in der Literatur", in: J. Cremerius
(hsg.), op. cit. 46-55; S. 47.

82 Derlei - unumgängliche - Qualifikationen verraten wie
weitgehend historischem Wechsel unterworfen, westlich
europozentrisch, gesellschaftlich selektiv die Perspektiven sind, in denen zu bewegen und an denen uns zu
orientieren, wir anderseits kaum umhin können.

83 Wie man ja auch bis ins 19. Jahrhundert vom Poeten
verlangte, daß er zu festgesetzten Anlässen und Gelegen-
heiten Geeignetes liefere.

Permissions:

"Gedanken zu einem Gedicht von Goethe: zuerst veröffentlicht in Versuche zu Goethe, Festschrift für Erich Heller. Lothar Stiehm Verlag, Heidelberg, 1976.

"Der Tod in Venedig" und Manns Grundmotiv: Zuerst veröffentlicht in H. Schulte (ed.): Thomas Mann. Ein Kolloquium. (Bonvier, Bonn, 1978).

"Marx und Nietzsche in ihrem Verhältnis zur Aufklärung": by permission of Scriptor Verlag.

"Nietzsches Kampf mit dem romantischen Pessimismus": by permission of de Gruyter, Berlin.

REGISTER

318

Kafka, 51, 57, 83 f. , 91, 120, 217, 227, 250, 254, 288
Kant, 135, 144
Keller, G. , 63, 244-247 pass.
Kleist, 40, 173, 221, 287-297 pass. , 311 f.
Klopstock, 216
Kohut,H. , 70, 114
Kraft, Werner, 56
Kris, E. , 252, 260 f. , 266, 270, 284, 301, 306, 310

Lamettrie, 136 f.
Larochefoucauld, 151, 169
Lassalle, 253 f. , 302 - 305
Lausberg , H. , 36 f. , 54 f.
Lavater, 19, 41, 50, 56
Leclerc, 138
Lehnert, Herbert, 121
Leibniz, 136, 157 f. , 180
Leroy, 136
Lessing, 38, 40, 41, 58, 127, 134, 157 ff. , 162, 169, 172 f. ,
        220, 223, 244 f. , 250, 298
Levetzow, Ulrike von, 122
Locke, 133 f. , 136 f. , 140, 177 f.
Lueger, 254
Lukács, 160, 231, 237, 304
Lukrez, 134
Luther, 208, 298

Makart, 248
Malebranche, 136
Mandeville, 178
Mann, Thomas, 5, 9, 21, 59-131, 154, 176, 179 f. , 197, 207,
        239, 264 f. , 272 f. , 280.
            Werke: Buddenbrooks: 62, 74, 83, 88 f. , 100,103 f.
            109, 122; D. Erwählte: 83, 89; Faustus: 74, 83,
            89-92 pass. , 97-100 pass. , 108 f. , 119, 310;
            Fiorenza: 76, 122; Goethe und Tolstoi: 90 f. , 120,
            173; Joseph u. s. Brüder: 73 f. , 79, 82, 89-93 pass. ,
            98, 100, 106, 108 f. , 114, 263 f. , 272 f.; König-
            liche Hoheit: 79a, 91, 105; Krull: 83, 89, 98 f. ,
            115 f. , 122; Lotte i. Weimar: 89-93 pass. , 98,
            100, 108 f. , 117 f. , 120, 310; "On Myself":73-76,